大金融 书系

Macro-Finance Book Series

International Monetary Institute of RUC

中国人民大学中国财政金融政策研究中心系列报告

2016

人民币国际化报告

货币国际化与宏观金融风险管理

Annual Report on the Internationalization of Renminbi, 2016

中国人民大学国际货币研究所

中国人民大学出版社

·北京·

编委名单

主　编　涂永红　王　江　王　芳

编　委　（以姓氏笔画为序）

付之琳　刚健华　伍　聪　刘　阳

曲　强　李　戎　李英杰　何　青

宋　科　连　平　张文春　罗　煜

赵　然　赵雪情　赵锡军　胡　波

胡天龙　姚瑜琳　鄂志寰　戴稳胜

导　论

2015 年是极不平静的一年。在美联储正式启动加息进程后，美元指数不断攀高，美元资产受到追捧，国际资本流动大规模调整，致使中国资本流出压力急剧增大。难民危机延缓了欧洲经济复苏，英国"脱欧"风险使其前景的不确定性进一步增大，欧央行宣布实施负利率政策。由于欧盟是中国最大的贸易伙伴，所以欧元大幅度贬值沉重打击了中国出口贸易。如此国际形势对于正在艰难转型的中国经济来说可谓是雪上加霜。一方面，产能过剩、民间投资下降、银行不良资产上升等问题日益突出。另一方面，国内金融市场动荡不安，上半年发生了高杠杆和民间配资推动的股灾，市值蒸发 20 多万亿元；下半年外汇市场经历了恐慌性汇率超调，离岸市场人民币流动性呈现断崖式的剧烈萎缩。国内外对中国经济增长和金融稳定的信心有所动摇。

人民币国际化仍然保持了良好的发展势头。截至 2015 年年底，综合反映人民币国际使用程度的量化指标 RII 达到 3.6，五年间增长逾 10 倍。我国对外贸易以人民币结算的比例接近 30％，将全球贸易结算的人民币份额推高到 3.38％。人民币对外直接投资达到 7 362 亿元，较上一年增长了 294.53％；同时，国际信贷、国际债券和票据交易中的人民币份额也快速增长，使得国际金融交易的人民币份额跃升至 5.9％。中国人民银行签署的货币互换协议余额达 3.31 万亿元。

2015 年 11 月 30 日，国际货币基金组织宣布将人民币纳入 SDR 货币篮子，新货币篮子确定的人民币权重 10.92％将于 2016 年 10 月 1 日正式生效。这是中国经济融入全球金融体系的一个重要里程碑，对世界和中国是双赢的结果。虽然人民币被官方认定为"可自由使用货币"，但"官方身份"未必自然产生国际货币的"市场地位"。"入篮"并不代表人民币国际化目标已经实现，其最终目标是要获得与中国经济和贸易地位相匹配的货币地位，注定要经历一个漫长的历史过程。人民币能否成为主要国际货币之一，还是要取决于国际市场使用和持有人民币的实际情况。

一般来说，主要国际货币的发行国应当在以下几个方面满足一定的条件：综合经济实力、贸易地位、币值稳定、资本自由流动以及宏观管理能力。从过去几年的实际情况看，前几个支撑人民币国际化的因素都有着不错的表现；但长远来看，宏观管理可能形成一个短板。由于宏观管理能力同时又影响了币值稳定和资本自由流动等其他因素，我们需要特别重视这方面的学习与提高，以此赢得国际社会对人民币的长久信心。

《人民币国际化报告 2016》的主题为"货币国际化与宏观金融风险管理"，聚焦宏观管理问题，深入探讨人民币国际化进入新阶段后的宏观金融政策调整及其过程中可能诱发的宏观金融风险。报告提出，应基于国家战略视角构建宏观审慎政策框架，有效防范系统性金融危机，为实体经济稳健增长、实现人民币国际化最终目标提供根本保障。

国际金融经典理论认为，开放经济体的货币当局在货币政策独立性、固定汇率制度和资本完全自由流动等宏观金融政策目标中只能三者选择其二。德国和日本的历史经验表明，在货币国际化水平由低而高的变化过程中，货币当局必然要面对跨境资本流动和汇率制度的重大变化，必须对政策目标组合做出相应调整。德国和日本的货币国际化起点相似，但是由于各自选择的政策调整路径不同，对国内经济和金融运行产生了迥然不同的深刻影响，致使两国的货币国际化成果大相径庭。

德国在货币国际化初期将汇率稳定目标置于首要位置，为此甚至不惜重启资本管制、暂缓金融市场发展以及动用外汇储备干预市场，从而为德国保持贸易优势、提高工业生产竞争力和巩固国内实体经济发展创造了有利的外部条件，并为德国马克汇率的长期稳定提供了有力支撑。日本则过于激进，高估了本国实体经济应对汇率升值冲击的能力，没有很好地保持日元汇率稳定。再加上对内宏观经济政策失误，从根本上损害了本国实体经济，使得日元国际化水平在"昙花一现"后即迅速回落。

近年来人民币国际化水平稳步提高，加入 SDR 货币篮子后或将开始新的发展阶段。这标志着在宏观管理方面我们已经进入政策调整的敏感期。德日两国在政策调整上的差别处理及其对货币国际化产生的不同影响，对我们极具历史借鉴意义。两国经验提醒我们，政策调整不能急于求成，要在实体经济、金融市场、管理部门做好充分准备后才可放开汇率和资本账户。因此，在从当前"货币政策部分独立＋管理浮动汇率＋有限资本开放"的宏观金融政策组合转向"货币政策独立＋浮动汇率＋资本自由流动"的过程中，我们必须处理好汇率波动对国内经济金融运行的冲击，还要尽快适应跨境资本流动影响国内金融市场、金融机构以及实体经济的全新作用机制，尤其要重视防范和管理系统性金融风险。

针对上述这些市场关注度极高、对人民币国际化进程影响极大的关键问题，在历史经验研究、文献研究、理论研究、实证研究和政策研究等基础上，本报告认为：应当以宏观审慎政策框架作为制度保障，将汇率管理作为宏观金融风险管理的主要抓手，将资本流动管理作为宏观金融风险管理的关键切入点，全力防范和化解极具破坏性的系统性金融危机，确保人民币国际化战略最终目标的实现。

具体地，我们得出了以下几个核心结论与建议：

　　首先，关于人民币汇率制度和汇率管理问题。人民币汇率决定因素发生明显变化，长期汇率由基本面决定，短期汇率波动主要受跨境资本流动冲击和其他国家政策溢出效应的影响，但市场套利行为可以促使汇率回归长期均衡水平。随着汇率灵活性加大，汇率波动性对经济增长稳定性的影响程度显著提高。

　　应当进一步推动汇率市场化改革，完善人民币汇率制度，从管理浮动逐渐过渡到自由浮动。汇率政策目标的实现方式从直接干预为主转向间接干预为主，加强市场预期管理，保持长期汇率在均衡水平上的基本稳定。重视政策溢出效应，加强国际政策沟通与协调，追求与最优货币政策目标相符合的汇率政策目标。

　　其次，关于跨境资本流动与国内金融市场、机构和实体经济稳健性的关系问题。资本账户开放要与汇率制度改革相互配合，坚持"渐进、可控、协调"的原则，适应中国经济金融发展和国际经济形势变化的需要。

　　研究表明，"8·11"新汇改之后，中国资本市场价格、杠杆率和跨境资本净流入之间的关系，由之前的单向驱动关系变为循环式的互动关系，短期资本流动冲击足以影响到资本市场的价格和杠杆水平。国内各个金融子市场之间、境内外金融市场之间的资产价格联动性和金融风险传染性明显提高，对跨境资本流动的冲击更加敏感。不能冒进开放资本账户，必须加强全口径资本流动监测。

　　中资银行在资本账户开放进程中获得了更大的国际化发展空间，但是必须经受国内外双重风险的考验，在实现市场扩张与风险控制之间寻求平衡更加困难。系统重要性银行应当抓住机遇扩大跨国经营，同时要健全风险管理机制，避免成为外部冲击的放大器或系统性风险的导火索。

　　资本流动冲击较以前更复杂、更频繁，加剧了实体经济的波动性。要明确供给侧改革的抓手，内外并举推动技术进步，坚持金融服务实体经济，防止泡沫化和虚拟化，解决中国经济面临的模式不适应、创新能力落后、贸易大而不强、民间投资萎缩等问题，降低实体经济风险。人民币国际化可以在直接投资、技术进步、贸易升级等方面与供给侧改革形成良性互动，化危为机，共同推动中国经济进行结构调整和转型升级。

　　最后，关于人民币国际化进程中的宏观金融风险管理问题。金融稳定是实现人民币国际化战略最终目标的必要前提，因而构建更加全面、更具针对性的宏观审慎政策框架就是货币当局加强宏观金融管理的核心任务。

　　跨境资本流动等外部冲击与国内金融市场风险、机构风险、实体经济风险等相互交织、彼此传染，使得由单个市场或者局部风险引起连锁冲击而导致系统性风险发生的概率不断提升。需要编制中国系统性风险指数，加强对系统性风险的评估与监测。构建符合中国实际的宏观审慎政策框架，在体制机制层面实现对系统性风险的防范与管理。

　　针对目前多头监管存在的政出多门、职权交叉、责任不明、严宽不一等问题，应充分借鉴国际经验，明确当前我国金融监管改革的原则，构建符合中国实际的宏观审慎政策框架，为加强系统性风险管理提供制度保障。具体来看，要在现行金融监管框架当中增加"宏观审慎"维度，明确宏观审慎政策的具体实施部门。除了维护货币稳定之外，央行应当被赋予更多的保障金融稳定和加强金融监管的职能。从功能和机制上厘清货币政策、宏观审慎、微观审慎和行为监管四者之间的关系，加强相互之间的协调配合。全面提高金融数据的可获得性和准确性，为系统性风险的监测、分析和评估提供全面、及时的信息。同时建立有效的危机处置机制并加强金融消费者保护。

人民币国际化肩负着实现中国利益主张和改革国际货币体系的双重历史使命，是中国在 21 世纪作为新兴大国而提出的举世瞩目的重要规划之一。因此，要站在国家战略的高度做好宏观金融风险管理工作，提高货币当局宏观管理能力，为人民币国际化保驾护航。

国际货币多元化是一个动态发展过程。国际贸易格局变迁和国际金融市场动荡都可能促成国际货币格局调整。越是国际经济金融形势复杂多变之际，我们越要稳住自己，从容应对政策调整和宏观金融风险管理，守住不发生系统性金融危机的底线。人民币国际化水平稳步提高，就是对一切质疑声音的最好回应。

目　录

第 1 章

人民币国际化指数

2015 年，国际经济曲折复苏，金融市场动荡加剧，中国经济也逐步迈入新常态。在美元走强、汇率贬值、资本外流等国内外阶段性阻力下，人民币国际化进程总体向好，资本项目跨境人民币政策进一步深化，CIPS 一期上线运行，"一带一路"战略稳步推进。特别是，2015 年 11 月人民币通过审议加入 SDR 货币篮子，成为人民币国际化的重要里程碑。近五年来，人民币国际化指数（RII）增长逾 10 倍，在国际贸易、金融交易以及国际储备方面的职能全面扩展，人民币国际化阔步前行。

1.1 人民币国际化指数及变动原因

1.1.1 人民币国际化指数现状

2015 年，国际经济形势总体低迷，美联储加息、美元走强扰动全球金融市场。中国经济也逐步迈入新常态，保增长、调结构任务艰巨，"8·11"新汇改后汇率贬值压力与波动幅度增大，对人民币国际使用产生了一定的负面冲击。然而，短期波动难掩长期趋势，2015 年人民币国际化总体向好，并取得了一系列突出进展，跨境人民币使用政策进一步完善，人民币跨境支付系统（CIPS）一期上线运行，"一带一路"战略有序推进。特别是，11 月人民币通过 IMF 执董会审议，成为 SDR 货币篮子中除美元、欧元、日元与英镑以外的第五种货币，开启了人民币国际化的新篇章。2015 年，人民币作为国际货币在支付结算、金融交易以及国际储备方面的职能全面扩展，RII 继续呈上升态势。如图 1—1 所示，截至 2015 年第三季度 RII 达 3.87，同比增长 83.9%；第四季度 RII 为 3.60，同比增长 42.9%。虽短期受阻有所回落，但并未打破整体上升趋势，五年间 RII 增长逾十倍。

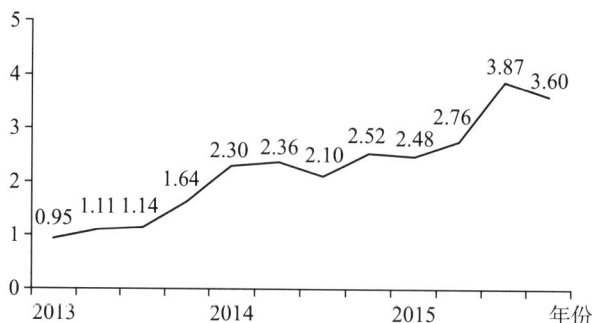

图 1—1　人民币国际化指数

注：RII 做出了以下调整：（1）近年来离岸市场快速发展，有关人民币资产数据统计日益完善，RII 国际信贷指标部分不仅包含原有的内地与中国香港数据，也将中国澳门、中国台湾、新加坡、英国伦敦等市场存贷规模纳入统计；（2）2015 年中国国际收支统计开始实行 BPM6 标准，RII 直接投资指标统计口径随之由 BPM5 调整为 BPM6；（3）由于原始数据统计调整，RII 也随之修正。

2015 年四个季度，RII 分别为 2.48、2.76、3.87 和 3.60。人民币国际化进程逐渐进入平稳拓展阶段，且 2015 年下半年阻力因素增大，致使 RII 增速整体回落，季均同比增速降至 37.8%（见图 1—2）。

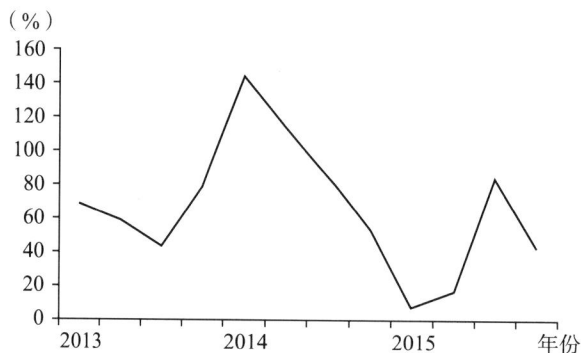

图 1—2　RII 季度同比增长情况

1.1.2　人民币国际化的主要动力

全球经济曲折复苏，国际金融局势动荡加剧，国内经济下行压力增大。在复杂严峻的国内外经济环境下，人民币国际化指数增速虽有所回落，但整体上仍保持良好上升态势。2015 年，五大动力推动 RII 再创新高：

第一，中国经济运行总体平稳，金融改革有序推进。2015 年，尽管我国经济面临较大的下行压力，但仍是全球最稳健的经济体之一，为人民币国际化奠定了坚实基础。作为新兴市场旗舰，中国 GDP 全年增长 6.9%，位于世界前列；国内着力加强结构性改革，货币政策总体稳健，经济金融体系在风险中彰显韧劲，为人民币国际使用提供持续动能；经常项目实现顺差 2 932 亿美元，同比增长 33.5%，对外直接投资同比增长 14.7%，国际收支基本保持平衡，跨境资金流出逐渐收敛回归基本面。在金融改革方面，2015 年我国把握时间窗口，对商业银行和农村合作金融机构等不再设置存款利率浮动上限，基本取消利率管制；完善人民币中间价形成机制，进一步提高汇率市场化程度，实现中间价与市场价、在岸价与离岸价的有效纠偏，CFETS 人民币汇率指数发布、央行外汇市场管理、打击海外做空等，有利于引导市场预期回归理性；以试点促创新、全国复制推广，稳步推进人民币资本项下可兑换。人民币加入 SDR，也是国际社会对我国货币金融改革成就的充分肯定。

第二，资本项目跨境人民币业务政策进一步深化。尽管国内外金融市场波动加剧、资本外流压力增大，但我国在资本项目跨境人民币使用政策方面仍然取得突出进展，为拓宽人民币回流渠道、优化企业资金运营配置、支持实体经济发展发挥了积极作用。2015 年，我国进一步放松企业发行外债管制，放宽跨境双向人民币资金池业务，提升企业跨境融资的自主性与便利化；允许境外央行（货币当局）和其他官方储备管理机构、国际金融组织、主权财富基金依法合规参与中国银行间外汇市场，开展包括即期、远期、掉期和期权在内的各品种外汇交易，提高人民币汇率代表性，增强人民币国际储备功能；合格境内投资者境外投资（QDIE）试点机构在深圳前海正式落地，"沪港通"健康运行，资产配置多元化增强。同时，我国在中国（上海）自贸区对人民币资本项目可兑换先行先试，实行以试点促创新、全国复制推广、快速发展与风险防范并举的模式，稳妥推进人民币资本项下可兑换。

第三，人民币基础设施逐步完善，相关配套体系与国际接轨。2015 年，我国进一步融入全球金融体系与管理框架之中，金融基础设施与配套体系建设日趋完善，为人民币国际使用提供了各类软硬件支撑。2015 年 10 月，作为战略性金融基础设施，人民币跨境支付系统（Cross-border Interbank Payment System，CIPS）一期上线运行，为境内外金融机构人民币跨境和离岸业务提供资金清算和结算服务，基本覆盖除美国以外的主要金融中心，人民币现代化支付体系建设取得重大进展。同时，我国在统计管理等方面积极与国际接轨，采纳 IMF 数据公布特殊标准（SDDS），加入 IMF 协调证券投资调查（CPIS）、BIS 国际银行统计（IBS）以及外汇储备币种构成调查，全面实施《国际收支（第六版）》（BPM6）标准，完善统计方法、申报和核查制度，提升经济金融统计的标准性与透明性。此外，金融市场指数体系更加丰富，CFETS 人民币汇率指数、中国银行境内外债券投融资比较指数与人民币债券交易指数、瑞银国际银行需求指数、星展人民币动力指数等纷纷推出，都为全球投资者了解、使用人民币提供了有益参考。

第四，"一带一路"战略有序推进，中欧经济金融合作掀起热潮。一方面，"一带一路"战略启动以来，我国先后与 31 个国家和地区签署一系列合作协议与谅解备忘录，大批重点建设项目落地，区域经贸交流加深，亚投行成立运营，为沿线人民币联通使用构筑了坚实载体。2015 年，中国与澳大利亚、韩国自贸协定正式实施，与 10 余个国家签署国际产能合作协议,先后和苏里南、亚美尼亚、南非、智利、塔吉克斯坦五国货币当局签订货币互换协议,国内自贸区、金融试验区加快建设,进一步夯实人民币支付结算与投融资功能。另一方面,时值建交 40 周年之际,中欧金融合作大步前进。欧盟已成为中国第一大贸易伙伴、第一大技术引进来源地和重要的投资合作伙伴,2015 年中欧商业合作达 1 692 亿美元,中欧领导人互访、经济财金对话,进一步支持欧洲离岸人民币市场建设,并在市场准入、跨境监管、投资平台、配套设施等方面加深合作。同时,人民币逐渐叩开中东欧大门,11 月第四次中国—中东欧国家领导人会晤,倡导设立 16+1 金融公司,探讨创建人民币中东欧合作基金的可能性,支持中东欧国家建立人民币清算机制,为中东欧离岸人民币市场提供了优良的外部政策环境。

第五,在金融市场动荡、美元大幅走强背景下,大宗商品领域人民币计价使用程度增强。国际油价持续低迷,石油美元收紧,中东地区人民币使用水平逆势上升。2015 年,卡塔尔人民币清算中心成立,中国与阿联酋央行签署合作备忘录,人民币成为阿联酋、卡塔尔对中国内地和香港地区支付的常用货币,支付占比分别达 74%与 60%,同比激增 52%与 247%。塞尔维亚启动人民币项目;俄罗斯对人民币接纳度不断提高,人民币成为仅次于美元、欧元受客户欢迎的第三大货币,莫斯科交易所也推出了人民币兑卢布期货交易。伦敦金属交易所接受人民币作为质押货币,7月中国(上海)自贸区跨境人民币大宗商品现货交易启动,人民币在大宗商品领域的计价功能大幅增强。

1.1.3 人民币国际化面临的主要挑战

2015 年,RII 增速明显放缓,离岸人民币存款、金融产品发行规模略有回落。短期内,人民币国际化受到一定阻力,面临以下三大挑战:

第一,人民币汇率阶段性贬值,影响国际持有与使用信心。伴随美国收紧货币政策,"8·11"新汇改以来,人民币汇率改变单边升值走势,出现阶段性贬值压力,全年对美元贬值 4.5%,资本外流、海外做空进一步加剧汇率波动,致使人民币国际化、资本账户开放进程等受到一定的冲击。居民调整资产负债安排,提前偿还美元债务,非居民减持境内人民币资产,离岸人民币存款、人民币债券发行规模都出现不同程度的萎缩。2015 年,香港人民币存款缩减至 8 511.1 亿元,同比下降15.2%;香港点心债发行量减少至 1 265.08 亿元,同比降低 42.8%。汇率波动加剧对人民币支付结算、投融资功能产生负面影响,境内外利率倒挂则进一步抑制了海外人民币使用。外汇市场及产品体系、市场主体汇率风险管理意识、货币当局金融管理能力与工具箱均存在完善与提升的空间。

第二,中国经济下行风险增大,国际看空舆论进一步施压。2015 年,我国结构性改革艰难推进,去产能、去杠杆、去库存压力增大,经济下行风险突出,全年GDP 增长 6.9%,较上年回落 0.4 个百分点,创近 25 年来新低。新旧动能处于转换之中，金融风险加速释放，传统银行不良贷款、国内债务问题、互联网金融、股市动荡、资本外流等多点爆发，贸易与投资相对低迷。人口老龄化、金融资产投资效益波动增大、供求的结构性矛盾突出以及全要素生产力增速的下降，影响经济持续活力，对人民币国际化进程产生负面作用。与此同时，国际形势复杂严峻，各类摩擦增多，海外看空中国舆论再度高企，将经济金融动荡、货币战等归因于中国，甚至夸张歪曲中国汇率、债务等问题，误导市场预期与资本流向，降低人民币资产吸引力。

第三，美元走强收复失地，人民币国际化阻力增大。国际货币体系再平衡是一个反复博弈的过程，一种货币国际地位的上升，通常伴随着另一种货币地位的下降。2008年金融危机以来，美元走弱为人民币国际化推进创造了时间窗口；2015年，美联储收紧货币政策、启动加息进程，美元强势回归，搅动国际市场，指引全球资产配置和资本流动。2015年，新兴市场货币形成1997年以来最长贬值周期，投资者避险情绪高涨，资金净流出达7 350亿美元。作为新兴市场货币代表，人民币国际化环境更加复杂严峻，使用信心有所下降。在支付结算、投融资、外汇交易以及国际储备等诸多方面，美元份额显著收复提升，对人民币国际功能拓展形成一定的挑战。

专栏1—1

人民币汇率中间价形成机制改革的重要意义

2015年8月11日，中国人民银行调整人民币兑美元汇率中间价报价机制，并在随后三个交易日内完成了中间价与市场汇率的点差校正。新汇改规定，做市商在每日银行间外汇市场开盘前，参考上一日银行间外汇市场收盘汇率，综合考虑外汇供求情况以及国际主要货币汇率变化向中国外汇交易中心提供中间价报价。与原有中间价形成机制相比，新汇改强调参照上一日收盘价和外汇市场供求关系，有利于改善中间价与市场汇率偏离、在岸价格与离岸价格偏离、人民币兑美元汇率与人民币有效汇率偏离的现状，增强了人民币汇率中间价形成的透明性与市场化程度，提高了其作为市场基准的参考性。

从市场反应来看，在一次性点差校正的情况下，人民币贬值趋势被确认，强化了市场对人民币的贬值预期，引发了预期自我实现，人民币汇率下行压力增大，对全球宏观经济、资本流动等造成了一定程度的冲击。然而，此次人民币贬值在某种程度上是对人民币汇率的修正，是汇率制度完善过程中的阶段性表现。长期来看，人民币仍将是强势货币，不存在持续贬值基础；短期内人民币汇率存在下行压力，可能出现阶段性贬值。人民币汇率报价新机制将调整一些经济金融环节的不平衡问题，引发一些波动，但总体在可承受范围内，经过短暂磨合期后，人民币汇率将逐步恢复常态。

人民币汇率报价机制调整对于人民币国际化具有积极意义。本次人民币汇率报价机制调整是人民币汇率市场化的关键一步，市场决定汇率，央行退出常态式干预。一方面，该机制有利于汇率真实反映市场供求，消除长期发展中积累的问题，收窄交易价与中间价，完善人民币国际化基本制度建设。另一方面，该调整有助于收窄在岸与离岸人民币汇差，减少资金的扭曲错配和异常套汇行为，推进人民币离岸市场健康发展。离岸汇价向在岸价格靠拢，进一步强化中国人民币定价权，保证国家金融安全。同时，人民币正处于SDR定值审查关键期，完善的汇率机制是人民币进入SDR货币篮子的重要条件。本次报价机制调整使得人民币汇率变化更加市场化并且符合国际惯例，长远有利于获得更多市场认可，增强市场持有人民币的信心。

1.2 人民币国际化指数变动的结构分析

根据人民币国际化指数的计算方法，人民币在贸易结算、金融计价和国际外汇储备中所占比例变化均会对RII指标产生影响。在人民币国际化的起步阶段，主要表现为人民币贸易结算推动RII上涨，伴随着人民币国际化进程的推进，RII的驱动模式已经转变为贸易计价结算和金融交易计价结算并行驱动。2015年，RII虽有波动，但仍呈现上升态势，人民币金融交易计价结算对RII增长的贡献超过贸易结算，成为影响RII变动最重要的因素，同时人民币外汇储备指标占比增长放缓。贸易计价结算和金融交易计价结算仍然是推动RII增长的两大动力，人民币外汇储备的影响还有待提升，人民币成为国际储备货币仍任重道远。

1.2.1 人民币国际贸易计价结算功能进一步夯实

跨境贸易人民币结算，既是人民币国际化的起点，也是人民币国际化的基石。2015年，跨境人民币收付金额合计12.1万亿元，同比增长22%。其中，实收6.19万亿元，实付5.91万亿元，受汇率变动、套利反转等影响，人民币收付比基本持平至1:0.96，较上一年1:1.4出现逆转。全年经常项下跨境人民币收付规模7.23万亿元。其中，货物贸易收付金额6.39万亿元，同比增长8.31%；服务贸易及其他经常项下收付金额8 432.2亿元，同比增长29.73%。2015年末，跨境贸易人民币结算规模全球占比上升至3.38%，同比增长110.4%，相较于2010年末水平提高近五倍（见图1—3）。

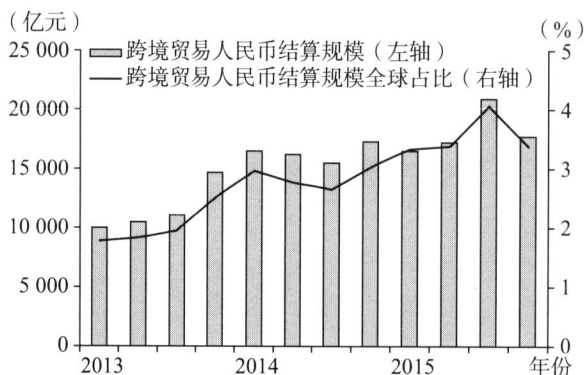

图1—3 跨境贸易人民币计价结算功能

综合看来，跨境贸易人民币结算规模不断上升，主要动力如下：

一方面，我国贸易表现相对较好，区域贸易合作进程加快，自贸区战略不断推进落实。2015年，受全球贸易需求低迷、初级商品价格下跌等多种因素叠加影响，我国进出口 39 586 亿美元，同比下降 8%，总体好于全球其他主要经济体，在国际市场份额不降反增，外贸的质量效益提高。近年来，我国与东盟、新加坡、巴基斯坦、新西兰、智利、秘鲁、哥斯达黎加、冰岛、瑞士等先后签署自贸协定，2015年12月20日《中国—澳大利亚自贸协定》、《中国—大韩民国自贸协定》也正式实施，区域经贸合作涉及 22 个经济体，遍及亚洲、拉美、大洋洲、欧洲等地区，为我国贸易规模增长、结构改善创造了良好环境。同时，我国进一步优化自由贸易区建设布局和发展水平，推动"一带一路"战略落实，加强"顶层设计"与区域经贸往来，人民币在跨境贸易结算中的接受程度日渐提升。

另一方面，人民币跨境贸易结算及相关服务更加便利、高效。中国（上海）自由贸易账户体系进一步打通了自贸区与离岸市场之间的通道，为企业涉足海外市场、满足实体经济所需的贸易结算和跨境投融资汇兑便利提供了更有效的方式。2015年10月，人民币跨境支付系统（CIPS）一期成功上线，便利跨境人民币业务处理，支持跨境货物贸易和服务贸易结算、跨境直接投资、跨境融资和跨境个人汇款等业务。此外，人民币金融交易功能的强化，也间接促进了跨境贸易中人民币使用水平，实现了贸易、实业投资与金融投资的正向循环。

1.2.2 人民币国际金融计价结算功能大幅拓展

人民币国际金融计价结算功能大幅拓展，在国际信贷、直接投资以及国际债券和票据交易中，人民币使用规模继续扩大，保持较高增长态势。截至2015年年末，人民币国际金融交易计价结算综合占比达 5.9%，同比增长 107.3%，较 2010 年末攀升近 50 倍（见图1—4）。综合来看，人民币直接投资是助推国际金融计价结算综合指标上升的最主要动力。

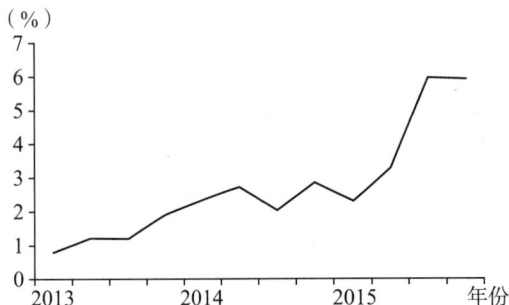

图1—4 人民币国际金融计价结算综合指标

注：人民币国际金融计价结算综合指标由全球对外信贷总额中人民币信贷比重、全球国际债券和票据发行额、余额中人民币债券和票据比重，以及全球直接投资中人民币直接投资比重构成。

1. 人民币国际信贷

2015 年，人民币国际信贷规模总体稳定。截至 2015 年第二季度，人民币国际信贷全球占比达 0.66%，较 2010 年提升近五倍；第三、四季度虽有所回落，但仍处于历史高位（见图 1—5）。人民币国际信贷规模变动主要受离岸人民币信贷存量和人民币跨境贷款试点范围两方面因素影响。一方面，据不完全统计，截至 2015 年 12 月末，中国香港、中国台湾、中国澳门、新加坡及韩国五个地区离岸人民币存款规模总计 14 971 亿元。其中，中国香港人民币存款（不包括存款证）规模 8 511 亿元，同比下降 15.2%；中国台湾银行业人民币存款规模 3 195 亿元，同比增长 5.7%；韩国人民币存款规模 46.8 亿元，11 月末澳门地区人民币存款规模 710 亿元，9 月末新加坡人民币存款规模 2 250 亿元。受汇率波动等因素影响，离岸人民币存量出现一定程度的萎缩，但海外人民币资金分布范围更加广泛，产品及市场呈现多元化发展态势。另一方面，我国人民币跨境贷款试点范围进一步扩大：7 月南沙横琴自贸新区跨境人民币贷款试点正式启动，促进内地与港澳跨境投融资便利化；泉州金改区、厦门启动跨境人民币贷款试点，促进大陆对台人民币贷款业务，扩大台湾地区人民币投资和回流渠道，推动人民币离岸市场建立发展。

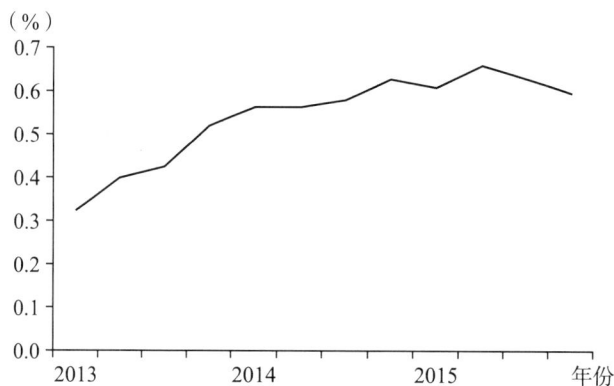

图 1—5　人民币国际信贷全球占比情况

2. 人民币直接投资

人民币直接投资由人民币对外直接投资和人民币外商直接投资两部分构成。随着"走出去"战略和国际产能合作的深化，人民币直接投资规模保持高速增长。2015 年银行累计办理人民币跨境直接投资结算业务 2.32 万亿元，同比增长 121.6%；2015 年末人民币直接投资规模全球占比达 16.56%（见图 1—6）。

尽管 2015 年我国经济下行风险加大，但 GDP 增速、资产收益率等仍位于世界前列，吸引外资魅力不减。一方面，伴随外商投资限制类项目放宽、外资落地审批核准制向备案制转变以及自贸区战略的深入推进，2015 年我国外商直接投资仍实现了 6.4% 的增长，实际使用外商直接投资规模达 1 262 亿美元。其中，人民币 FDI

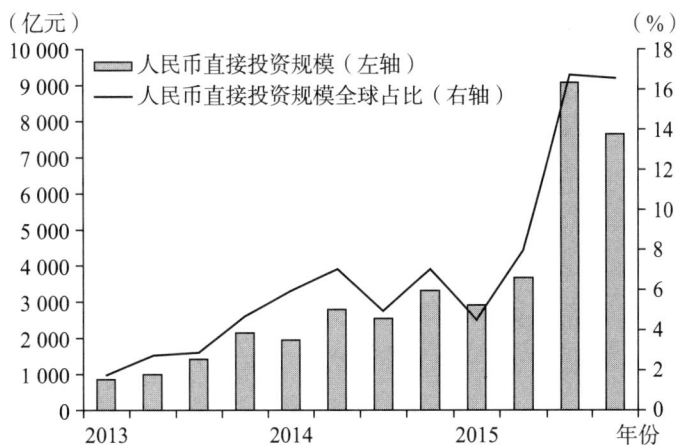

图 1—6　人民币直接投资全球占比

规模 15 871 亿元，同比增长 84.1%，2011 年以来人民币 FDI 累计达 32 758 亿元。另一方面，我国对外直接投资步伐快速前进，"一带一路"战略实施进一步加强了沿线国家的相互投资和贸易往来，为对外直接投资提供了便利。同时，中国国内经济转型推动中资企业"走出去"，在国际经济低迷窗口下，企业海外并购掀起热潮。据初步统计，2015 年中国企业共实施海外并购 593 项，累计交易金额 401 亿美元，几乎涉及国民经济的所有行业。全年境内投资者非金融类对外直接投资 1 180.2 亿美元，同比增长 14.7%。其中，人民币对外直接投资（overseas direct investment, ODI）规模达 7 362 亿元，同比增长 294.6%，2011 年以来人民币 ODI 累计达 10 683 亿元。中国"十三五"规划进一步明确强调，支持企业扩大对外投资，推动装备、技术、标准、服务"走出去"，深度融入全球产业链、价值链、物流链，建设一批大宗商品境外生产基地，培育一批跨国企业。未来，中国将进入对外投资新时代，也将为人民币直接投资增长提供持久动能。

3. 人民币国际债券和票据

债券市场是国际金融市场的重要组成部分，国际债券市场的比重份额是衡量一国货币国际使用程度的重要指标之一。2015 年，人民币国际债券与票据余额为 1 247.9 亿美元，同比增长 30.8%，全球占比从 2010 年末的 0.08% 增长至 0.59% 左右（见图 1—7）。虽然国际债券市场中人民币使用规模快速提升，但全球份额仍旧较低，影响力有限。

2015 年，人民币国际债券与票据发行规模快速上升主要基于以下三方面：

第一，境内外利差变化驱使市场主体自主选择，在岸、离岸人民币债券市场互补发展。前期，中国境内利率水平普遍高于境外，众多机构选择境外融资降低资金成本，极大地推动了点心债等离岸人民币债券市场发展；随后，中国央行数轮降息降准，美元进入加息轨道，境内外利差缩小甚至出现收益率倒挂，熊猫债受到市场热捧，发行量爆发。整体上看，在岸与离岸人民币债券市场相互补充、起伏变化，

（%）

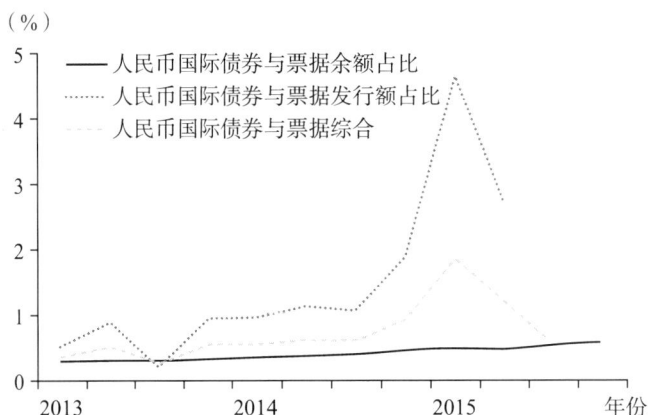

图1—7　人民币国际债券与票据综合指标

对实体经济发展、人民币投融资功能强化都具有积极意义。随着中国经济发展和人民币国际化推进，人民币国际债券发行总量呈上升态势，长期增长潜力巨大。

第二，人民币债券基础设施及相关指标逐步完善。随着人民币国际债券市场发展，相关设施指标日趋完善。2015 年，韩国启动人民币债券实时清算系统，中国台湾开始公布宝岛债券收益率曲线等，对于推动韩国、中国台湾地区离岸人民币市场的建设具有积极意义。中国银行境内外投融资比较指数、人民币债券交易指数等市场指数也相继设立发布，有效反映离岸、在岸人民币债券市场收益率差异及其变动情况，为市场主体融资选择提供量化参考。

第三，人民币债券发行限制放宽，市场开放度进一步提高。2015 年，一方面，我国进一步放开市场准入限制：4 月，汇丰、摩根士丹利和法国巴黎银行等 30 余家境外金融机构获准进入银行间市场，截至 2015 年年末，已有 292 家境外央行主权财务基金等境外机构进入银行间市场；6 月，中国人民银行批准境外人民币业务清算行、境外参加银行开展银行间债券市场债券回购交易，在一定程度上打通了人民币在岸和离岸市场，吸引境外机构进入国内债券市场，扩大其债券投资和流动性管理需求。另一方面，在政策管理上进一步放松：9 月取消企业发行外债的额度审批，采用备案登记制管理，实现对借用外债规模的宏观监管，助推人民币国际债券规模增长。

专栏 1—2

CIPS 正式启动：跨境人民币交易更加安全和便捷

2015 年 10 月 8 日，中国人民银行组织开发的人民币跨境支付系统 CIPS 一期正式上线，成为我国现代化支付体系国际支付体系发展的重要里程碑，为人民币国际化进程奠定了坚固的基石。首批直接参与机构共有包括工商银行、农业银行、中国银行、建设银行、交通银行等在内的 19 家境内中、外资银行,位于全球各地的 176 家境内外银行作为间接参与者同步运行该系统。上线首日,仅 45 分钟内便有 336 笔业务共计 6.76 亿元资金通过该系统完成结算。

近年来,我国进出口贸易不断发展,资本账户开放进程带来的国际资本流动更加频繁,人民币国际地位显著提高,多种因素作用下人民币跨境支付结算的需求日益扩大。人民币跨境和离岸清算结算使用的原有中国现代化支付系统(CNAPS)具有审查效率低、标准不统一、运行时间覆盖不全、系统安全性较低等问题,难以应对日益增长的人民币跨境支付结算需求。在此背景下,CIPS 应运而生。目前运行的 CIPS(一期)采用实时全额结算方式和直接、间接参与者由上至下的金字塔式管理结构,为客户和金融机构提供跨境货物服务贸易、跨境投融资、跨境个人汇款等业务的清算、结算服务。跨境银行间支付清算(上海)有限责任公司负责 CIPS(一期)的系统运营、参与者服务、业务拓展等工作,于法定工作日的 9:00—20:00 进行日间业务处理。直接参与者采用其作为系统内唯一标识的行号,通过在 CIPS 开立的账户进行直接业务;间接参与者可通过多个直接参与者间接进行人民币跨境支付结算业务。中国人民银行和运营机构负责制定相关制度(《人民币跨境支付系统业务暂行规则》、《人民币跨境支付系统参与者服务协议》、《人民币跨境支付系统业务操作指引》、《人民币跨境支付系统运行规则》以及《人民币跨境支付系统技术规范》),对 CIPS 进行监督和管理。据中国人民银行计划,CIPS 将在未来推出二期系统,采用更为节约流动性的混合结算方式和直通式处理,进一步提高业务效率,同时扩大直接间接参与者规模,以增强业务便捷性。

作为人民币跨境支付基础设施,CIPS 的直接意义在于完善了现有的人民币跨境清算结算模式,通过金字塔式参与者结构扩大服务覆盖范围、完善中文处理标准、加快电文转换效率,覆盖全球更多时区,整合资源提高效率。从更深层次来说,由我国央行主导成立的 CIPS 能够有效避免对 SWIFT 系统的过度依赖,提高人民币跨境清算的安全性,保证国家金融安全,为人民币国际化进程铺路搭桥。

1.2.3　人民币外汇储备职能深度强化

随着中国经济实力的增强和国际地位的提升,人民币作为储备货币在国际上获得认可的范围随之扩大。2015 年,中国人民银行先后同苏里南、亚美尼亚、南非、智利、塔吉克斯坦五国货币当局首次签订货币互换协议,与澳大利亚、马来西亚、白俄罗斯、乌克兰、英格兰、土耳其、阿联酋七国央行续签货币互换协议。截至 2015 年年末,中国人民银行已经与 33 个国家和地区货币当局签署了货币互换协议 3.28 万亿元,补充了现有货币体系缺陷,为全球特别是新兴经济体提供缓冲保障,进一步增强了市场对人民币流动性的信心。据国际货币基金组织(IMF)统计,2010—2014 年,人民币外汇储备占全球外汇储备的比重为 1.1%,虽然与美元 65.3％的比例存在较大差距，但人民币储备货币地位正在快速提升。2015 年 11 月 30 日，人民币通过 IMF 执董会审议，加入 SDR 货币篮子，成为除美元、欧元、英镑、日元之外的第五种货币，占比 10.92％，仅次于美元和欧元。人民币加入 SDR，标志着人民币迈入国际货币行列，是 IMF 对人民币的国际背书，极大地提振了市场信心，助力人民币成为全球央行外汇储备货币的重要选项之一。人民币获得越来越多的国家认可，11 月，加拿大大不列颠哥伦比亚省在中国银行间债券市场首次注册发行熊猫债 60 亿元，为首单外国政府在中国发行的熊猫债；12 月，韩国政府获得 30 亿元熊猫债发行资格；俄罗斯等国家和地区表示正在考虑将人民币纳入其储备货币。

1.3 主要货币的国际化指数比较

国际货币多元化是一个动态发展过程，国际贸易格局、国际金融市场的变化都会导致国际货币格局发生相应的调整，表现为一些货币的国际使用程度上升，另一些货币的国际使用程度下降。为了客观评估国际货币格局的发展变化，动态反映人民币与主要货币国际化水平之间的差距，本报告还用与编制 RII 同样的方法，编制了美元、欧元、日元、英镑的国际化指数（见表 1—1 和图 1—8）。2015 年，美国经济保持强劲复苏势头，美联储启动加息进程，美元大幅走强，推动美元国际化指数由上年的 54.17 上升到 54.97，美元国际货币地位再度回升。欧元区温和复苏，但是各成员国经济表现参差不齐，希腊问题、难民危机等为欧洲前景带来严峻挑战，欧元持续贬值，挫伤欧元的国际信心，欧元国际化指数继续下滑至 23.71，而且短期内难有起色。全球经济低迷、需求不足，致使日本经济略显疲软，但日元避险货币特征进一步强化，日元国际化指数总体稳定至 4.29。英国经济表现好于预期，贸易与投资增长较快，但是伴随"退欧公投"的临近，英国政治与经济形势越发不明朗，英镑汇率持续走低，英镑国际化指数由年初的 4.79 降至 4.53。

表 1—1　　　　　　　　　　世界主要货币的国际化指数

	2014Q1	2014Q2	2014Q3	2014Q4	2015Q1	2015Q2	2015Q3	2015Q4
美元	53.58	53.47	54.78	54.17	55.66	55.91	54.56	54.97
欧元	26.57	25.00	24.30	24.69	24.09	22.39	24.68	23.71
日元	4.44	4.40	4.11	4.33	4.12	4.08	4.10	4.29
英镑	5.58	4.56	4.54	4.25	4.79	4.74	4.83	4.53
总计	90.17	87.44	87.74	87.44	88.66	87.12	88.17	87.49

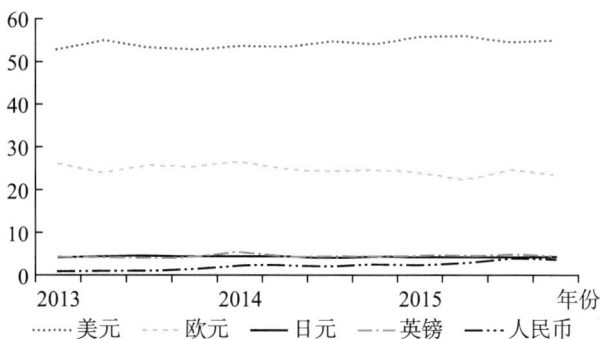

图1—8 世界主要货币国际化指数变化趋势

1.3.1 美元国际化指数变动分析

2015年美国经济温和扩张，GDP增长率为2.4%，就业市场持续复苏，失业率从年初的5.7%降至5%，创七年半以来历史低位，通胀率上升前景也较为乐观。2015年12月16日，美联储上调基准利率0.25%，正式开启加息进程，量化宽松货币政策落下帷幕。美国主导的"跨太平洋战略经济伙伴协定"（TPP）在2015年10月最终达成，美国、日本、澳大利亚等12个国家参与其中，成员国经济规模占全球经济总量的40%，也为美国贸易和经济后续增长提供了极大的信心。然而，美国经济前景并非一帆风顺，12月制造业活动指数降至48，制造业疲软态势给经济复苏增添了隐患；美联储加息、美元走强加剧了全球经济金融波动，进而产生了"回溢效应"，拖累了美国经济前景。

在美国经济复苏的支撑下，2015年全球市场持续消化美元加息预期，导致美元大幅走强。美元指数由年初的90.3一度上涨至100.47，全球资金加速回流美国市场，美元成为全球表现最好的货币。2015年第二季度，美元计价国际债券与票据余额全球占比高达43.73%，官方外汇储备中美元份额也大幅攀升至63.38%。2015年美元国际化指数为54.97，同比增长1.47%，与2010年末的51.53相比增长了6.68%，美元头号国际货币地位进一步夯实。

专栏1—3

美元加息搅动全球资本市场

自美联储2013年提出准备终结量化宽松（QE）以来，关于美元加息的预期就愈发强烈，尤其是2014年10月30日美联储宣布退出QE后，不断向市场传递加息计划，以刺激国际流动资本重新流回美国，提升美国市场的投资活力和吸引力。2015年，随着美国经济的复苏和美元加息预期的不断升温，美元指数一路高歌猛进，并于 2015 年 12 月 2 日冲击到近 12 年最高点位 100.412。各方对于美联储的货币政策倾向给予高度关注，对于美元加息的判断众说纷纭，导致较大幅度的市场波动。全球商品市场和金融市场跌宕起伏，大宗商品价格、主要国家股市、国际货币汇率均出现不同程度的震荡。

最终，美联储于 2015 年 12 月 16 日宣布将联邦基金利率上调 0.25%，并声称低利率水平仍将长期维持，根据今后经济数据表现决定加息进程。此次美元加息是近 10 年来美国首次上调联邦基准利率，打破了官方利率在零水平徘徊 84 个月的局面。美元加息决议公布后，美元指数短线上涨至 99.289 8。虽然全球金融市场早已预期到这一事件并预支了加息预期，当前主要发达国家的股市、债市、汇市都没有很大波动，但新兴市场则反应剧烈，阿根廷比索应声贬值超 30%，俄罗斯卢布、巴西雷亚尔、南非兰特出现不同程度的下跌，甚至人民币汇率也出现"十连跌"的情况。

短期来看，美元加息会直接导致曾因美国量化宽松而涌出的资金回流美国，对全球货币政策都有收紧的压力，并通过资本流动、汇率、贸易三个渠道对世界主要经济体产生一定负面影响。首先，货币与美元挂钩的经济体会自动调升利率，如香港。其次，受大宗商品价格下跌影响的经济体，如阿根廷、巴西、俄罗斯、南非等，以及负债率较高、国际收支逆差的经济体，如一些南欧国家，不得不采取提高利率、货币贬值或者进行资本管制等措施进行应对，而这又将进一步打击实体经济信心和活力。最后，欧盟、日本等仍处于经济低谷的发达经济体的货币宽松空间也受到限制，进一步的宽松政策将有可能使更多资金为追求相对高收益流向美国，从而削弱宽松的效果。

美元加息的影响将随着时间的推进逐渐衰减。长期来看，如果美国经济在加息进程中得到进一步复苏，将通过贸易渠道对中国、欧盟、日本、韩国、墨西哥和东盟各国等美国主要贸易伙伴的经济形势产生积极影响，并对大宗商品的价格形成支撑，进一步提振俄罗斯、南美、中东、非洲等地区经济。如果美国经济受到加息压制，则加息进程会放慢甚至逆转。

1.3.2 欧元国际化指数变动分析

2015 年欧洲经济出现复苏迹象，通胀率有所回温，全年欧元区 GDP 增长率为 1.6%。然而，欧元区经济复苏的基础较为脆弱，各成员国状况参差不齐，仍有诸多不明朗因素，尤其是难民危机给欧洲经济社会带来较大困扰。大量难民涌入加重了各国政府财政负担，也给欧洲安全局势和社会秩序带来隐患，削弱了欧元区经济复苏的基础。欧央行继续推行量化宽松货币政策，欧元持续贬值。近期，英国"脱欧"风险上升，一旦英国"脱欧"将会给欧盟近年来不断遭受经济和政治危机挑战的尴尬局面火上浇油，并进而产生连锁反应，导致欧元和欧元区金融市场前途黯淡，引发投资者暂离观望，扼杀欧洲经济复苏的动力。

欧洲经济复苏的脆弱性与持续的量化宽松货币政策同时发力，使得欧元一路探底，跌至金融危机爆发以来的历史低位，引发国际资本大规模撤离。在欧元占据传统优势的国际债券市场，2015 年第四季度欧元国际债券与票据余额占比降至38.48%，同比下降了 7.21%；同期官方外汇储备中欧元持有比例也降至 19.91%；跨境贸易欧元结算占比呈现缓慢下降趋势。2015 年第四季度，欧元国际化指数为23.71，与 2010 年末的 27.71 相比下降 14.43%，欧元国际地位严重受挫。

专栏 1—4

欧洲难民危机对欧洲经济复苏的影响

近年来，西亚北非地区局势震荡，并持续恶化，各宗教派别与部族内部冲突不断发酵，极端恐怖组织趁机浑水摸鱼，频繁制造恐怖事件，导致该地区人民流离失所无家可归，涌现大规模难民潮。由于欧洲对移民的开放政策和临近欧洲的地缘关系，越来越多的难民通过地中海和陆路涌入欧洲。根据联合国难民署最新数据，截至 2015 年 12 月 29 日，通过地中海和陆路前往欧洲国家寻求避难的难民数量突破100 万人，远超 2014 年的 21.9 万人，欧洲难民问题愈发严重。数以百万计的难民成群结队不断冲击欧洲国家脆弱的边境线，有些国家已经无法有效控制边境线，而西亚北非地区紧张局势在短期内尚无缓和迹象，今后一段时间内涌入欧洲的难民数量还将持续增长，欧盟预计到 2016 年年底，涌入欧洲的难民将突破 300 万。难民危机给欧洲经济复苏带来诸多不确定性因素，欧洲各国经济社会发展面临较大考验。

一方面，对于复苏依然乏力的欧洲，难民危机无疑会给其经济带来巨大压力。难民的大量涌入将增加欧洲国家的财政负担，对欧洲国家的公共财政产生不利影响：欧盟计划近两年花费 92 亿欧元用于应对难民危机，但仍被认为难以应对欧洲大陆面临的困境。据机构测算，德国政府的难民总成本可能接近 210 亿欧元，相当于其GDP 的近 0.7%，希腊的难民成本可能达到 40 亿欧元，相当于其 GDP 的 2%。同时，难民危机的发酵会进一步加剧欧洲社会的不安全性，进而影响欧洲的投资环境，这对急需外部投资振兴地区经济的欧洲来说，显然不是一个好消息。并且，新进难民有可能会挤占原本紧张的就业岗位，导致就业问题恶化，侵害本国居民的社会公共福利。人口激增伴随经济疲软不振，是非常危险的组合，持续发酵的欧洲难民危机不仅在一定程度上打击了欧元区经济复苏，也对地区安全形势、社会稳定等带来挑战，导致投资者对欧元区经济环境产生恐慌心理，冲击欧洲国际经贸往来，加大欧元下行压力，削弱欧元国际地位，如果处理不当还可能激化各成员国之间的矛盾，甚至造成一定的分裂。

另一方面，难民的到来给欧洲经济带来的正面效应也不容忽视。研究显示，由于政府在难民事务上的财政开支能够刺激国内需求，难民的到来对欧盟国家经济发展有小幅提振作用，2017 年国内生产总值有望增加 0.1%，接收难民较多的奥地利

（＋0.5％）、瑞典（＋0.4％）和德国（＋0.3％）受益会更多。同时，本地人和难民从事于不同就业领域，因此并不会产生较大的竞争和冲突。国际货币基金组织近期的一项研究表明，难民危机对欧洲经济发展、就业市场和国家财政的影响有限，难民流入对欧洲中长期经济发展的影响取决于难民能否迅速融入就业市场。因此，建议各国采取一系列融入支持措施，包括为工资成本提供补助、暂时降低最低工资标准、为个体户减负、放宽人口流动限制、提供住房和教育方面的支持等。

1.3.3 日元国际化指数变动分析

受消费疲软及全球经济放缓带来的外需下降等因素影响，2015 年日本经济复苏乏力，出现反复。受益于企业收益上升带来的资本支出增加和住宅投资的成长，第一季度实际 GDP 环比增长率达到 1％，呈现出温和复苏的经济态势。但由于超出预期的资本支出下降，第二季度实际 GDP 环比下降 0.3％，经济向好态势受阻。第三季度实际 GDP 环比增长 0.3％，资本支出上调是其主要原因。第四季度日本 GDP 受需求疲软因素拖累环比下降 0.4％。2015 年日本失业率围绕 3.3％上下波动，维持低位，就业形势良好。由于原油价格走低导致的进口额减少和日元贬值带来的出口额增加，日本贸易收支逆差大幅收缩，由 2014 年的 12.78 万亿日元下降至 2.83 万亿日元，国际收支有所改善。但贸易赤字持续五年的状况并未逆转，并不乐观的出口前景也引发了日本对外贸易能否持续好转的质疑。

2015 年日本央行维持宽松的货币政策，名义收益率被锚定的同时日本通胀预期增强，日元实际收益率被压缩，但在汇市剧烈波动的环境下日元避险特征凸显，日元表现总体较好。2015 年第四季度，国际债券与票据余额中日元占比为 1.91％，同比下降 4.02％；同期官方外汇储备中日元份额略有上涨，占比为 4.08％。日元国际化指数为 4.29，同比略有下滑。

1.3.4 英镑国际化指数变动分析

2015 年英国经济增长放缓，GDP 增长 2.2％，创近三年经济增速最低水平。失业率持续降低，截至第四季度失业率降至 5.1％，但薪资增长和失业金申请低于预期水平；2015 年平均通胀率为 0，英国放弃加息立场。全年英国贸易逆差创六年来新高，达到 1 250.28 亿英镑，对宏观经济增长产生了不利影响。英国经济趋缓、"退欧"预期、推迟加息等因素，加剧了市场看空情绪与投资者忧虑，资本流动受到冲击，英镑下行趋势明显。然而，英国在主要发达经济体中表现相对较好，优于预期，2015 年第四季度，英镑计价国际债券与票据余额全球占比达 9.55％，同比上涨了 3.02％。2015 年第四季度英镑国际化指数为 4.53，同比增长 6.59％，英镑的国际地位有所增强。

第 2 章

人民币国际化现状

2015 年，人民币国际化进程加速发展。跨境人民币使用范围与规模大幅增加，人民币离岸市场蓬勃发展，国际金融合作不断深化，人民币汇率形成机制改革稳步推进。在经济新常态下，结构调整与制度改革有序展开，资金价格的市场化改革为人民币国际化进一步扫清了机制障碍。2015 年 11 月 30 日，国际货币基金组织宣布将人民币纳入特别提款权，开启了人民币国际化的新征程。

2.1 跨境贸易人民币结算

1. 规模稳步扩大，结算占比小幅震荡

2015 年，跨境贸易人民币结算规模稳步扩大，全年跨境贸易人民币结算业务累计发生 7.23 万亿元，较 2014 年增加 6 800 亿元，增长 10.38%。跨境贸易人民币结算占中国进出口总额的 29.36%，较 2014 年增加 4.6%（见图 2—1）。

受全球经济总体复苏乏力、中国经济面临下行压力的影响，中国进出口自 2009 年以来首次出现双降局面。尽管外部环境非常严峻，人民币作为结算货币在 2015 年总体上依旧保持了增长态势，具有增幅明显放缓且结算占比全年震荡的特征。跨境贸易人民币结算规模全球占比从 2014 年第四季度的 3.04% 提升至 2015 年第四季度的 3.38%，增速放缓到 11.18%。

由于美元进入强势周期，人民币持续对美元的贬值，特别是在人民币汇率制度改革之后，第三季度人民币贸易结算规模大幅下降，在贸易总额中的占比下降了 10 个百分点。随着第四季度进出口贸易额的扩大，人民币汇率趋于稳定，人民币结算占比迅速回升至 9 月份的水平。第三季度，人民币结算的全球份额达到历史最高水平，即 4.06%。

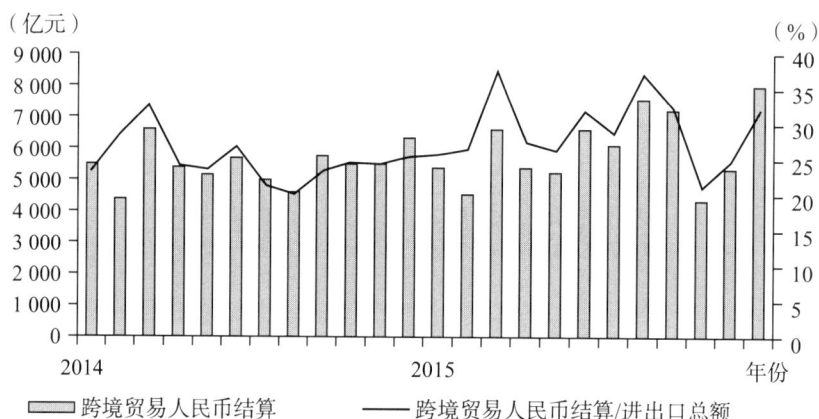

图 2—1 跨境贸易人民币结算规模

资料来源：中国人民银行、商务部。

2. 以货物贸易结算为主，服务贸易结算规模小幅增长

从结构上看，货物贸易是人民币跨境结算的主流。2015 年，以人民币进行结算的跨境货物贸易累计发生 6.39 万亿元，占跨境贸易人民币结算的 88.34%。以人民币进行结算的服务贸易及其他经常项目累计发生 8 432 亿元，占跨境贸易人民币结算的 11.66%。以人民币结算的服务贸易小幅稳定增长，第四季度增幅较大。在全球经济低迷的大环境下，2015 年 10—11 月进出口总额显著下滑，导致跨境贸易结算规模相应降低，在跨境货物贸易减幅远超服务贸易的情况下，服务贸易的人民币结算占比小幅增加。12 月，跨境货物贸易和服务贸易额均有所回升（见图 2—2 和图 2—3）。

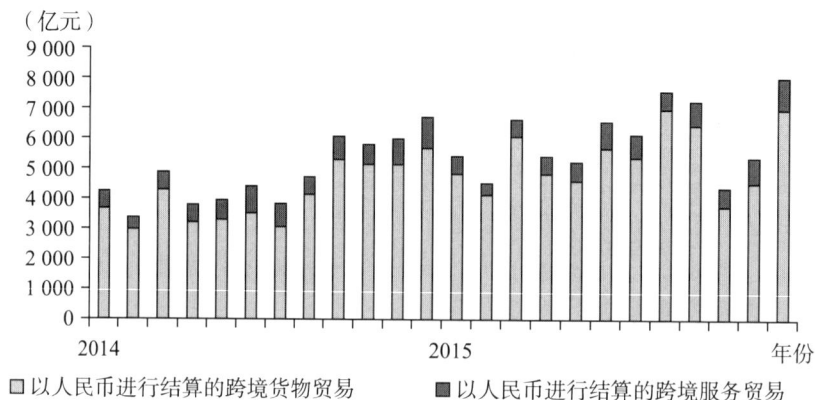

图 2—2 以人民币进行结算的货物贸易和服务贸易规模

资料来源：中国人民银行、商务部。

3. 收付关系首次逆转，出口人民币结算增长迅速

2015 年末，跨境贸易人民币结算业务实收 6.19 万亿元，较 2014 年增加 3.46

万亿元，增长 126.74%；实付 5.91 万亿元，较 2014 年增加 2.09 万亿元，增长 54.71%。结算收付比从 2014 年的 1.4 显著下降到 0.96，首次出现人民币国际化以来跨境人民币实收低于实付的局面，反映出国外企业对中国经济和人民币币值的中长期稳定具有信心，人民币国际化程度进一步加深（见图 2—4）。

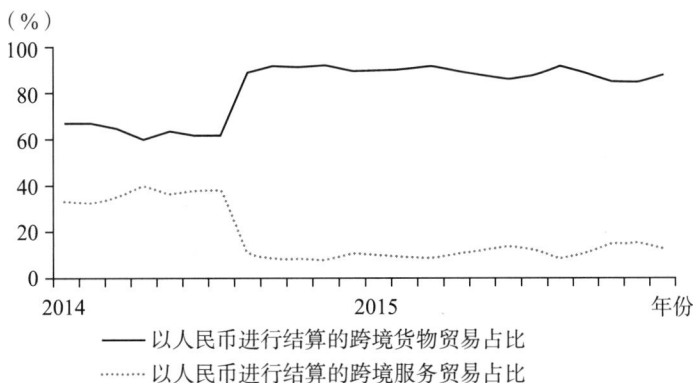

图 2—3 以人民币进行结算的货物贸易和服务贸易规模占比

资料来源：中国人民银行、商务部。

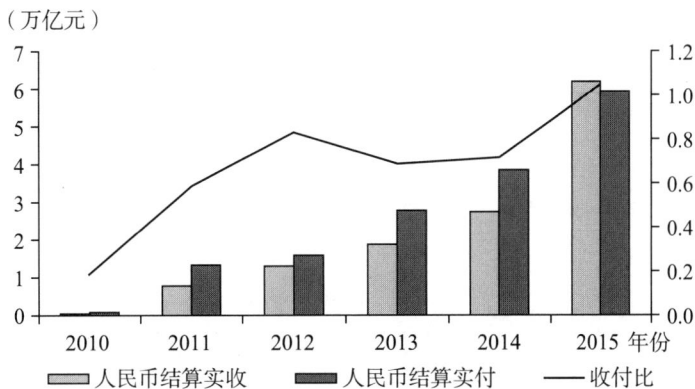

图 2—4 跨境贸易人民币结算收付比

资料来源：中国人民银行。

专栏 2—1

"一带一路"国家人民币使用意愿增强

贸易畅通是"一带一路"倡议的主要目标之一。2015 年，随着中国与"一带一路"沿线国家之间合作意向的不断加深以及务实合作的不断推进，"一带一路"沿线国家对华贸易规模大幅提升。

据商务部统计，2015 年中国与"一带一路"沿线国家双边贸易总额为 9 955 亿美元，占同期我国进出口总额的 25.1%；对中国贸易依赖程度较高的国家包括蒙古、老挝、也门共和国等。同时，为了促进贸易增长，2015 年中国企业对"一带一路"相关的 49 个国家进行了总计 148.2 亿美元的直接投资，同比增长 18.2%，投资主要流向新加坡、哈萨克斯坦、老挝等国家。

随着"一带一路"沿线国家对华贸易规模扩大，它们使用人民币结算的意向更加强烈。根据 2015 年中国银行进行的一项"一带一路"沿线国家企业使用人民币意愿的调查，73% 的受访企业认为人民币将成为重要的国际货币，2014 年只有 64% 的企业持这样的观点。44% 的企业认为人民币的国际地位将会接近美元和欧元，与 2014 年相比，提高了 11 个百分点。72% 的受访企业表示，在对华贸易中愿意使用人民币进行结算。

由于中国是"一带一路"沿线大多数国家的最大贸易伙伴，对沿线国家而言，加强与中国在贸易、投资等方面的经济合作，可以引进中方资金与技术，获得更大的贸易比较利益，提升收入水平。如果企业在对华贸易中更多地使用人民币而非第三方货币进行结算，价格稳定就会帮助它们扩大对中国的出口份额，还可以规避使用第三方货币带来的汇率风险损失，因此，越来越多的境外企业倾向于使用人民币。

2.2 人民币金融交易

2.2.1 人民币直接投资

1. 人民币境外直接投资

2015 年，中国的境外投资规模和人民币境外投资额显著增加。据商务部统计，2015 年中国境内投资者共对全球 155 个国家或地区的 6 532 家境外企业进行了直接投资，累计实现非金融类直接投资 7 350.8 亿人民币（折合 1 180.2 亿美元），较 2014 年增长 16.3%。其中，以人民币结算的对外直接投资额 7 362 亿元，较 2014 年增加 5 496 亿元，增长 294.53%。

中国经济正在进行产业结构调整和供给侧改革，需要合理配置国内外资源，国际产能合作力度不断加大。2015 年对外投资并购活动十分活跃，对外直接投资人民币结算规模也刷新了历史纪录。如图 2—5 所示，2015 年以人民币结算的对外直接投资规模及其占比总体上呈现倒 V 形：1—8 月，人民币对外直接投资规模与其占比缓慢向上攀升；8—9 月，受到人民币汇率中间价形成机制改革的影响，人民币贬值幅度迅速扩大，许多企业加快了全球配置资产的步伐，努力降低持有人民币可能面临的汇率风险，此举导致人民币对外直接投资从 851 亿元陡然升至 2 078 亿元，达到人民币国际化启动以来的峰值，人民币结算的对外直接投资占比相应陡升。9 月以后，人民币贬值预期减弱，人民币对外直接投资额亦逐渐回落，加上中国对外投资开始回暖，使得人民币结算占比减速放缓。

（亿元）
2 500

2 000

1 500

1 000

500

0

2014　　　　　　　　　　　2015

(%)
350

300

250

200

150

100

50

0

■ 以人民币结算的对外直接投资（左轴）　　　▨ 中国对外直接投资（左轴）
— 以人民币结算的对外直接投资占比（右轴）

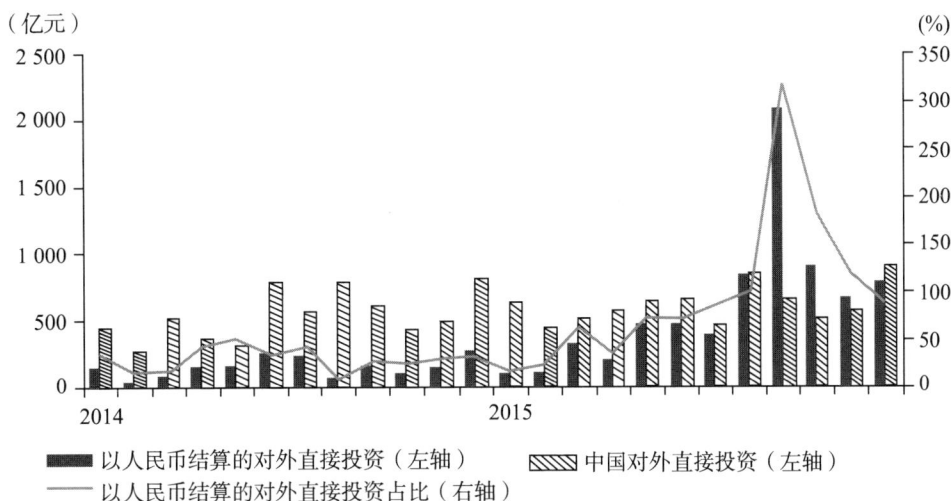

图 2—5　人民币结算的对外直接投资占中国对外直接投资的比重

资料来源：中国人民银行、商务部。

2. 人民币外商直接投资

2015 年，中国实际使用外商直接投资金额 1 262.5 亿美元，较 2014 年增加 66.92 亿美元，增长幅度为 5.6%。外商直接投资主要来源于中国香港、中国台湾、新加坡、日本等国家或地区，集中在制造业、房地产业、金融业和批发零售业。随着离岸人民币市场的不断完善和扩大，以人民币结算的外商直接投资在 2015 年显著增加，累计达到 15 871 亿元，较 2014 年增加 7 251 亿元，增长 84.11%（见图 2—6）。受到 8 月份人民币汇率形成机制改革的影响，外商为了规避汇率风险，在直接投资中大量采用人民币进行结算，使得 9 月份人民币外商直接投资额出现峰值。

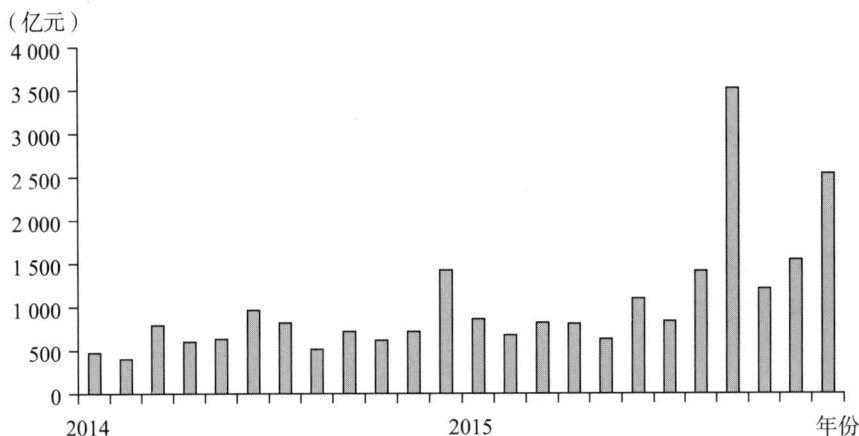

（亿元）
4 000

3 500

3 000

2 500

2 000

1 500

1 000

500

0

2014　　　　　　　　　　　2015　　　　　　年份

图 2—6　FDI 人民币结算业务

资料来源：中国人民银行、商务部。

专栏 2—2

国际产能合作推动中国境外直接投资较快增长

在经济全球化和市场竞争日趋激烈的国际形势下,"一带一路"沿线的许多发展中国家有发展经济的迫切需求,但受限于本国落后的基础设施和技术条件,不能如愿以偿。2015 年 3 月中国政府发布《推动共建丝绸之路经济带和 21 世纪海上丝绸之路的愿景与行动》,提出与周边国家全方位加强互联互通合作的构想;同年 5 月,中国政府提出了《关于推进国际产能和装备制造合作的指导意见》,将国际产能合作上升到国家战略高度。

中国政府与沿线国家政府加强务实合作,设立产能合作基金,与巴西、秘鲁等 10 多个国家共同制定了产能合作计划。毫无疑问,"一带一路"沿线国家是现阶段中国进行国际产能合作的重点区域。据商务部统计,2015 年我国非金融类对外直接投资共计 1 180.2 亿美元,同比增长 14.7%。国际产能合作成绩斐然。中国企业对包括新加坡、哈萨克斯坦、老挝、印度尼西亚、俄罗斯和泰国等"一带一路"沿线 49 个国家进行了直接投资,投资额合计 148.2 亿美元,同比增长 18.2%;并与"一带一路"相关的 60 个国家新签对外承包工程项目合同 3 987 份,新签合同额 926.4 亿美元,占同期我国对外承包工程新签合同额的 44.1%,同比增长 7.4%;完成营业额 692.6 亿美元,占同期总额的 45%,同比增长 7.6%。

基于比较优势和当地的市场需求开展国际产能合作,互利共赢、协同发展,有助于与中国合作的国家发展技术和改善营商环境,实现更快的经济增长。

2.2.2 人民币证券投资

1. 国际债券和票据市场

随着人民币国际化的推进和资本市场开放度提高,熊猫债市场迎来启动 10 年以来的首个发行高潮。2015 年,共有 6 家国内外机构在我国银行间债券市场发行熊猫债券,发行总金额为 155 亿元人民币,创历史新高。

2015 年 9 月,中国政府发布《关于推进企业发行外债备案登记制管理改革的通知》,放宽企业海外发债的条件,取消企业发行外债的额度审批,实行备案登记制管理。鼓励企业在利率较低的境外市场融资,允许资金可以在境内外自由使用,支持重点领域和产业转型升级。外债管理制度改革有利于提升离岸债券发行规模,拓宽资本项目的可兑换程度。

2015 年,人民币国际债券和票据存量稳步增长。截至 2015 年年末,人民币国际债券和票据的存量为 1 247.92 亿美元,较 2014 年末增长 294.09 亿美元,同比增长 30.8%。人民币在国际债券和票据存量的占比上升至 0.59%(见图 2—7)。国际债券是国际资本市场最重要的组成部分,人民币国际债券和票据存量的稳步增长,意味着人民币的金融交易功能正在逐步实现。

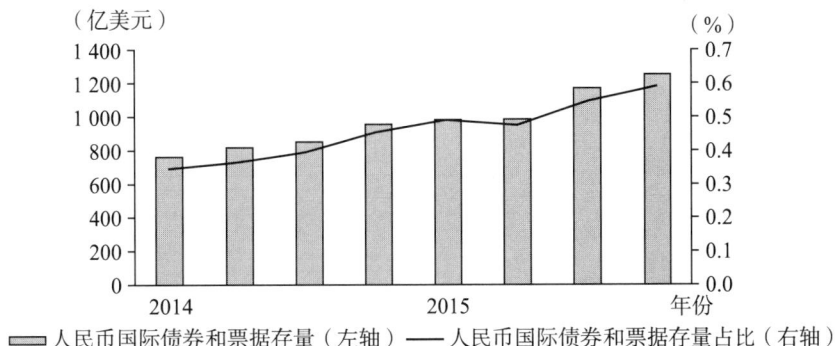

图 2—7　人民币国际债券和票据存量及其占比

资料来源：国际清算银行。

人民币国际化进程自 2009 年开启以来尽管取得了惊人的成就，但是在金融市场上仍然面临惯性编织的强大网络效应的阻碍，与目前主流的国际货币相比还有相当大的差距。截至 2015 年年末，在全球国际债券和票据余额中，美元占比为 43.73%，欧元占比为 38.48%，英镑占比为 9.55%，日元占比为 1.91%（见图 2—8）。人民币国际化任重而道远，需要不断拓展与完善。

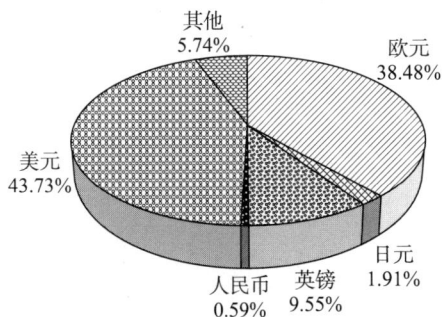

图 2—8　2015 年末国际债券和票据存量币种结构

资料来源：国际清算银行。

离岸市场是人民币国际债券发行的主要场所。2015 年全球多个国际金融中心开展了离岸人民币业务，离岸人民币存款规模迅速扩大，为人民币国际债券的发行创造了良好的条件。除香港外，新加坡、伦敦、台北、首尔、法兰克福、卢森堡等地的人民币离岸市场参与主体、产品更加多元化，市场规模明显扩大。当然，香港仍然是最大的人民币离岸市场，2015 年，香港地区的人民币债券存量由 2014 年底的 3 860.87 亿元上升到 3 971.16 亿元，增长了 2.86%。其中变化最明显的是金融债的存量，由 2014 年的 1 112.27 亿元增加到 2015 年的 1 203.24 亿元，市场份额提升了 5 个百分点（见表 2—1）。

表 2—1 　　　　　　　　　　　　　　**2015 年香港人民币债券产品规模与结构**

类别	存量总额（亿元）	占比（%）	债券数（只）	占比（%）
企债	1 761.22	44.35	154	43.88
国债	934.00	23.52	37	10.55
金融债	1 203.24	30.30	152	43.31
可转债	72.70	1.83	8	2.28
合计	3 971.16	100.00	351	100.00

资料来源：Wind 资讯。

欧洲本地投资者点心债发行量占总体发行量的 47%，来自美国、中国和其他地区的投资者分别占 14%、5% 和 34%。在亚洲市场之外，卢森堡已经成为点心债发行的第一大离岸中心。2015 年新发行点心债 31 笔，总规模为 110 亿元人民币。发行债券数量相比 2014 年上升 34.78%。

2. 股票市场

中国金融结构与经济结构调整相适应，融资方式逐渐由间接融资向直接融资转变，资本市场的融资功能有所增强。2015 年末股票市价总值（A、B 股）共计 53.1 万亿元，较 2014 年末增加 15.9 万亿元，增幅 42.74%。2015 年末股市流通市值为 41.8 万亿元，较 2014 年末增加 10.2 万亿元，增幅 32.27%。股价总体水平的大幅上涨使得交易更加活跃，成交量屡创新高。2015 年沪深两市累计成交 255.1 万亿元，较 2014 年增加 180.7 万亿元，增幅 242.87%。日均成交 10 453.03 亿元，较 2014 年增加 7 416.65 亿元，增幅 244.26%（见图 2—9）。

2015 年中国股票市场出现了非理性巨幅波动。高配资以及融资融券的不断扩大放大了杠杆，市场上弥漫的乐观情绪助推了股市的上涨，2015 年 6 月 12 日上证指数达到了 5 178.19 点的年内最高点。在证监会清理场外配资以及规范融资融券活动后，股市快速下跌，上证指数于 2015 年 8 月 26 日达到了年内的最低点 2 850.71，短短两个多月时间内下跌了 44.9%，成交量大幅萎缩。

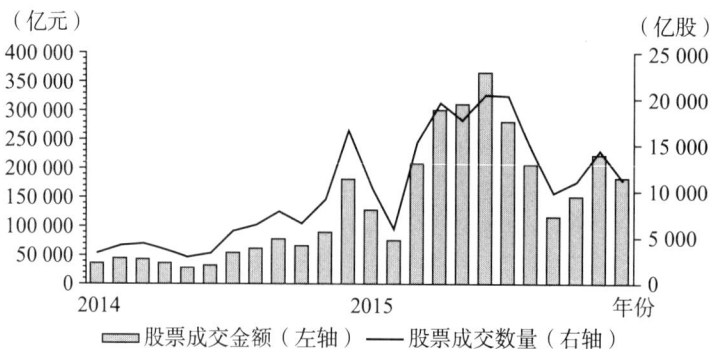

图 2—9　中国股票市场交易情况

资料来源：中国证券监督管理委员会。

2015 年共有 219 家新公司上市，其中在上证主板上市的公司有 89 家，在深证中小板上市的公司有 44 家，在创业板上市的公司有 86 家。新上市公司共通过股票市场融资 1 766.91 亿元。已上市公司定向增发的金额也较 2014 年大幅增长，全年增发金额达到 6 709.48 亿元，增幅达到 66.43％（见表 2—2）。资本市场的融资功能加强。

2015 年 11 月 18 日，由上海证券交易所、德意志交易所集团及中国金融期货交易所分别按 40％、40％和 20％的比例合资成立的中欧国际交易所在法兰克福开业，交易人民币金融产品。产品包括以人民币计价的以中国 A 股指数为基础的 ETF 产品，以及中国银行发行的人民币金融债。已在德交所挂牌的 12 只中国市场相关 ETF 及 180 多只人民币债券也转移至中欧所的交易平台。

表 2—2　　中国股票市场筹资金额

时间	首次发行金额			再筹资金额					
	A 股（亿元）	B 股（亿美元）	H 股（亿美元）	A 股（亿元）				B 股（亿美元）	H 股（亿美元）
				公开增发	定向增发	配股	权证行权		
2013	0	0	113.17	80.42	2 246.59	475.75	0	0	59.51
2014	668.89	0	128.72	18.26	4 031.3	137.98	0	0	212.90
2015	1 766.91	0	236.19	0	6 709.48	42.33		0	227.12

资料来源：中国证券监督管理委员会。

专栏 2—3

交通银行的国际化战略与海外业务拓展

一、交通银行的国际化战略

交通银行成立于 1908 年，是最早尝试国际化发展的国内商业银行之一。早在创建之初，交通银行就走出国门，1909 年设立西贡代办处、香港分号，1910 年设立新加坡分号、仰光分行，1918 年设立驻日经理处，1939 年设立凉山通讯处、菲律宾分行，1941 年设立加尔各答支行，各境外分支机构均在当地享有良好声誉。

2009 年，改组上市后的交通银行确立了"走国际化、综合化道路，建设以财富管理为特色的一流公众持股银行集团"的发展战略（简称"两化一行"战略），不断完善海外业务管理体系，持续增强跨境金融服务能力，打造全球金融服务平台、跨境财富管理平台以及结算、清算和融资中心，国际化发展平稳快速推进，境内外联动及跨境人民币等拳头业务竞争优势明显，"以亚太为主体、欧美为两翼，拓展全球布局"的境外机构网络建设取得良好发展。

截至 2015 年年末，交行在香港、纽约、东京、新加坡、首尔、法兰克福、澳门、胡志明市、伦敦、悉尼、旧金山、台北、多伦多、布里斯班、卢森堡共设立 15 家境外银行机构，其中包括 14 家境外分（子）行和 1 家代表处，境外经营网点达 56 个（不含代表处）。2015 年 5 月，交行与巴西 BBM 银行签署了 BBM 银行股权转让协议，成为交行通过并购方式设立海外机构的第一单。交通银行经营网络已延伸到亚洲、北美、欧洲、大洋洲和拉丁美洲。目前，交通银行正积极推动在香港、欧洲、北美等地的机构建设，加强对非洲、中东、东欧等"一带一路"沿线国家的规划研究，"一体两翼、拓展全球"的国际布局将日趋完善。

二、交通银行海外业务拓展

（1）主动对接"一带一路"战略。交通银行紧密地围绕"一带一路"战略进行境外机构布局，从自身优势出发，找准目标客户、目标项目，打造并充分发挥相应的产品体系和服务能力等优势；交通银行重视风险管理，不仅针对项目本身逐个进行风险排查，还针对项目所在地进行国别风险研判，提出全面、可靠的安全举措，在安全可控的基础上切实落实"一带一路"战略的各类金融需求。

（2）坚持客户跟随战略。交通银行坚持中资"走出去"企业客户与境外当地优质客户并重、大型企业客户与中小企业客户并重、基础客户与中高端客户并重的原则，重视争取"走出去"、"引进来"客户和本地客户的金融服务机会。交通银行将全球化客户发展战略与对境外本地客户的拓展和维护相结合，选择合适的切入点拓展本土市场，扩大本地业务资产占比；大力加强与境外同业客户的合作往来，围绕"一带一路"战略，加强与国家开发银行、中国进出口银行、中国出口信用保险公司等政策性金融机构的合作往来，积极探寻与金砖国家新开发银行的合作机会。

（3）以境内外联动为纽带，发挥集团整体协同效应。交通银行坚持"一个交行、一个客户"理念，通过境内外机构共享集团网络资源、客户资源、渠道资源和品牌资源，形成强大的合力，发挥协同效应，为客户提供境内外、本外币、离在岸全方位一体化服务。

（4）充分抓住人民币国际化机遇。在跨境贸易领域，交通银行灵活运用境内外两个市场，围绕客户提供全交易链条的综合服务方案，拓展跨境人民币资金集中运用服务；在跨境投融资领域，交通银行抓住人民币资本业务领域的契机，推动人民币在项目融资中的运用，利用区域性金融创新政策，支持企业开展跨境人民币及国内外借款等业务；在金融市场领域，交通银行加快研发推广货币互换、利率互换等离岸市场衍生品，推动开展人民币熊猫债业务，推进人民币债券二级市场交易发展。

以"两化一行"战略推动国际化发展，是交通银行的重大战略决策。交通银行将继续紧密结合内外部形势和境外业务实际，坚持效益和规模相结合、共性业务和差异化业务相结合、全方位联动和本地化经营相结合、业务发展和风险管控相结合的原则，切实推进落实国际化战略的深入实施。

3. 衍生品市场

截至 2015 年第四季度，全球利率衍生品 OTC 市场未清偿余额达 384 万亿美元。最主要的交易货币是美元、欧元、日元、英镑，这四种货币的占比分别为 36.19%、30.69%、10.05%、9.93%。与上年同期相比，美元、日元的未清偿余额、市值占比明显增加，欧元则大幅下降。英镑的市值占比增幅最大，但是未清偿余额却下降了（见图 2—10）。

中国的衍生品金融市场发展滞后，规模偏小，与发达国家相比仍然存在较大的差距，人民币衍生产品尚未被国际清算银行单独统计，被列入其他币种。

如表 2—3 所示，与 2014 年相比，2015 年全球利率衍生品 OTC 市场的一个发展趋势是：其他币种的未清偿余额和市值均明显上升。其他币种利率衍生品 OTC 市场的未清偿余额占全部币种的比重从 8.47% 上升到 10.25%，其他币种利率衍生品 OTC 市场的市值比重由 5.06% 上升至 6.63%。表明在主要国际储备货币之外，其他币种的避险工具也得到更多的运用。

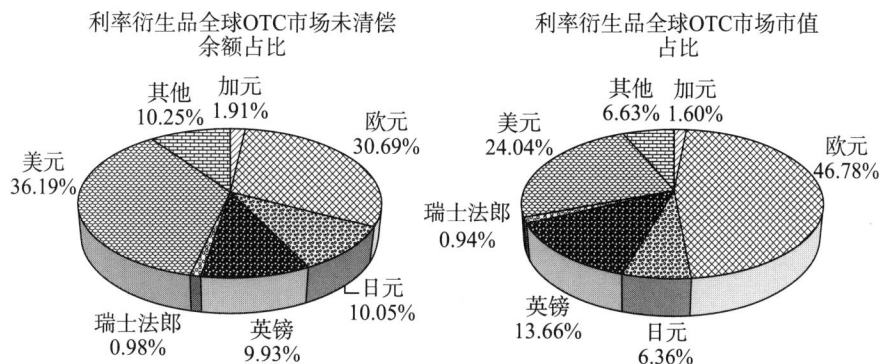

图 2—10　2015 年全球利率衍生品 OTC 市场币种结构

资料来源：国际清算银行。

表 2—3　　　　　　　　　全球利率衍生品 OTC 市场币种结构（%）

币种	利率衍生品全球 OTC 市场未清偿余额占比		利率衍生品全球 OTC 市场市值占比	
	2014Q4	2015Q4	2014Q4	2015Q4
加元	2.00	1.91	1.05	1.60
欧元	33.09	30.69	52.44	46.78
日元	9.13	10.05	5.11	6.36
英镑	11.28	9.93	11.71	13.66
瑞士法郎	0.94	0.98	0.82	0.94
美元	34.14	36.19	23.07	24.04
其他	9.42	10.25	5.80	6.63

资料来源：国际清算银行。

2015 年，人民币利率市场化改革基本完成，人民币汇率形成机制越来越市场化，人民币利率和汇率的波动性明显扩大。为了满足市场规避人民币汇率风险的迫切需要，离岸人民币市场的衍生品创新不断涌现。例如，2015 年 3 月 17 日，莫斯科交易所推出人民币/卢布期货交易。7 月 20 日，台湾期货交易所挂牌两档人民币汇率期货商品，分别为契约规模 2 万美元的"小型美元兑人民币汇率期货"及契约规模 10 万美元的"美元兑人民币汇率期货"。目前，在香港交易的人民币衍生产品有两种：美元兑人民币期货和中华 120 指数期货。2015 年美元兑人民币期货共成交 262 433 手，比 2014 年增长 67 384 手，增幅为 34.55%，中华 120 指数期货 2015 年共成交 27 427 手，每季度成交量呈递减趋势（见表 2—4）。

表 2—4 美元兑人民币期货和中华 120 指数期货交易情况汇总 单位：手

	2014 年				2015 年			
	1 季度	2 季度	3 季度	4 季度	1 季度	2 季度	3 季度	4 季度
美元兑人民币期货	75 498	33 359	42 843	53 349	58 303	34 390	86 580	83 160
中华 120 指数期货	9 824	8 678	10 935	10 756	14 375	9 403	3 363	286

资料来源：香港联合交易所。

在资金市场上，2015 年人民币利率互换市场继续保持活跃，且交易热度不断上升。利率互换的交易金额达到 8.22 万亿元，比 2014 年增加 4.18 万亿元，增幅为 104%（见表 2—5）。

表 2—5 银行间市场利率互换交易额 单位：亿元

	2014 年				2015 年			
	1 季度	2 季度	3 季度	4 季度	1 季度	2 季度	3 季度	4 季度
利率互换	8 044.5	8 908.53	9 577.68	13 786.59	16 597.79	19 319.37	22 519.47	23 721.98

资料来源：中国外汇交易中心。

2015 年沪深 300 股指期货成交额快速增长，共成交 439.67 万亿元，比 2014 年增加 276.54 万亿元，增幅达 169.52%。沪深股指期货成交金额与沪深 300 指数波动之间保持较高的同步性，说明沪深 300 股指期货在对冲风险方面发挥了积极作用。国债是境外机构投资者的主要投资对象，在利率市场化完成之后，具有对冲利率风险功能的国债期货受到市场青睐，2015 年国债期货成交 4.36 万亿元，比上一年增长了 396%（见表 2—6）。

表 2—6　　　　　　　　　　　股指期货、国债期货交易情况　　　　　　　　　单位：亿元

	2014 年				2015 年			
	1 季度	2 季度	3 季度	4 季度	1 季度	2 季度	3 季度	4 季度
沪深 300 股指期货	272 821	275 356	348 607	734 601	882 766	1 546 583	977 621	989 717
国债期货	1 083.95	1 078.99	1 322.63	5 299.58	6 778.97	7 167.55	4 334.30	25 314.17

资料来源：中国金融期货交易所。

4. 非居民投资人民币金融资产

随着中国金融市场的逐渐开放，非居民投资股票和债券的热情上升，投资规模逐渐扩大。目前非居民投资人民币股票有三种渠道：合格境外机构投资者（QFII）、人民币合格境外机构投资者（RQFII）和沪港通。前两种仅仅适用于机构投资者，第三种适用于个人投资者。

2015 年，QFII 和 RQFII 增长较快。新增 QFII 20 家，比 2014 年增长 7.27%，总数达到 295 家。新增 RQFF68 家，比 2014 年增长 57.63%，总数达到 186 家。

截至 2015 年年底，我国银行间债券市场的准入机构包括 40 家合格境外机构投资者、131 家人民币合格境外机构投资者、84 家境外银行和 16 家境外保险公司。2015 年外资机构参与银行间债券市场现券交易共成交 177 625 笔，共计 159 316.55 亿元（见图 2—11）。

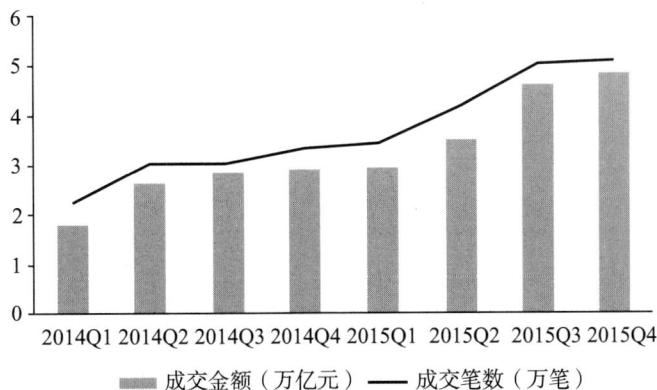

图 2—11　外资机构参与银行间债券市场现券交易

资料来源：中国外汇交易中心。

受到 2015 年股市巨幅振荡和人民币贬值预期的影响，非居民投资中国股票的规模锐减，中国居民投资境外市场的规模陡增。香港联合交易所的数据显示，2015 年 12 月沪股通成交金额为 625.27 亿元人民币，比 2014 年 12 月减少 46%；港股通

2015 年 12 月成交金额为 452.35 亿港币，比 2014 年 12 月增长 145%。

总体上看，人民币金融资产具有越来越大的国际吸引力。2015 年境外机构和个人持有境内人民币金融资产数量大体保持稳定，2015 年前半年受益于中国股市的上涨，境外机构和个人持有的境内股票、债券和贷款等都有一定幅度的增加。2015 年下半年由于股市的下跌和人民币汇率的下挫，境外机构和个人持有的境内股票和存款有一定幅度的减少（见表 2—7）。

表 2—7　　　　　　　境外机构和个人持有境内人民币金融资产情况　　　　　单位：亿元

项目	2014Q1	2014Q2	2014Q3	2014Q4	2015Q1	2015Q2	2015Q3	2015Q4
股票	9 790.76	10 426.99	13 332.98	15 313.38	20 121.46	24 325.43	16 782.28	16 513.76
债券	14 003.20	16 295.90	17 979.59	19 600.92	21 345.98	22 478.36	23 402.83	22 718.63
贷款	21 299.51	24 945.63	26 129.73	24 900.87	26 174.44	26 899.73	28 661.28	26 942.65
存款	55 576.06	60 215.43	65 126.38	70 538.32	63 386.11	63 844.34	54 574.54	46 635.06

注：股票市值余额因非居民通过沪股通持有的股票市值余额纳入统计进行调整。

2.2.3　人民币境外信贷

截至 2015 年年末，境内金融机构人民币境外贷款余额达 3 153.47 亿元，较 2014 年增长 58.49%。新增贷款 139.74 亿元，比 2014 年多增加 27.84 亿元。人民币境外贷款占金融机构贷款总额的比重为 0.34%，较 2014 年增长较快（见图 2—12）。人民币境外贷款大幅增加，原因在于境外人民币的利率降低，而且人民币存在贬值预期，企业为了降低融资成本，增加了人民币境外借款需求，这一趋势在 8 月份的人民币汇率改革之后表现得格外明显，大幅推动境外人民币贷款规模，人民币贷款占总贷款的比重上升。

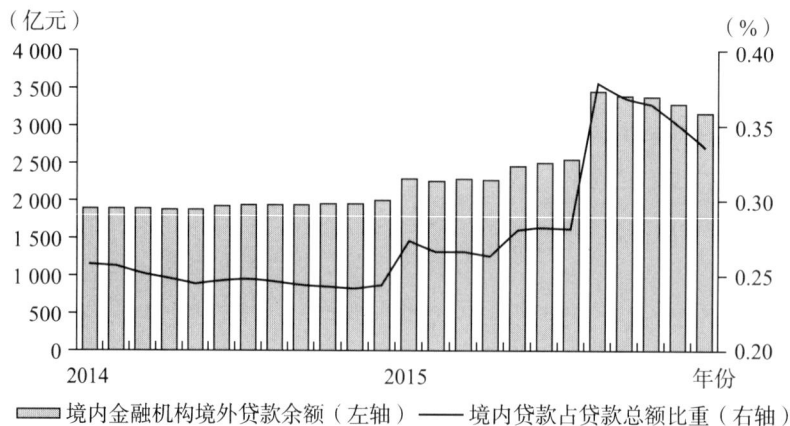

图 2—12　中国金融机构人民币境外贷款余额及占比

资料来源：中国人民银行。

跨境人民币贷款既包含境内金融机构发放的境外贷款，也包含境外金融机构向境内企业发放的人民币贷款。由于境外人民币利率比境内低，所以境内企业有强烈的意愿进行跨境人民币贷款。2013 年央行已经批准上海自贸区、深圳前海以及昆山试验区三个区域内的企业从境外金融机构进行人民币融资，这一举措在 2014 年又取得了新的进展，天津、广西、云南的部分试点区域的企业获准到东南亚及其他人民币离岸市场进行跨境人民币贷款。2015 年央行批准了广东南沙、横琴自贸区开展跨境人民币贷款业务试点，允许该区域内的企业从港澳地区银行借入人民币资金，资金使用范围限于区内或境外，包括区内生产经营、区内项目建设以及区内企业的境外项目建设等，资金投向应符合国家宏观调控方向和产业政策导向。这些进一步开放信贷市场的政策措施，也是 2015 年人民币境外贷款余额大幅增长的一大原因。

2.2.4 人民币外汇交易

2015 年中国人民银行对人民币汇率中间价的形成机制进行了改革，自 2015 年 8 月 11 日起，做市商在每日银行间外汇市场开盘前向中国外汇交易中心提供的报价应主要参考上一日银行间外汇市场的收盘汇率，并结合上一日国际主要货币汇率变化以及外汇供求情况进行微调，基本上实现了市场化改革目标。由于汇率波动幅度扩大，同时受到美联储加息预期的影响，市场对人民币汇率的预期出现了分化，导致 2015 年外汇市场人民币对不同货币的交易量有涨有跌（见表 2—8）。人民币即期交易额达到 4.86 万亿美元，同比增长 18.23%。

表 2—8　　　　　2015 年银行间外汇即期市场人民币对各币种交易量　　　　单位：亿美元

币种	美元	欧元	日元	港币	英镑	澳元	新西兰元	新加坡元	加拿大元	林吉特	卢布	瑞士法郎
交易量	46 131	678	537	278.97	1 245	160	27	605	20	2	35	23
同比	19%	33%	−27%	−15%	−44%	−34%	−39%	345%	818%	23%	−11%	−44%

资料来源：Wind 资讯。

衍生品在汇率风险管理中的作用受到越来越多的重视。在中国外汇市场衍生品中，掉期是交易量最大的品种，而且交易币种主要是美元。2015 年外汇市场人民币对美元掉期交易量 8.34 万亿美元，同比增加 3.88 万亿美元，增长了 86.9%。人民币对美元远期交易量 371.99 亿美元，比 2014 年减少 156.46 亿美元，同比下降 29.6%（见图 2—13）。

2015 年外币对交易量达 1 915.18 亿美元，同比增加 267.62 亿美元，增幅为 16.24%。其中，美元对欧元的交易规模最大，交易量高达 841.41 亿美元，占外币对交易总额的 43.93%。

2015 年 9 月 30 日，中国人民银行发布公告，开放境外央行（货币当局）和其他官方储备管理机构、国际金融组织、主权财富基金依法合规参与中国银行间外汇市场，开展包括即期、远期、掉期和期权在内的各品种外汇交易。此举是人民币资本项目可兑换和人民币国际化的重要步骤，为外国央行在官方储备中持有人民币资产创造了条件。包括各国央行在内的一批重要国际金融机构参与中国银行间外汇市场，将极大地提高人民币在岸市场的成交量，提升银行间市场人民币汇率的代表性。

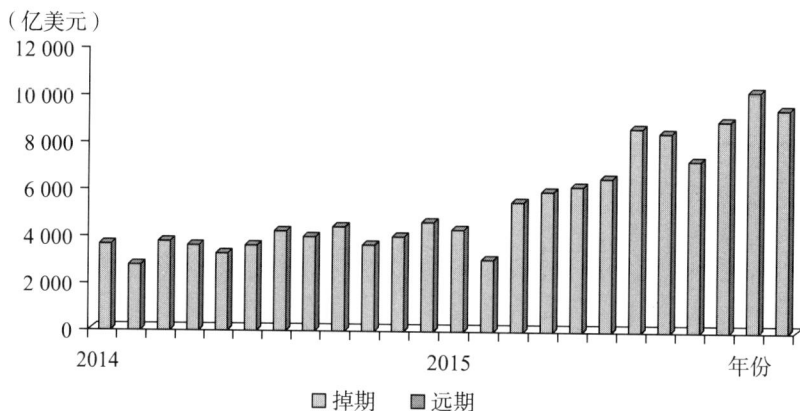

图 2—13　人民币外汇衍生品市场

资料来源：中国外汇交易中心。

2.3　全球外汇储备中的人民币

2.3.1　央行层面的加强货币金融合作

截至 2015 年年末，中国人民银行已与 33 个国家和地区的货币当局签署货币互换协议，货币互换余额为 3.31 万亿元（见图 2—14）；其中，中国人民银行与白俄罗斯、阿拉伯联合酋长国、土耳其、澳大利亚、乌克兰以及英国第二次续签协议，与马来西亚第三次续签协议。与 2014 年相比，新增了苏里南、亚美尼亚、南非、智利和塔吉克斯坦 5 个国家和地区。不同于发达经济体间签订的旨在应对危机的货币互换协议，中国人民银行与境外货币当局签订本币互换协议的目的不仅包括维护区域金融稳定，还包括促进双边贸易和投资。

除了在央行层面签订货币互换协议外，清算行制度也在市场层面为人民币流动性提供了保障。2015 年，中国人民银行分别授权在吉隆坡、曼谷、悉尼、卡塔尔、智利、南非等地建立了人民币清算行，为当地使用人民币提供便利和支持。2015 年 11 月 30 日，美国多位金融及工商界领袖宣布，成立人民币交易和清算工作组，探讨在美国建立人民币交易和清算机制，以便美国机构使用和接受人民币付款，降低交易成本并提高效率。

（亿元）

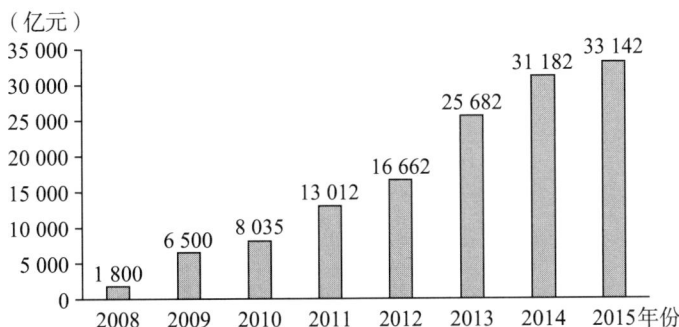

图 2—14 中国人民银行与其他货币当局的货币互换余额

资料来源：中国人民银行。

2.3.2 国际储备货币多元化

国际货币基金组织（IMF）将官方外汇储备分为"可划分币种"（Allocated Reserves）和"不可划分币种"（Unallocated Reserves）两个部分。凡是在各国官方储备中的累计份额超过1%的货币，IMF都将其列入"可划分币种"的外汇储备的统计范围。2015年底，"可划分币种"的外汇储备为6.81万亿美元，占全球官方外汇储备总额的62.3%，"不可划分币种"的外汇储备为4.11万亿美元，占全球官方外汇储备总额的37.6%。与2014年相比，"不可划分币种"的外汇储备的比重下降了大约10%。

在"可划分币种"的外汇储备中，美元储备4.36万亿美元，占64.02%；欧元储备1.35万亿美元，占19.82%；英镑储备0.33万亿美元，占4.84%；日元储备0.28万亿美元，占4.11%；瑞士法郎储备210.34亿美元，占0.30%；加元储备0.13万亿美元，占1.90%；澳元储备0.13万亿美元，占1.90%（见表2—9）。与2014年相比，美元、英镑的储备货币地位上升明显，超过1个百分点。与此相反，欧元的储备货币地位大幅下降，降幅超过2.3个百分点。其他货币的变化不大，地位相对稳定。

表 2—9　　　　　　　　　全球官方外汇储备的币种分布结构（%）

	2014				2015			
	Q1	Q2	Q3	Q4	Q1	Q2	Q3	Q4
全球外汇储备	100	100	100	100	100	100	100	100
可划分币种的外汇储备	52.69	52.65	52.56	52.45	53.02	58.14	58.96	62.30
美元	60.8	60.73	62.37	62.88	64.17	63.77	63.98	64.02
欧元	24.33	24.09	22.6	22.21	20.8	20.5	20.34	19.82

续前表

	2014				2015			
	Q1	Q2	Q3	Q4	Q1	Q2	Q3	Q4
日元	3.93	4.03	3.96	3.96	4.2	3.81	3.77	4.11
英镑	3.86	3.88	3.85	3.8	3.91	4.69	4.72	4.84
瑞士法郎	0.26	0.27	0.27	0.28	0.29	0.3	0.28	0.30
加元	1.87	1.99	1.93	1.91	1.84	1.92	1.89	1.90
澳元	1.89	1.92	1.88	1.81	1.73	1.9	1.89	1.90
其他币种	3.05	3.1	3.14	3.14	3.07	3.11	3.19	2.99
不可划分币种的外汇储备	47.31	47.35	47.44	47.55	46.98	41.86	41.04	37.70

注：（1）"可划分币种"的外汇储备来自 COFER 数据库；各币种的外汇储备结构是相应币种的外汇储备额与"可划分币种"的外汇储备的比值，该算法与 IMF 一致。

（2）"不可划分币种"的外汇储备是外汇储备总额与"可划分币种"的外汇储备之差。

资料来源：IMF COFER 数据库；IMF：《国际金融统计》。

2015 年 11 月 30 日，国际货币基金组织（IMF）执董会决定将人民币纳入特别提款权（SDR）货币篮子，SDR 货币篮子相应扩大至美元、欧元、人民币、日元、英镑 5 种货币，人民币在 SDR 货币篮子中的权重为 10.92%，美元、欧元、日元和英镑的权重分别为 41.73%、30.93%、8.33% 和 8.09%，新的 SDR 篮子将于 2016 年 10 月 1 日生效。人民币加入 SDR 有助于增强 SDR 的代表性和吸引力，完善现行国际货币体系。

人民币已经进入数十个国家的官方储备。2015 年 6 月 24 日，蒙古国政府首次发行离岸人民币债券，金额 10 亿元，期限 3 年，按面值平价发行，票面利率及收益率均为 7.50%。11 月 27 日，中国银行间市场交易商协会接受加拿大大不列颠哥伦比亚省在我国银行间债券市场发行 60 亿元人民币债券的注册。12 月 15 日，韩国政府在中国银行间债券市场发行 30 亿元三年期人民币债券，中标利率 3.00%，这是首个境外主权国家在中国境内发行熊猫债。外国政府通过发行人民币计价债券的方式将人民币纳入外汇储备资产，表明人民币的储备货币功能逐步增强。

专栏 2—4

人民币资产的国际吸引力不断增加

伴随人民币国际化程度的不断深入，人民币资本账户开放程度的不断提升，人民币针对一篮子货币汇率的逐步稳定，2015 年人民币资产受到国际金融机构和投资者的热烈追捧，国际吸引力明显增加。

首先，人民币资本项目可兑换程度继续扩大。直接投资项下外汇管理的行政许可已基本取消，除了极少数涉及个人和"热钱"的项目外，85％的资本项目都实现了可兑换。境外资金通过 QFII、RQFII 及沪港通渠道可进行证券交易，一批包括外国中央银行在内的国际金融机构获准进入中国银行间债券市场，非居民的人民币股票和债券持有额出现了大幅增长。

其次，人民币加入 SDR 货币篮子，标志着人民币正式跨入官方储备货币行列，这有利于增强世界各国对人民币的信心，提升人民币在国际货币体系中的竞争力。离岸市场人民币产品越来越丰富，参与交易的主体不断增加，金融机构、企业和个人对人民币资产的需求明显扩大。

最后，资本市场稳步对外开放。吸引境外中长期资金投资 A 股，优化 A 股投资者结构，促进资本市场稳定发展，这是中国资本市场对外开放的一贯政策。2015 年 6 月 9 日，MSCI 明晟公司在日内瓦公布 2015 年全球市场分类评审结果，称中国 A 股处在纳入其全球基准指数的轨道上。在 2015 年 11 月 12 日公布的半年审核报告中，MSCI 将 14 家中国概念股首度纳入旗下的中国指数和新兴市场指数。一旦中国的 A 股被纳入国际著名指数，就会有效扩大中国资本市场的国际影响，推动境外长期机构投资者投资 A 股市场。

2.4　人民币汇率及中国资本账户开放

2.4.1　人民币汇率制度改革

从 2005 年开始，中国就致力于完善人民币汇率形成机制。以市场为单向，增加人民币汇率的弹性。2015 年 8 月 11 日，中国人民银行再次对人民币汇率形成机制进行了改革，要求做市商在每日银行间外汇市场开盘前，参考上一日银行间外汇市场收盘汇率，综合考虑外汇供求情况以及国际主要货币汇率变化，向中国外汇交易中心提供中间价报价，以增强人民币兑美元汇率中间价的市场化程度和基准性。此后，中国政府基本上没有对外汇市场进行直接干预，而是更多地发挥市场机制来确定人民币汇率。由于改变了定价机制，将制定目标汇率的参考货币从以前的单一货币美元转向一篮子货币。选择篮子货币的依据是：在中国对外贸易、外债、外商直接投资等经贸活动占较大比重的主要国家、地区及其货币。市场参与主体需要一段时间来适应这些变化，导致 2015 年下半年人民币汇率波动较大，引发了较大的外部效应。

为了配合人民币汇率的市场化改革，中国政府还采取措施加快外汇市场发展。例如，丰富外汇产品，推动外汇市场对外开放，延长外汇交易时间，引入合格境外主体，促进形成境内外一致、在岸和离岸人民币汇率合理联动的机制。根据外汇市场发育状况和经济金融形势，增强人民币汇率双向浮动弹性，保持人民币汇率在合理均衡水平上的基本稳定。

通过 2015 年 8 月的汇率形成机制改革，进一步发挥市场汇率的作用，完善了当前以市场供求为基础、参考一篮子货币进行调节、有管理的浮动汇率制度。

2.4.2 人民币汇率水平

1. 人民币汇率中间价

2015 年，境内外汇市场上与人民币进行直接交易的货币由 2014 年的 11 种上升至 12 种，分别为美元、港币、日元、欧元、英镑、林吉特、卢布、澳元、加元、新西兰元、新加坡元和瑞士法郎（见图 2—15）。

自 2005 年 7 月人民币汇率形成机制改革开始，人民币兑美元汇率呈现一路升值态势。2015 年，受到美国经济数据好转及美联储加息的影响，全球资本回流美国，人民币对美元开始贬值。8 月实行人民币汇率制度改革之前，美元兑人民币汇率中间价在 6.1~6.2 的区间内震荡；8 月 11 日，中国人民银行宣布调整美元中间价报价方式后，美元兑人民币汇率中间价随后迅速升至 6.408 5，之后升值幅度有所收窄，然而上下震荡加剧，12 月 31 日报收 6.493 6，与 2014 年同期的 6.119 相比，人民币对美元贬值 5.77%；由于港币兑美元采用联系汇率制度，因此人民币兑港币汇率走势与兑美元汇率走势基本一致，2015 年基本处于港币可浮动的上限水平，人民币兑港币中间价全年贬值 5.84%。

人民币兑卢布、林吉特、加元、新西兰元和澳元汇率中间价大幅度升值。截至 2015 年 12 月末，人民币兑卢布、林吉特、加元、新西兰元和澳元汇率中间价分别为 11.31、0.660 51、4.681 4、4.442 6、4.727 6，与上年同期相比，人民币兑卢布、林吉特、加元、新西兰元和澳元汇率中间价分别升值 24.92%、16.42%、12.69%、8.12% 和 6.13%。

截至 2015 年年底，欧元、100 日元、新加坡元和英镑兑人民币中间价分别为 7.095 2、5.387 5、4.587 5、9.615 9。与 2014 年底相比，人民币兑欧元、新加坡元汇率中间价分别升值 5.08% 和 1.14%；相反，人民币兑日元、英镑汇率中间价分别贬值 4.65% 和 0.75%。2015 年期间，这四种货币兑人民币汇率中间价震荡加剧，最高值与最低值之间的价差扩大。欧元、英镑、日元和新加坡元兑人民币汇率中间价年内波动幅度（年内汇率最大值与最小值之差占前一年末汇率的比重）分别达到 12.26%、11.12%、9.41% 和 4.72%。

2015 年 11 月 10 日，人民币与瑞士法郎开始直接交易，期间瑞士法郎兑人民币汇率中间价基本维持小幅震荡的走势，截至 2015 年年末，人民币兑瑞士法郎小幅升值 0.92%。

美元/人民币中间价走势图

欧元/人民币中间价走势图

100日元/人民币中间价走势图

港元/人民币中间价走势图

英镑/人民币中间价走势图

人民币/林吉特中间价走势图

人民币/卢布中间价走势图

澳元/人民币中间价走势图

加元/人民币中间价走势图

新西兰元/人民币中间价走势图

新加坡元/人民币中间价走势图

瑞士法郎/人民币中间价走势图

图 2—15 2014—2015 年人民币兑 12 种货币的汇率中间价

资料来源：国家外汇管理局。

2. 名义有效汇率和实际有效汇率

根据国际清算银行的数据，2015 年年底，人民币名义有效汇率为 125.9，与上年同期的 121.46 相比，上升了 3.65%。扣除通货膨胀后的实际有效汇率为 130.11，与 2014 年年底的 125.36 相比，上升了 3.78%（见图 2—16）。这就表明，与中国的主要贸易伙伴的一篮子贸易加权货币相比，人民币仍然是坚挺的。如果从 2005 年 7 月人民币实行汇率制度改革开始计算，人民币名义有效汇率和实际有效汇率累计分別上升了 43.14%、53.34%。

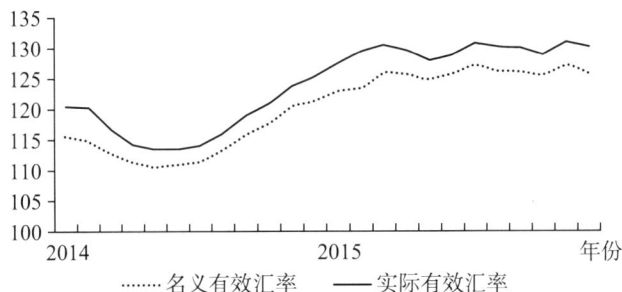

图 2—16　人民币有效汇率走势

资料来源：国际清算银行。

截至 2015 年年底，日元、欧元、英镑和美元的名义有效汇率分别为 78.52、96.4、114.75、120.1。日元、英镑和美元的对外综合价值大幅上升，币值坚挺，与 2014 年同期相比，这三种货币分别上涨了 5.17%、5.31% 和 10.82%。与此相反，欧元币值走弱，名义有效汇率比 2014 年下跌了 4.42%（见图 2—17）。

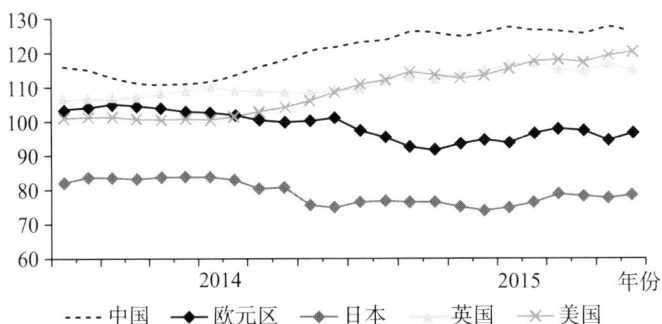

图 2—17　五大经济体货币名义有效汇率走势

资料来源：国际清算银行。

3. 离岸人民币 CNH

2015 年度，美元兑离岸人民币汇率"先扬后抑"；离岸人民币汇率最高为 6.612 3，最低为 6.015 0，振幅达到 9.93%。2015 年 12 月末，离岸人民币汇率为 1 美元兑人民币 6.568 7 元，与 2014 年 12 月末的 6.212 8 相比，离岸人民币兑美元汇率贬值 5.72%。

由于在岸市场和离岸市场是分割的，导致两个市场的汇率即 CNY 与 CNH 的波动不一致，二者之间存在价差，而且这一价差随着境内外人民币货币市场的供求状况、利率差异变化等而上下波动。例如，2015 年 9 月 7 日，CNY 比 CNH 低 1 130 个基点；2015 年 9 月 29 日，CNY 比 CNH 高 166 个基点，在岸和离岸人民币汇率的价差最高达到 1 296 个基点。总体而言，2015 年期间，CNY 与 CNH 的价差呈现先扩大、再减小、再扩大的变化过程，绝大多数时间 CNY 都低于 CNH，表明境外市场人民币贬值幅度更大。

在人民币利率市场化基本完成的背景下，CNY 与 CNH 之间的价差变化对资本流动具有显著的影响。一方面，境内外人民币利差收窄，减弱了人民币跨境流动的套利动机。另一方面，在人民币对美元呈现阶段性贬值的背景下，境内外汇差明显扩大，对人民币资金跨境流动的影响增强（见图 2—18）。

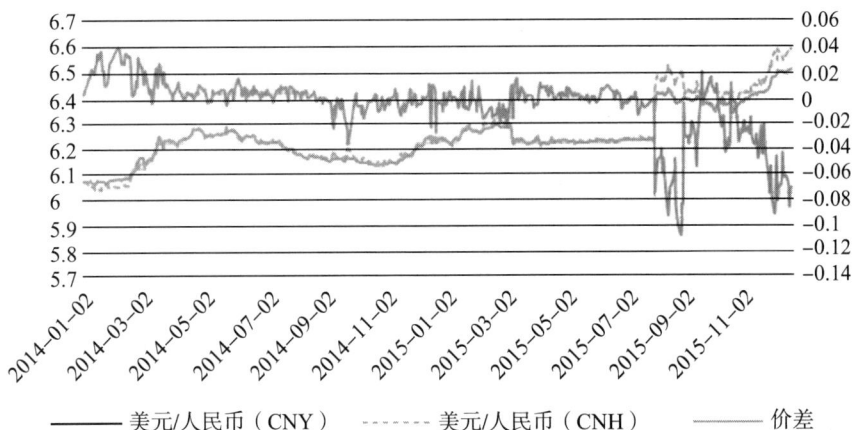

图 2—18　2014—2015 年在岸人民币、离岸人民币汇率及价差

资料来源：Wind 资讯。

4. 人民币 NDF

在外汇管制国家，货币通常不能自由兑换，为了规避汇率波动的风险，20 世纪 90 年代出现了无本金交割的远期交易，人民币、越南盾、印度卢比、菲律宾比索等新兴市场货币都出现了 NDF 这种衍生工具。

新加坡和香港人民币 NDF 市场是亚洲最主要的离岸人民币远期交易市场，该市场的行情反映了国际社会对于人民币汇率变化的预期。人民币 NDF 市场的主要参与者是欧美等地的大银行和投资机构，它们的客户主要是在中国有大量人民币收入的跨国公司，也包括总部设在香港的中国内地企业。

迈入 2015 年，人民币各个期限的 NDF 延续了 2014 年的走势，不同的是波动幅度有所扩大。具体来看，人民币 NDF 汇率在第一季度震荡上升，随后在第二季度震荡走低；第三季度先是平稳运行，人民币汇率形成机制改革之后，NDF 汇率跳跃式大幅上升；进入第四季度，人民币 NDF 小幅调整后，汇率继续上升。

截至 2015 年 12 月末，一月期、三月期、半年期和一年期的人民币 NDF 每日综合收盘价分别为 6.560、6.630、6.705 和 6.79，与 2014 年同期相比，上述四个期限的 NDF 交易中，人民币兑美元汇率分别贬值了 6.26%、6.42%、6.63%、6.44%（见图 2—19）。这就意味着，NDF 市场的人民币贬值预期仍然高于在岸和离岸市场。

综上所述，从 2015 年全年走势看，受到美元走强和人民币汇率形成机制改革的双重影响，人民币单向升值预期被打破，各种影响因素综合反映到市场中，人民币对主要货币出现了不同程度的双向波动，波动幅度和弹性明显增加。离岸人民币与在岸人民币汇率的偏差逐渐回归合理范围，人民币有效汇率小幅升值，人民币的稳定性并未改变。

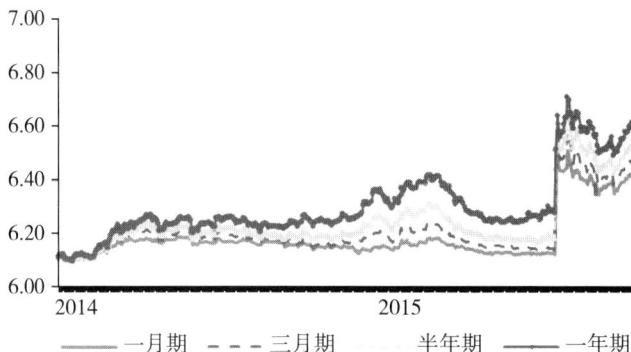

图 2—19　2014—2015 年人民币 NDF 每日综合收盘价

资料来源：Wind 资讯。

专栏 2—5

CFETS人民币汇率指数发布

2015 年 12 月 11 日，中国外汇交易中心正式发布 CFETS 人民币汇率指数，对推动社会观察人民币汇率视角的转变具有重要意义。根据相关算法说明，CFETS 人民币汇率指数参考 CFETS 货币篮子，具体包括中国外汇交易中心挂牌的各人民币对外汇交易币种（其中美元在一篮子货币中的权重为 26.40%、欧元为 21.39%、日元为 14.68%、港币为 6.55%、英镑为 3.86%、澳元为 6.27%、新西兰元为 0.65%、新加坡元为 3.82%、瑞士法郎为 1.51%、加拿大元为 2.53%、林吉特为 4.67%、卢布为 4.36%、泰铢为 3.33%），样本货币权重采用考虑转口贸易因素的贸易权重法计算而得。样本货币取价是当日人民币外汇汇率中间价和交易参考价。指数基期是 2014 年 12 月 31 日，基期指数是 100 点。

长期以来，市场观察人民币汇率的视角主要是看人民币兑美元的双边汇率，由于汇率浮动旨在调节多个贸易伙伴的贸易和投资，因此仅观察人民币兑美元双边汇率并不能全面反映贸易品的国际比价。也就是说，人民币汇率不应仅以美元为参考，也要参考一篮子货币。汇率指数作为一种加权平均汇率，主要用来综合计算一国货币兑一篮子外国货币加权平均汇率的变动，能够更加全面地反映一国货币的价值变化。参考一篮子货币与参考单一货币相比，更能反映一国商品和服务的综合竞争力，也更能发挥汇率调节进出口、投资及国际收支的作用。CFETS 人民币汇率指数的公布为市场转变观察人民币汇率的视角提供了量化指标，以更加全面和准确地反映市场变化情况。

从国际经验看，汇率指数有的由货币当局发布，如美联储、欧洲中央银行、英格兰银行等都发布本国货币的汇率指数；也有的由中介机构发布，如洲际交易所（ICE）发布的美元指数已经成为国际市场的重要参考指标。中国外汇交易中心发布人民币汇率指数符合国际通行做法。2015 年以来，CFETS 人民币汇率指数总体走势相对平稳，12 月 31 日为 100.94，较 2014 年年底升值 0.94%。这表明，尽管2015 年以来人民币对美元有所贬值，但从更全面的角度看人民币对一篮子货币仍小幅升值，在国际主要货币中人民币仍属强势货币。

为便于市场从不同角度观察人民币有效汇率的变化情况，中国外汇交易中心也同时列出了参考 BIS 货币篮子、SDR 货币篮子计算的人民币汇率指数，截至 12 月末，上述两个指数分别较 2014 年年底升值 1.71% 和贬值 1.16%。

中国外汇交易中心定期公布 CFETS 人民币汇率指数，将有助于引导市场改变过去主要关注人民币兑美元双边汇率的习惯，逐渐把参考一篮子货币计算的有效汇率作为人民币汇率水平的主要参照系，有利于保持人民币汇率在合理均衡水平上的基本稳定。

2.4.3　中国资本账户开放度测算

Epstein 和 Schor（1992）最早提出使用 AREAER 衡量资本管制程度，Cottarelli 和 Giannini（1997）将 AREAER 的资本管制信息量化为二元变量[①]，进行算术平均计算出资本账户开放度。由于该方法过于粗略，得到的结论可信度受到不少质疑，本报告使用目前主流的资本开放度测度方法即四档约束式方法[②]，对中国的名义资本账户开放程度进行测量。

按照《2015 年汇兑安排与汇兑限制年报》中对中国 2014 年度资本账户管制的描述，延续 2013 年的态势，2014 年中国资本账户不可兑换项目有三大项，主要集中于非居民参与国内货币市场、集体投资类证券、衍生工具的出售和发行。部分可兑换的项目主要集中在债券市场交易、股票市场交易、房地产交易和个人资本交易等方面。运用四档约束式方法进行计算，同时考虑细微变化，综合量化《2015 年汇兑

---

① 即 0/1 虚拟变量，若资本账户项目存在管制记为 0，反之记为 1。

② 计算公式为：$open = \sum_{i}^{n} p(i)/n$。式中，$open$ 代表资本账户开放的程度，从 0 到 1 取值，值越小说明资本账户管制程度越大。n 表示资本项目开放中考虑的资本交易项目总数，在此表示中国 11 个资本大项交易下的 40 个资本交易子项。$p(i)$ 表示第 i 子项的开放程度，用四档取值法对各子项进行赋值，$p(i)=1$ 表示此资本交易项目没有管制，是指对真实性的资本项目交易或汇兑基本没有管制；$p(i)=1/3$ 表示有较多限制，是指对较多交易主体或大部分资本项目进行限制；$p(i)=2/3$ 表示此资本交易项目管制很少，是指仅对个别交易主体或少数资本项目交易进行限制；$p(i)=0$ 表示严格管制，是指不允许或禁止进行的交易项目，包括无明确法律规定，但实际操作中不允许或禁止的交易项目。另外，在 AREAER 中也有少数项目表示有管制但是没有具体信息，此类情况赋值为 1/2。

安排与汇兑限制年报》的描述，计算出中国的资本开放度为 0.650 2（见表 2—10）。

表 2—10 　　　　　　　　　　IMF 定义下的 2014 年度中国资本管制现状

资本交易项目	2014 年
1. 对资本市场证券交易的管制	
A. 买卖股票或有参股性质的其他证券	
（1）非居民境内购买**	QFII 投资境内 A 股须符合以下条件：（1）通过 QFII 在上市公司的外国个人投资者的所有权不得超过公司股份的 10%，所有外国投资者所持一个上市公司的 A 股不能超过 30%。（2）QFII 总的投资限额为 1 500 亿美元。（3）通过 QFII 推出的养老基金、保险基金、共同基金等主要的锁定期为 3 个月。 B 股以美元或港币计价，在证交所挂牌，外国投资者可以购买。 RQFII 可以使用境外募集的人民币投资国内证券市场。 2014 年 11 月 17 日起，在满足一定的条件和限额下，香港的投资者可以投资上海的证券市场。
（2）非居民境内出售或发行***	非居民可以出售 A 股和 B 股；但是非居民不能发行 A 股或 B 股。
（3）居民境外购买**	保险公司可以从事境外投资活动，数额不能超过上季度总资产的 15%，这一比率包括所有类型的外国投资，如股票、债券、基金等。 公司在国外和国内股票及股票型基金的综合投资不得超过前一季度末总资产的 30%（以前是 20%）。 QDII 包括银行、基金管理公司、证券公司及保险公司，可以在经审批的限额内以外汇购买境外股票和其他投资产品。 2014 年 11 月 17 日起，在满足一定的条件和限额下，中国内地的投资者可以投资香港的证券市场。
（4）居民境外出售或发行***	国内居民企业在境外发行股票需要证监会批准并在国家外汇局注册。
B. 债券与其他债务性证券	
（5）非居民境内购买**	QFII 和 RQFII 可以投资人民币计价的金融工具：（1）股票、债券和交易所交易或转让的权证；（2）银行间债券市场交易的固定收益类产品；（3）证券投资基金；（4）股指期货；（5）证监会允许的其他金融工具。 以上投资都有投资限额及锁定期限的要求。

続前表

资本交易项目	2014 年
（6）非居民境内出售或发行 **	在财政部、中国人民银行和国家发改委的批准下，国际开发机构可以发行人民币计价的债券。 在中国的外资企业也可以发行债券。
（7）居民境外购买 **	QDII 包括银行、基金管理公司、证券公司、保险公司，在各自的外汇额度和监管限制内可以购买国外债券。 2014 年 2 月 19 日起，固定收益类资产或股权类资产的单一投资的账面价值，不得超过上一季度末保险公司总资产的 5％。 2014 年 11 月 1 日起，RQDII 使用人民币对外投资不受额度限制。
（8）居民境外出售或发行 ***	在境外发行到期日超过一年的债券必须提前到国家发改委备案。 国内金融机构在境外发行到期日超过一年的人民币债券须获得中国人民银行的批准。
2. 对货币市场工具的管制	
（9）非居民境内购买 ***	QFII 可以最小的锁定期购买货币市场基金。QFII 不能直接参与银行间外汇市场的交易。锁定期是指投资本金的汇款被禁止的时期。 2015 年 5 月 28 日起，获得限额的境外人民币清算行和非居民参与行可以在银行间债券市场开展回购业务。
（10）非居民境内出售或发行 *	非居民不得出售或发行货币市场工具。
（11）居民境外购买 ***	QDII 可以购买规定允许的货币市场工具，受制于各自的外汇配额和监管限制。在国内外无担保企业类债券和国内外证券投资基金的投资分别不得超过公司上一季度末总资产的 50％和 15％。
（12）居民境外出售或发行 ***	国家外汇管理局批准后，居民可发行境外货币市场工具，如期限低于 1 年的债券和商业票据。
3. 对集体投资类证券的管制	
（13）非居民境内购买 ***	QFII 和 RQFII 可投资于国内的封闭式和开放式基金。
（14）非居民境内出售或发行 **	2015 年 7 月 1 日起，香港公开上市的基金可以在批准的地区内销售。

续前表

资本交易项目	2014 年
(15) 居民境外购买 ***	QDII 可以在各自外汇配额和监管限制内，购买境外的集体投资证券。在国内外无担保企业类债券和国内外证券投资基金的投资分别不得超过公司上一季度末总资产的 50% 和 15%。
(16) 居民境外出售或发行 ***	2015 年 7 月 1 日起，内地公开上市的基金可以在香港地区销售。
4. 对衍生工具与其他工具的管制	
(17) 非居民境内购买 ***	如果交易是为了保值，QFII 可投资于国内的股指期货，受制于特定的限制和规模。
(18) 非居民境内出售或发行 *	这些交易不允许。
(19) 居民境外购买 **	银监会监管的金融机构可买卖银监会批准用于以下目的的衍生工具：(1) 对冲固有资产负债表风险，(2) 以盈利为目的，(3) 为客户提供（包括金融机构）衍生产品交易服务。 为了客户的利益，商业银行通过财富管理服务开展境外理财业务不得投资于商品类衍生品。 QDII 可以在其外汇投资限额内购买境外衍生工具。 经国有资产监督管理委员会许可，央企可以开展离岸衍生产品业务。
(20) 居民境外出售或发行 **	适用境外衍生工具购买的管理法规。
5. 对商业信贷的管制	
(21) 居民向非居民提供	
(22) 非居民向居民提供	
6. 对金融信贷的管制	
(23) 居民向非居民提供 ***	在一定的限制下，跨国公司境内关联企业能直接贷款给境外关联企业，也可以通过国内银行贷款给境外关联企业。 2014 年 11 月 1 日起，跨国企业集团可以在非金融类成员企业间进行跨境的盈余和亏损资金转移及分配业务。

续前表

资本交易项目	2014 年
（24）非居民向居民提供 **	居民企业借入超过一年期的国外贷款必须经过国家发改委的审批。 金融机构和授权从事对外借款的中国参股企业，符合国家外汇管理局批准的限额，可以开展一年或一年以内的短期对外借款。所有对外借款必须在国家外汇管理局登记。 2014 年，国家外汇管理局批准的短期外债总配额是 373 亿美元。具体的事务不需要进一步检查或批准。所有外部借款必须在国家外汇管理局登记。 2014 年 11 月 1 日起，跨国企业集团可以在非金融类成员企业间进行跨境的盈余和亏损资金转移及分配业务。
7. 对担保、保证和备用融资便利的管制	
（25）居民向非居民提供 ***	2014 年 5 月 12 日起，居民向非居民提供担保不再需要国家外汇管理局批准。 非金融类居民企业向境外非居民提供人民币担保，可以不经中国人民银行批准。
（26）非居民向居民提供 ***	2014 年 5 月 12 日起，非居民向居民提供担保不再需要国家外汇管理局批准。 国外非金融类机构可以使用其人民币清算账户中的资金作为国内融资的抵押。
8. 对直接投资的管制	
（27）对外直接投资 ***	2014 年 11 月 27 日起，除了向敏感国家、地区及行业的投资外，居民企业对外直接投资不再需要审批。 国内企业的海外直接投资没有外汇限制，允许它们购买外汇进行海外直接投资，但对外直接投资资金的汇出要在经办银行登记。
（28）对内直接投资 **	四级分类制度影响对内直接投资：（1）鼓励，（2）一般允许，（3）限制，（4）禁止。 只要符合有关外商投资及其他法律、法规的要求，并已取得商务部或地方商务部门的批准，非居民可以在中国投资设立企业。
9.（29）对直接投资清盘的管制 ***	取得的上市公司 A 股股份三年内不得转让。 经营期限之前过早的清算需要初始的审查和审批机关的批准或者必须基于司法判决。

续前表

资本交易项目	2014 年
10. 对不动产交易的管制	
（30）居民在境外购买***	国内机构对国外房地产的购买按照海外直接投资执行。保险公司在境外投资不动产不得超过公司总资产的 15%。 2014 年 2 月 19 日起，国外和国内的房地产投资类型的账面价值不能超过保险公司上一季度末总资产的 30%。总的账面价值不包括保险公司使用自有资金购买自用的不动产，其账面价值的差额不能超过净资产总额的 50%。
（31）非居民在境内购买***	外国居民购买商业住宅房屋必须遵守实际需要和自用原则，为了支付卖方以购买建筑物，可以直接在外汇指定银行将外汇资金转换成人民币。
（32）非居民在境内出售***	经在国家外汇管理局登记，非居民可直接在相关银行遣返来自房地产销售的收益。外汇审批程序已被取消。
11. 对个人资本流动的管制	
A. 贷款	
（33）居民向非居民提供***	在没有具体的授权下，居民不可向非居民提供贷款。
（34）非居民向居民提供***	在没有具体的授权下，非居民不可向居民提供贷款。
B. 礼品、捐赠、遗赠和遗产	
（35）居民向非居民提供***	居民凭有效个人身份证明可以在银行购买外汇援助和帮助海外的直系亲属，一年最高 50 000 美元。对于更大的金额，个人必须向银行提供个人有效身份证明和相关部门或公证机构出具的直系亲属的材料。
（36）非居民向居民提供***	凭个人有效证件，个人从捐赠基金、遗赠和遗产获得的不超过 50 000 美元的收入可以在银行完成。超过这个数额需要个人身份和相关证明及支付凭证。
（37）外国移民在境内的债务结算	n. a.
C. 资产的转移	
（38）移民向国外的转移***	退休和养老基金可以汇往国外。自然人移居国外或将居住香港、澳门，在取得移民身份之前，清算其合法拥有的中国的境内财产，购买和汇出境外的外汇。

续前表

资本交易项目	2014 年
（39）移民向国内的转移	目前还没有适用的法律。
（40）博彩和中奖收入的转移	目前还没有适用的法律。
资本开放程度	0.650 2

注：＊表示禁止，＊＊表示较多限制，＊＊＊表示较少限制。
资料来源：IMF：《2015 年汇兑安排与汇兑限制年报》。

2.4.4 开放度发生变化的资本项目

相比 2013 年，2014 年"对资本市场证券交易的管制"、"对集体投资类证券的管制"、"对金融信贷的管制"、"对担保、保证和备用融资便利的管制"、"对直接投资的管制"和"对不动产交易的管制"这 6 个大项有进一步的放松。具体来看，在资本项目的 40 个子项中，有 10 个子项出现明显的变化，表明中国的资本账户进一步向开放推进。

以"对资本市场证券交易的管制"这一大项为例。

对于"买卖股票或有参股性质的其他证券"中的第一个子项"非居民境内购买"，截至 2015 年 6 月，RQFII 的总投资限额提高到了 9 700 亿人民币，进一步超过了 2014 年底的 7 700 亿元，继 QFII 显著扩容后，RQFII 也呈现逐步扩容的趋势。

对于"买卖股票或有参股性质的其他证券"中的第三个子项"居民境外购买"，"公司在国内外的股票和股票型基金的综合投资不得超过公司总资产的 30%"调整为"QDII 使用人民币进行境外投资的限制和配额被取消"。

因为 IMF 公布的《2015 年汇兑安排与汇兑限制年报》描述的是 2014 年的资本账户管制情况，时间上滞后一年，所以相比 2014 年的当期值，本报告测算的资本账户程度相对保守。2014 年 2 月 18 日，中国人民银行"自贸区金融 30 条"首个细则落地，中国（上海）自由贸易试验区支付机构跨境人民币支付业务启动；2014 年 2 月 21 日，中国（上海）自由贸易试验区扩大人民币跨境使用业务推进会举行；2014 年 3 月 16 日，境外非金融企业在境内首发人民币债券；2014 年 4 月 10 日，证监会发布公告阐述沪港通原则及制度；2014 年 11 月 17 日，上海和香港证券市场实现两地互通等等。这些表明当年中国资本账户管制的程度进一步放松，资本账户开放的推进相对以往具有较大的力度，中国人民银行等相关机构对资本账户开放的描述已做了较大的调整，预计下一年的资本账户开放程度可能会有较大的变化（见表 2—11）。

表 2—11　　　2014 年中国资本账户管制现状相对 2013 年的变化

资本交易项目	2013 年	2014 年相对 2013 年的变化
1. 对资本市场证券交易的管制	中国股东控制境外上市公司获得的外汇收益在两年内遭返。	左栏的内容没有出现。

续前表

资本交易项目	2013 年	2014 年相对 2013 年的变化
A. 买卖股票或有参股性质的其他证券		
（1）非居民境内购买	（1）通过 QFII 在上市公司的外国个人投资者的所有权不得超过公司股份的 10%，所有外国投资者所持一个上市公司的 A 股不能超过 30%；（2）QFII 的总的投资限额为 1 500 亿美元。截至 2013 年年底，累计共有 251 个机构获批，总投资 497.01 亿美元。	香港的投资者可以投资上海证券市场。截至 2015 年 5 月，累计共有 271 个 QFII 获批，总投资 774.74 亿美元。截至 2015 年 6 月，RQFII 的总投资限额为 9 700 亿人民币，进一步超过了 2014 年底的 7 700 亿元。
（2）非居民境内出售或发行		无变化。
（3）居民境外购买	公司在国内外的股票和股票型基金的综合投资不得超过公司总资产的 30%。固定收益类资产或股权类资产的单一投资的账面价值，不得超过保险公司上一季度末总资产的 5%。	QDII 使用人民币进行境外投资的限制和配额被取消。中国内地的投资者可以投资香港的证券市场。
（4）居民境外出售或发行		无变化。
B. 债券与其他债务性证券		
（5）非居民境内购买	2013 年 6 月 21 日起在台湾地区、2013 年 10 月 15 日起在英国、2013 年 10 月 22 日起在新加坡的 RQFII 可投资内地证券市场。	2015 年，澳大利亚、加拿大、智利、法国、德国、香港地区、匈牙利、卢森堡、卡塔尔、韩国、瑞典的 RQFII 都可以投资内地。
（6）非居民境内出售或发行		无变化。
（7）居民境外购买	2014 年 2 月 19 日起，固定收益类资产或股权类资产单一投资的账面价值，在上一季度末不得超过保险公司总资产的 5%。	2014 年 11 月 1 日起，RQDII 使用人民币对外投资不受额度限制。
（8）居民境外出售或发行		无变化。
2. 对货币市场工具的管制		
（9）非居民境内购买		无变化。

续前表

资本交易项目	2013 年	2014 年相对 2013 年的变化
（10）非居民境内出售或发行		无变化。
（11）居民境外购买		无变化。
（12）居民境外出售或发行		无变化。
3. 对集体投资类证券的管制		
（13）非居民境内购买		无变化。
（14）非居民境内出售或发行		2015 年 7 月 1 日起，香港公开上市的基金可以在批准的地区内销售。
（15）居民境外购买		无变化。
（16）居民境外出售或发行		2015 年 7 月 1 日起，香港公开上市的基金可以在批准的地区内销售。
4. 对衍生工具与其他工具的管制		
（17）非居民境内购买		无变化。
（18）非居民境内出售或发行		无变化。
（19）居民境外购买		无变化。
（20）居民境外出售或发行		无变化。
5. 对商业信贷的管制		
（21）居民向非居民提供		无变化。
（22）非居民向居民提供		无变化。
6. 对金融信贷的管制		
（23）居民向非居民提供	在一定的限制下，跨国公司境内关联企业能直接贷款给境外关联企业，可以通过国内银行贷款给境外关联企业。	2014 年 11 月 1 日起，跨国企业集团可以在境内外非金融类成员企业间进行跨境的盈余和亏损资金转移及分配业务。
（24）非居民向居民提供	2013 年，国家外汇管理局批准的短期外债总配额是 373 亿美元。具体的事务不需要进一步检查或批准。所有外部借款必须在国家外汇管理局登记。	2014 年 11 月 1 日起，跨国企业集团可以在非金融类成员企业间进行跨境的盈余和亏损资金转移及分配业务。

续前表

资本交易项目	2013 年	2014 年相对 2013 年的变化
7. 对担保、保证和备用融资便利的管制		
（25）居民向非居民提供	国内银行对外提供财务担保须由国家外汇管理局批准，个人交易无须批准；国内银行对外非金融担保无须批准。国内银行提供对外担保必须向国家外汇管理局经常备案。在国家外汇管理局的限制内，非银行金融机构和企业可提供对外金融和非金融担保。	2014 年 5 月 12 日起，居民向非居民提供担保不再需要国家外汇管理局批准。
（26）非居民向居民提供	从国内金融机构借款时，已经依法经商务部按照外商投资法律批准的外资企业（包括但不限于外商独资企业、中外合资企业、中外合作企业，等等）可以接受来自外国机构的担保。中资企业在一些试点地区，向国内金融机构借款可能接受外国机构的担保，须符合国家外汇管理局核准的限制。	2014 年 5 月 12 日起，非居民向居民提供担保不再需要国家外汇管理局批准。
8. 对直接投资的管制		
（27）对外直接投资	对外直接投资项目分为：（1）鼓励，（2）允许，（3）禁止。对外直接投资的外汇资金来源需要进行外汇登记，对外直接投资资金的汇出不需要审批，但需要登记。	除了向敏感国家、地区及行业的投资外，居民企业对外直接投资审批要求被取消，改成登记。低于 50 000 美元的投资利润汇出不再需要核查基础材料，超出部分提供董事会决议及完税凭证即可。使用人民币进行对外直接投资结算程序简化，经办银行核查即可。
（28）对内直接投资		无变化。
9.（29）对直接投资清盘的管制		无变化。

续前表

资本交易项目	2013 年	2014 年相对 2013 年的变化
10. 对不动产交易的管制		
（30）居民在境外购买	国外和国内的房地产投资类型的账面价值不能超过保险公司总资产的 20%。	2014 年 2 月 19 日起，国外和国内的房地产投资类型的账面价值不能超过保险公司总资产的 30%。总的账面价值不包括保险公司购买的自用房地产，其账面价值的差额不能超过净资产总额的 50%。
（31）非居民在境内购买		无变化。
（32）非居民在境内出售		无变化。
11. 对个人资本流动的管制		
A. 贷款		
（33）居民向非居民提供		无变化。
（34）非居民向居民提供		无变化。
B. 礼品、捐赠、遗赠和遗产		
（35）居民向非居民提供		无变化。
（36）非居民向居民提供		无变化。
（37）外国移民在境内的债务结算	—	—
C. 资产的转移		
（38）移民向国外的转移		无变化。
（39）移民向国内的转移		无变化。
（40）博彩和中奖收入的转移		无变化。

资料来源：IMF：《2014 年汇兑安排与汇兑限制年报》、《2015 年汇兑安排与汇兑限制年报》。

第 3 章

年度热点：人民币加入特别提款权货币篮子

2015 年 11 月 30 日，国际货币基金组织执行董事会完成了五年一度的特别提款权货币篮子组成的审查工作。此次执董会审查的一个主要焦点是人民币是否符合现有标准，从而可以被纳入特别提款权货币篮子。执董会决定认为人民币符合所有现有标准，人民币被认定为可自由使用货币，并将作为第五种货币，与美元、欧元、日元和英镑，一道构成特别提款权货币篮子。为确保国际货币基金组织、国际货币基金组织成员以及其他特别提款权使用方有充足时间进行调整以适应新的变化，新的货币篮子将于 2016 年 10 月 1 日正式生效。

3.1 对世界和中国是双赢的结果

3.1.1 有利于增强特别提款权的代表性和吸引力

特别提款权（SDR）是由 IMF 创设的一种超主权货币，充当储备资产和记账单位，是对成员国可自由使用货币的潜在索取权。在 1969 年创设之初，SDR 被用于解决布雷顿森林体系下黄金和美元两种储备资产不足的问题。布雷顿森林体系崩溃以后，国际货币基金组织官方将特别提款权的作用界定为：第一，各成员国的补充性储备资产；第二，国际货币基金组织及其他一些国际组织的记账单位。

SDR 本身即是国际货币体系改革的产物。20 世纪 60 年代，在双挂钩的汇率平价体系下，国际货币体系的正常运行面临三大威胁：一是日益突出的国际流动性供给不足问题；二是国际收支严重失衡，特别是美国出现持续的贸易收支逆差，总需求管理政策在纠正国际收支失衡方面无能为力；三是美元陷入了"特里芬难题"，其他国家央行积累的美元储备已经超过美国持有的黄金价值，出现了美元信心危机。如果国外的银行和企业不愿意继续增加它们的美元持有量，就会导致国际流动性紧缩和世界经济危机。为了巩固世界经济增长和国际货币体系安全，必须进行深刻和系统的国际货币体系改革。正是在这样的背景下，1969 年 IMF 采纳了十国集团的建议，创设了一种超主权国家货币——特别提款权。

创设 SDR 在当时肩负着特殊的历史使命。它的短期目标是补充国际储备，缓解"特里芬难题"，使美国有可能调整美元的黄金平价，纠正国际收支失衡，使得当时汇率平价体系的制度安排和基本特征得以维系。它的长期目标是在全球官方美元储备已经数倍于美国黄金储备的条件下，同时解决国际流动性供给和储备信心问题。用 SDR 来部分替代美元，由国际社会来管理国际流动性和储备，不仅可以对国际流动性供给进行约束，避免出现流动性过剩，还可以使得流动性供给适度，恰好满足国际贸易和资本流动的需求，既充足又不过剩。从根本上看，引入 SDR 实际上是要建立起一种国际储备发行机制，让国际流动性供给不再依赖于某个国家或某几个国家的经常账户逆差，增强人们对国际储备的信心，从而提高国际货币体系治理结构的国际性。

然而，SDR 并没有像当初设想的那样代替黄金成为国际货币体系的价值尺度，充其量只是成员国官方之间的一种记账货币；也没有成为各国央行的主要储备资产，经过四次分配，在全球国际储备资产中大约只有 2% 的份额。SDR 的功能和作用极其有限。原因在于：首先，主要工业国的货币当局拒绝将国际储备的有效控制权给予国际货币基金组织，也不愿意让 IMF 成为一个"超主权中央银行"。其次，布雷顿森林体系解体后，由于摆脱了黄金约束，美国向全球供给美元再也不用忌惮"特里芬难题"的限制，以完全意义上的主权信用货币国际化来提供国际流动性，自然不可能再出现任何流动性不足的问题。这就打乱了原本的国际货币体系改革计划，也导致 SDR "部分替代美元"的改革初衷彻底落空。再次，国际货币体系逐渐进入了浮动汇率和储备货币多元化时代，欧元的诞生及其与美元的抗衡似乎表明 SDR 并非约束和管理国际流动性的唯一选择。最后，在经济和金融全球化的背景下，金融自由化和金融创新推动国际金融市场迅速成长，投机力量的破坏性愈发强大，国际金融危机频繁发生，IMF 的主要任务转向了金融危机管理，对全球流动性供给、国际收支调节以及国际储备管理的关注度下降。

2008 年的全球金融危机引起了人们对当前国际货币体系可持续性的严肃思考。人们发现，现在的美国仍然是通过贸易逆差来提供全球流动性供给，这与半个世纪前几乎一样。美国实体经济总量目前占全球的份额大约是五分之一，贸易份额下滑到十分之一左右，而美元在各国官方储备资产中拥有大约三分之二的份额，是当之无愧的超级货币。由于没有了黄金约束，使得全球范围的流动性过剩问题十分明显。因为以贸易逆差来支撑美元的超级地位只会导致美国国内流动性泛滥、美元资产泡沫、美国次贷危机扩大成为全球危机、美国货币政策溢出冲击全球经济这样一些现实问题。广大发展中国家对当前国际货币体系深感忧虑。因为这些国家的经济总量和对外贸易增长迅速，但是货币错配严重，频繁遭到投机资本攻击，经常发生国际金融危机。为了抵御危机，这些国家逐渐积累了更多的外汇储备，但是又受到"美元陷阱"的困扰，不得不为其他国家的经济金融危机埋单。可见，国际货币体系又到了亟须改革的重要关口。不过，这一轮改革的呼声并不是来自十国集团，而是来自广大发展中国家。

SDR 货币篮子与国际货币格局关系密切，主要国际货币都在其中。货币篮子调整本身也反映出国际货币体系改革的方向。人民币以一种新兴国际货币的身份出现在国际市场，这是一个从无到有的变化。人民币国际化程度由低而高，这就是实实在在的国际货币格局正在变迁的最好证据。因此，在 SDR 货币篮子中增加人民币，既可提高 SDR 的代表性和吸引力，也对提高 IMF 的公信力具有积极影响。具体来看，（1）中国是最大的发展中国家，将人民币纳入 SDR，使得 SDR 同时包含发达国家和发展中国家的货币，篮子更加多元化，币种结构更均衡，篮子构成更能代表世界主要货币。（2）中美两国互为最大的贸易伙伴，两国货币地位的严重不平等是造成双方国际收支长期失衡的重要原因。人民币加入 SDR，标志着人民币国际化得到 IMF 的认同，随着人民币被更多使用，可以改善当前国际流动性过度依赖美国的供给机制，降低顺差国的"美元陷阱"风险。（3）从 SDR 货币篮子组成来看，目前的四种货币是自由浮动汇率制度，新增加的人民币是管理浮动汇率制度。将这种差异性引入货币篮子中，可增加主要货币之间的对冲空间，有利于熨平 SDR 的波动，增加 SDR 的币值稳定性和吸引力，从而更好地发挥 SDR 的价值尺度功能，扩大其使用范围，使得 IMF 在国际储备管理中的作用进一步强化。

以人民币进入 SDR 货币篮子为起点，或可推动形成多元制衡的国际货币竞争格局，使广大发展中国家有机会选择更安全的国际储备货币，摆脱过度依赖美元造成的种种危害。从国际货币体系大局来看，多元制衡的国际货币格局顺应国际经济和贸易格局的调整方向，有利于打破全球经济失衡和全球金融恐怖平衡的僵局，可有效缓解系统性全球金融危机的压力，以不负 SDR 改革国际货币体系的重大使命。

3.1.2 对人民币国际化具有里程碑式的意义

如果从 2009 年跨境人民币业务试点算起，人民币国际化已经开始了第八个年头。虽然时间不长，但人民币国际使用水平迅速提高。到 2015 年，人民币继续保持全球第二大贸易融资货币、第五大支付货币、第六大外汇交易货币和第六大国际银行间贷款货币地位，已经跻身世界主要货币行列。应当说，在这种情形下人民币加入 SDR 货币篮子，完全是水到渠成、顺理成章，但丝毫也不影响这一历史事件的重大意义。如同 IMF 总裁拉加德女士所说："将人民币纳入 SDR 货币篮子的决定是中国经济融入全球金融体系的一个重要里程碑。它是对中国当局在过去多年来在改革其货币和金融体系方面取得的成就的认可。中国在这一领域的持续推进和深化将推动建立一个更加充满活力的国际货币和金融体系。这又会支持中国和全球经济的发展和稳定。"

1. IMF 官方确认人民币为可自由使用货币

IMF 章程规定，执董会通常每五年对 SDR 篮子的构成进行审查。审查涵盖 SDR 定值方法的关键要素，力求确保特别提款权的定值反映各货币在全球贸易和金融体系中的相对重要性。这些要素包括：选择特别提款权篮子货币的标准，篮子货币的数目，以及确定货币权重的方法。组成 SDR 利率篮子的金融工具通常也在审查范围之内。

执董会在 2015 年 SDR 审查时确认了现有的两项实质性标准：出口和可自由使用，同时将篮子规模从四种货币扩大到五种货币。出口标准要求，篮子货币是由五年期间货物和服务出口价值最大的五个成员国或货币联盟发行的，体现了筛选"门槛"的作用，自 20 世纪 70 年代以来一直使用。2000 年增加了篮子货币必须可自由使用的标准，以体现金融交易的重要性。

根据《国际货币基金组织协定》，如果成员国货币被认定事实上广泛用于国际交易支付，并且在主要外汇市场上广泛交易，即可被定义为"可自由使用"货币。显然，"可自由使用"标准与一种货币是否自由浮动或完全可兑换并不能等同。① 这一概念主要是为了确保成员国能够直接或间接地利用从基金组织获得的贷款货币来满足国际收支融资需求（不受损失地兑换成另一种货币）。

从程序上看，人民币被纳入 SDR 货币篮子经过了两道关口。第一关是基金工作人员的技术评估与建议。第二关是执董会的政策判断。

基金工作人员向执董会提出明确建议将人民币纳入货币篮子，主要基于三个方面的理由。第一，国际使用和交易。自 2010 年 SDR 审查以来，人民币在国际支付中的使用已显著增加。在三个主要交易时区中，覆盖两个时区的外汇市场上的人民币交易已大幅增加，能够满足 IMF 业务涉及的交易规模。这为认定人民币在国际交易支付中"广泛使用"及在主要外汇市场上"广泛交易"提供了依据。第二，操作要求。尽管不是正式要求，但工作人员认为各方能够在无重大阻碍的情况下开展人民币操作，可保障 IMF 相关业务的平稳运作。对此，国内相关部门做了不少具体工作，比如，向国外官方储备管理者及其代理全面开放银行间债券市场和外汇市场，财政部开始滚动发行三个月期限国债，以完善收益率曲线，中国外汇交易中心每天 5 次公布汇率并确定 SDR 使用的参考汇率，还有推进完全放开国内利率、采取步骤提高汇率市场化程度以及实施新的跨境银行间支付系统等改革措施。第三，加强数据披露的补充步骤。尽管不是正式标准，但篮子货币发行国通常符合透明度方面的高标准。目前我们已经开始用数据公布特殊标准（Special Data Dissemination

---

① 有些货币即使受到一定的资本账户限制，但也可以被广泛使用和广泛交易，比如英镑和日元被认定为可自由使用货币时还不是完全可兑换。也有些完全可兑换的货币却未必被广泛使用和广泛交易。

Standards，SDDS）公布数据。

执董会负责最终决定是否将人民币纳入货币篮子。由于没有事先设定的门槛或基准，这项决定需要执董会根据《国际货币基金组织协定》的"可自由使用"定义及各项量化指标做出主观判断。基金工作人员撰写的报告中提供了严格的技术评估和明确的建议，在参考以上文件后，执董会同意工作人员的分析和建议，并做出了最后决定。

由于 IMF 严格按照既定程序和既定标准通过了人民币入篮决议，意味着其对人民币"可自由使用"的判定是严格的、不打折扣的。这相当于 IMF 为人民币在国际市场的广泛使用和广泛支付进行了官方背书，可打消企业、机构甚至货币当局因储备信息不透明而产生对人民币资产的怀疑或犹豫，为人民币更好地发挥金融交易职能和储备资产职能创造有利条件。

2. 入篮后人民币国际化面对新的机遇和挑战

人民币加入 SDR 货币篮子，既代表了 IMF 对人民币充当国际储备货币的官方认可，也是人民币进入主要国际货币行列的关键标志，象征意义巨大。但其影响远不止如此。就像 IMF 官方所说的，人民币加入 SDR 还将对人民币已经不断增加的国际使用和交易起到支持作用。

新货币篮子确定的人民币权重 10.92% 将于 2016 年 10 月 1 日正式生效。这就为国际金融市场上的各类交易主体提供了资产配置参考，并从操作角度留出了必要的准备和调整的时间。随着 IMF 统计并公开披露人民币储备信息，会有更多成员国官方机构持有人民币资产，从而实现人民币全面发挥贸易结算、金融交易、官方储备等国际货币功能的历史性突破，促进人民币国际化程度进一步显著提高。官方或非官方交易主体配置人民币资产将是一个渐进完成的过程，这对全球范围的人民币离岸市场来说无疑是利好消息。未来会出现更多人民币计值的金融产品，国际金融交易中的人民币份额将随之提高，大大增强人民币交易的市场广度和深度，使其在国际市场上的使用和交易更加广泛。人民币能够在国际货币体系中有一席之地，取得与经济地位相匹配的货币地位，可以有效地避免中国陷入美元陷阱，切实维护人民的劳动成果，确保国家经济金融安全。

2001 年中国加入世界贸易组织，被视为里程碑式的重大事件。因为以此为起点，中国与世界经济的融合速度明显加快，为中国成为全球第一贸易大国奠定了基础。人民币入篮同样具有里程碑式的重大意义，它代表了中国与国际货币和金融体系的融合速度即将加快。虽然现阶段 SDR 的功能和使用都相当有限，但是在 SDR 货币篮子里史无前例地出现一个发展中国家的货币，还是给人以希望——相信随着人民币国际化水平进一步稳定提高，有意识、有步骤地扩大 SDR 的使用①，或将切

---

① 2016 年 3 月周小川在 G20 "国际金融架构高级别研讨会"上表示，中国将于近期使用美元和 SDR 作为外汇储备数据的报告货币，并积极研究在中国发行 SDR 计值的债券。

实推动国际货币体系的改革与完善。

IMF 决定将人民币纳入 SDR 是对中国经济发展和改革开放成果的肯定，特别是对人民币国际化前期进展的肯定，同时也代表国际社会对中国在国际经济和金融舞台上发挥积极作用有更多的期许。但中国毕竟仍然是一个发展中国家，特别是在金融市场的广度和深度方面跟成熟市场相比有着比较大的差距。人民币加入 SDR 后，中国与国际货币和金融体系将更加广泛而深入地交流合作，必然要面对国内外市场上各方主体的观察、分析、评论、监督、制约或要求，那么，国内的相关制度安排与政策选择、包括金融市场和金融机构在内的整个金融体系运作乃至实体经济发展等都将迎来新的挑战。应对得好，承受住压力考验，履行好国际货币发行国应尽的义务，人民币国际化道路就能够越走越宽。因此，看清楚即将面对哪些重大挑战，及时、有效地做好充分准备，这才是人民币入篮后的第一要务。

第一，中国与国际货币和金融体系的交流更加密切，必然会在跨境资本流动方面有所反映，从而将进一步引发全球市场对人民币汇率的广泛关注。显然，在这方面，人民币汇率波动以及央行汇率管理等问题最具挑战性。因为随着人民币更多执行国际货币职能，人民币汇率将不仅影响国内经济和金融活动，也会对周边国家汇率、区域贸易投资甚至整个国际金融市场产生不小的溢出效应。

随着人民币汇率改革的逐步推进，汇率形成机制日臻完善。一方面，人民币汇率的市场化程度显著提高，汇率表现自然会呈现出更富弹性、双向波动的基本特征。另一方面，2015 年 12 月开始中国外汇交易中心定期公布人民币汇率指数，这种基于一篮子货币加权计算的有效汇率，与传统上主要观察人民币兑美元双边汇率的习惯相比，能够更加全面地反映一国商品和服务的综合竞争力决定的货币对外价值变化。而人民币汇率指数的波动程度及其变动方向与人民币兑美元的双边汇率未必一致，如果片面地强调后者，则有可能夸大了人民币汇率波动，甚至对人民币汇率未来走势形成误判。

从汇率制度选择来看，管理浮动的人民币汇率在现阶段仍然是适用的。因为中国的资本账户尚未完全开放，暂时处于有限开放条件，同时中央银行的货币政策还无法做到完全独立，一定程度上会受到国外主要央行政策的影响，因此选择介于完全稳定和自由浮动之间的汇率安排在理论上显然是行得通的。重点是央行如何进行汇率管理，才能实现与最优货币政策目标相符的汇率政策目标；而且更重要的是，央行能否引导市场预期，让市场调节机制更好地发挥作用，从而自动实现汇率政策目标。未来，当人民币国际化达到一定程度时，必然要求更高的资本流动程度，同时央行也将致力于追求更加独立的货币政策，在此情形下汇率制度必将走向完全浮动。这时，央行将主要通过货币政策、财政政策等工具间接影响汇率，以期实现汇率政策目标。

第二，新兴金融市场普遍具有脆弱性特征，在金融自由化和经济全球化的过程中，面对外部负面冲击常常束手无策，极易感染金融危机，不仅影响国内金融体系正常运行，还有可能中断经济增长并造成社会经济持续动荡。中国的金融市场与其他新兴市场一样是脆弱的、易感染危机的。随着国内金融体制改革的不断深入，以及国内金融市场向更多外国投资者开放，国内各个金融子市场之间、境内外金融市场之间的资产价格联动性和金融风险传染性明显提高，这对于能否顺利实现人民币国际化的最终目标构成了又一个重大挑战。

由于跨境资本流动，特别是短期跨境资本流动，对人民币基础资产价格的联动性和风险传染性存在显著的相互影响，因此资本账户改革必须继续坚持渐进、平稳、有序的原则，并要与国内金融改革协同推进。当务之急在于积极探索针对短期跨境资本流动的有效管理工具；同时要尽快建立起大金融监管体系，重视金融立法，创新风险管理技术，高度重视金融市场之间的风险联动与传染，有效防范金融风险的积聚和系统性危机的爆发。

第三，系统重要性银行的稳健经营对我国整体金融体系运行的安全性至关重要，因而也成为决定人民币国际化成败的关键变量。随着人民币在国际市场扮演更重要的角色，这些大银行必然要走向全球金融市场，迎接巨大的国际化发展空间，在客户和产品两个维度加快提升海外业务规模及收入来源；但也将面临更加复杂的市场环境和监管要求，风险暴露的数量和结构都将显著调整。此外，也应当看到，尽管系统重要性银行在国际化进程中会遇到许多外部风险，但就现阶段而言，来自国内业务的风险压力似乎更加明显。这表明，系统重要性银行在国际化发展过程中需要经受国内、国外双重风险的考验。在中国进一步融入国际货币和金融体系的过程中，要特别重视强化系统重要性银行的风险管控机制，防范个别风险事件发酵成为系统性金融危机，给实体经济带来灾难性后果。

第四，实体经济平稳健康发展是保障人民币国际化走向成功的关键。现阶段的中国经济要同时面对多重考验。供给侧改革若能改变经济增长方式，打破社会经济发展瓶颈，推动产业升级和技术创新，就将为中国实体经济的可持续健康发展注入新的活力，从而奠定并巩固了全球市场对人民币的信心基础。简而言之，如果缺乏实体经济的有力支撑，人民币国际化的前景就将黯然失色。所以，来自实体经济层面的不确定性，构成了能否顺利实现人民币国际化最终目标的一个重大挑战。值得注意的是，国内深化改革与更高标准对外开放是同时推进的。这意味着在更多融入国际经济金融体系的过程中，既要重视防范外部风险的冲击，又要重视做大做强国内市场，从根本上提高抵御各种负面冲击的能力。而在推动供给侧改革的同时，也必须注意到实体经济层面的问题或矛盾往往会以金融风险的方式表现出来，如果不能及时有效地处置，难免会扩散、传染以至于引发系统性金融危机的严重后果。

系统性金融危机极具破坏性。一旦发生，不仅对国民经济、人民生活造成沉重打击，也很有可能破坏人民币国际化的战略大局。我国系统性风险曾若干次短暂升高，并未导致严重的危机结果。但近年来，出现了系统性风险来源从单一市场向多个市场联动发展的迹象，需要引起高度重视，并采取有效手段做好系统性风险监测与评估工作。对于系统性风险的防范与处置，要跟上全球范围内宏观审慎监管大变革的步伐。在金融监管实践当中，必须增加长期以来缺失的"宏观维度"，并与微观审慎监管等政策实现有效协调配合，以防范系统性风险的发生与蔓延，进而保障金融稳定。通过构建符合中国实际的宏观审慎政策框架，积极应对系统性风险的挑战，守住不发生系统性金融危机的底线，为实现人民币国际化等重大国家战略目标创造有利条件。

3.2　不代表中国资本账户完全开放

3.2.1　正确理解货币国际化与资本账户开放的关系

关于人民币国际化与资本账户开放关系的讨论，有两种非常流行但却未必正确的观点应当予以澄清。一种观点强调资本账户开放是货币国际化的前提条件，认为人民币还不是完全可自由兑换货币，尚不具备在国际市场上被普遍接受、使用和交易的资格，在资本账户有管制的条件下推进人民币国际化注定要失败。这种观点在人民币国际化战略形成之初比较常见，是当时反对人民币国际化、质疑其合理性和正当性的代表性意见。随着人民币国际化水平迅速提高，这种质疑的声音逐渐消失了。

另一种观点在 IMF 考查人民币能否进入 SDR 货币篮子的阶段比较多见，认为资本账户开放是满足可自由使用货币标准的关键条件，因而对人民币入篮前景持悲观态度。而在入篮一事尘埃落定后，该观点也相应做出调整，认为人民币加入 SDR货币篮子代表中国的资本账户即将完全开放。目前来看，国内外形成这种预期的机构和个人恐怕还不在少数。

从以往的国际经验看，资本账户开放并非货币国际化的充分条件，甚至在货币国际化初期也不是一个必要条件。20 世纪 90 年代不少新兴市场国家相应开放本国资本账户，但是有哪一个新兴市场货币在国际范围内得到了普遍认同和广泛使用呢？把资本账户开放理解成货币国际化的前提，则直接被现实证据颠覆——人民币即将作为第五种主要国际货币进入 SDR 货币篮子，但资本账户仍然没有完全开放。而且，既然 IMF 已经澄清，可自由使用货币与资本账户开放或完全可自由兑换没有必然联系，那么预言人民币入篮后中国将开放资本账户似乎就显得证据不足。

就逻辑而言，与其说资本账户开放是货币国际化的前提，不如说国际市场硬通货推动货币国际化，反过来形成资本账户开放需求。[①] 目前的情况是，快速成长的全球人民币离岸市场不仅满足了资本账户有管制的条件下企业使用人民币结算的需

---

① 参见陆磊：《基于微观基础的货币理论与政策优化》，载《中国金融》，2014（22）。

求，增加了流动性供给，还通过多元市场和金融产品创新提供投融资、套期保值等金融服务，满足了非居民对人民币资产的保值增值需求，极大地增强了人民币的市场吸引力和信心。离岸人民币交易在一定程度上具备的"可兑换性"，再加上本币使用的便利性，二者共同助推了人民币国际化水平的快速提高。所以，人民币离岸市场建设作为资本账户开放前的一种过渡性金融安排，为我国根据内外经济形势平稳、有序地适时推进资本账户改革创造了有利条件。

这表明，在人民币国际化的初期，如果仅从货币国际化的需要角度出发，完全开放资本账户的必要性暂时并不大。而如果回到一般意义的层面来讨论资本账户开放的理由或时机选择等，那么，就要既看到可能的有利影响，也必须正视新兴市场国家开放资本账户后频繁发生国际金融危机的现实问题。Arteta 等（2001）、Gu 和 Huang（2011）认为，如果在金融监管机制尚不健全的条件下，过早实施资本账户开放，会使经济危机爆发的风险大大增加。马勇和陈雨露（2010）通过实证研究发现，长期而言，金融危机并不会因资本账户开放程度的提高被诱发，但激进式地放开资本账户则会显著提高金融危机的发生概率。这也从另外一个角度证明了资本账户改革不应当也不必要受到人民币国际化战略的影响。

3.2.2　既要看名义开放度，也要重视实际开放度

现实中，人们对资本账户开放的理解比较混乱。比如，误以为开放就是完全没有管制，误以为发达国家比发展中国家更开放，误以为"开放"是对静止状态的描述，误以为开放是不可逆的，等等。事实上，这些理解都是错误的。

资本账户开放是一个动态过程。现实世界里，没有任何一个国家做到完全取消资本管制，即使那些宣称已经实现资本账户开放的国家也是如此。所以衡量一国资本账户开放程度有两种做法：一种是名义开放（de jure）测度，也称为基于法规的衡量方法；一种是实际开放（de facto）测度，也称为基于事实的衡量方法。

IMF 发布的《汇兑安排与汇兑管制年报》（AREAER）就是名义开放度的主要衡量方法，表3—1 显示了 2015 年对 G20 国家 11 个资本账户子项目的二元变量测度结果。从中可见，印度在资本账户各项目中均实行管制。中国、阿根廷、南非管制的项目也较多，仅有 1 个项目完全放开。日本、意大利和加拿大的开放度最大，只有 2 项实施管制。最令人意外的恐怕是美国，因为人们一向认为美国对外开放程度是最高的、是不存在管制的，但实际上美国在 7 个项目中实行管制；德国和巴西也存在 7 项管制。

二元测度法相对比较粗糙，目前主流的名义开放度测度方法是四档约束式方法。根据《人民币国际化报告》课题组测算，2014 年我国资本账户名义开放度是 0.650 2，与 2010 年的 0.504 5 相比已经有了长足的发展。

表 3—1　　　　　　G20 国家 AREAER 二元变量测度指标（2015）

国家	资本账户的 11 个子项										
	资本市场	货币市场	集合投资	衍生品	商业信贷	金融信贷	保证担保	直接投资	清盘	不动产	个人交易
印度尼西亚	•	•	•		•	•	•	•		•	
中国	•	•	•	•	•	•	•	•		•	•
印度	•	•	•	•	•	•	•	•		•	•
阿根廷	•	•	•	•	•	•	•	•		•	
墨西哥	•				•			•		•	
澳大利亚	•		•		•			•		•	
俄罗斯	•	•	•					•			
沙特阿拉伯							•	•			
南非	•		•		•			•			
韩国	•							•			
德国	•						•	•		•	
美国	•							•			•
巴西	•					•		•			
日本	•							•			
法国	•	•	•					•			
意大利			•					•			
加拿大	•							•			
英国	•	•	•					•		•	
土耳其	•	•	•		•	•	•	•		•	

注：• 表示实施管制。

资料来源：IMF：《2015 年汇兑安排与汇兑限制年报》。

Kraay（1998）提出用国际收支平衡表中的信息构建资本开放度指标，通过计算一国金融账户中外国直接投资、有价证券投资及其他投资项下的资本流入和流出之和与该国国内生产总值（GDP）的占比来衡量资本账户开放程度。表 3—2 是使用该方法测算得到的部分 G20 国家实际资本开放度结果。从中不难发现：资本开放是一个动态过程，各个国家的实际资本开放度都处于变化中，而且变动方向也并非单调的。另外，虽然总体上发达国家的实际开放度高于发展中国家，但发达国家内部的资本开放度也有明显的高低之分，而且个别国家的开放程度似乎没有想象中那么高。

表 3—2　　　　　　　　　　　部分 G20 国家实际资本开放度测算

	澳大利亚	巴西	加拿大	中国	欧盟	法国	德国	印度	日本	韩国	俄罗斯	南非	英国	美国
1985	0.000	0.054	0.056	0.040	0.000	0.046	0.083	0.014	0.000	0.050		0.031	0.253	0.036
1990	0.076	0.019	0.073	0.016	0.000	0.184	0.096	0.021	0.000	0.044	0.000	0.025	0.304	0.044
1995	0.118	0.048	0.085	0.061	0.000	0.074	0.110	0.018	0.000	0.107	0.026	0.068	0.315	0.104
1996	0.114	0.050	0.132	0.055	0.000	0.108	0.118	0.054	0.093	0.122	0.097	0.074	0.538	0.122
1997	0.100	0.045	0.144	0.114	0.000	0.180	0.211	0.046	0.137	0.073	0.126	0.171	0.592	0.142
1998	0.093	0.094	0.173	0.095	0.000	0.181	0.309	0.038	0.124	0.072	0.111	0.156	0.322	0.092
1999	0.144	0.096	0.129	0.078	0.152	0.386	0.359	0.023	0.231	0.074	0.126	0.201	0.460	0.135
2000	0.136	0.083	0.225	0.101	0.227	0.369	0.410	0.036	0.089	0.063	0.152	0.061	0.998	0.161
2001	0.153	0.066	0.173	0.078	0.174	0.347	0.292	0.022	0.114	0.097	0.030	0.191	0.610	0.110
2002	0.194	0.077	0.120	0.053	0.113	0.234	0.222	0.028	0.091	0.040	0.046	0.047	0.289	0.104
2003	0.244	0.058	0.093	0.065	0.128	0.323	0.195	0.031	0.142	0.079	0.149	0.056	0.599	0.111
2004	0.267	0.061	0.112	0.070	0.149	0.419	0.200	0.036	0.139	0.089	0.144	0.056	0.890	0.217
2005	0.283	0.038	0.130	0.115	0.236	0.594	0.320	0.047	0.231	0.084	0.166	0.091	1.139	0.142
2006	0.347	0.082	0.203	0.139	0.285	0.551	0.341	0.075	0.181	0.134	0.170	0.168	0.867	0.249
2007	0.293	0.115	0.257	0.126	0.298	0.531	0.461	0.104	0.252	0.180	0.256	0.115	1.302	0.259
2008	0.194	0.055	0.149	0.082	0.083	0.240	0.145	0.084	0.235	0.309	0.262	0.142	1.163	0.155
2009	0.403	0.079	0.153	0.057	0.184	0.358	0.173	0.056	0.246	0.263	0.128	0.100	0.790	0.139
2010	0.281	0.122	0.150	0.107	0.099	0.266	0.287	0.083	0.275	0.184	0.099	0.072	0.487	0.157
2011	0.245	0.093	0.149	0.097	0.102	0.299	0.152	0.065	0.239	0.159	0.153	0.238	0.223	0.100
2012	0.201	0.069	0.165	0.074	0.112	0.197	0.218	0.079	0.194	0.155	0.139	0.222	0.304	0.149
2013	0.217	0.081	0.117	0.083	0.134	0.324	0.237	0.067	0.253	0.142	0.159	0.187	0.296	0.128
2014	0.210	0.123	0.158	0.080	0.098	0.203	0.125	0.071	0.308	0.145	0.112	0.217	0.187	0.113

资料来源：IMF.

图 3—1 给出了我国资本账户实际开放度的变动趋势。可以看到，改革开放以来，我国境内外资本流动程度总体上稳步提高，但是每当国际金融形势动荡的时候就会出现明显下滑。当资本流动总量占 GDP 比重处于上升态势时，表明该阶段对国际资本流动的管制比较宽松。而在资本流动总量 GDP 的比重出现下滑，或者呈现明显的大幅度下降时，表明该时期对国际资本流动的管制趋于加强。这也进一步表明，对于国际金融资本的冲击，我国的应对措施相对比较灵活。

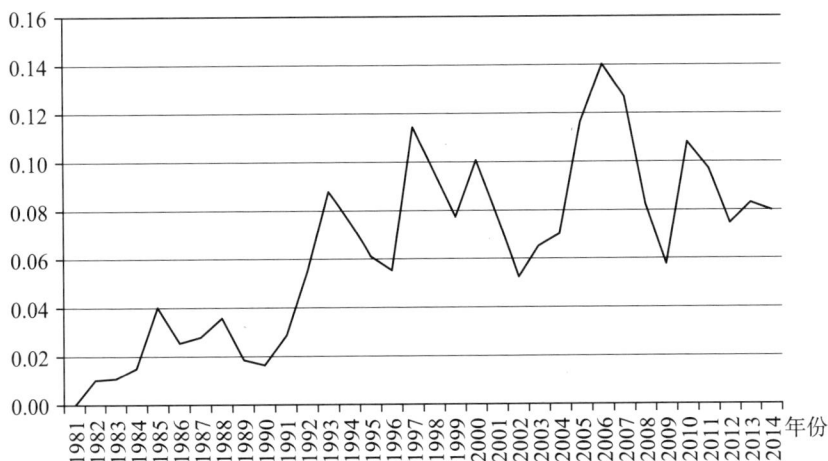

图 3—1　我国实际资本开放度变动趋势

资料来源：IMF.

值得注意的是，2010 年以来，我国资本账户的名义开放度稳定提高，但实际开放度却经历了先降后升的小波折。这表明，即使对同一个经济体来说，名义开放度和实际开放度的变化并非同步，有时甚至方向相反。

这提醒我们，资本账户改革不能只看名义开放度变化，更不能机械化地理解成完全取消管制。首先，要充分注意到 IMF 关于资本流动管理的观点已经发生了变化，过去认为资本管制"属于非政策选项"，如今认为资本管制已成为管理资本流动政策"工具箱"中的有用部分，在某些情况下使用可视为"适当之举"。IMF 明确建议各国管理资本流动应依次构筑"宏观经济政策调整—宏观审慎管理—临时性资本管制"等三道防线。因此，要为合理的资本管制正名。资本管制至少包括三个方面：（1）涉及反洗钱、反恐融资、打击避税天堂、国家安全等问题的管制；（2）出于宏观审慎管理目的而保留的不同程度的管制；以及（3）出现大规模"热钱"冲击、国际收支严重不平衡时应急恢复的临时性管制。其次，要重视学习发达国家的资本流动管理方式和外国投资管理制度，特别是那些名义开放度较高、实际开放度较低的国家，以期较好地解决中国可能在较长时间里存在的名义开放度低、实际开放度高的问题。在资本账户改革所需的配套措施准备充分之前，不要过早地实现资本账户开放。

专栏 3—1

美国现行的外国投资管理制度

美国早在 1969 年以前就实现了资本账户开放。对外资一直采取自由开放政策，实行国民待遇原则。但与此同时，存在以下一系列具体的管理制度。

一、国家安全与投资审查

2007 年美国《外国投资和国家安全法》（FINSA）修正了《1950 年国防生产法》（the Defense Production Act of 1950）的第 721 条，开始了由美国外国投资委员会（CFIUS）对外国投资进行正式的审查工作。美国外国投资委员会专门监督与评估外国投资，视其对美国国家安全的影响程度，授权进行相关调查，并视情况上报总统就阻止外资并购作出最后决定。

CFIUS 审查的标准包括关乎美国经济的关键商品或服务的供给，重要的资源、关键技术和基础设施等等。并且美国外国投资委员会横跨多个部门，包括经济顾问委员会、国家经济委员会在内。如何解释国家经济安全，以及对国家经济安全的审查是否扩大，掌握上富有弹性。

二、证券行业监管

美国证券监管主要基于《1933 年证券法》（Securities Act of 1933），监管证券发行相关的法律问题，而基于《1934 年证券交易法》（Securities Exchange Act of 1934）负责证券交易方面的法律监管。公募发行实行注册制，发行人需要向美国证券交易委员会（SEC）提交注册表格及申请，获得批准后即可进行发行，外国投资者与本国投资者在发行上的主要区别在于填写的申请表格以及后续信息披露要求有所差异。对私募而言，由于管制较少，外国发行人与本国发行人在发行程序上基本相同。虽然实行注册制，但是美国 SEC 对于注册材料也会进行比较严格的审核，如果不符合 SEC 的要求同样不能注册，所以通过注册的时间有可能会相对较长。

三、对银行业的限制

1978 年 10 月，美国历史上第一部管理外资银行的联邦立法——《国际银行法》（IBA）获准通过，这标志着美国对外资银行监管体系的初步形成。1991 年《对外资银行加强监督法案》确立了互惠性国民待遇，对 1978 年的《国际银行法》进行了修订和补充，对外资银行进入美国并拓展业务确立了统一的标准，强化了联邦对外资银行的监管，外资银行的业务范围受到较大限制。

对外国投资银行业的要求与国内银行的要求一致，特殊要求体现在市场准入和业务经营两个方面。就市场准入情况而言，《国际银行法》授权通货监理署对来自不同国家或地区的外资银行注册提出不同的资本金要求。但是，如果外资银行在联邦一级注册分行或者代理处，须将一定数量的资金以现金或合格证券的方式存放在指定的存款银行。业务经营过程中对资金的运用有一定的限制。如美国法律规定，不允许外资银行利用经营之便参与美国政事，或进行与政治有关的（如竞选）贷款或投资；也不允许它们吞并、购买美国非银行公司的股票等。

四、以 BIT 范本为基础的负面清单管理制度

BIT 范本是美国对外投资的蓝本。美国签署的 BIT 和 FTA 都以 BIT 范本为基础，对宽泛的投资以负面清单的形式实行准入前国民待遇。但是，为保留一定的政策实施空间，BIT 范本在其第 14 条则规定了不符措施（Non-Conforming

Measure），即负面清单措施。该条规定了国民待遇条款、最惠国待遇条款、履行要求条款、高级管理层和董事会条款等不予适用的情况，具体情形需以清单的方式列明。美国的负面清单一般包含三个附件：第一个附件是第一类负面清单，第二个附件是第二类负面清单。第二类负面清单通常只列明设限行业和法律依据，大多以"保留采取或维持任何措施的权力"来表述，最大程度地扩展了缔约国不符措施的范围。第三个附件是将金融服务的不符措施单独列出，涉及了金融机构所有权、经营业务权限和政策待遇等诸多方面。在金融服务负面清单中，根据约束力的不同，也区分了两种类型的不符措施。

首先，负面清单的内容主要涉及国家安全、经济安全领域。所涉及的行业可归纳为六个领域：一是自然资源及土地的使用；二是能源；三是海洋及航空运输；四是广播及通讯；五是金融、保险及房地产；六是涉及所有行业的水平型限制。这六大领域体现了美国投资保护的基本意向和目的。其中前五个领域都与国家安全紧密相关，而第六个领域则为美国政府对本国产业和企业提供支持性政策预留了空间。并且，美国负面清单不涉及任何一个制造业。此外，范本中还规定了重大安全、金融服务以及税收等条款，作为对外国投资者国民待遇的例外。

其次，负面清单强调对金融领域的限制，由于美国金融服务国际竞争力较强，近年来，美国签署的 BIT 和 FTA 中，都对金融服务以第三个附件的形式进行单独规定，追求高标准的自由化。负面清单对金融领域限制的强调表现在：第一，金融服务领域涉及的不符措施最多，并作为一个单独的附件列出；第二，金融服务领域的不符措施涉及了金融机构所有权、经营业务权限和政策待遇等诸多方面。

3.3 不等于人民币国际化目标实现

人民币国际化的最终目标是要成长为主要国际货币之一，实现与中国经济和贸易地位相匹配的货币地位。但是在当前"一超多元"国际货币格局下，人民币国际化注定要经历一个漫长而曲折的过程。

人民币加入 SDR 货币篮子，代表国际货币基金组织已认定其为可自由使用货币。这大体相当于从官方角度认可了人民币的国际储备资产身份，但能否成为主要国际货币之一还必须取决于国际市场上人民币使用和持有的实际情况。从日元加入 SDR 货币篮子之后的经验来看，国际货币的"官方身份"未必自然产生"市场地位"。这提醒我们有必要深入研究日元国际化的历史经验和教训，客观地看待人民币执行国际货币职能的现状，并为下一阶段人民币国际化发展提出有益的对策建议。

3.3.1 入篮后日元"昙花一现"的原因探析

随着布雷顿森林体系的崩溃和固定汇率体系的瓦解，1974 年 SDR 的定值开始转向一篮子货币，初始的货币篮子选取的是占全球出口额 1% 以上的 16 个国家的相应主权货币，日元也在这个时期首次进入了 SDR 的框架中。[①] 16 种主权货币组成的货币篮子不可避免地使得 SDR 定值计算的难度远远加大，不利于 SDR 的推广和发展。最终在 1981 年，IMF 决定将 SDR 的货币篮子限定为五种主要发达国家的货币：美元、英镑、法国法郎、德国马克和日元，并且商定每五年对 SDR 篮子货币的权重调整一次，这次决议标志着日元成为了真正意义上的国际储备货币（见表 3—3）。

表 3—3   日元在 SDR 框架中的权重变化（％）

	美元	欧元	法国法郎	德国马克	英镑	日元	人民币
1981—1985	42	—	13	19	13	13	—
1986—1990	42	12		19	12	15	—
1991—1995	40		11	21	11	17	—
1996—2000	39	—	11	21	11	18	—
2001—2005	45	29			11	15	
2006—2010	44	34			11	11	
2011—2015	41.9	37.4			11.3	9.4	
2016—2020	41.73	30.93	—	—	8.33	8.09	10.92

资料来源：IMF.

由表 3—3 可以看出，日元在 1981 年正式入篮后，其国际储备货币职能保持了 10 年左右的快速发展，在 20 世纪 90 年代末达到顶峰后开始下降。在最新的 SDR 货币篮子调整中，日元权重进一步下降至 8.09％的历史低点。与顶峰时期的 18％相比，下降幅度高达 55.1％。

日元入篮后参与全球资产配置的发展轨迹（见附录 1）充分显示了日元国际化的兴衰过程。日本早已成为世界第二大经济体和第三贸易大国，可是日元国际化水平却在"昙花一现"后走向衰退，今时今日也无人再问津日元曾经的辉煌。这与日本政府当年的短视和错误的国际化思路不无相关。

1. 政策层面的解释

日本 20 世纪 80 年代的大量金融管理机构都衍生于第二次世界大战之前，所以这些部门在政治和管理方面的工作或协调不同特殊利益主体之间关系方面更加擅长，但是在处理经济问题时掣肘太多、效率过低。在日元国际化问题上，日本政府觉醒得太晚。它们没有抓住日元加入 SDR 后最黄金的五年时间。在 1980—1985 年期间，日本政府对待金融市场开放和日元国际化过于保守。直到 1985 年后才有大量政策跟进，而这时日本国内经济开始出现问题，日元国际化受到日本国内经济衰退的拖累，

---

① 1974 年的 16 国货币篮子包括美元、德国马克、日元、法国法郎、英镑、意大利里拉、荷兰盾、加元、比利时法郎、瑞士克朗、澳元、丹麦克朗、西班牙比塞塔、挪威克朗、奥地利先令、南非兰特。1978 年 IMF 对 SDR 的货币组成重新进行了调整，用伊朗里亚尔和沙特里亚尔代替了丹麦克朗和南非兰特。

最终走向失败。

此外，从债券市场来看，相比美国和德国，日本政府债券的流动性较低，1998年底日本债券市场的规模达到 423 万亿日元，其中政府债券为 280 万亿日元，仅次于美国政府债券的规模，但从图 3—2 可以看出，和其他主要 G10 国家发行的政府债券相比，日元政府债券的非居民持有率仅为 10％，而美国的该指标达到 37.5％，这说明虽然日元债券整体规模发展较快，但是在全球范围内流动性不足，不利于日元交易媒介职能的发展。

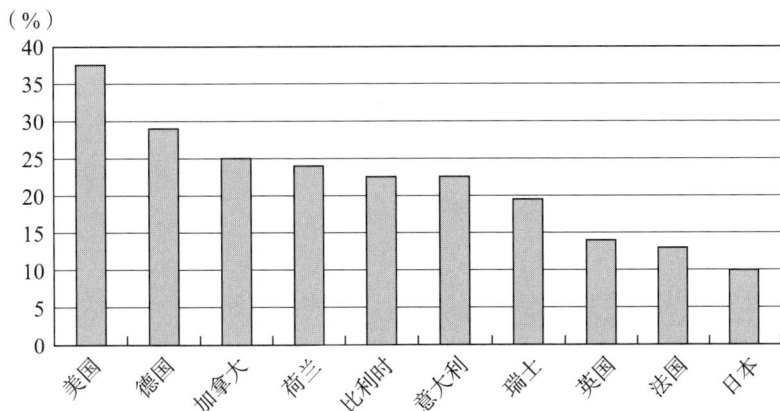

图 3—2　1997 年 G10 国家政府债券非居民持有率

资料来源：日本银行；Murase，Tetsuji，2000，"The Internationalization of the Yen：Essential Issues Overlook，" Pacific Economic Papers，No. 307。

造成日本政府债券流动性过低的一个主要原因就是对非居民获得的利息收入征收预提税的差别待遇（Murase，2000）。非居民可以通过三种渠道投资日本政府债券：63％通过转移结算系统、36％通过登记系统、1％通过持有有效债券。如果非居民是通过转移结算系统投资日本政府债券就可以免除支付预提税，但若是通过登记系统投资日本政府债券就必须支付预提税。日本政府债券利息收益预提税的差别待遇是造成日本政府债券市场难以一体化的主要制约因素，1999 年底日本政府才正式废除预提税政策。

此外，另一个制约日本债券市场流动性的因素就是政府公共部门持有的债券规模过大，并且往往会持有至到期，从而不利于二级市场债券市场化价格形成机制的发展，这使得很多国外投资者在 20 世纪 90 年代末开始对日本政府债券投资失去信心，虽然日本政府于 1999 年取消了预提税，但是仍然无法激发非居民对本国债券的投资热情。如表 3—4 所示，到 1997 年底，接近 50％的日本政府债券是由政府公共部门持有的，其中政府持有 36％，日本银行持有 11％；而同期美国和德国政府持有债券比例相对较低，尤其是德国政府持有政府债券比例仅为 3％，央行更是完全不持有政府债券，大量的政府债券都被市场参与程度非常高的金融机构所持有，美国政府持有的政府债券比例虽然为 25%，但这部分债券多数为社会福利信托发行的非交易性证券，不会对市场供给和需求产生任何影响。

表 3—4   政府债券持有结构（%）

	政府	央行	金融机构	非居民	其他
日本	36.0	11.0	26.0	10.0	17.0
美国	25.0	8.0	11.0	37.5	18.5
德国	3.0	0.0	53.5	29.0	14.5

资料来源：日本财政部；Murase, Tetsuji, 2000, "The Internationalization of the Yen: Essential Issues Overlook," *Pacific Economic Papers*, No. 307。

此外，日本政府也没能为投资者提供一个债券"连续结算系统"，美国政府发行的债券可以在下一个工作日就进行交割结算，但是日本政府债券一个月只能结算六次，无形中增加了投资者的交易风险（Garber，1996）[①]。

2. 理论层面的解释

加入 SDR 货币篮子后，日元的国际结算职能和交易媒介职能发展缓慢，而价值贮藏职能得到快速发展。日元资产流动性不足，使得日元计价金融资产在长期资本市场中的表现要强于短期货币市场。日元三种国际职能发展的不平衡性是导致其后日元国际化失败的一个重要因素。从 1970 年到 1980 年十年间，日元在日本出口贸易中的结算占比发展迅速，从零发展至 40% 左右，而从 20 世纪 80 年代开始，即使日元进入了 SDR 五国货币篮子并且日本政府开始大力推动日元国际结算职能的进程，但是日元的国际结算职能再没能突破之前的发展，到 2004 年更是从顶点下滑至 35%。Kawai（1996）[②]，Frankel and Wei（1994）[③]，Taguchi（1994）[④]，Fukuda and Ji（1994）[⑤]，Sato（1999）[⑥]，日本财政部（1999）[⑦] 以及 Takatoshi et al.

[①] Garber, Peter M., "The Use of Yen as a Reserve Currency," *Monetary and Economic Studies*, 1996 December: 1-21.

[②] Kawai, M., "The Japanese Yen as an International Currency: Performance and Prospects," *Organization, Performance and Equity Research Monographs in Japan U. S. Business & Economics*, 1996 (1): 305-355.

[③] Frankel, Jeffrey A. and Wei, Shang-Jin, "Yen Bloc or Dollar Bloc? Exchange Rate Policies of the East Asian Economies," in Takatoshi Ito and Anne O. Kruger, eds. *Macroeconomic Linkage: Savings, Exchange Rates, and Capital Flows*, Chicago: University of Chicago Press, 1994: 295-329.

[④] Taguchi, H., "On the Internationalization of the Japanese Yen," in Takatoshi Ito and Anne O. Kruger, eds. *Macroeconomic Linkage: Savings, Exchange Rates, and Capital Flows*, Chicago: University of Chicago Press, 1994: 335-355.

[⑤] Fukuda, S. and Cong, Ji, "On the Choice of Invoice Currency by Japanese Exporter: The PTM Approach," *Journal of the Japanese and International Economies*, 1994 (8): 511-529.

[⑥] Sato, K., "The International Use of the Japanese Yen: the Case of Japan's Trade With East Asia," *The World Economy*, 1999, 22 (4): 547-584.

[⑦] Ministry of Finance, Council on Foreign Exchange and Other Transactions, *Internationalization of the Yen for the 21st Century——Japan's Response to Changes in Global Economic and Financial Environments*, 1999.

（2010）都对日元国际结算职能发展滞后的原因进行了深层次的分析，并认为日元发展滞后主要受六点因素的制约（见表 3—5）。

表 3—5　　　　　　　　　　制约日元国际结算职能发展的主要因素

因素 1	美元惯性的存在
因素 2	缺少日元和东南亚国家货币之间可以进行直接交易的市场
因素 3	日本相对较小的金融市场
因素 4	东南亚国家货币本质上都将美元作为锚货币
因素 5	日本对美国贸易依存度过高（见图 3—3）
因素 6	日本的很多一般性贸易公司拥有大量外币贷款

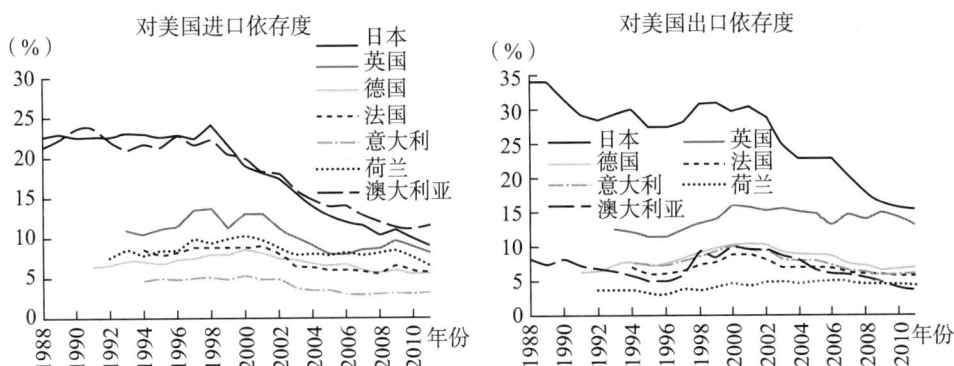

图 3—3　对美国贸易依存度

资料来源：根据 UN Comtrade 相关数据计算得出。

从图 3—3 可以看出，日本对美国的贸易依存度远远超过其他发达资本主义国家。尤其是出口依存度，在 2000 年以前 20 年左右的时间都维持在 30% 左右的水平。德国对美国的进出口依存度却都维持在了一个比较低的水平，这也为德国马克在入篮后迅速崛起创造了良好的外部环境。日本过高的对美依存水平则很大程度上制约了日元的国际化发展。Fukuda and Cong（1994）使用一般均衡模型对日元的国际交易媒介职能进行了分析并提出企业是否有动力采用日元作为结算货币取决于利润函数的形状，当利润函数为凹函数时，以本币进行结算的出口价格和汇率之间的相关性过高，以至于企业面临的汇率波动风险过大，这种情况下企业会采取进口商所在国货币进行计价结算；而当利润函数为凸函数时，情况则相反，企业会更愿意使用本国货币进行结算。但是对于不同区域来说，由于对方市场需求曲线的不同会导致出口企业的利润曲线发生变化，Fukuda and Cong（1994）进一步研究了日本的某些出口产业，如电视、录影机以及汽车等，这些产业的一个共同特点就是当出口到美国市场时，美元是主导结算货币，而当出口到东南亚国家时，日元结算占据了主导地位。相应地，企业在这两个市场的利润函数形状也发生了改变，当这些产品出口到美国时，企业的利润函数是凹函数，而当这些产品出口到东南亚市场时，企业的利润函数变为凸函数。Sato（1999）对日本半导体元件出口产业的研究结果再次验证了 Fukuda and Cong（1994）的结论，他认为日本扩大集成电路元件的出口份额是造成日元结算比重下降的一个重要原因。

从局部均衡模型和一般均衡模型可以推出影响企业结算货币选择的因素主要有：汇率波动、出口产品差异程度、市场规模、国家经济规模以及货币供给稳定程度。Oi et al.（2003）的研究发现，20 世纪 90 年代的日本货币供给相比其他国家是比较稳定的，但是日元的使用份额仍然有限，并没有明显上升，所以货币供给这个指标在分析日元结算份额方面并不适用。[①] 虽然通过模型和数据证明国家规模是重要因素，但日本却是个特例。日本在 20 世纪 70 年代起就是世界第二大经济体，但是其本国贸易中以日元进行结算的比重却相对较低。因此，下面的分析更多聚焦在汇率波动和产品差异性这两个因素上。

（1）汇率波动与结算货币策略选择。

企业在选择结算货币时，会将本国货币与进口国货币汇率的波动程度和进口国货币与第三国货币之间汇率的波动程度进行对比，如果后者小于前者，则企业会采用第三国货币进行计价结算。由图 3—4 可以看出，日元和意大利里拉相对于美元来说波动幅度最大，所以，在这两个国家中以本币进行跨境贸易结算的比重就相对较低，而以美元进行结算的比重较高。德国马克是当时几种主要国际货币中相对美元波动幅度最小的货币，所以从图 3—4 也可以推出币值稳定为德国马克在 20 世纪八九十年代的迅速崛起打下了良好的基础。

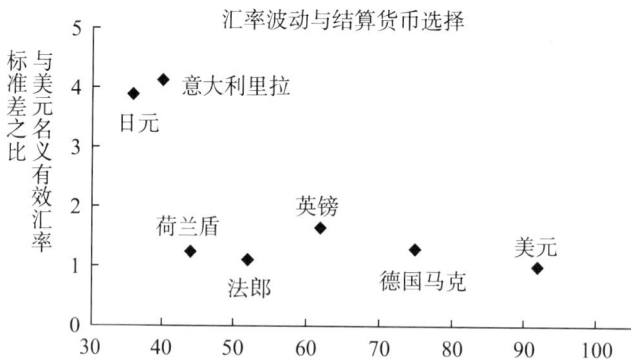

图 3—4　汇率波动与出口贸易中结算货币的选择

注：图中名义有效汇率标准差的计算区间为 1991 年 1 月—1995 年 12 月。
资料来源：Bekx（1998）；CEIC 数据库。

① Oi, Hiroyuki, Otani, Akira and Toyoichiro Shirota, "The Choice of Invoice Currency in International Trade: Implications for the Internationalization of the Yen," *Monetary and Economic Studies*, 2003 (October): 27-64.

（2）产品差异性与结算货币策略选择。

产品差异性是新开放经济宏观经济学的一个重点关注因素，很多研究都是从产品差异性角度来解释日元国际化的失败，如 Hamada and Horiuchi（1987）[①]，Tavlas and Ozeki（1992），Iwami and Sato（1996）[②]，Hooper et al.（1998）[③]，Hummels（1999）[④]，Oi et al.（2003），Bacchetta and Wincoop（2002）[⑤] 以及 Fukuda and Ono（2006）[⑥] 等。Hamada and Horiuchi（1987）分析了一份 1984 年对日本主要进出口企业的问卷调查，最后他们得出结论：企业不愿意使用日元进行结算的一个主要原因就是来自国际市场的竞争压力过大。日本的产品总体来说和其国际竞争者相比同质性太强，Hooper et al.（1998）发现日本的出口价格弹性高于其他主要工业国家，也就是说，日本产品的差异程度太低。同时他们的实证还表明日本的产品替代弹性也是这些国家中最高的。Iwami and Sato（1996）发现日本的出口企业过度依赖美国市场，为保证出口增长，日本的企业不得不采用美元进行计价结算。Oi et al.（2003）的研究发现，在汽车等产品差异化程度较高的产品中，以日元进行结算的比重明显高于日本跨境贸易结算的平均水平。1998 年日本对美国的出口贸易中以日元进行结算的比重低于 20%，但是在日本对东南亚国家的出口中，以日元进行结算的比重却相对较高，超过 50%。Oi et al.（2003）对日本出口东南亚国家的产品类别进行了研究，发现市场份额占主导的产品更倾向于用日元进行结算，如食品、通用机械、交通运输设备以及精密仪器（见表 3—6）。

虽然日本在对美国等发达国家的出口中日元计价比重较低，但是在日本对东南亚国家的出口中，日元在一些产品差异化比较高的产业中还是可以占据主导地位的。图 3—5 显示出口价格弹性和日元在出口贸易结算中的占比呈现出明显的负相关关系。对于出口价格弹性较大的产业，如化工产品、金属及矿产品等，以日元进行结算的比重就相对较低，而对于交通运输设备、精密仪器等出口价格弹性相对较低的产业，以日元进行结算的比重明显高于其他产业，在交通运输设备产业中甚至超过 80%。

[①]　Hamada，K. and A. Horiuchi，"The Political Economy of the Financial Market，"in Kozo Yamamura and Yasukichi Yasuba，eds. ，*The Political Economy of Japan*，*The Domestic Transformation*. Stanford University Press，Vol. 1，1987.

[②]　Iwami，T. and Sato，K. ，"The Internationalization of the Yen：With an Emphasis on East Asia，"*International Journal of Social Economics*，1996（23）：192-208.

[③]　Hooper，P. ，Johnson，K. and Marquez，J. ，"Trade Elasticities for G-7 Countries，"International Finance Discussion Papers，No. 609，1998.

[④]　Hummels，D. ，"Toward a Geography of Trade Costs，"mimeo，University of Chicago，1999.

[⑤]　Bacchetta，Philippe and Van Wincoop，Eric，"A Theory of Currency Denomination of International Trade，"ECB Working Paper，No. 177，2002.

[⑥]　Fukuda，S. ，Ono，M. ，"On the Determinants of Exporters' Currency Pricing：History vs. Expectations，"NBER Working Paper，No. 12432，August，2006.

表 3—6 日本对东南亚国家的出口中以本币计价的比重（%）

	1993 年	1994 年	1995 年	1996 年	1997 年
所有产品	52.0	47.2	44.1	45.5	48.4
食品	52.5	63.8	67.7	65.8	59.2
纺织品	29.5	26.3	28.4	31.0	28.2
化工产品	23.6	19.2	20.7	22.0	29.8
非金属矿产品	37.6	28.9	24.9	34.8	53.1
金属及矿产品	20.1	17.9	17.5	21.5	23.2
通用机械	69.0	66.8	59.9	59.7	59.7
电子机械	41.8	37.0	39.7	37.9	42.7
交通运输设备	78.4	71.5	58.5	72.3	81.3
精密仪器	79.0	71.6	59.3	49.5	61.5
其他	34.1	32.8	32.6	37.2	40.3

资料来源：World Bank.

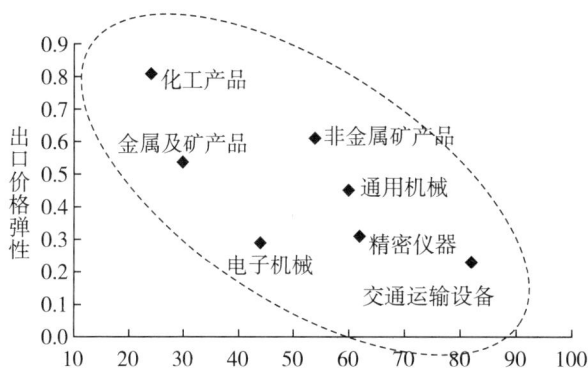

图 3—5 出口价格弹性与出口贸易中结算货币的选择

资料来源：Bekx（1998），Oi et al.（2003），CEIC 数据库。

3. 国际货币竞争博弈视角的解释

日元加入 SDR 后，成为国际储备货币的主要竞争者之一。遏制日元等主要竞争货币的国际化发展，是美元国际化道路上的重要防守理念。

日本在成为世界第二大经济强国之后，逐渐也开始具备强大的金融实力。具体表现有以下几个方面：（1）日本成为世界上最大的债权国，拥有海外资产总额高达 20 352 亿美元。（2）日本跨国企业在全球商业体系中竞争力大幅提升，超过 120 家日本公司跻身《财富》500 强，亚洲前 30 名几乎都是日本企业。（3）日本金融机构跻身全球顶尖行业。20 世纪 80 年代末，全球十大商业银行都是日本银行。1990 年，日本银行占美国全部银行资产（贷款）的比例达到 13%。日本银行贷款占加利福尼亚州全部贷款的四分之一。（4）日本投资银行迅速崛起，在传统的承销、收购兼并、交易业务等方面积极与美国投行竞争。（5）日本房地产和股市疯狂上涨，史无前例地上演了东京房地产总市值超过全美国房地产总市值的惊人一幕。（6）凭借庞大的资本输出（各种贷款、援助、对外投资等等），日本开始寻求在国际政治、经济、金融、货币领域的发言权。

这些变化足以引起美国的重视。美国对日元的战略遏制随即付诸实施，并很快收到了效果。美国巧妙利用金融货币手段，一手导演了令人眼花缭乱的日本泡沫经济。资产价格泡沫的破灭让日本银行和企业债台高筑，坏账彻底压垮了日本经济，迫使日本银行和企业收缩战线甚至破产。紧接着，以美国为首的国际清算银行通过了监管银行的《巴塞尔协议》，大幅度提高银行的资本充足率，使得几乎所有日本银行不再符合国际监管标准，只好退回国内。1990 年 1 月，日本股市暴跌，到 1994年时市值的 70％已经烟消云散；房地产市场陷入了连续 14 年的长期下跌。从 1990年算起，日本经济衰退已超过 20 年，亦创造了人类历史纪录。日本银行在国际舞台上逐渐淡出。日元占全球储备货币的比例不到 3％。

美国遏制战略无疑在日元"昙花一现"的国际货币竞争史上扮演了关键角色。具体来看，美国遏制日元国际化发展的主要手段有：（1）利用日本经济对美高度依赖实施打压政策。以贸易争端为借口、以贸易制裁相威胁，始终保持"鞭打日本"（Japan bashing）的高压态势。（2）不惜任何努力地随时阻止日元成为国际货币或区域主导货币。美国始终不允许日本占据国际金融机构的主导权。1997 年亚洲金融危机期间，日本提出建立"亚洲货币基金"，由日本牵头负责处理亚洲金融危机，遭到美国反对。美国坚持所有国际债务处理必须由 IMF 牵头。（3）美国金融机构借助金融工具做空日本资本市场。1990 年日本股市崩盘的重要原因，就是高盛公司发明的"日经指数认沽期权"：美国公司首先大量购买认沽权证，随即全力打压股市以攫取巨额利润。（4）美国金融机构积极做多日元，助推日元升值预期。积极做多日元，一方面让日本银行的货币政策完全受制于国际"热钱"；另一方面让日本央行积累大量外汇储备，形成大量外汇占款，造成日本国内流动性泛滥，以至于长期无法摆脱流动性陷阱。

3.3.2 人民币与日元国际化程度比较

1. 入篮阶段执行国际货币职能的情况

（1）贸易结算职能比较。

首先考察两国当时的本币结算情况。1980 年日元加入 SDR 时，日元结算额占日本贸易总额的比重仅为 15％。而 2015 年人民币结算额占中国贸易总额的比重已经接近 30％（见图 3—6），人民币结算额达到 7.23 万亿元人民币，同比增长10.4％。从这些数据可以看出，人民币贸易结算职能较之入篮初期的日元更为强大。

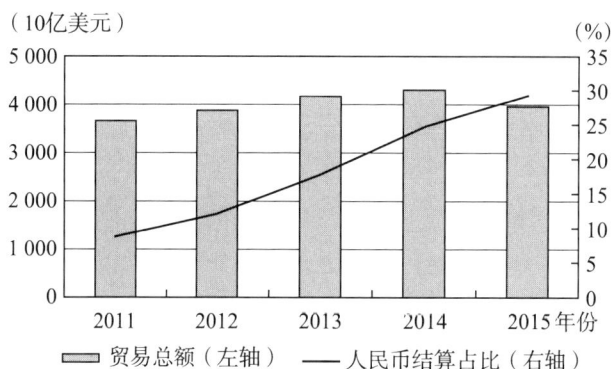

（10亿美元）　　　　　　　　　　　　　　　　　　　（%）

图3—6　贸易总额及人民币结算占比

资料来源：中国人民银行，商务部。

其次考察两国对外贸易对美国依赖程度和产品差异程度。之前对日本的分析提到，日元国际结算职能发展滞后主要与其对美国经济过度依赖以及本国产品差异化程度低有关。

中国对美国的进口依存程度还相对较低，但是从 2008 年开始中国对美国的出口依存度超过了日本，目前已经达到 17%（见图 3—7）。虽然还远低于日本 20 世纪 80 年代对美出口依存度水平（接近 35%），但美国却是中国的第一大出口贸易伙伴国，意味着中国对美国的出口贸易依存度已经超过其他国家或地区。这说明我国面临着和日本当年同样的问题，对美国市场过分依赖可能在一定程度上会制约人民币贸易结算职能的发展。

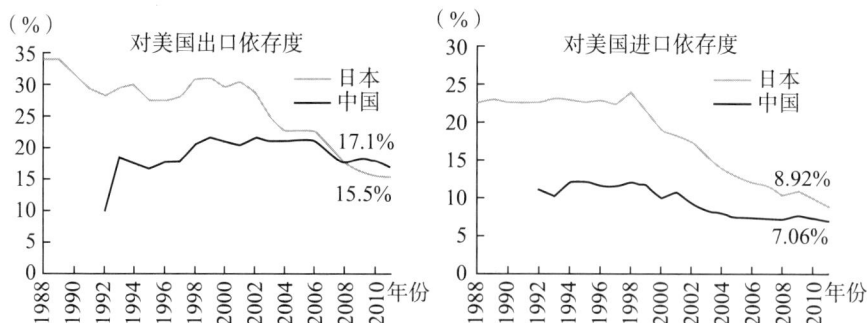

图3—7　中国和日本对美国贸易依存度对比

资料来源：根据联合国网站 UN Comtrade 相关数据计算得出。

表 3—7 给出了东盟国家对中、日两国主要进口产品依存度的数据。不难发现，在鞋、帽、伞，杂项制品，纺织原料及纺织制品，石料、石膏、水泥，生皮、皮革及其制品，木及木制品，机器、机械器具、电气设备中，东盟国家对中国进口依存度均超过 20%。市场份额虽然可观，但是这其中除了机械产品以外，其他都相对技术含量较低、产品可替代程度较高。而东盟国家对日本的主要进口产品中，贱金属

及其制品，车辆、航空器、船，光学、照相、精密仪器，机器、机械器具、电气设备，石料、石膏、水泥等都相对技术含量较高，且产品差异程度高。

表 3—7　　　　　　　东盟对中日两国主要进口产品依存度比较（2011 年）

排序	中国		日本	
	HS 类别[a]	依存度（%）[b]	HS 类别	依存度（%）[c]
1	鞋、帽、伞	52.28（1.01）	贱金属及其制品	22.80（15.63）
2	杂项制品	40.63（10.10）	车辆、航空器、船	21.28（6.75）
3	纺织原料及纺织制品	31.73（4.86）	特殊交易品及未分类商品	19.41（4.65）
4	石料、石膏、水泥	27.70（17.37）	光学、照相、精密仪器	18.81（11.05）
5	生皮、皮革及其制品	25.67（1.88）	石料、石膏、水泥	17.37（27.70）
6	木及木制品	21.49（1.63）	塑料及其制品	16.12（10.08）
7	机器、机械器具、电气设备	20.09（14.81）	机器、机械器具、电气设备	14.81（20.09）
8	贱金属及其制品	15.63（22.80）	天然或养殖珍珠、宝石	12.37（2.26）
9	化学工业及相关工业的产品	13.28（9.81）	艺术品、收藏品及古物	10.51（6.96）
10	植物产品	12.51（0.44）	杂项制品	10.10（40.63）

注：a. 根据海关合作理事会 HS2000 编码对国际贸易产品进行的分类；

　　b. 括号内为该类产品对日本的进口依存度；

　　c. 括号内为该类产品对中国的进口依存度。

资料来源：根据联合国网站 UN Comtrade 相关数据计算得出。

值得注意的是，2008 年日本对亚洲国家贸易的日元结算比重已经接近 50%。2012 年中国对亚洲国家贸易的人民币结算比重大约为 24%，与主要国际货币发行国的本币贸易结算水平比起来还相对较低。

目前来看，制约人民币国际结算职能发展的最主要因素应该就是中国制造品的产品差异程度低。产品差异程度低会导致出口价格弹性过大，从而降低了企业的议价能力。但如果着眼于长远，随着"一带一路"沿线贸易活动的开展，相信人民币贸易结算职能还将有很大的成长空间。

（2）金融交易及储备职能比较。

2014 年中国债券市场共发行人民币债券 11 万亿元，同比增长 22.3%。根据国际清算银行的数据，截至 2014 年年末，以人民币标价的国际债券余额为 5 351.18 亿元，全球占比为 0.45%。其中境外机构在离岸市场上发行的人民币债券余额 5 304.8 亿元，在中国境内发行的熊猫债券余额 46.3 亿元。从数据上看，人民币债券在全球金融市场的资产配置中影响力还非常有限。

相比之下，日元在国际债券市场的表现显然更为突出。早在加入 SDR 货币篮子之前，日元在国际债券市场中的份额就已经达到 4.8%；1985 年日元份额已达到

9.1%。从这个角度来看，人民币加入 SDR 阶段在国际债券市场上的发展要弱于日元。国际金融市场上的人民币交易比重能否稳定提高，将是决定未来人民币国际化进程的关键因素。

截至 2015 年年底，中国人民银行与 34 个国家和地区的中央银行或货币当局签署了双边本币互换协议，协议总规模约为 3.255 万亿元人民币。且双边本币互换协议的实质性作用明显增强。2014 年，境外中央银行或货币当局发起本币互换交易金额共计 1.1 万亿元人民币，动用人民币金额共计 380 亿元。截至 2014 年年末，境外中央银行或货币当局发起本币互换交易金额约 2.3 万亿元人民币，动用人民币金额共计 807 亿元；中国人民银行发起本币互换交易折合人民币共计 41 亿元，动用对方货币折合人民币共计 15.8 亿元。[①] 如果将双边本币互换协议看作其他国家的人民币外汇储备额，则截至 2015 年年底，人民币外汇储备额换算成美元是 5 227.1 亿美元。[②] 根据 IMF 统计数据，2015 年第三季度全球外汇储备总额为 112 033.57 亿美元。那么，大体可以估算 2015 年人民币外汇储备额占全球外汇储备额的比重约为 4.67%。

20 世纪 80 年代加入 SDR 货币篮子时，日元占全球外汇储备的比重是 4.2%。目前该比重下滑到 3.78%。可以认为，在加入 SDR 阶段，人民币与日元的国际储备职能大致相当。一般来说，国际货币的金融交易职能和储备职能高度相关。因此，随着人民币在国际金融市场的影响力逐渐提高，其在全球官方外汇储备中的份额也将相应上升。

2. 对东南亚主要国家货币汇率的影响力

中国和日本的地理位置接近，对外经济、贸易、金融活动所覆盖的区域也有极大的交叉。人民币和日元的国际货币竞争也同样表现在对区域核心货币地位的争夺上。

下面我们选择新加坡、泰国、菲律宾和印度尼西亚等四个东南亚主要国家作为研究对象，构建汇率内在形成机制决定模型，估算每一种区域核心货币对目标货币汇率内在价值的影响权重，并以此作为判断区域核心货币地位的依据。

我们使用 Frankel and Wei（2007，2008）[③]，Frankel（2009）[④]，Ma and McCauley（2010）[⑤] 以及 Fang et al.（2012）[⑥] 的汇率内在形成机制决定模型。设定

---

① 参见《人民币国际化报告（2015）》，北京，中国人民大学出版社，2015。

② 这里采用的 2015 年人民币兑美元汇率来自中国人民银行：《2015 年统计数据》。

③ Frankel，Jeffrey A. and Shang J. Wei，"Assessing China's Exchange Rate Regime," NBER Working Paper，No. 13100，2007；Frankel，Jeffrey A. and Shang J. Wei，"Estimation of de Facto Exchange Rate Regimes：Synthesis of the Technique for Inferring Flexibility and Basket Weights," NBER Working Paper，No. 14016，2008.

④ Frankel，Jeffrey A.，"New Estimation of China's Exchange Rate Regime," NBER Working Paper，No. 14700，2009.

⑤ Ma，G. and Robert N. McCauley，"The Evolving Renminbi Regime and Implications for Asian Currency Stability," BIS Working Paper，No. 321，2010.

⑥ Fang，Y.，Shi C. Huang，and L. Niu，"De Facto Currency Baskets of China and East Asian Economies：The Rising Weights," BOFIT Discussion Paper，No. 2，2012.

基准货币为 SDR，假设影响四国货币汇率内在价值的核心货币有：美元、德国马克（1999 年后为欧元）、英镑、日元和人民币。具体模型如下：

$$\Delta \log TC_{i,t} = c_i + \alpha_i \Delta \log SDR_t + \sum_{j=1}^{5} \beta_{j,i} [\Delta \log X_{j,i,t}] + u_{i,t} \qquad (3—1)$$

式中，$TC_{i,t}$ 代表目标货币 i，c_i 是目标货币 i 方程中一个代表截距项的常数，$X_{j,i,t}$ 代表决定目标货币 i 汇率内在价值核心货币组合中的第 j 个主要货币，$\beta_{j,i}$ 是相应货币 j 在决定目标货币 i 汇率内在价值中的权重。此外，本章假定 $\alpha_i = 1 - \beta_{1,i} - \beta_{2,i} - \beta_{3,i} - \beta_{4,i} - \beta_{5,i}$，则式（3—1）可进一步转化为：

$$\Delta \log TC_{i,t} - \Delta \log SDR_t = c + \sum_{j=1}^{5} \beta_{j,i} [\Delta \log X_{j,i,t} - \Delta \log SDR_t] + u_{i,t}$$

$$\Delta \log \left(\frac{TC_i}{SDR} \right)_{t,n} = c_{i,n} + \sum_{j=1}^{5} \beta_{j,i,n} \Delta \log \left(\frac{X_{j,i}}{SDR} \right)_{t,n} + u_{i,t,n} \qquad (3—2)$$

假定 X_j 分别表示美元、欧元、英镑、日元以及人民币。采用目标货币对 SDR 的汇率值在 t 期与 $t-1$ 期的对数差分作为模型中的被解释变量，主要是为了消除目标货币汇率时间序列数据中可能存在的非平稳性。汇率的内在决定机制存在时变性的特点。为了反映出时变性特征，Frankel and Wei（2007）将整体样本以四年为一个时间段划分为等时段的 N 个子样本，然后分别进行模型（3—2）的回归，从而得到相应的 N 个不同时间段的估计值。为了更加准确和系统地反映权重系数的时变性结构，我们在模型估算中均采用一年为一个子样本，利用各货币汇率的日数据得到核心货币组合中主要货币每年对目标货币 i 汇率内在价值的影响权重。则模型（3—2）中 Δ 为差分算子，$(TC_i/SDR)_{t,n}$ 表示目标货币 i 第 n 年第 t 天对 SDR 的汇率值，相应地，$\beta_{j,i,n}$ 代表影响目标货币 i 汇率内在价值的第 j 种货币第 n 年的影响权重。

数据选取区间为 1982 年 1 月 1 日至 2012 年 12 月 31 日各目标货币对 SDR 的日数据。由于我们将对每年的日数据分别建模分析，故最终通过模型估算各国货币会得到 31 年核心货币组合的权重变化。所有汇率数据均来源于 Bloomberg 数据库。模型估计结果见表 3—8：

表 3—8 　　　　　　　决定目标货币汇率内在价值的核心货币权重（%）

	1982	1985	1988	1989	1992	1993	1994	1995	1996	2006	2007	2008	2009	2010	2011	2012
	新加坡元															
USD	87.2	89.6	91.3	98.7	91.7	51.6	61.2	33.4	70.3	44.9	34.4	40.9	53.1	48.5	26.8	30.8
RMB	—	3.0	—	—	—	—	—	—	—	16.8	31.2	19.1	28.9	25.2	44.6	34.9
JPY	5.6	7.4	—	—	6.1	4.5	10.3	7.8	8.3	25.1	—	—	—	—	5.8	5.0
R^2	44.0	35.0	78.0	76.0	72.3	62.4	77.5	73.0	66.6	68.3	52.1	55.8	74.8	59.8	67.7	56.3

续前表

	1982	1985	1988	1989	1992	1993	1994	1995	1996	2006	2007	2008	2009	2010	2011	2012
泰国铢																
USD	99.5	81.3	—	98.1	93.2	84.6	82.7	82.2	81.5	50.7	85.6	70.3	67.7	73.6	55.5	39.1
RMB	0.06	2.3	—			—			—	10.4		14.9	8.1	14.8	21.3	23.4
JPY	0.26	3.7	4.2	—	4.7				3.3	18.8				4.9	3.5	4.2
R^2	99.6	20.0	89.0	88.0	83.4	72.4	88.6	72.5	88.8	25.7	13.8	41.1	71.5	62.4	51.3	42.5
菲律宾比索																
USD	N/A	N/A	N/A	N/A	—	—	62.7	99.2	98.5	35.6	−0.8	60.1	57.8	48.8	49.3	29.3
RMB	N/A	N/A	N/A	N/A	—	—			—	62.6	67.3	19.1	33.7	42.6	28.8	44.5
JPY	N/A	N/A	N/A	N/A							6.9					
R^2	N/A	N/A	N/A	N/A	9.7	10.2	21.9	68.9	95.0	43.9	22.4	31.1	46.0	41.1	37.4	28.9
印度尼西亚盾																
USD	N/A	N/A	N/A	N/A	96.6	98.8	—	90.8	98.1	—	—	56.5	49.8	59.4	52.9	77.3
RMB	N/A	N/A	N/A	N/A						64.4	24.0	43.5	36.1	30.0	31.7	
JPY	N/A	N/A	N/A	N/A	—						6.2	2.9				
R^2	N/A	N/A	N/A	N/A	94.6	90.2	82.9	88.9	70.0	30.1	21.2	16.4	17.4	55.0	27.5	21.9

注:"N/A"代表该年的数据不完整,无法完成统计检验;"—"代表该年的权重估计值统计上不显著。表中的值均是在10%的程度上显著。

从表3—8可以看出,在日元刚刚加入 SDR 货币篮子时期,东南亚是一个名副其实的美元区。美元是区域唯一核心货币。美元兑新加坡元和泰铢的汇率内在价值决定权重一直居高不下,尤其是美元兑泰铢汇率的作用权重平均超过85%。东盟国家对美元的过度依赖制约了日元在这一期间的区域化发展。1997年亚洲金融危机发生之前,日元在决定新加坡元汇率内在价值的核心货币组合中权重最高仅有8.3%。根据曹彤和赵然(2014)对"多核心货币区中核心货币"的界定[1],这时的日元仅能称为"区域低度核心货币"。经历了危机洗礼后,亚洲国家普遍意识到为了有效避免系统性金融风险的蔓延,就必须要摆脱对美元的过度依赖,各国对区域内货币合作的期望和呼声都日益增强。泰铢等东南亚货币此后更是从过去单一盯住美元的固定汇率体制转变为有管理的浮动汇率制。因此,至少在东南亚范围内,近年来的人

---

[1] 参见曹彤和赵然:《从多核心货币区视角看人民币国际化进程》,载《金融研究》,2014(8):71—88。"区域非核心货币":0%≤在决定货币区主要国家货币汇率内在价值核心货币组合中的权重<5%;"区域低度核心货币":5%≤在决定货币区主要国家货币汇率内在价值核心货币组合中的权重<20%;"区域中度核心货币":20%≤在决定货币区主要国家货币汇率内在价值核心货币组合中的权重<50%;"区域高度核心货币":50%≤在决定货币区主要国家货币汇率内在价值核心货币组合中的权重<100%。

民币国际化发展进程中受到来自美元的压力较 20 世纪 80 年代的日元要小很多。

亚洲金融危机发生后至 2006 年期间，东南亚区域的核心主导货币由单一美元转变为美元、人民币、日元共同作用。但是在 2006 年之后，日本经济的持续低迷和人民币国际化战略的强势推进，使得东南亚各国货币汇率决定的核心货币结构再次发生变化——人民币权重加速上升，逐渐取代日元成为东盟地区仅次于美元的核心主导货币。

新加坡是东南亚重要的国际金融中心。2012 年美元在决定新加坡元汇率内在价值核心货币组合中的权重已经下降至 30.8%，而人民币的权重却达到 34.9%，成为影响新加坡货币汇率的"中度核心货币"。

美国对菲律宾在经济、文化各方面的影响都非常深远。1997 年之前菲律宾比索的内在价值基本上完全由美元决定。1997 年之后比索的内在价值逐渐与美元脱钩，2012 年美元的权重已经下降至 29.3%。伴随着中国同菲律宾之间经济、金融的合作日益紧密，人民币对比索内在价值的影响程度逐渐增大，2012 年人民币的权重已经达到 44.5%，远远超过了美元，成为影响菲律宾比索内在价值的"中度核心货币"。同时，菲律宾比索也成为东盟国家中受人民币影响程度最大的货币。

此外，上述实证分析还得到了一个重要结论，即：人民币对东南亚国家货币汇率内在价值的影响程度显著超过加入 SDR 初期的日元。1982 年，日元在决定新加坡元汇率内在价值核心货币组合中的权重仅为 5.6%，是低度核心货币。而 2012 年，人民币在决定东南亚主要国家货币汇率内在价值核心货币组合中的平均权重已经达到 34%，成为整个地区的中度核心货币。

无论主观上一些国家是否承认人民币的国际地位，客观上从市场实际表现来看，人民币在东南亚地区的影响力已经远远超过日元。人民币已经成为东南亚地区仅次于美元的核心货币。

可以认为，人民币国际化比当时日元的机会更好，拥有天时、地利、人和等多种有利条件。入篮后只要不发生重大不利事件，人民币国际化就可避免重蹈日元覆辙，朝着既定目标稳步前进。

3.3.3　下一阶段需要重点解决的几个问题

1. 提高出口产品差异化程度，巩固人民币贸易结算职能

在国际贸易交易中，产品竞争能力越强、出口产品差异化程度越高，企业的议价能力就越强。20 世纪 80 年代德国出口产品的国际竞争力快速提升，产品差异化程度也逐渐提高，这直接助推德国马克迅速成为了主要国际计价和结算货币。直到目前，德国的出口商品都具有很强的竞争能力，产品差异化程度仍然保持在一个很高的水平，这保证了德国的出口企业在国际贸易市场中拥有很强的议价能力和货币选择权。与之形成鲜明对比的是日本，Fukuda and Ono（2006）就提出，日本出口

商品国际竞争力的下降直接导致了日元国际化进程出现倒退。[①]

我国虽然已经是商品贸易第一大国，但贸易结构不合理、产品缺乏竞争优势、对美国市场依赖程度过高等，都会制约人民币国际化的进一步发展。过度依赖出口的经济增长模式是不可持续的，过度依赖外部需求的经济体也很难维持本国的经济和币值稳定。我们应当吸取日元的经验教训，在充分发挥贸易对经济增长带动作用的同时，更要积极推动经济转型，只有做到内外兼顾，才能让稳健的经济增长成为人民币国际化的根本保障。

2. 拓展人民币国际债券市场的深度和广度

国际债券市场是非常重要的国际金融市场之一，是国际金融体系中不可或缺的部分。近年来，国际债券市场的类别结构和币种结构都发生了显著变化，而且欧洲债券的发行规模远远超过外国债券。

2012 年，欧元区在国际债券市场和国际货币市场中所占的比例分别为 40% 与 55%，而美国的相应数据仅为 26% 和 7%。欧元区国家在国际债券市场中发行的债券以欧洲欧元债券为主，很大程度上推动了欧元的国际化发展。赵然和伍聪 (2016)[②] 的研究证明，影响日元国际计价职能的因素只有日本国际债券市场的发展，日本国际债券市场份额每增加 1% 会使日元国际计价职能指数提升约 0.99%；而银行海外本币业务的拓展并不显著影响日元的国际化进程，这主要是由日本政府对东京金融市场设置的诸多限制所导致的。[③]

随着日本经济实力的落寞，其在国际金融市场中融资的能力也有所下降，欧洲日元债券规模迅速缩减，这是造成日元国际化程度大幅倒退的主要原因。此外，从日本的经验可以看出，虽然日元债券发行规模仅次于美元债券，但是由于接近一半的日元债券被政府和公共部门持有，极大地影响了二级市场日元债券市场化定价机制的形成，并且无形中增加了投资者的交易风险，影响了日元国际债券市场的发展。

为更加有效地推动人民币国际化的发展，应当加大人民币离岸市场的建设深度与广度。特别要对非居民发行欧洲人民币债券放宽限制，包括扩大发行机构、放宽发行条件、放宽数量限制以及扩大主办银行的范围等。

3. 构建人民币"国际大循环"通道

国际货币发展的历史经验表明，世界主要国际货币在国际化进程中都离不开境外离岸市场的发展。据国际清算银行统计，在 2010 年，美元和欧元有 80% 的外汇交易量发生在境外离岸市场，而日元 72% 的外汇交易量也是在日本境外的离岸市场

---

① Fukuda, S. and M. Ono, "On the Determinants of Exporters' Currency Pricing: History vs. Expectations," NBER Working Paper, No. 12432, August, 2006.

② 参见赵然、伍聪：《货币国际计价职能发展过程中子金融市场的作用》，载《中央财经大学学报》，2016 (1)：50—60.

③ 由此可见，对银行海外本币业务发展的限制也成为制约日元国际化进程的重要因素。

中发生的。在这些主要国际货币国际化的进程中，离岸金融市场的作用均不可小觑。甚至可以说，如果没有离岸金融市场的存在，美元国际化就不能达到现在的程度，日元国际化也不会在 20 世纪 80 年代得到快速发展。

纵观欧洲美元等主要国际货币的离岸市场，可以看出其最大特点就是能够形成货币资金的自我循环，有充分的投资工具和投资渠道能够满足市场对货币流动性的要求。就这个严格的标准来看，香港的人民币离岸金融市场仍然不够完善。尽管目前海外人民币可以在香港进行投资，但是投资渠道还比较有限，资本"国际大循环"的通道并没有完全建立起来。而"国际大循环"通道的完善又是人民币能够成为真正意义上国际货币的必要条件。

资金"国际大循环"机制的构建，需要离岸市场和在岸市场的相互协调并能实现某些特别的政策安排。从离岸市场的角度看，目前应以香港为中心，培育人民币的国际资本市场，从而建立资本项下的人民币海外循环机制。要在香港联合交易所发行以人民币计价的股票和债券。目前，人民币债券的发行已经没有制度和技术上的障碍，这就为人民币股票的发行奠定了基础。随着贸易项下跨境结算的迅速发展，以及个人账户人民币汇出入制度的不断完善，香港市场人民币流动性不足的问题将会得到缓解。在制度安排上，可重点考虑人民币 RQDII 业务的开展，同时也可考虑允许国内证券和基金直接参与香港联合交易所人民币品种的封闭交易，从而最大限度地推进香港人民币资本市场建设。

从更广阔的视角看，要致力于构建大中华货币区，将人民币周边化作为阶段性的战略选择。大中华货币区的主要区域必然是大陆、台湾、香港和澳门。大陆与台湾签订 ECFA 协议，标志着两岸经贸往来进入全新阶段。对人民币与新台币做出适当的制度安排，将是除港币双联系汇率制度之外，大中华货币区的又一核心工作。目前，新台币已经实现与美元自由浮动，而只要保证人民币与美元间汇率相对稳定，则新台币与人民币之间的自由兑换并不增加经贸参与方的汇率风险。以中国大陆的经济实力和外汇储备来看，完全可以保证对新台币的自由兑换。

从政策角度来看，一是要鼓励地方政府、商业企业去香港发行债券，并允许所募集的人民币资金流回国内。二是要推进外商人民币直接投资，指外商投资企业的外方股东以人民币办理跨境直接投资。三是发展内地和香港银行跨境贷款业务。香港人民币存量不断增加，人民币利率相对较低，在风险可控的条件下尝试发展试点，吸引利用香港的大量低成本资金回流内地。四是允许符合条件的机构在香港募集人民币资金，开展境内证券投资服务（即小"QFII"），募集资金。

人民币回流机制的安排为香港和上海提供了很多新的历史机遇，两地可以围绕这条主线根据各自的优势和需求进行分工与合作，互补互动，以共同推进人民币的国际化进程。离岸在岸的新格局为：香港建立离岸人民币市场，上海自贸区建立服务非居民的人民币市场。两地在各自培育人民币国际金融市场的同时，将积极开展更深层次的合作，尤其是在人民币回流机制的安排上进行协调，即香港安排人民币的回流，上海推动人民币的流出和回流后的去向，进而形成良性循环机制。人民币在岸市场是以上海股票交易所为中心，推进以人民币计价的国际版的建设。吸引和推动东盟地区好的金融机构和企业到上海股票交易所发行人民币计价的股票和债券，也可考虑与香港、新加坡、东京等区域股票交易所建立联合挂牌机制，可大大减轻上市企业资质审查的压力。

通过上述两个机制的建设，建立资本项下人民币海外输出机制，一方面可保证海外人民币资本供给，另一方面又可在上市审批的节奏控制上保证将资本交易的轧差额控制在美元外汇储备的可控额度内。

第 4 章

人民币国际化的宏观金融风险

随着人民币国际化进入新的发展阶段，中国经济和金融参与全球市场的程度日益提高，对国内货币当局的宏观金融管理提出了更高的要求。由于国际贸易、国际金融交易和各国官方外汇储备中的人民币份额发生了从无到有、由低而高的变化，进而中国的跨境资本流动逐步呈现出不同于以往的全新特征，使得货币当局必须重新考虑宏观金融政策目标的选择问题，同时必须高度重视跨境资本流动和政策调整对国内金融风险的诱发机制，全力防范和化解极具破坏性的系统性金融危机。因为开放经济的经典理论告诉我们，伴随货币国际化水平的逐渐提高，货币发行国将不得不在三大宏观金融政策目标中做出重新选择；而根据历史上德国和日本的政策实践经验可知，不适当的政策选择路径很可能通过跨境资本流动复杂的诱发机制导致国内金融风险情况极度恶化，显然宏观金融管理失误的后果只能是货币国际化半途而废。

人民币国际化战略的目标远大，但道路漫长。为了使新阶段的人民币国际化继续顺利发展，当务之急就是审慎进行宏观金融政策调整，准确识别和监控在此过程中可能出现的宏观金融风险，并尽早搭建起有效防范系统性金融危机的政策框架。本章首先从经典理论命题和历史经验出发，对德国和日本在其货币国际化过程中的宏观金融政策调整及其影响进行深入分析，从中挖掘可咨借鉴的经验和教训；其次探讨进一步人民币国际化必须面对的宏观金融风险表现，当前集中于人民币汇率波动和汇率管理难题，未来主要是跨境资本流动引起的系统性风险升高；最后提出要基于国家战略的视角进行宏观金融风险管理，并以此助推人民币国际化最终目标的顺利实现。

4.1 国际货币发行国的宏观金融政策选择

开放经济体的货币当局，总要面对宏观金融政策目标的选择问题。各国从实际情况出发，对货币政策独立性、汇率稳定和资本自由流动等政策目标做出取舍，实现不同的政策组合，并根据需要不时加以调整。在货币国际化水平逐渐提高的过程中，该国必然面对跨境资本流动的重大变化，迫使货币当局必须重新考虑宏观金融政策目标的选择问题，对政策组合做出调整。在理论层面上，政策组合的调整路径当然不是唯一的。但是从历史经验看，德国和日本各自选择的政策调整路径，对其国内经济和金融运行产生了迥然不同的深刻影响，而且后来这两个国家在货币国际化的道路上也明显拉开了差距。

4.1.1 开放经济的经典理论与政策选择策略

早在 20 世纪 60 年代，罗伯特·蒙代尔就已经发现了跨境资本流动对一国汇率制度选择和保持货币政策独立性具有重要影响。他明确指出，在资本无法跨境流动的情况下，无论是在固定汇率还是浮动汇率体制之下，货币当局都可以很好地保持货币政策独立性并且能有效解决经济问题；然而当资本完全自由流动时，货币政策有效性和独立性仅仅在浮动汇率体制下才能显现，在固定汇率体制下其对宏观经济的调控完全失效。这就是国际金融领域广为人知的蒙代尔"不可能三角"理论，即：资本完全自由流动、货币政策独立性和固定汇率制度三者之间只能选择其二，必须要放弃另一个目标。

蒙代尔认为要同时实现上述三个政策目标理论上也是可行的，但是有一个重要前提就是该国必须要拥有无上限的外汇储备。但这在现实中是不可能的。一国外汇储备规模再大也无法和巨量的国际投机资金相比，一旦市场形成自我实现预期，本币贬值会一泻千里，不是外汇储备所能挽回的。所以，在资本完全自由流动及必须保持货币政策独立性的情况下，固定汇率制度终究还是会崩溃。

蒙代尔"不可能三角"理论的核心就是强调在资本完全流动的情况下，要保证汇率稳定，本国利率必须与国际利率保持一致。我们可以从无抛补理论平价（Uncovered Interest Parity，UIP）的角度来对这个问题进行分析：

$$R - R^* = \frac{S_{+1}^e - S}{S} \tag{4—1}$$

式中，假设 S 的汇率标价形式为直接标价法，则 R 代表本国利率水平，R^* 代表外国利率水平。UIP 告诉我们：只有当两国利率水平同预期汇率变动值相等的时候，市场套利行为才会停止，否则市场就会一直存在套利的可能。

如果一国采用固定汇率体制，并且允许资本项下的自由可兑换，只要其本国利率水平 R 和 R^* 不相等，资本本身的逐利特性就会造成资本的流进或流出。以本国利率高于外国利率水平为例，息差使得市场中出现套利机会，从而吸引国外资本大量流入。正常情况下，资本的大量流入会使得本国货币面临一定的升值压力。然而在固定汇率体制下，为保证汇率的稳定，本国中央银行被迫必须对外汇市场进行干预，买入外币，卖出本币。基础货币的增加会通过货币乘数造成整个市场货币存量的增加，从而使得本币利率面临下行的压力。在这种情况下，中央银行事实上已经丧失了货币政策的独立性。

数十年后,保罗·克鲁格曼对蒙代尔"不可能三角"理论进行了拓展。他结合1997年亚洲金融危机的形成机理提出"三元悖论"假说,进一步高度概括了开放经济体三大宏观金融政策目标之间的内在关系。图4—1为克鲁格曼理论观点的角点图,其中灰色区域就是"三元悖论"的直观表示,即:该区域的三个角点——资本自由流动、货币政策独立和固定汇率——之间只能"三者选其二"。

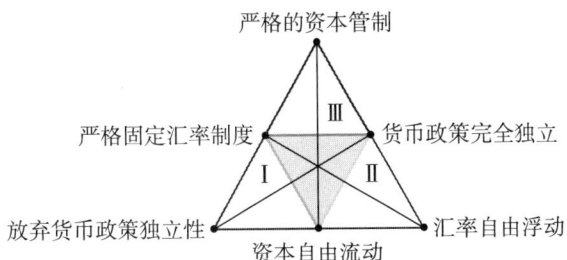

图4—1 "三元悖论"角点图

根据"三元悖论"假说,开放经济体货币当局的政策选择策略包括以下三种:

策略Ⅰ:放开资本账户,允许资本自由流动并保持汇率稳定,但必须放弃货币政策的独立性。通过对 UIP 的分析可以看出,固定汇率体制下,资本的自由流动将倒逼中央银行对外汇市场进行干预,并最终影响货币供应量和市场利率水平,使得本国市场利率水平逐渐趋近于外部利率,本国货币政策丧失独立性。比如说香港,香港是小型开放自由经济体,资本可以自由进出,在货币政策独立性和固定汇率体制之间,香港选择了后者。即:严格的货币局制度,港币同美元之间长期保持1美元兑换7.8港币的水平,同时香港的货币政策也必须完全追随美联储,不能自主决定市场利率。

策略Ⅱ:放开资本账户,允许资本自由流动并保持货币政策的独立性,但必须放弃固定汇率体制,允许汇率浮动。当资本可以自由进出时,利率变化必然会造成资本的大量流动,资本流动对汇率产生的压力可以通过汇率的自我调节而逐渐释放,并不会影响本国基础货币的总体规模,从而不会对市场整体货币存量造成影响,因而其可以保持货币政策的独立性。一般发达经济体多采用该项策略安排,如美国是全球资本账户自由化程度最高的国家之一,同时美元作为最主要的国际货币要求美联储必须拥有货币政策的自主权,从而美元汇率必须浮动。

策略Ⅲ:维持汇率稳定并保持货币政策的独立性,但必须放弃资本自由流动,实施严格的资本管制。如前所述,蒙代尔"不可能三角"理论是基于资本账户开放所提出的,克鲁格曼对这一理论的拓展工作主要体现在对资本管制情形下的策略选择。即:资本管制可以保证一国同时自主决定本国利率水平并同时维持汇率稳定,资本管制可以通过牺牲资本的流动性来人为地消除影响汇率和利率波动的各种经济因素。比如改革开放之初,中国在很长一段时间里就是通过严格的资本管制保证了汇率的稳定和货币政策的独立性。该策略是中国经济得以长期快速发展的重要制度保障,为中国赢得了宝贵的稳定发展空间，很大程度上抵御了外部金融市场对我国的冲击。

然而，随着中国经济对外开放程度的不断提高和人民币国际化程度的加深，我国在经济和金融领域与全球市场的联系已经越来越紧密。在此情形下，货币管理当局有必要审慎考虑对宏观金融政策组合进行适当调整。作为全球第二大经济体，中国的经济规模庞大，不可能完全放弃本国货币政策自主权——这意味着未来政策调整时策略 I 已经被排除。那么，是否应当采取策略 II？以何种方式向策略 II 演进？怎样确定政策调整时机以及如何管理政策调整过程中出现的宏观金融风险？国际金融经典理论对此没有给出直接答案，但在本币国际化进程中曾经与中国面对相同问题的德国和日本却提供了不同的政策实践经验，其所具有的借鉴意义和参考价值都弥足珍贵。

4.1.2 德国和日本的历史经验及其启示

第二次世界大战后，德国和日本所面临的国内外环境非常类似，可以说两个国家都是从废墟上开始重建的。两国经济和金融市场的崛起几乎是同步的，但是由于在开放过程中宏观金融政策选择上的差别处理，导致两国货币国际化成果大相径庭。以在全球官方外汇储备中的份额为例，德国马克从 1973 年不到 2% 稳步上升至欧元诞生之前的 13%；日元却像坐过山车一般，从 20 世纪 70 年代初的 0.5% 提高到 1991 年的巅峰水平 8.5%，但随后即快速下滑，到 2015 年底已回落到 4.8%。

1. 德国经验

20 世纪 50—90 年代，随着经济对外开放程度不断提高，德国选择的宏观金融政策组合几经变化。根据"三元悖论"假说推导得出的政策组合策略，可将德国在这段时期的政策选择大致划分为以下三个阶段：

第一阶段（20 世纪 50—60 年代）：选择策略 I，资本账户管理从放开资本流出到放开资本流入，从完全封闭走向基本开放。这期间德国经济增长迅速，工业生产也从战后的萧条中逐渐恢复，同时大量的国际资本开始从美国流向欧洲国家，造成德国长期保持了经常账户和资本账户的双顺差，对德国马克对外币值稳定和国内通货膨胀都带来了不小的压力。为了缓解压力，德国首先开始放开对资本流出的管制。1952 年放松居民对外直接投资的限制，1956 年开始批准居民购买外国证券，1957 年德国宣布实现资本项下完全可兑换。至此，居民对外输出资本不再需要管理当局的审批。随后，德国开始逐步放开对资本流入的限制。1958 年 7 月，德国开始允许非居民在德国境内开展投资，到 1959 年，德国完全取消了对资本流入的管制。可以看出这个阶段，德国在名义上基本实现了资本账户开放。但是由于布雷顿森林体系实行固定汇率制度，伴随着资本账户的全面开放，德国逐渐丧失了货币政策的独立性。因为一旦国内利率高于外部市场，就会有大量国际资本涌入，给德国马克对外币值稳定带来威胁，所以德国货币政策不得不与中心货币发行国保持一致。

第二阶段（20 世纪 60—70 年代）：重启资本管制，以策略 III 力保货币政策独立性，短期资本流动管理经历反复多次调整，逐渐向策略 II 过渡。大量历史资料表明，

1968 年末到 1969 年初不到半年的时间里，全球外汇市场疯狂追捧德国马克，几乎到了不可思议的地步，曾经迫使德国不得不临时关闭外汇交易市场。[①] 德国马克的"突然崛起"似乎很难用传统经济学理论来解释，但却有着国际经济金融形势剧烈变化的现实背景。20 世纪 60 年代末开始，连续爆发了三次美元危机。这严重影响了美元作为"双挂钩"汇率体系中心货币和国际清偿手段的声誉和地位，国际金融市场亟须寻找新的支撑点——德国马克就在这种情况下脱颖而出。

但是从 20 世纪 60 年代末到 70 年代初这段时间，在策略 I 的政策组合下，德国政策利率走势与美国高度一致（见图 4—2），彻底丧失了货币政策的独立性。这无疑让德国中央银行承受了巨大压力。于是，从 60 年代末开始，德意志联邦银行重新规划宏观金融政策选择，决定分三步走，确保实现货币政策的独立性。第一步，放弃策略 I，重启资本管制，采取策略 III 以稳定国内金融市场。第二步，允许马克自由浮动，开始向策略 II 倾斜。第三步，再次放开资本账户，并完全实现策略 II。

具体措施包括：1968 年 12 月开始重新对资本账户进行管理，为了控制资本流入，对德国商业银行新增对外负债提出了 100% "特定法定准备金率"的要求。1969 年 9 月，德国决定不再干预市场来维持 4 马克/美元的官方固定汇率；同年 10 月，德意志联邦银行再次重估马克，官方汇率变为 3.66 马克/美元，马克升值 9.3%。在马克汇率重估后，又取消了对德国银行新增对外负债"特别法定准备金率"的要求。

值得注意的是，在做出了不再维系马克固定汇率的决定之后，德国并没有一步到位地彻底转向策略 II。由于不希望德国马克出现快速大幅的升值，从而对德国的经济竞争力造成冲击，因此，20 世纪 70 年代后德国政府对资本账户管理的态度经历了"限制—放松—再限制—再放松"的多轮反复，特别是针对短期投机资本流入，不惜动用特别法定准备金率和现金存款要求来加强政策力度。比如：1970 年 4 月，对德国银行新增对外负债再次提出 30% 特别法定准备金率的要求。1971 年 5 月，重新禁止对非居民的银行存款支付利息，禁止非居民购买德国的货币市场产品。1972 年 3 月，德国将特别法定准备金率提高至 40%，同年 6 月，要求非居民购买德国固定收益证券时必须预先报批。1972 年 7 月，将现金存款要求和法定准备金率全部提高至 50%。1973 年 6 月，再次提高特别法定准备金率和现金存款要求。不仅如此，当间接资本管制措施效果不明显时，德国还采取了更加严格的直接资本管制措施。比如，1973 年 2 月，将非居民购买德国固定收益证券必须预先报批的范围扩大到包括所有类型信用工具，以及购买股票、互助基金和借款（超过 50 000 德国马克）。

第三阶段（20 世纪 80 年代以后）：完全实现策略 II，资本账户完全开放。20 世纪 70 年代欧共体建立了"欧洲货币体系"，德国马克毫无疑问地成为了该货币体系中的核心货币。此时的德国马克已经成为真正意义上的主流国际货币。而且，经历

---

① Gray, W. Glenn, "Number One in Europe: The Startling Emergence of the Deutsche Mark, 1968—1969," *Central European History*, Vol. 39, No. 1, 2006, pp. 56-78.

了 10 年的不断调整，马克汇率已经成功完成从固定汇率制到浮动汇率制的转变。德国金融机构和企业的国际化程度明显提高，应对国际金融市场冲击的能力大大增强。

在此背景下，1981 年起德国逐步走向全面放开资本管制。首先放开了对资本流入的限制，逐步取消对非居民投资国内证券业务的限制。1984 年双向资本流动全面放开，至此德国完成了资本账户由放开到反复调整再到完全开放的全部过程，也标志着德国顺利实现了宏观金融政策组合由策略Ⅲ到策略Ⅱ的过渡。最重要的是，德国的货币政策保持了充分的独立性。当本国出现通货膨胀时，可以不用依附于外部干扰，而通过本国的货币政策进行调整。

可以说，德国马克是先实现了国际化，然后德国才完全开放了资本账户。德国对于汇率和货币政策的稳定一直有着近乎偏执的追求。为了实现稳定，德国可以牺牲大量的外汇储备，可以容忍金融市场的缓慢发展。与其他西方国家相比，直到 20 世纪 90 年代初，德国在现代金融工具应用方面还属于发展中国家。这一时期德国资本市场的规模不仅远远落后于美国和英国，甚至还落后于法国等欧陆国家。但是稳定的经济成长和金融发展，为德国赢得了工业核心竞争力提升的黄金时期，也为德国应对德国马克国际化后出现的各种金融市场波动准备好了充足的技术手段和政策工具。而德国金融市场发展也后来居上，法兰克福是全球最重要的国际金融中心之一。

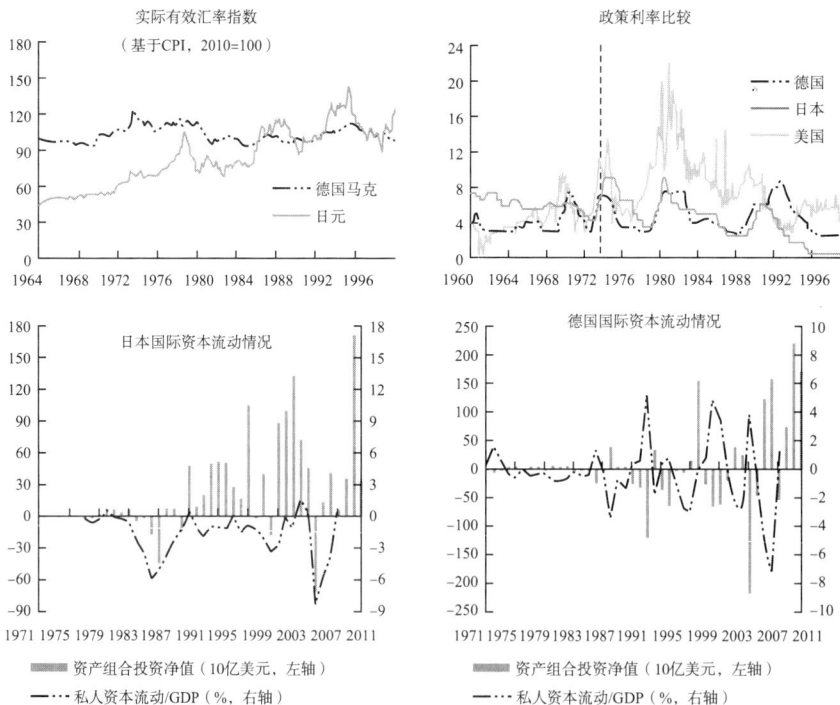

图 4—2　货币国际化与经济指标变动：德国和日本经验

资料来源：CEIC.

2. 日本经验

日本在货币国际化进程中的宏观金融政策选择相比之下比较激进。从 20 世纪 60 年代开始就直接选择策略Ⅱ，允许日元汇率浮动并逐渐开放资本账户。由于对货币国际化提高过程中国际资本冲击的影响缺乏必要准备，使得日元国际化陷入了"昙花一现"的尴尬境地。日本实现策略Ⅱ的过程大致也可以划分为三个阶段：

第一阶段（20 世纪 60—70 年代）：允许汇率自由浮动，放开直接投资，降低证券投资限制。1964 年，日本放开了经常账户，并签订《关于经常性非贸易自由化协定》和《关于资本移动自由化协定》，同年还修改了《外资法》，放开外商对日直接投资，标志着日本开始了资本项下可兑换进程。从 1967 年到 1976 年不到 10 年时间内，日本政府先后出台了 5 个政策，逐步取消外商直接投资的行业限制，至 1973 年日本 96％的行业实现了对外开放。1971 年布雷顿森林体系崩溃，国际货币体系进入牙买加时代。1972 年，日本宣布日元结束同美元之间的固定汇率，进入浮动汇率制度。虽然设定了 2.5％的汇率浮动区间，但是伴随着国际资本的大规模流动，日本政府最终未能成功稳定住日元汇率，日元进入快速升值通道。同年 5 月，日本废除外汇集中制度，允许居民与非居民持有外部存款。为了应对经常账户顺差的下降，日本政府再次降低对资本流入的限制，取消非居民购买境内证券的限制，降低非居民日元账户存款准备金率，并对外国机构投资者开放债券回购市场。从图 4—2 可以看出，这个时期日本货币政策受美联储的干扰程度明显低于德国，货币政策独立性更强。但是日元汇率的快速升值，造成日本经常账户差额的波动性增加。这在一定程度上伤害了日本的实体经济。

第二阶段（20 世纪 80 年代）：大力推动金融自由化，基本实现资本项下可兑换。1980 年 12 月，日本宣布实施新外汇法《外汇及对外贸易管理法》，将原先的"原则禁止，例外许可"改为"原则自由，例外控制"，并且规定居民在国家许可的指定商业银行和证券公司，可以自由交易外汇资产，同时废除外国政府日元账户上限，实现居民外币存款完全自由化，允许非居民投资日本境内证券。至此，日本资本市场结束了长达 40 年的相对封闭时期，日本境内外证券投资可以自由进行，外资可以参与日本资本市场投资并进入证券服务业。这个阶段日本的资本账户开放由直接投资扩大至证券投资和其他投资，基本实现了资本项下可兑换。1985 年《广场协议》后，日元对美元开始大幅度升值，拖累了日本国内的工业生产，迫使日本政府从 20 世纪 80 年代后期开始不得不采取扩张性货币政策，通过不断降低利率水平来刺激经济增长和对实体经济的投资。这为日本 20 世纪 90 年代经济泡沫的破灭埋下了伏笔。事实证明，日本最终陷入了"流动性陷阱"，实体经济投资一片哀嚎。

第三阶段（20 世纪 90 年代）：实现资本项下完全可兑换。20 世纪 90 年代日本陷入了"失去的十年"，制造业生产跌至谷底，日元在国际市场的使用在 20 世纪 90 年代初达到顶峰后也迅速回落，日元的国际地位已经远远落在了德国马克的后面。在陷入"流动性陷阱"后，日本政府开始实施"金融大爆炸"，加大资本账户开放力度，试图通过大举引进外资来为本国经济寻找新的增长点。1997 年 5 月，日本通过了新的外汇法，规定资本交易由先前的批准制和事先申报制改为事后汇报制度，取消现行法律关于外汇银行制和货币兑换商的规定，取消外汇远期敞口限制，允许使用电子货币进行支付。1997 年日本新外汇法的实施，标志着其在战后构建的外汇和资本管制主要措施都已经取消，日本全面实现了资本项下可兑换。但"金融大爆炸"并没有如日本之前预期的那样大量吸引外资流入，日本的经济困境仍然没有得到解决。长期低迷的日本经济和过度波动的汇率让非居民眼中的日元吸引力迅速褪色，使得日元国际地位不可避免地一再跌落。

从以上对德国和日本的经验分析可以看出，两国货币国际化起点类似，结局却大不相同。德国虽然在 20 世纪 60 年代也开启了资本账户开放的步伐，但一直是以审慎的态度逐步开放和调整，并且一直以国内宏观经济稳定和汇率稳定为目标，不断提升本国工业生产的核心竞争力，在宏观金融政策选择策略上采取了动态调整的方式，最终成就了德国马克和德国在国际金融市场中的地位。而日本则过于激进，从 60 年代开始就试图大幅放开资本账户，并且高估了本国实体经济应对汇率升值冲击的能力，没有很好地保持日元汇率稳定，损害了本国实体经济。虽然 20 世纪 80 年代开始试图通过宽松型货币政策和金融市场的开放刺激本国经济，但是实体经济的衰退已经不可避免，最终不仅使得日元国际化成为泡影，同时拖累了日本的金融市场发展。

4.2 人民币国际化面对宏观金融风险挑战

德国和日本在货币国际化进程中都对货币政策独立性给予了高度重视。因为只有中央银行保持了高度的货币政策独立性，才能实现在金融市场不断开放的过程中维持本国经济的稳定增长，有效调节国内的通货膨胀和失业水平。货币政策是国家调控国内经济的重要手段，也是一国货币政策目标得以顺利实现的基本前提。作为国际货币的发行国，货币政策的独立性显得更为重要。一个货币政策都不独立的国家发行的货币自然不会得到国际金融市场的青睐和信任，货币公信力将大大削减。

作为主要国际货币发行国，德国和日本最终都采取了策略 II 的宏观金融政策组合。但更具历史借鉴意义的则在于两国不同的政策调整路径，及其对货币国际化所产生的影响。两国经验提醒我们，政策调整不能急于求成，要在本国经济和金融市场、监管部门做好应对国际资本冲击的充分准备以后才可放开汇率和资本账户。

近年来，人民币国际化水平稳步提高，加入 SDR 货币篮子后或将进入新的发展阶段。由开放经济经典理论和国际经验可知，我国宏观金融政策选择已经进入了政策调整的敏感期。在从策略 III 逐渐转向策略 II 的过渡阶段，要对可能出现的宏观金融风险进行识别和度量，为实现宏观金融风险有效管理做好前期准备，也为准确把握政策调整的时机与力度提供判断依据。

4.2.1　现阶段集中于汇率波动与汇率管理

在政策调整方面，现阶段的中国与当年的德国和日本面临着同样的难题。在货币国际化水平由低而高变化的时候，对货币发行国来说，首要的挑战就是汇率波动。对于一个贸易大国来说，汇率波动性上升加大了对外贸易往来中的不确定性，提高了交易风险，增加了交易成本，有可能打破原有的贸易平衡，对国内市场造成严重冲击。而对于中国这样一个发展中国家来说，人民币汇率势必要经受更加严峻的考验：无论是长期单边升值或是短期大幅度贬值，都会对国内宏观经济和金融市场形成巨大压力。既然汇率波动在所难免，货币当局如何进行汇率管理就成为决定货币国际化进程的关键问题。

货币国际化初期通常都会出现汇率单边升值的压力。2015 年以前，人民币对美元的单边升值趋势已经维持了多年，这和日元当年的情况非常类似。在日元和人民币长期升值的过程中，两国出口贸易都受到不同程度的影响，出口规模的同比增速都出现逐月下降的趋势（见图 4—3）。单边升值还会进一步挤压贸易市场，不仅降低了本国企业的国际竞争力，同时也刺激大量资本由经常账户渠道进入外汇市场进行套利，迫使中央银行在国内产品生产过剩的情况下还要继续增发货币。企业进行生产和创新的积极性被严重打压，降低了实体经济活力，严重时就会像日本那般将本国经济带入无法挽回的深渊。

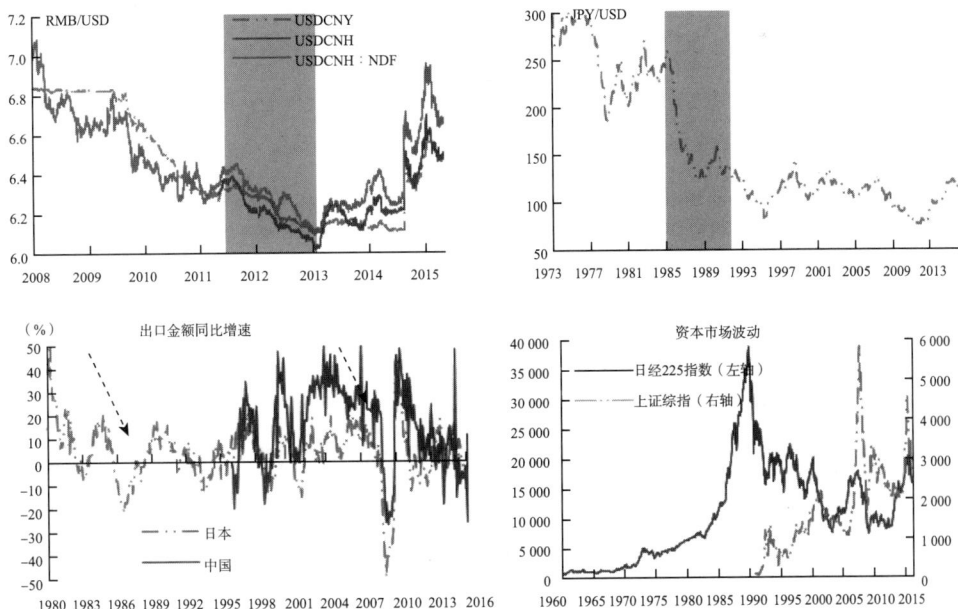

图 4—3　汇率单边升值对经济的冲击：日本和中国

资料来源：CEIC.

或许是因为早就预见到了这样的危险，德国在面对汇率升值压力时做出了不同的政策选择：从 20 世纪 60 年代末开始，在相当长的时间里，执着地维持马克汇率的稳定。在德国马克国际化启动阶段，德国货币当局对于汇率稳定目标的坚持到了几近顽固的地步，为此甚至不惜重启资本管制、暂缓金融市场发展以及动用外汇储备干预市场。这一时期的汇率稳定，为德国保持贸易优势、提高工业生产竞争力和巩固国内实体经济发展创造了有利的外部条件。而从长期来看，工业生产竞争力和国内实体经济增长潜力则又为德国马克汇率稳定提供了有力支撑。德国长期保持着国际收支经常账户顺差以及在全球产业链中的主导地位，德国颇具竞争能力的出口企业很好地保证了国际贸易计价结算中的德国马克份额，从而在德国实现自由浮动汇率制度后可以继续保持国际市场对于德国马克的稳定需求。1980—1996 年期间，德国出口产品中以德国马克计价的比重达到 82.3%，同期日本出口中以日元计价的比重仅为 29.4%，可见汇率稳定在货币国际化初期对于国内实体经济发展具有重大意义，而且长远来看，货币国际地位的提升最终还是要取决于本国真实财富的创造能力。

汇率持续贬值也会损害一国经济。尤其对于新兴市场国家而言，汇率持续贬值会造成国际资本瞬间逆转（sudden stop）。一旦贬值预期形成，自我实现预期效应会使得短期资本出于趋利避害的目的快速逃离，进一步加剧市场汇率的下跌。而一旦出现资本恐慌性外逃，一方面，本国资本市场流动性的减少会给本国证券市场带来重创，另一方面，国内企业的外币债务成本会骤增，迫使财务本来很健康的企业低价贱卖资产。而企业的巨额损失又会进一步恶化本国资本市场的发展，对国家经济安全造成极大威胁。

2015 年以来，境内外市场都开始转向人民币贬值预期。"8·11"新汇改后，人民币贬值程度有所加强，而且境外市场对人民币汇率的冲击逐渐加大。2016 年 1 月 6 日，离岸市场人民币远期 NDF 汇率低至 2008 年以来的历史新点 6.955，当天人民币远期贴水率高达 6.49%。虽然之后人民币贬值压力有所缓解，但市场上的悲观情绪和做空力量显然并没有退却。这事实上是对国内货币当局宏观金融管理能力的一次实战考核。如果不能及时、合理地应对汇率波动，任由货币危机爆发，就难免使人民币国际化落得如同日元般"昙花一现"的尴尬处境。

在这个问题上，我们应该效仿德国，在货币国际化初期将汇率稳定目标置于首要位置。除了曾经恢复资本管制以稳定汇率以外，德国还曾使用大量外汇储备作为平准基金，在市场中确保德国马克的供应量稳定在一定水平之内，从而力保德国马克汇率稳定。因此，当前的政策重点在于如何进一步完善我国的管理浮动汇率制度，为本国实体经济的转型与发展赢得时间和空间。特别要在与市场沟通方面不懈努力，通过引导市场预期，有效进行汇率管理。此外，为了配合汇率管理，必要时也应考虑资本账户管理方面——特别是针对短期跨境资本流动——的措施调整。

4.2.2 未来主要是跨境资本流动与系统性风险

经典理论和国际经验表明，当一国货币已经跻身于主要国际货币行列之后，货币当局都只能采取策略Ⅱ的宏观金融政策组合。这同样也适用于中国。然而，在国内金融市场尚未成熟、金融监管体系还不完善、应对跨境资本流动冲击的方法有限且效果欠佳的情况下，贸然放开资本账户和人民币汇率，极有可能发生系统性金融危机，严重损害实体经济和金融发展，致使人民币国际化进程中断。因此，在我们从侧重策略Ⅲ逐渐向侧重策略Ⅱ转变的过程中，宏观金融风险管理的重点也需要逐渐由防范汇率剧烈波动转向防范跨境资本流动可能引发的系统性危机。事实上，中国经济和金融越是融入国际市场，跨境资本流动产生的冲击就越是频繁，可能造成的危害也就越大。所以我们要充分利用资本账户和人民币汇率还没有完全放开的时间窗口，全面开展跨境资本流动对国内系统性金融风险的影响机制以及应对措施的相关研究，提高货币当局和监管部门的宏观金融风险管理能力，为未来的人民币国际化进程清除障碍。

对中国来说，跨境资本流动冲击是一个现实问题。美国是世界上最大的经济体，也是中国最大的贸易伙伴，美元是当前国际货币体系的主导货币，美国货币政策对世界各国不可避免地具有溢出效应。2008年次贷危机后，经过近八年的经济结构调整，美国大大降低了金融杠杆，提高了居民储蓄水平，而且重振制造业，提高了出口竞争力和就业率。目前美国基本渡过了经济复苏期，美联储宣布要逐步退出量化宽松政策，美元开启加息周期。美国货币政策周期的变化，必然强化美元升值预期，引发资本大规模流向美国。这将给包括中国在内的世界各国造成压力，并增加以下风险：资本外逃，国内的资本形成规模下降，不利于产业转型与升级。此外，美元加息导致国际流动性紧缩，不利于欧盟解决债务和难民问题，使得巴西、俄罗斯等金融脆弱的新兴市场国家容易爆发金融危机。由于中国一半的贸易和绝大多数直接投资都在新兴市场国家，一旦这些国家发生金融危机，国际金融动荡通过传染机制很容易冲击中国的内部经济，加大中国国际收支失衡风险，并在国内引发自我实现式金融危机。

中国深度融入经济全球化发展趋势，为实现金融资源的优化配置创造了条件。在美、欧、日等主要经济体实行量化宽松政策、国际融资成本极低的情况下，逐步审慎开放资本账户，方便从国际市场筹措便宜的资金。这一方面可以缓解我国企业融资难、融资贵问题，为大众产业、万众创新营造良好的金融环境；另一方面还可以发挥我国对外投资的带动与杠杆效应，高效引导国际资金投入"一带一路"建设中来，加速我国的产能转移和产业升级。

然而，历史经验表明，几乎所有的发展中国家在资本账户开放之后不长的时间内都出现了货币危机与金融危机。中国也将面临三个方面的风险：第一，根据"三元悖论"原则，一旦人民币实现基本可兑换，也就是基本取消资本账户管制，作为全球第二大经济体，保持货币政策的独立性是中国调控宏观经济的必要手段，这就意味着人民币未来必须是浮动的。汇率波动容易导致进出口波动，给实体经济带来失业或通货膨胀压力。第二，容易发生投机资本流动或"热钱"冲击，通过外汇市场—货币市场—资本市场—衍生品市场的互动与传导机制，引发资金和资产价格波动，加剧金融体系的脆弱性，增加流动性危机和资产泡沫破裂风险。第三，资本账户开放与人民币国际化相互促进，将扩大人民币离岸市场规模，由于离岸市场与在岸市场的参与主体、运行机制不同，离岸市场与在岸市场必然存在汇率差异，容易引发国内外人民币资金池的无序流动，导致人民币汇率大幅波动，加大了央行干预人民币汇率的难度，有可能导致中国的外汇储备过多损耗，并且在综合干预情况下导致国内的货币数量大起大落，降低中国政府的宏观经济管理能力。

短期资本持续外流是中国在对外开放进程中无论在短期还是长期内都需要高度重视的金融风险。目前导致短期资本外流的主要原因是人民币升值预期的逆转，因此稳定预期有助于稳定资本流动。然而，随着金融抑制的环境被打破，由于对中国经济系统性风险的担忧，中国居民与企业有很强的动力进行全球资产配置，由此产生的资本外流规模不容低估。对此，货币当局除了要审慎、可控、渐进地开放资本账户外，也还要在监测和管理系统性金融风险方面做出努力，为防范和化解系统性金融风险提供有效的政策工具。

中国还应高度重视人民币跨境套利的风险。一是进出口实体企业沉溺于资本运作，不仅会造成贸易数字虚增，"热钱"从外汇转向离岸人民币流入，而且也不利于国家管理流动性。二是人民币跨境套利资金的快速流入流出会对我国经济产生冲击。大规模跨境套利交易的发生进一步加剧了我国跨境资金流动的波动性，特别是大规模套利资金的集中流入和流出严重影响了我国国际收支平衡的实现，进而对国内经济发展造成较大冲击。三是人民币跨境套利行为存在一定的负债资金偿还风险。人民币跨境套利并不是一个孤立的现象，一般通过与跨境贸易人民币结算相关的远期信用证、海外代付、协议付款、预收延付等产品来实现，但是该类业务暂不纳入现行外债管理，一旦企业经营状况不佳，资金链断裂，将会导致对外偿付风险。

4.3 基于国家战略视角的宏观金融风险管理

国际货币多元化是一个动态发展过程，国际贸易格局、国际金融市场的变化都会导致国际货币格局发生相应的调整。在这个过程中，对于国际货币发行国货币当局来说，最大的挑战无疑就是如何进行动态风险监管，如何应对国际资本冲击随时可能带来的市场波动和对本国实体经济的影响。人民币已经加入 SDR，成为了名副其实的国际货币，如何制定宏观审慎的管理制度，有效监控并防范各阶段可能出现的系统性风险，对于推动我国经济更高水平开放以及人民币国际化，具有重大战略意义。

4.3.1　为实现人民币国际化最终目标提供根本保障

人民币国际化肩负着实现中国利益主张和改革国际货币体系的双重历史使命，是中国在 21 世纪作为新兴大国而提出的举世瞩目的重要规划之一。该战略首先是符合中国国家利益，可为新兴大国提供必不可少的支撑力量；同时也符合全球利益，是对现行世界经济秩序和国际货币体系的进一步完善，体现了新兴大国的责任与担当。

人民币成长为主要国际货币，实现与中国经济和贸易地位相匹配的货币地位，有利于我国从世界经济金融平衡的外围走进核心圈，摆脱"美元陷阱"，维护国家和人民的经济利益，同时也有利于我国抵消美国货币政策溢出的负面效应，增强抵御外部冲击的能力，提升国际竞争软实力。

2008 年全球金融危机以来，国际货币体系改革呼声高涨，核心就是降低对美元的过度依赖，提高发展中国家参与国际货币治理的话语权。中国是最大的发展中国家，在推动国际货币体系改革问题上理应有所担当。中国政府对于人民币在国际市场上广泛使用以及 IMF 将人民币纳入 SDR 货币篮子均持欢迎态度，表达了中国提供全球公共物品的良好意愿和大国责任。人民币崛起可以促进形成多元制衡的国际货币竞争格局，使广大发展中国家有机会选择更安全的国际储备货币，摆脱过度依赖美元造成的种种危害。

从国际货币体系大局来看，多元制衡的国际货币格局顺应了国际经济和贸易格局的调整方向，有利于打破全球经济失衡和全球金融恐怖平衡[①]的僵局，同时具有"良币驱逐劣币"的约束机制，为国际货币体系增添了稳定因素，可有效缓解系统性全球金融危机的压力。

一般来说，货币国际化必须具备以下几个条件：综合经济实力、贸易地位、资本自由流动、币值稳定以及宏观管理能力。从过去几年的实际情况看，前四个支撑人民币国际化的因素都有着不错的表现；但货币当局的宏观管理能力还有待提高，尤其是面对如何在资本账户更加开放背景下统筹管理资本流动和宏观金融风险的问题时，恐怕既需要系统的理论指导，也缺乏必要的实战经验。长远来看，宏观管理可能成为影响人民币国际化进程的短板。由于宏观管理能力同时又影响了资本自由流动和币值稳定等其他因素，所以为保障人民币国际化最终目标的顺利实现，我们需要大力加强这方面的建设，才能赢得国际社会对人民币的长久信心。

人民币国际化需要健康稳定的宏观经济环境和成熟完善的金融体系。金融体系的稳定与发展不仅对实体经济运行发挥着资源配置和风险承担的积极作用，也可以成为经济开放过程中最好的自我保护屏障，在人民币国际化进程中帮助中国经济抵御国际资本的大规模冲击。在金融深化发展和人民币国际化逐步推进的过程中，宏

[①]　参见陈雨露、马勇：《大金融论纲》，北京，中国人民大学出版社，2013。

观流动性的影响力越来越大。现有的流动性管理工具虽然有助于稳定物价和单个微观机构的稳健经营，但在面对宏观流动性顺周期的加速器效应及其对整体经济产生的冲击时却显得无能为力。2015 年中国资本市场的剧烈震荡，反映出我国监管部门还没有充分做好应对金融市场剧烈波动的准备，管理效率和模式都有待提高。如果不能及时总结经验，改善我国宏观金融风险的管理方式和效果，那么，相对滞后的风险管理很可能成为人民币国际化进程中最大的拦路虎。

据中国银行测算，人民币加入 SDR 后，各国官方资产配置调整就会导致每年新增人民币需求 6 000 多亿元。由此将人人推进人民币国际化的步伐，扩大人民币在大宗商品计价、金融交易、资产配置、官方储备中的运用，这种多渠道、多方位人民币外部需求的增加，在资本账户开放的情况下，必然会影响人民币境内市场的供求关系，容易引发流动性危机。人民币国际需求和使用范围的扩大，有利于中国企业、金融机构在国际交易中更多地使用人民币，企业的议价能力、资产负债结构将因此发生较大变化，自身的货币错配风险减少，但是负债来源和资产运用更加国际化，利率风险和国家风险更大。人民币加入 SDR 后，SDR 的估值以及利率确定对人民币市场汇率、货币市场利率提出了新的要求，需要中国在人民币汇率形成机制、短期市场基准利率形成机制等金融市场的根本问题上加快市场化步伐。这无疑对央行的宏观金融管理能力提出了新的挑战，增加了货币政策效力和金融运行的不确定性。

加强宏观金融风险管理，提高货币当局宏观管理能力，是决定人民币国际化战略能否成功的关键。因此，为保障人民币国际化最终目标的顺利实现，必须站在国家战略的高度做好宏观金融风险管理工作。

4.3.2 以构建宏观审慎政策框架作为金融风险管理的核心

国际金融经典理论和德日两国历史经验表明，随着人民币国际化程度逐渐提高，货币当局必然要面临宏观金融政策调整及其引致宏观金融风险的严峻考验。也就是说，在从策略Ⅲ向策略Ⅱ转变的过程中，我们必须要处理好汇率波动对国内经济金融运行的冲击，还要尽快适应跨境资本流动影响国内金融市场、金融机构以及实体经济的全新作用机制，尤其要重视防范和管理系统性金融风险。

金融稳定是实现人民币国际化战略最终目标的必要前提，因而构建更加全面、更具针对性的宏观审慎政策框架就是货币当局加强宏观金融管理的核心任务。一方面，要将汇率政策与货币政策、财政政策等工具协调使用，将物价稳定、汇率稳定、宏观经济稳定增长等政策目标统一在金融稳定终极目标的框架之内；另一方面，要继续完善微观审慎监管政策，重视金融机构的风险控制与管理，加强金融消费者权益保护，同时积极探索宏观审慎监管政策，着眼于金融体系的稳健运行，强化金融与实体经济的和谐发展，以防控系统性金融风险作为实现金融稳定目标的重要支撑。

1. 将汇率管理作为宏观金融风险管理的主要抓手

随着中国经济和金融对外开放程度进一步提高，汇率在调节国际收支平衡、引导资本流动方面将发挥更加重要的作用，但汇率过度波动会对金融市场造成负面冲击，并对实体经济稳健增长产生不利影响。因此，宏观金融风险管理应当以汇率管理作为主要抓手。

当前，应当进一步完善汇率形成机制，尊重市场对于汇率决定的基础性作用，同时充分发挥管理浮动汇率制度的优势。既要实现以汇率杠杆调节国际收支、优化国内外两个市场资源配置、促进国际产能合作的政策目标，又要避免出现汇率的过度波动，给国内金融市场和实体经济造成损害。

在汇率弹性不断提高的过程中，货币当局应当淡化对于汇率的直接干预，更多运用市场手段和政策工具搭配来实现汇率政策目标。要提高货币当局宏观管理的专业性和公信力，建立对市场预期的引导机制，尤其要重视货币政策、财政政策与汇率政策的合理搭配，通过利率—税率—汇率的间接管理实现汇率政策目标。

随着人民币在国际市场的使用程度提高，作为世界第二大经济体，中国宏观经济政策可能会具有一定的溢出效应。这就要求中国人民银行在制定和实施货币政策和汇率政策时，既要优先考虑国内需要，又要通过适当的沟通与协调机制兼顾主要贸易伙伴国的利益诉求，减少政策摩擦，实现合作共赢。

在"一超多元"的现行国际货币体系下，中国与其他新兴市场国家一样不可避免地要受到美国宏观经济政策变化的影响。2008年全球金融危机后美国采取的多轮量化宽松政策，以及近年来的美元加息政策，都引起了全球范围内大规模资本移动，严重冲击了新兴市场国家的外汇市场、金融市场和实体经济，不少国家还爆发了金融危机。这一轮政策变化同样导致中国的短期跨境资本流动出现异常变动，甚至引起国内楼市、股市的价格大幅震荡，给实体经济转型造成困难，使人民币汇率稳定承受巨大压力。因此，人民币汇率管理必须密切关注美国宏观政策的溢出效应，发挥中美战略与经济对话平台的积极作用，加强与美国政府的沟通，推动建立美元—人民币汇率协调机制，降低过度的汇率波动对双方经济金融的负面影响。

近年来，欧洲中央银行和日本央行先后采取负利率政策，以及英国"脱欧"公投，导致全球外汇市场上汇率波动性明显增大，或可触发新一轮全球范围的金融危机。因此，中国在人民币汇率管理中还应当呼吁建立SDR篮子货币国家之间的货币政策协调，避免主要货币之间发生汇率战，减少以邻为壑效应，共同承担起维护国际金融市场稳定的责任与义务。

2. 将资本流动管理作为宏观金融风险管理的关键切入点

20世纪90年代以来，国际资本大量流入新兴市场国家，有助于这些国家的经济繁荣，但也刺激了资产泡沫的形成，提高了金融体系的脆弱性。然而，当国际资本流动发生大规模逆转时，这些国家无一例外地会出现经济金融的大幅度波动，甚至发生系统性危机。中国在融入国际市场的过程中，应当充分吸取这些国家的危机教训，应当对国际资本流动特别是短期资本流动保持高度警惕。

下一个阶段，当我国宏观金融政策选择转变成策略 II 时，外汇市场和资本市场极有可能成为国外游资投机冲击的主要目标。因此，宏观金融风险管理要以资本流动管理作为关键切入点，重点识别和监测跨境资本流动所引起的国内金融市场连锁反应，加强宏观审慎金融监管，避免发生系统性金融危机。

资本账户开放可能带来跨境资本流动规模增加、频率提高，涉及金融市场、工具、机构、金融基础设施等各个领域，而且金融子市场之间的联动性正在加强，传统的微观审慎监管政策和工具已经难以适应这些新的变化，尤其是在应对宏观流动性顺周期影响和加速器效应方面无能为力。伴随着我国金融体系的快速发展和人民币国际化战略的逐步推进，宏观流动性对经济金融运行所产生的影响越来越大。只有构建宏观审慎政策框架，引入宏观的、逆周期的调节工具实现宏观审慎金融监管，对整个金融体系实施动态的、全范围的、具有差异化的流动性管理，防控系统性风险，才能达到金融稳定的最终目标，为实体经济稳健发展创造良好的金融环境。

第 5 章

人民币汇率：人民币加入特别形成机制与政策目标

5.1 人民币汇率形成机制不断完善

5.1.1 汇率市场化改革进程

2015 年 8 月 11 日，中国人民银行发布公告，为增强人民币兑美元汇率中间价的市场化程度和基准性，决定完善人民币兑美元汇率的中间价报价机制。人民币兑美元汇率中间价在三日之内贬值超过 4％，释放了一定的贬值压力，也造成了市场的一些错乱和恐慌。在市场预期分化的冲击下，人民币汇率波动幅度增大，在岸价与离岸价的差距急剧扩大，人民币贬值预期逐渐强化，央行进行汇率调控的难度增大。

2015 年 12 月 1 日，IMF 主席拉加德宣布，正式将人民币纳入 IMF 特别提款权（SDR）货币篮子，人民币在 SDR 中的权重为 10.9％，成为仅次于美元和欧元的第三大货币。人民币加入 SDR 货币篮子之后，人民币计价资产的需求将明显提升，推动人民币汇率波动和跨境资本流动规模增加。如何设立有效的监管手段和危机防范机制，承担维持国际货币灵活稳定的责任，对央行的政策制定提出了新的挑战。

2015 年 12 月 11 日，中国外汇交易中心正式发布 CFETS 人民币汇率指数，人民币汇率逐渐转向参考美元、欧元等一篮子货币。在人民币汇率指数的权重中，美元占比 26.4％，欧元占比 21.39％，日元占比 14.68％。人民币汇率参考目标转向一篮子货币，可以在维持与其他新兴市场国家汇率相对稳定的情况下，对美元具有更大的灵活性。但是，由于惯性的力量，贸易企业和金融市场关注的重点还是人民币兑美元的汇率水平，如何加强同市场的沟通，引导人民币汇率预期，是央行在制定政策和窗口指导中亟待解决的问题。

在过去的一年中，中国不断深化汇率制度改革，丰富和完善了"以市场供求为基础、参考一篮子货币进行调节、有管理的浮动汇率制度"。总体上看，人民币汇率机制呈现出以下五个新特点：

第一，人民币汇率制度的市场化程度提高。"8·11"新汇改之后，做市商在每日银行间外汇市场开盘前，参考上一日银行间外汇市场收盘汇率，综合考虑外汇供求情况以及国际主要货币汇率变化，向中国外汇交易中心提供中间价报价。与汇改前相比，这次中间价改革削弱了政府在中间价形成中的决定权，充分反映了市场对人民币汇率的判断。

第二，由盯住美元转向参考一篮子货币。CFETS人民币汇率指数的建立，弱化了美元在人民币汇率形成和外汇储备中的影响，摆脱了人民币对单一货币的过多依赖，使人民币的汇率波动更加独立。在重视与美元、欧元汇率走势灵活性的同时，关心与新兴市场国家的汇率走势，使人民币汇率更加贴近均衡汇率水平。

第三，汇率波动幅度增加。从图5—1可以看出，在2015年8月之前，美元兑人民币的汇率几乎稳定在6.11～6.14，在2015年8月之后，美元兑人民币汇率的波动幅度显著增加。欧元兑人民币的中间价同样反映出波动幅度在加大，而且相对于美元兑人民币，欧元兑人民币的波动更加剧烈。

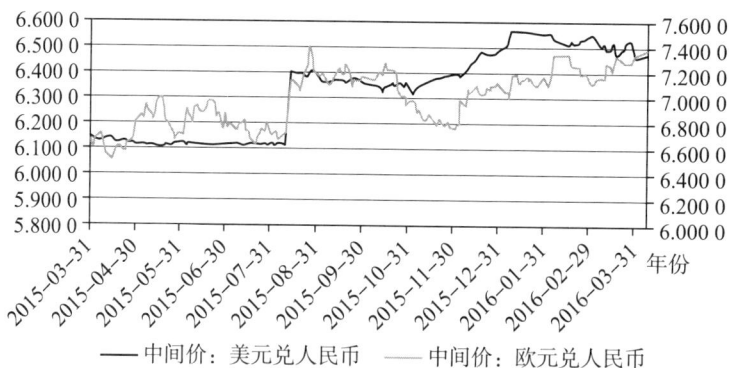

图5—1　美元兑人民币和欧元兑人民币的走势

第四，汇率与人民币计价资产的联动性增强。在2015年8月之前，股票市场和债券市场受汇率波动的影响并不明显，在2015年8月之后，股票市场和债券市场的走势同美元兑人民币汇率走势的相关性显著提升，几乎每一次人民币大幅贬值都伴随着股票市场大跌。与此同时，利率、资本市场收益率对资本流动的影响也很明显，与汇率的联动性有所增强（见图5—2）。

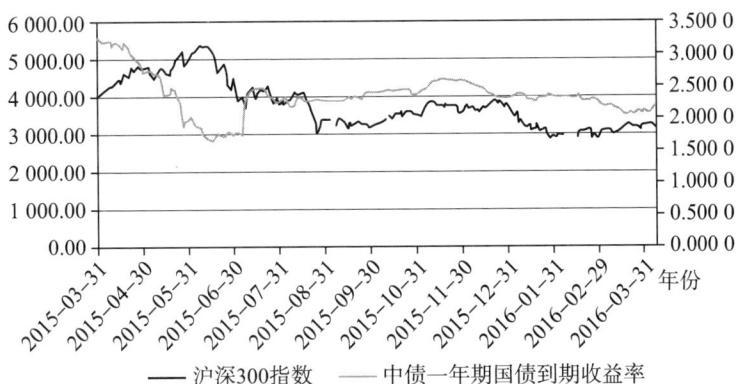

图 5—2 沪深 300 指数和中债一年期国债到期收益率走势

第五，汇率政策的外溢性不断加深。在全球主要经济体货币政策分化的大背景下，其他国家政策的溢出效应对本国政策有效性的影响越来越大。美联储宣布加息、欧元区宽松度不及预期等外部政策冲击对人民币汇率的影响正在显现。

面对全球经济不景气和主要经济体货币政策分化的国际环境，保持货币政策独立性至关重要，中国应继续深化汇率市场化改革，坚持逐步推进资本账户开放，探索适合中国国情的汇率形成机制，配合国内供给侧改革和中国企业"走出去"，推进人民币国际化和国际金融中心建设。

5.1.2 货币可兑换对汇率形成机制的影响

所谓货币完全可兑换，是指本币可以按照官方（市场）汇率无限制或者不加控制地兑换成另一种货币。完全可兑换的货币具有三个特征：第一，本币可以跟各国货币进行兑换，这种货币兑换关系不限于几个特定的国家货币；第二，无论出于什么目的、兑换多少额度，都可以进行货币兑换，不受政府或其他机构的控制；第三，兑换汇率是官方（市场）规定的汇率，而不是黑市汇率。由于大部分国家达不到完全可兑换标准，因此按照货币可兑换性的大小，可以分为完全可兑换、部分可兑换和不可兑换。从内容上分，货币可兑换可以细分为经常项目可兑换和资本项目可兑换，经常项目可兑换是指与商品和服务进出口等经常账户下的国际交易相联系的货币可兑换；资本项目可兑换是指与跨境资本交易、资本跨国流动等资本账户下的国际交易相联系的货币可兑换。国际货币基金组织协定的第八条款对成员国提出了经常账户下货币自由兑换的具体要求，至今，全球绝大多数的开放经济体都已经实现了经常账户下的货币完全可兑换，但是各国资本账户下货币的可兑换程度差异较大。中国 20 世纪 90 年代便已经实现经常账户下的完全可兑换，资本账户的货币可兑换正在逐步开放中。

伴随着人民币汇率改革和资本账户的逐步开放，人民币的货币可兑换性也在增强，资本流动规模的扩张也表明中国正在逐步融入世界资本市场之中。在货币可兑换程度不断加强的情况下，如何改革人民币汇率的形成机制，以维持稳定的均衡汇率水平并避免汇率的大幅波动，这是现阶段特别需要深入探讨的问题。鉴于在货币可兑换程度的不同阶段，汇率形成机制具有不同的特征，随着货币可兑换程度的增加，汇率形成机制可能会发生区制变化，发现区制变化的拐点和形成机制的差异，对于构建灵活稳定、充分体现市场供求的人民币汇率形成机制有重要意义。为此，我们要充分借鉴国际经验，利用门限回归模型①，分析研究在货币可兑换程度的不同阶段，一国汇率形成机制的变化情况。通过我们的实证研究，发现了如下结论：

首先，随着货币可兑换程度的提升，短期汇率变动（升值/贬值）的影响因素会发生改变。在货币可兑换程度不高的情况下，短期汇率变动更多取决于宏观经济基本面，比如经济增长率、人均 GDP、贸易顺差等因素。随着货币可兑换程度的提升，这些因素的解释能力出现了明显的下滑，而通货膨胀、国内外利差的解释能力非常显著，说明随着资本账户的开放，短期汇率变动与经济基本面逐渐脱钩，其更多反映的是资本套利活动带来的均衡。在货币可兑换程度高的情况下，短期汇率变动很难用宏观经济变动来解释，意味着在资本账户开放到一定程度后，短期汇率变动更多地会受市场情绪的影响，此时，通过不断发现套利机会、填平套利机会，市场参与者能够推动汇率在波动中回归到均衡汇率水平。

其次，随着货币可兑换程度的提升，实际有效汇率的影响因素也会发生变化。无论货币可兑换程度高低，决定实际有效汇率水平的最重要的解释变量都是经济增长、经济波动和人均 GDP。尤其在货币可兑换程度较高的情况下，这些宏观经济变量的影响力更强、更显著。这表明，一国货币实际有效汇率的高低归根究底是由本国的宏观经济基本面决定的，虽然受资本流动冲击和其他国家政策溢出效应的影响，短期可能会出现一定程度的偏离，但只要本国经济稳定持续增长，汇率水平自然会回归。反之，如果本国经济恶化，货币当局仍旧对汇率水平进行干预，可能在短期能维持较高的实际有效汇率，但最终结局一定是"螳臂当车"，无法阻止实际有效汇率的贬值。值得注意的是，随着货币可兑换程度的提高，本国实际利率上升也会带来本币升值，即在资本自由流动的情况下，风险收益和投资者信心增加将推动实际有效汇率上升。

最后，随着货币可兑换程度的提升，汇率波动的影响因素同样会发生变化。从回归结果看，汇率波动受到多个因素的影响，各个因素的影响也呈现出不稳定性。总体来看，无论货币可兑换程度高低，宏观经济稳定都能够减少汇率的波动，但在货币可兑换程度较高的情况下，这个稳定效果变得不太显著。在货币可兑换程度较低的情况下，宽松的货币政策会显著提升汇率波动幅度；在货币可兑换程度较高的情况下，实际利率的上升、资本的流入能够降低汇率波动幅度。这表明，在资本账

---

① 本报告利用门限回归模型前后共探讨了三个问题：人民币汇率形成机制的区制变化、汇率变动对实体经济影响的区制变化和汇率变动对跨境资本流动的区制变化。本报告参考 Lane and Milesi-Ferretti（2003），将对外总资产和对外总负债的总和同 GDP 的比值作为度量资本账户开放程度的指标，作为门限回归模型中的门限变量，探讨在资本账户开放水平的不同阶段，人民币汇率形成机制和汇率冲击影响的区制变化。

户逐渐开放的过程中，资本流入对汇率波动的影响有限。但是，资本流出会加大汇率波动，需要密切监测资本流出。

借鉴国际经验，我们运用门限回归模型的方法进行总结探讨，发现汇率形成机制会随着货币可兑换程度的提升而发生区制变化。随着汇率市场化改革的坚定推行，资本账户在稳定可控的情况下逐步开放，未来人民币的可兑换性必然会跨过拐点，从而形成特征明显变化的人民币汇率形成机制。根据相关回归结果，未来人民币形成机制改革中一定要注意以下几点：

第一，提升本国经济实力、保持宏观经济稳定是保持人民币汇率稳定健康运行的坚实保障。随着货币可兑换程度的提升，实际有效汇率水平更加依赖本国宏观经济形势，经济的稳定增长可以增加汇率波动的稳定性。因此，从长期看，发展本国经济、减缓经济波动是保持人民币汇率稳健性的基石。汇率制度既是一个国家经济运行的制度保障，又是一个国家经济发展的结果，它并不能对一国经济带来直接的刺激作用。因此，在人民币汇率形成机制的改革中，应该重视人民币汇率的波动，在开放经济中维持对外价格的相对稳定，以便为中国深化经济改革创造更大空间和良好环境。

第二，央行对汇率市场的干预要谨慎行之。我们的研究表明，人民币汇率的短期变动很难用宏观经济变量进行解释，其反映的更多是市场主体的供需变化。一旦偏离均衡汇率水平，微观主体出于套利动机采取的行动，最终会迫使短期汇率回归均衡。因此，在资本账户逐步开放的过程中，央行要减少对汇率市场的干预，允许汇率在一个较宽的幅度内自由波动，这样既有利于外汇市场的价格发现，也可以为央行的干预积攒政策效力，提升央行的公信力，更好地引导人民币汇率预期。

第三，加强对资本流动的监测。随着货币可兑换程度的提升，资本流动规模必然会大幅增长，不可避免地也会出现大量的投机性资本流动，这些投机资本具有流动方向易变性的特点。如上文所述，资本流出会提升汇率波动幅度，因此，要维持汇率在均衡水平上的基本稳定，央行必须对资本流出加强管理。对于资本流动的管理一方面既要"节其流"，也要"开其源"，增加投机性资本流动的成本，另一方面则需要密切监测资本流入的动向，只有这样才能在发生资本流出时制定更好的应对措施。

5.1.3　人民币汇率将更加灵活

受美国经济复苏加快、美元加息预期强化以及国内宽松货币的影响，人民币与美元无风险利差持续收窄，中国从 2014 年第二季度以来连续 6 个季度出现资本账户逆差，2015 年前 3 季度资本金融账户逆差累计达 1 219 亿元，并形成了"经常项目顺差、资本项目逆差"的国际收支新常态。短期内资本的大幅流出，导致人民币兑美元剧烈贬值，双向波动下不稳定性特征明显。人民币加入 SDR 后，为了有效规避汇率波动带来额外的潜在风险，维持其他关键宏观经济变量的良好势态显得尤为重要。我们的实证研究表明，货币可兑换性程度显著提升后，保持一定的净出口，加深贸易一体化程度，同时维持相对合理的资本回报率，能够有效抵消资本流出对汇率稳定造成的负面影响。

深化贸易一体化程度，将是人民币加入 SDR 后维持汇率长期稳定的关键因素。尽管 2015 年中国的出口增长下降了 1.8%，但是进口的降幅更大，贸易顺差 3.69 万亿元，同比扩大了 56.7%。中国的全球出口市场份额由 2014 年的 12.4% 提升至 13%，继续保持全球第一贸易大国地位。更重要的是，人民币加入 SDR 后，国际支付结算职能的提升将有助于推动人民币在"一带一路"战略中的跨境使用。诚然，"一带一路"战略涉及国家多、范围广，在基础设施建设、项目融资方面无法单单依靠中国的 3.8 万亿美元外汇储备，人民币必然得到更多的使用。作为"一带一路"战略的发起国，中国在人民币加入 SDR 后，将进一步加强沿线各国之间的货币流通，提高国际支付结算的便捷性，从而促进各国更大规模、更深层次的贸易畅通和资源、要素流通，加速中国与沿线国家之间的贸易一体化。通过这种贸易一体化程度的加深，汇率波动幅度将得到有效的缓解。

中国能够维持有吸引力的资本回报率。与美元加息预期相区别的是，中国需要较为宽松的货币环境，降低利率，进而降低企业的融资成本，助力经济转型与发展。然而，人民币加入 SDR 的另一层含义是，国际社会对中国经济抱有乐观前景，对人民币币值稳定具有良好预期，随着中国经济的成功转型，GDP 实现中高速增长毋庸置疑，这必然会部分抵消由于利差相对劣势带来的汇率波动。

人民币汇率形成受到在岸市场与离岸市场"分离"的影响，在预期超调作用下短期波动加大。在岸人民币与离岸人民币货币市场收益率差异的存在表明，资本流动特别是货币市场的跨境交易仍然受到严格的管理与限制。自 2015 年初以来，在岸人民币和离岸人民币汇率长期保持小幅的负差价，"8·11"新汇改的冲击，叠加人民币内在贬值压力，使得负价差扩大，导致人民币大幅贬值。汇率市场化本身将加大人民币汇率双向波动的幅度，在资本账户开放的过程中，市场预期超调的存在短期内将强化离岸与在岸人民币汇率的负价差扩大趋势。人民币加入 SDR 后，资本账户货币可兑换性将有所提高，受离岸人民币市场预期超调的影响，资本流动规模因羊群效应将进一步扩大，离岸人民币的大幅波动势必会增加在岸人民币汇率的短期波动，给人民币造成更大的短期贬值压力。

可见，人民币加入 SDR 后，货币可兑换程度将显著增加，汇率形成机制也会发生相应的变化，人民币汇率将呈现更为灵活的特点。短期受强势美元和国内宽松货币环境的影响，人民币将在双向波动中出现较大幅度的贬值，叠加离岸人民币市场的预期超调影响，短期人民币汇率不稳定性可能会进一步增强。但是从长期来看，短期贬值带来的出口利好、"一带一路"战略推动的贸易一体化以及经济转型的逐步实现，将使得汇率波动趋于稳定，同时，伴随着人民币国际职能的提高与更高的国际期望，人民币汇率也将在均衡水平下实现长期的稳定。

5.1.4 汇率改革与资本账户开放相互配合

在货币可兑换程度不同的阶段，人民币汇率形成机制应该具有不同的特征。因此，人民币汇率制度改革应该同资本账户的逐步开放相互配合，把握时机，适时推进。

首先，应该明确资本账户开放路径。从 2014 年 IMF 公布的全球汇率制度安排（IMF's Annual Report on Exchange Arrangements and Exchange Restrictions，AREAER）中可以看出，即使在美国、英国、德国、法国等发达国家，也存在很强的资本账户管制措施。在全球经济紧密联系的时代，大国政策的外溢性增强，只有保持一定程度的资本账户管制，才能确保本国货币政策的独立性和本国经济的稳定。因此，中国在资本账户开放过程中，应该遵循"逐步、可控、协调"的原则，根据国际形势和中国金融市场的发展，渐进、有序地对资本账户的某些项目进行开放；始终保持对资本账户的审慎监管，提高央行对金融市场的监管能力，将可能出现的风险控制在一个可承受范围内。此外，资本账户开放应该配合中国的其他经济制度改革协调推进；在活化金融市场、推动中国企业"走出去"的同时，保持良好的外部均衡。

其次，在人民币汇率制度改革中应该坚持市场导向，让短期汇率充分反映市场的供求。仅在汇率波动幅度过大时，央行进行适度的干预，以确保宏观经济稳定。还应增加人民币汇率的独立性，参考一篮子货币确定人民币的汇率水平，注重对人民币汇率预期的引导，防范自我形成的螺旋式贬值。允许汇率适当波动，增强中国金融市场的深度，提高金融企业的汇率风险管理能力，避免在更加浮动的汇率制度下出现系统性金融风险。

汇率制度改革和资本账户开放，不可避免会产生新的不确定性和风险，需要我们对可能出现的风险有充分认识和把握，提前认知并防患于未然，确保汇率制度改革的平稳、顺利进行。（1）汇率制度改革和资本账户开放必然会加剧汇率波动，这是每一个国家进行汇率改革的必经之路。如前所述，短期波动的加剧是市场参与主体不断博弈、推动汇率回归均衡的一个必然过程，因此，央行应该提高对汇率波动幅度的容忍度，仅在出现异常大幅波动时采取干预措施。另外，从"8·11"新汇改之后的汇率波动看，虽然汇率波动幅度扩大，但相对于其他国家，人民币的波动幅度并没有那么剧烈；相对于央行巨额的外汇储备，人民币汇率的波动仍然处于可控的范围之内。（2）资本流动冲击国内价格体系。人民币汇率代表的是人民币的价格，其变动必然会对以人民币计价的资产产生冲击。人民币预期升值引发大量的资本流入，在一定程度上，利用外来资本发展本国经济能够提升中国的经济增长速度，但是资本流入房地产、股票市场等领域，加剧了泡沫的堆积，提升了中国经济的系统性风险，央行需对资本的流入进行全面的动态监测，对不同类型、不同目的的资本流入予以区别对待。"8·11"新汇改之后，几乎每一次人民币大幅贬值的同时都伴随着 A 股市场的大跌，汇率对人民币计价资产的传导性正在逐渐增强，央行应该建立相应的防范机制，避免汇率市场同房地产、股票市场、债券市场、银行、信托、民间金融等同向波动而产生的系统性金融风险。（3）在市场化的汇率机制中，预期的自我实现可能导致危机的出现。在汇率市场化过程中，不可避免地会伴随着资本流动的加剧，投机行为的盛行也会使汇率水平与经济基本面出现短期偏离，央行如何表态对于市场预期的引导具有决定性的作用。在市场预期出现相反方向剧烈波动的时候，央行要强势干预，避免出现自我实现的第二代货币危机。（4）大国政策的溢出效应可能导致人民币汇率波动加剧和央行货币政策效力下降。从 2015 年"8·11"新汇改后的经验来看，美联储的加息和欧元区货币宽松度不及预期都对人民币汇率波动产生了冲击，事实表明，人民币汇率更加贴近市场化的运作机制，能够及时根据市场信息达到一个相对均衡的水平；而且央行的监管、金融机构和相关出口企业的抗风险能力也经受了一次压力测试。在大国政策的冲击下如何规避损失、稳定市场，是央行和相关企业亟须解决的问题。

5.2 新时期人民币汇率政策目标

5.2.1 汇率变动对实体经济的影响

1. 汇率变动对实体经济影响的理论基础

根据总需求理论，一国生产总值等于消费、投资、政府支出、净出口之和。因此，汇率变动对实体经济的影响也可以细分为对消费、投资、政府支出、进出口的影响。由于政府支出是由一国政府独立决定的变量，汇率变动通常被认为不会影响政府支出的决策。

汇率变动对消费的影响主要体现在生产成本和财富效应两个方面。倘若本国货币升值，本国生产原料成本不变，而进口生产原料价格降低，生产成本减少。由于生产成本减少，造成商品价格降低，根据收入效应，消费者手中货币的购买力水平上升，消费量有所增加。根据财富效应，由于本币相对外币价值提升，相对收入增加，在财富效应的影响下，消费支出将会增加，因此汇率升高，将刺激消费水平提高。从图 5—3 中可以看出，2000 年至今，人民币实际有效汇率同我国社会消费品零售总额之间有明显的正相关关系。

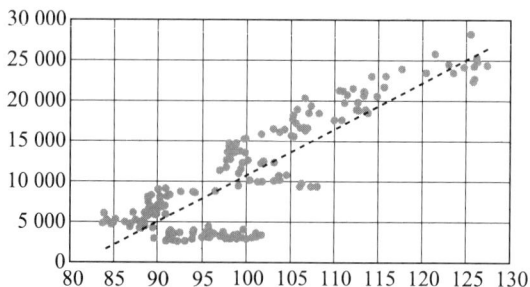

图 5—3　人民币实际有效汇率与社会消费品零售总额

汇率变动对投资的影响主要体现在国内贷款、利用外资、自筹资金三大方面。倘若本币升值而且资本流动不受限制，短期内资本流入，货币供应增加，利率下降，进一步导致国内贷款增加；货币升值，意味着本国原材料、劳动力、资产价格相对提高，外商投资的预期收益率降低，因此外来投资水平减少；自筹资金的投资决策主要取决于利率水平，由于本币升值带来短期资本流入，货币供应量增加，在利率下降的情况下，拉动国内投资，带动自筹资金投资显著增加等。此外，汇率波动对投资的影响并不是简单地体现在当期的投资决策上，汇率的预期波动、汇率对资本流动的作用、汇率与利率的联动效应都会对未来投资有一定影响。另外，汇率的波动幅度对投资水平的作用是反向的。汇率水平较为不稳定，意味着一国货币的币值在国际上没能达到较为均衡的认可，外汇市场的波动幅度较大，外国对该国货币以及经济水平的不确定性较高，相应的外资投资水平会减少，国内的投资也会流出避险。从图 5—4 中可以看出，2000 年至今，人民币实际有效汇率同我国固定资产投资完成额之间有明显的正相关关系。

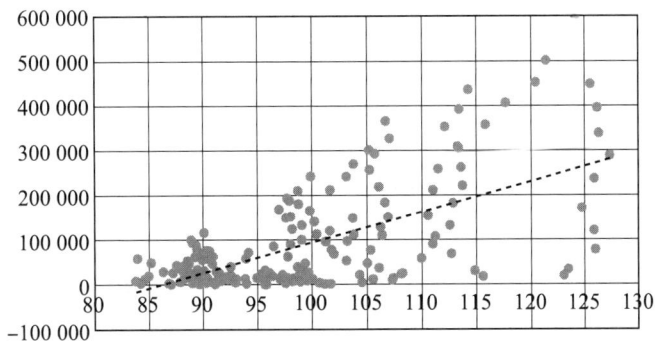

图 5—4　实际有效汇率与固定资产投资完成额

汇率波动对净出口的影响体现在国内商品与国外商品的相对价格上。当本币升值时，国内商品相对国外商品价格提高，本国产品竞争力减弱，出口数量减少而进口数量增多。而当本币贬值时，本国商品价格相对外国商品价格更低，出口具备竞争优势，出口数量增多而进口数量减少。因此，一般情况下，本币升值导致净出口减少；而贬值则会带来净出口增加。更具体的分析还要考虑到汇率的变动对进出口价格的影响，根据马歇尔-勒纳条件，只有当商品的出口需求弹性和进口需求弹性之和等于 1 时，通过调整汇率，即控制一国货币的升值或者贬值来调剂对外贸易的进出口数额，才能够达到缓解逆差的目的。

因此，对于汇率波动对实体经济的影响，一般有以下几个结论，其中最有影响的是"巴拉萨-萨缪尔森假说"。该理论指出，在一国经济较长时间保持相对高速增长的阶段，相对其他国家，该国国内可贸易部门的劳动生产率增长速度将高于不可贸易部门，因而出现经常项目顺差，该国实际汇率存在升值的压力。另外，在蒙代尔小型开放经济模型中，由于小型开放经济的货币政策和汇率政策具有不确定性和波动性，采用固定汇率安排可以平滑汇率波动，有利于贸易、投资和消费活动的开展，促进经济增长。

2. 汇率变动对实体经济影响的门限回归结果

货币可兑换程度不同，经济增长受汇率升值的影响也不同。货币可兑换程度较低时，实际汇率增长 1% 能够带动经济增长 0.584%；货币可兑换程度提高时，实际汇率每提高 1%，经济增长率仅提升 0.18%。这就意味着，当资本账户开放到一定程度之后，人民币汇率的升值对经济增长的影响作用会减弱。实际汇率的提高虽然会造成净出口减少，但在货币可兑换程度比较低的情况下，资本流动受到管制，从而资本流动程度比较低，国际社会对该国货币的信心主要建立在汇率水平上，实际汇率的贬值将可能打击国际社会的信心，导致消费和投资水平大量锐减。实际汇率的升值反映的是对该国经济增长水平的信心。在货币可兑换的条件下，由于资本的自由流动，汇率的波动相应更大，实际汇率的提高对实体经济的作用可能是通过汇率—利率—投资—消费等一系列链条传导完成的，而不是由于投资者对经济发展水平的信心改变，因而经济增长对实际汇率水平短期波动的敏感性较低，而对实际汇率水平的长期趋势会做出持续性的反应。

货币可兑换程度的差异还导致汇率波动性对经济增长的影响不同。在资本管制程度较高、货币可兑换性较低的条件下，汇率波动性增加 1%，实体经济增长率会下降 0.173%；当资本流动顺畅、货币处于可兑换区间时，汇率波动幅度对实体经济的打击加大，波动幅度提高 1%，经济增长率下降 0.298%。这是由于在资本管制较为严格的情况下，汇率的波动受到官方较为严格的管制，汇率与实体经济之间具有严格的隔离，汇率波动对实体经济的影响能够得到一定的控制，央行可以通过货币政策减轻汇率波动对实体经济的损害。而当资本流动较为顺畅时，汇率波动会不可避免地增大，央行也会提高对汇率波动的容忍程度，汇率波动对经济的负面影响加大，央行管控难度增加。在资本流动管控程度较低的情况下，一国汇率波动幅度较大，反映的是该国货币币值甚至是实体经济层面的不稳定，外国投资者投资该国货币以及经济水平的不确定性较高，相应的外资投资水平会下降，会减少外国投资的流入，国内的投资也会流出避险，从而损害经济的长期增长。可以看出，在货币可兑换程度提升的时候，更需要重视对汇率波动水平的管控，因为其对经济增长的负面冲击更加巨大。

无论货币可兑换程度高低，实际汇率升值对于实际经济的波动都没有显著的影响。这表明实际汇率高低并不会决定经济的波动，只有最符合该国经济基本面的均衡汇率水平才能带来经济波动的降低，倘若偏离这个水平，无论是升值还是贬值都会带来经济波动幅度的提升。然而，汇率波动幅度对经济波动则具有非常显著的影响，在货币可兑换程度比较低的情况下，汇率波动幅度增加 1%，将造成实体经济波动增加 0.06%；随着货币可兑换性提高和资本管制程度降低，汇率波动对实体经济波动造成的影响更大，每 1% 的汇率波动将造成 0.12% 的经济波幅，影响效力加倍。在货币可兑换程度比较低的情况下，资本具有严格的管制，汇率市场的波动对本国经济影响的传导会因央行的管制而产生时滞，企业能够更加及时有效地调整投资和生产决策，实际汇率的风险真正扩散到实体经济层面已经因各种防范措施而削弱。当资本账户逐渐开放以及货币可兑换程度提升时，预期效应和资本流动的冲击会使得汇率风险迅速传导到金融机构和相关企业，对经济稳定的冲击更加直接和明显。

5.2.2 汇率变动对跨境资本流动的影响

1. 汇率变动对资本流动影响的理论基础

跨境资本流动是指私人或官方资本为了追逐高额利润、规避风险、提供国际援助以及互利互惠等目的跨越国境而形成的国与国之间的流动，它是伴随着国际贸易和国际投资等活动发展起来的。由于跨境资本流动与资本的收益率水平密切相关，而汇率的变动会直接影响一国资产的收益率水平，因此汇率的变动会影响跨境资本的流动。

许多学者从生产成本效应、资本化率理论、相对财富假说等角度分析，认为针对跨国直接投资方式的资本流动，东道国进行货币贬值来吸引资本流入，有利于直接投资。从生产成本效应角度考虑，一国货币贬值将降低该国相对其他国家的生产成本，特别是劳动成本，较低的生产成本将提高该国在国际贸易中的相对竞争优势，从而促使 FDI 流入。通常，国际资本会选择资本化率低的国家进行投资，Aliber（1983）指出，由于强势货币国的资本化率较高，导致跨国公司的对外直接投资方向是从强势货币国向弱势货币国流动。在相对财富假说中，汇率贬值使得跨国并购活动中，企业的特定资产转移获得额外的货币收益，因此汇率贬值能够刺激并购型的FDI。但从预期收益理论看，跨国公司的海外投资决策取决于未来收益的期望值，而一国货币越坚挺，投资者对该国市场未来收益的期望值越高，就会吸引更多的FDI流入。

追求收益的短期资本流动，主要是受到国家间税后资产收益率差异的影响，为了逃离，资本会从收益率低的经济体向收益率高的经济体流动。一国即期汇率贬值，在利率水平和预期汇率不变的情况下，同样的外国货币能兑换更多的本国货币，预期的未来投资收益增多，会促进短期资本流入。但若一国的货币贬值导致国际投资者对该国货币产生贬值预期，则会导致资本外流。总的看来，汇率变动对于长期资本和短期资本的流动均具有影响，它与长期资本流入负相关，而与短期资本流入正相关。

然而，国外投资不确定性和风险较高，使得跨境资本投资波动性较大，容易对一国实体经济造成冲击，因此大多数国家对资本流动加以管理。资本管制一定程度上令跨境资本流动受阻，短期资产收益率差异并不必然导致套利资本的流动。因此，汇率变动对资本流动的影响，在不同国家、不同汇率制度、不同资本管制程度下各不相同。对于资本管制较少的国家，资本流动对汇率的敏感性更强。

汇率制度对资本流动的影响较大。一般来说，在浮动汇率制度下，资本流入会造成本币升值和经常项目逆差扩大，从而使国际收支趋于平衡。在固定汇率制度下，货币当局为了维持名义汇率而进行的干预，必然导致官方储备和货币供应量增加，并引起国内资产价格提高、总需求膨胀和真实汇率升值，进一步扩大经常项目逆差，减少总需求。物价上升还会通过实际货币余额效应减少总需求。可见，在固定汇率制下，实现外部经济的平衡，往往以内部经济的不平衡为代价。在管理浮动汇率制度和资本不能完全流动的情况下，外汇储备是中央银行调控汇率水平的政策砝码。储备越多，汇率调控空间越大。尽管不同汇率制度下，政府可以通过采取干预或不干预政策，使资本流动的货币效应有所差异，但是很难避免资本流入带来的实际汇率升值压力，除非存在严重的国际贸易逆差。

资本管制程度不同，使得汇率对资本流动产生了不同的影响。对于资本管制严格的国家，外商直接投资可能会受到配额的限制，即使存在收益率差异也无法顺利进行跨境资本流动套利，因此资本流动对汇率变化敏感度较低。对于资本账户充分开放的国家，由于资本流动渠道较为顺畅，汇率波动对跨境资本流动具有较大的影响。

2. 汇率变动对资本流动影响的门限回归结果

当货币可兑换程度较低，资本流动受限时，汇率变动对于资本流动的影响总体上看是不显著的，无论是实际汇率增长率的变化还是汇率波动性的变化，对外国直接投资的影响都不显著。随着货币可兑换程度的提升，外商直接投资对汇率变动和汇率波动都变得更加敏感，实际汇率增长率提高1%，外商直接投资净流入将会减少17%。而汇率波动对资本流动的影响效力更大，当波动水平提高1%时，外国直接投资净流入会降低103%，几乎完全阻止了资本流入。根据之前的理论分析，汇率波动会使得外币投资风险剧增，对资本流入的打击更是毁灭性的。而我们的实证结果证明，当货币可兑换性较低时，汇率变动对跨境资本流动的影响并不显著，原因在于，由于资本管制措施的存在，即使汇率变动造成收益水平变化，外国投资者也无法迅速将资本兑换为外币流出。当资本账户逐渐开放以及货币可兑换程度提升时，汇率因素对于外商直接投资的影响开始逐渐显现，并成为主导因素。此时，利率对跨境资本流动的影响也变得显著。作为外国资本进行国际投资的收益衡量指标，利率对跨境资本的流入有较为显著的影响，利率升高，吸引资本流入；利率降低，驱使资本流出。利率水平每提高1%，跨境资本流入将会增加0.25%。此外，跨境资本流动对通胀水平、实体经济增长率水平的敏感性也有所提高。

无论货币可兑换程度高低，实际汇率升值和汇率波动对短期资本流动都没有明显的影响。在货币可兑换程度提高时，实际利率、通货膨胀等因素会影响短期资本流动，这表明短期资本流动具有投机性，其更多地受预期风险收益的影响。短期资本受预期风险收益的影响产生跨境流动，是汇率变动和汇率波动的推手。

人民币汇率与资本流动

自改革开放以来，我国不断加快对外改革的步伐，并针对吸引外资采取了许多优惠政策和措施，吸引了大量外资流入国内。资本流入逐年增加，呈上升势态。自20世纪80年代至今，我国资本流入可分为以下三个阶段：

第一阶段（1985—1992年），我国处于资本净流入状态，流入量也处于平稳发展态势。从1985年开始，人民币汇率连续下调，因而出现了持久的资本净流入，资本流入量呈上升趋势，长期资本流入额每年保持在100亿美元左右水平，资本净流入基本保持顺差。其主要原因是资本流入增长速度加快，尤其是对外借款增长较快，以至每年外商直接投资数额低于对外借款数额。另外，国际收支中的经常项目在此期间出现了几次逆差状况，但由于大量资本流入，弥补了四年（1985年、1986年、1988年、1989年）经常项目出现的逆差，也弥补了短期资本出现的逆差，平衡了国际收支的差额。因此，在这一阶段，资本流入已经成为我国国际收支平衡的主要手段。

第二阶段（1993—1997年），资本流入急剧上升，成倍增长，金融项目及结构发生了巨大变化。在此期间，资本流入和经常项目与国际收支平衡居于同等重要地位。首先，总资本净流入成倍增长，如1993年资本净流入是1991年的2.9倍，1994年比1993年增长130%，1995年比1994年增长106%，数额高达382亿美元；其次，长期资本流入数额成倍增长，如1993年长期资本流入数额是1991年的近4倍，是1992年的1.8倍；最后，在资本流入中外商直接投资的增长速度远远快于对外借款，且投资数额也远远超过对外借款额，这也是资本流入急剧上升的原因所在。因此，这几年的资本流入状况与80年代和90年代初较低水平的资本流入有重大的区别。在这三年里，资本项目之所以保持高流入态势，主要原因就是1992年邓小平南方谈话以后，我国进一步加快了对外开放步伐，外国投资者看好中国良好的经济发展状态和投资环境。

第三阶段（1998年至今），资本流入受到东南亚金融危机的严重影响，在经历了1998年的低潮之后，我国的资本流入又逐渐增加。这一阶段的跨境资本流动更为频繁，金额大，增长速度快（见图5—5）。在1998—2004年这一阶段，资本流动平稳缓慢增长，资本流入和流出大体相当，金融账户差额在顺差逆差间波动。受到中国加入WTO的影响，2004年，我国经历了资本流入和资本流出的爆发式增长，而且资本流入增长速度远大于资本流出增速。仅2005年一年资本净流入额为1 594亿元，比起2004年的818亿元有接近成倍的增长。在经历了长达4年的资本流动快速增长、金融账户顺差持续扩大后，2008年全球金融危机爆发，资本流入急剧下滑，金融项目顺差逐渐减小。在 2008 年第四季度，资本净流入最高达到 1 312 亿元，而金融危机发生后，2009 年第二季度，资本净流入锐降为 169.73 亿元。2008—2012 年，受到国际金融危机的影响，资本流入较少，而资本流出水平不减，导致资本账户顺差减少。2012 年，资本流入水平有所回升，由于金融危机的影响衰弱，世界主要经济体都从危机中恢复，且我国资本流入流出渠道不断增多，跨境资本流动逐渐活跃。

图 5—6 反映了同一时期人民币实际汇率和有效汇率的变动情况。可以直观地看到，2004 年是资本流动变化的关键时点，此时人民币名义汇率仍然盯住美元，实际汇率水平不断走低。2005 年实行汇率形成机制改革，扩大了汇率波动的幅度，先前抑制的人民币升值压力得到释放，人民币名义汇率与实际汇率都升值。2008 年则是资本流动变化的另一个关键节点，此时国际金融危机爆发，人民币实际汇率遭受了下挫，随着危机的过去和经济的恢复，实际汇率又进一步攀升。根据图 5—5 和图 5—6 之间的关系也可以看出，人民币实际汇率对跨境资本流动的影响更密切。

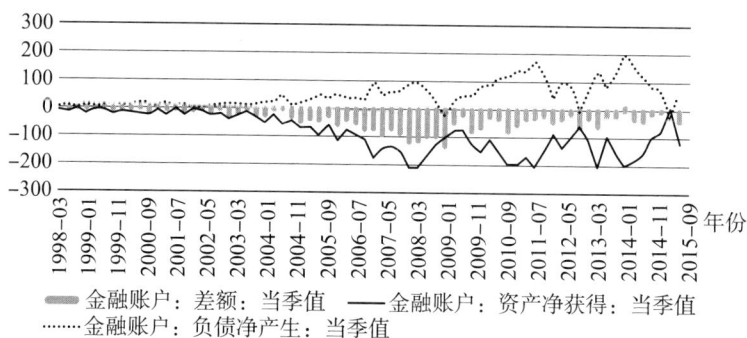

图 5—5　国际收支账户中的资本流动

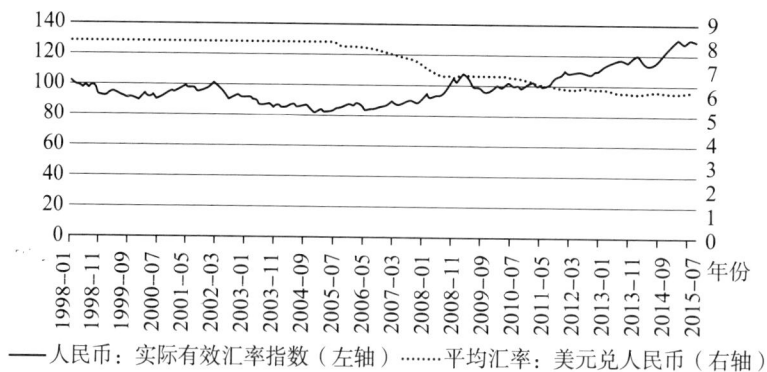

图 5—6　实际汇率与有效汇率

5.2.3　人民币汇率传导机制的新特征

加入 SDR 对人民币国际化有重要的象征意义。它在一定程度上代表了 IMF 和官方机构的背书，既是对中国在世界经济中日益增强的影响力的认可，也有利于增强市场对人民币的信心。SDR 货币通常被视为避险货币，获得此地位无疑将增加国际范围内公共部门和私人部门对人民币的使用，提高人民币在国际资产配置中的比重。人民币加入 SDR 也将倒逼汇率改革、资本账户开放等一系列金融自由化措施，人民币的货币可兑换程度会逐渐提高，最终会跨过拐点，人民币对经济活动的传导发生区制变化。因此，在资本账户逐步开放、汇率市场化改革的过程中，应该重视人民币汇率对经济活动的传导机制的变化。

1. 实体经济对汇率以及国际环境的敏感性增强

在上一节提到，随着货币可兑换程度的提升，实体经济会更容易受人民币汇率变动的影响，人民币的升值会显著提升中国经济的增长速度，人民币汇率波动水平的下降也将提升中国经济的增长速度，降低中国宏观经济的波动水平。人民币加入 SDR 成为国际储备货币，提升了人民币的声望，人民币坚挺、稳定的币值将营造良好的外部环境，推动实体经济进一步发展，也有利于人民币国际化战略实施和建设国际金融中心的目标实现。

但另一方面，我们需要看到一枚硬币的另一面，人民币成为国际储备货币意味着人民币要承担更多的国际责任，需要中国在资本账户上进一步放开，充分满足人民币的资产配置需求，需要中国在制定货币政策的时候充分考虑外溢性，树立负责任的大国形象。中国的改革开放将使中国同世界的联系更加紧密，中国在为世界提供新的风险分担途径的同时也加大了自身对世界经济波动的风险承担，通过更加市场化的汇率传导，中国实体经济的国际敏感性增强。

Mussa（2000）认为宏观经济政策较弱、资本化程度不足、金融体系脆弱的国家，如果直接进入国际资本市场很可能受资本流动的冲击而发生危机。中国从央行、金融机构到相关外贸企业均存在一定的问题，央行在改革转型时期的监管难度加大，并且很难从其他国家的开放过程中直接获取经验，存在一定程度政策上的模糊和不一致；中国金融机构自身经营国际化程度不高，在面临国际复杂环境的冲击下凸显出自身的脆弱性；相关外贸企业已经习惯于稳定的汇率水平，自身抵抗汇率波动的能力水平有限。中国在汇率改革、资本账户开放过程中要逐步推进、风险可控，在渐进改革过程中，央行、金融机构和相关企业都要积极学习、积累经验，防范国际冲击对自身的影响。

2. 资本流动的传导机制作用逐渐提升

随着资本账户的逐步开放、人民币可兑换程度的提升，资本流动将会在汇率均衡中扮演主角。鉴于资本流动是推动人民币汇率在波动中回归均衡的重要市场力量，也是人民币汇率波动幅度出现迅猛变化的主要推手，需要相关政策监管机构设立相应的制度来促进积极作用的实现，防范消极影响的冲击。

如前所述，资本外流会带来中国汇率的波动程度提升，从而带来宏观经济波动。我们必须认识到，现阶段中国存在资本外逃的一定动机：第一，资本的分散化投资、多样化投资可以有效地分担风险，中国的巨额资本存在全球化资产配置的诉求。虽然人民币成为国际储备货币，增加了国际投资者对人民币计价资产的需求，但是中国的资本账户管制在一定程度上阻止了这种需求的实现，所以总体来看，基于全球化资产配置的角度，中国存在一定的资本外流压力。第二，相对于世界其他国家，中国对私有产权的保护力度较弱，如果没有相关的立法和管理，从私有产权保护方面也存在持续的资本外流动机。第三，自 2005 年以来，由于强烈的人民币升值预期和严格的资本管制措施，大量的国外投机性资本通过虚假贸易和长期投资进入中国，贬值预期的出现使得这些资本开始流出中国，从资本流动的历史角度，现阶段也存在资本外流的压力。这些资本外流压力的积聚，短期需要央行出面进行维稳，避免人民币汇率的大幅波动，确保中国外汇储备的相对安全，长期需要坚持改革开放，加强对资本流动的监测和监管。

另外，对资本流动的监管不仅要重视"节其流"，更要"开其源"，注重对资本流入的监测和监管。由于金融创新的不断出现和客观不可避免的一些监管漏洞，资本可能会通过一些"合法"的渠道进入中国，相关监管机构应该维持审慎监管的原则，对所有的资本流动实行统一归口管理，对于银行交易、外商直接投资和创新型金融工具采取重点监管，对于大额资本流动和高杠杆的资金采取重点监管。此外，可以通过对与经常项目和外商直接投资无关的资本流动征收托宾税，增加资本流动的成本。但是 Eichengreen 等（1995）也指出，托宾税对资本流动增加的成本有限，在预期强烈的情况下并不能成功阻止资本外逃，并且金融创新工具和离岸金融市场也会提供有效的避税手段。因此，可以考虑其他增加资本流动成本的方法，比如增加资本流动的时间成本，任何资本流入和流出都需要在中国人民银行审核冻结若干个交易日；比如增加资本流动的制度成本，只有符合一定信用标准的金融机构（例如各国央行和系统重要性金融机构）才能大额、高频地进行跨境资本流动。

3. 汇率、利率联动机制加强

我国目前汇率、利率之间的联动机制没有完全形成，国内国外的资金市场相对分割，汇率变动与利率变动之间的影响并不显著。从上一节的实证分析中可以看出，随着货币可兑换程度的提升，资本的跨境流动更加活跃，人民币汇率和利率联系更加紧密，联动机制加深。

目前我国的资本开放程度较低，人民币汇率与利率的相关性较弱，主要原因是由于金融市场的不健全以及"双率"形成机制的非市场化，加之资本账户尚未完全开放，国际资本流动受到严格管制，汇率缺乏弹性等制度性因素，制约了市场经济条件下利率—汇率传导机制的运行，利率水平的调整不能立刻反映在汇率走势上，汇率水平的小幅波动也难以准确反映利率变动的效果。

随着人民币入篮，利率汇率市场化改革进程也需加速，在资本开放可兑换程度不断提高、汇率市场化程度加深的情况下将会倒逼人民币利率市场化的改革。利率、汇率之间的联动效应将会不断增强。央行最终将可能放松对利率、汇率的管制，汇率波动程度以及利率敏感程度都会提升，在这种情况下，利率与汇率通过市场机制互相影响，调配国内外市场的均衡。因此，人民币加入 SDR 后，随着一系列资本账户放松的措施推进，利率、汇率市场化改革的进行，汇率与利率之间的联动关系会有所加强，国际环境将能更直接地影响国内市场，反之亦然。央行在制定货币政策、汇率政策以及利率政策时，需要更加注重二者之间的联动效应，注意政策之间的适当配合。

5.2.4 人民币汇率政策目标的再思考

随着中国汇率制度改革的推行和资本账户的逐步开放，人民币汇率将在未来一段时间对宏观经济产生显著的冲击。主要表现为以下几个方面：（1）人民币贬值和波动的增加将会给中国经济增长带来压力，增加中国宏观经济的不稳定因素；（2）跨境资本流动的活跃性增强，短期内存在资本外流的持续性压力；（3）人民币计价资产受汇率波动冲击的影响加剧，需要防范出现系统性的金融风险；（4）资本开放使中国受国际政策冲击的影响加剧。

因此，本报告认为在接下来的一段时间内，尤其是在人民币汇率形成机制不断完善、资本账户逐渐开放、中国国内经济改革稳步推进的过程中，人民币汇率政策目标应该主要实现三点：第一，避免人民币汇率大幅波动，保证金融体系稳定。人民币汇率的稳定为中国在复杂的国际环境下营造了良好的经济发展环境，避免汇率大幅波动带来人民币计价资产的价值波动，从而引发中国金融体系的系统性风险。第二，稳定人民币汇率预期，提高政府的公信力。人民币汇率预期的稳定是人民币汇率稳定和资本流动正常的重要保障，央行要提升自身的话语权和公信力，在重大危机面前保证自身传递的信号作用能稳定市场。第三，引导汇率回归均衡水平，为国内经济改革和人民币国际化创造空间。积极探寻人民币的均衡汇率水平，在稳定外部价格体系的同时增加政策工具的力度和有效性，为国内的经济改革和人民币国际化战略推行创造空间。

为了实现人民币的汇率政策目标，首先，要继续丰富和发展"以市场供求为基础、参考一篮子货币进行调节、有管理的浮动汇率制度"，确定汇率变动的锚。这个汇率变动的锚必须尽可能公开透明，不能经常发生变动，这样才能更好地管控人民币预期，避免人民币汇率的大幅波动；也有利于央行放松对市场的短期干预，促进形成健康有效的外汇市场。其次，央行要减少对外汇市场干预的频率和次数，增强每次干预的强度。央行频繁干预市场会阻碍市场的自我形成和发展，不能有效地发挥市场的价格发现功能，也不利于培育理性的市场主体。但在面对投机性资本冲击和国际政策冲击时，汇率如果出现偏离幅度过大或者波动幅度过大的情况，央行要高强度进行干预，展现其维持汇率市场稳定的决心，防止出现自我实现的货币危机。最后，央行要加强对外汇市场和资本流动的监控。资本流动是资本账户开放过程中需要重点监控的项目，及时地保持对资本流动的监控可以提前对可能出现的危机做出反应，在危机发生之前采取措施，将其消灭在萌芽之中。中国的外汇市场规模与成熟的外汇市场相比还很有限，央行要加强对外汇市场的关注，保证在其他适度压力水平下健康发展。

5.3 加强人民币汇率管理

5.3.1 汇率制度选择

根据三元悖论，一国在货币政策独立性、资本自由流动和汇率稳定三个目标之间只能选择两个而舍弃一个。在我国经济发展初期，国内市场化改革不够完善，在一定程度上对资本流动进行管制，同时选择有管理的浮动汇率制度，有利于维持人民币内外稳定。然而，随着人民币国际化程度的提高和资本项目的开放，资本自由流动的需求日益加强，一国只能从货币政策独立性和汇率稳定二者中选择其一。对包括中国在内的大型经济体来说，货币政策的独立性是央行和政府调节经济活动的重要手段，这一点极为重要。所以，放弃固定汇率制度，逐步实现货币可自由兑换成为唯一选择。而这一选择也有利于实现更为灵活且弹性的汇率制度，真实反映人民币的市场价格，促进人民币国际化进程。另外，在金融自由化不断发展的新世纪，大国之间的溢出效应越来越明显，如果没有资本账户的管制措施，就不可能实现货币政策的独立性，从 IMF 的汇率制度安排中也可以看出，所有的大国都会保持一定程度的资本账户管制。因此，独立的货币政策、有管理的浮动汇率制度、有限的资本账户开放是现阶段解决人民币三元悖论的最优政策选择。

从三元悖论的三个政策目标来看，独立自主的货币政策是中国必须坚持的，但是如果要保证独立自主的货币政策具有有效性，则必须保持一定的资本账户管制。根据丁伯根法则，一定的资本账户管制措施也为央行提供了更多的管理工具，有助于多重货币政策目标的同时实现。此外，根据蒙代尔-弗莱明模型，在资本自由流动的浮动汇率制度下，货币政策会具有更强的政策效力，因此保持货币政策的独立性和有效性是必然的选择。

中国在 2005 年进行汇率形成机制改革时，确定了"以市场供求为基础、参考一篮子货币进行调节、有管理的浮动汇率制度"，10 年来一直以此作为政策目标进行丰富和完善。有管理的浮动汇率制度既可以充分体现市场的供求，还可以在汇率出现极端波动的情况下，让央行利用自身监管主体的地位强势介入稳定汇率，这是现阶段人民币汇率制度的最优选择。央行可以设定一个宽幅的波动区间，在区间内让人民币根据市场主体的交易行为达到自然平衡。允许一定的汇率波动，增加中国企业抵御汇率波动的经验，对金融机构进行压力测试，有利于中国金融市场的深化。在投机性冲击或危机来临之际，人民币外汇市场规模小、不成熟，很容易遭到破坏性打击，央行应该加强对人民币汇率预期进行引导，选择适当时机强势干预市场、稳定汇率，避免危机的进一步蔓延，维持汇率市场的稳定。

中国的汇率政策目标必须与政府的工作规划和货币政策目标相协调，人民币汇率制度改革、资本账户开放必须与结构性经济改革协调推进。根据蒙代尔-弗莱明模型，在不同资本流动情况下、不同汇率制度下，财政政策和货币政策的效力是不同的，在之前的资本管制和固定汇率制度下，财政政策对经济的刺激效果更为显著。而随着汇率制度改革和资本账户的开放，财政政策的效果可能会逐渐削弱，货币政策会变得更加高效。如果此时仍旧推行积极的财政政策来刺激经济增长，可能会对外汇市场造成贬值压力。另外，现阶段人民币汇率水平存在两难困境，一方面，人民币国际化和国际金融中心建设需要人民币汇率稳定并保持一定的升值预期；另一方面，国内存在经济进一步下行压力，以及债务、通缩风险，内部经济环境需要人民币贬值来为宽松政策提供空间。因此，人民币汇率制度改革必须同国内经济改革措施协调配合，改善资源的配置效率，提升对中国经济的信心，稳定增长的国内宏观经济环境才是人民币稳定坚挺的长期保障。

随着资本账户的逐步开放，资本流动越来越成为不可忽视的关键因素。资本流动会对宏观经济变量产生影响，最重要的是微观主体的预期和行为。对于微观主体来说，通货膨胀和名义利率决定的实际利率水平是影响其预期和行为至关重要的因素。由于我国汇率和利率之间的联动机制尚未有效建立起来，容易在复杂的环境中暴露出经济风险。在成熟的经济体中，汇率对利率极为敏感，央行可以通过调控本国的利率水平，通过市场机制间接对汇率产生影响，相比于直接对汇率市场进行干预，成本更低且不会损失央行的公信力。在中国当前的大背景下，需要结合国内外经济情况，主动寻求改革机会，稳步协同推进利率改革、汇率改革和资本账户开放，循序渐进，互相促进。同时，注意建设并维护政府公信力，提高政府通过间接方式引导汇率市场的实效性。

5.3.2 汇率波动管理

伴随着人民币汇率改革和资本账户的逐步开放，汇率的波动幅度不可避免地会扩大。汇率改革是一个复杂的过程，稍有不慎就可能产生系统性风险。因此在货币可兑换程度不断提高的情况下，管理汇率波动、维护汇率市场稳健运行应该成为央行政策目标的重要一环，需要从以下几个方面提升对汇率波动的管理能力：

第一，明确"以市场供求为基础、参考一篮子货币进行调节、有管理的浮动汇率制度"，为人民币汇率波动提供一个明确的"锚"。导致汇率波动幅度过大的主要原因是市场对均衡汇率水平的预期不一致。CEFTS 人民币汇率指数的公布，如果能明确一篮子货币的具体货币种类及其相应的权重，就会在一定程度上稳定市场对于人民币汇率水平的预期。

第二，央行应减少对市场的干预次数，加强干预强度，提高央行稳定汇率的能力。在资本账户逐步开放后，汇率市场的波动不可避免会提升，央行在短期、低频波动的时期应将汇率水平的决定权交由市场，充分体现市场的供求变化。而在危机时刻应对市场进行强势干预，展现央行维持汇率市场稳定的决心。

第三，加强政府与市场、企业的沟通，厘清政策的传导机制，增强政策的可信度。央行在制定政策时，应该与市场、金融机构和企业进行积极沟通，使得政策能够更加反映市场主体的客观诉求。在执行政策时，通过政策解读让市场更好地了解政策的目的和期望效用，可以让政策更好地发挥效用，避免对政策的"误读"造成的市场波动。

第四，发展金融市场，提升金融机构和贸易企业对汇率风险的应对能力。通过组织培训让市场主体充分认识人民币汇率市场的波动，使其能够合理利用金融工具进行风险对冲，化解日常经营中的汇率风险。对金融市场进行压力测试，增强其抵御汇率波动的能力，提升其自身的经营稳健性。

第五，对资本账户开放保持谨慎，密切监测短期资本流动。资本账户的开放应遵循"逐步、可控、协调"的原则，不宜一次性放开。围绕资本流入和资本流出建立对资本流动的全程监测，强化对大额交易、高杠杆交易、高频率交易的监管。与国外的金融监管部门对接，一同对资本流动进行监测。

第六，加快金融监管体系建设，提高外汇管理的针对性和有效性。加强宏观审慎监管和监管部门的协调，确保不存在监管风险的漏洞。不断完善系统性风险评估体系，构建完善的外汇监测系统，对外汇资金的流量和流向进行监测。建立和完善系统性风险评估体系，评估金融体系的稳定情况并发挥预警功能。

5.3.3 国际货币政策协调

随着经济全球化不断深化，全球经济格局也出现了深刻变革，新兴经济体开始扮演更加重要的角色，尤其是在 2008 年国际金融危机之后，新兴市场国家在提振全球经济方面起到了关键性作用，在世界市场上拥有更强的话语权。2008 年金融危机的发生也使我们更加意识到各国之间联系的加强，各经济体不再是一个独立的个体，每个国家的货币政策都会对其他国家产生影响，尤其是大国的货币政策外溢性更强。并且这种政策的外溢性通过改变微观主体的预期和各个市场的风险收益，通过资本流动可以迅速传导到其他经济体，新兴市场国家对大国政策的"回溢效应"也越来越显著。

目前，国际环境日益趋于复杂，美国在 2015 年年底已经进入了加息周期，欧元区受制于通货膨胀下行压力，采取较为宽松的货币政策，日本则推行了负利率来提振经济。全球主要发达经济体的货币政策走向不一致，抬升了市场对于避险资产的偏好，资本流动的方向和规模更加具有易变性和不确定性。微观主体"现金为王"的情绪抬升，降低了货币乘数，减慢了货币的派生速度，全球也陷入了通缩的大环境之中。对于新兴市场国家，各国之间的走势也出现了明显的背离。印度和印度尼西亚的经济增长率稳定提升，在新兴市场国家中表现最为突出，中国、墨西哥等国在全球复杂的经济环境中经济增长出现了下滑，俄罗斯、巴西经济发展显现颓势，并有进一步衰败的迹象。在这种全球货币政策走向不一致、微观主体避险偏好提升的复杂环境下，世界经济发展的系统性风险在抬升，中国在这种情况下进行改革开放，需要提升自身在国际谈判中的话语权，注重国际政策的协调，为中国的经济政策改革营造良好的外部环境。

1. 巩固和提升人民币的国际化地位

人民币加入 SDR 篮子，正式标志着人民币作为国际化货币被世界所认可。中国是仅次于美国的世界第二大经济体，自改革开放以来一直保持较高的经济增长速度，并在未来的一段时间内仍将持续中高速的经济增长，这是人民币国际化坚实的物质基础。中国国内政治环境的稳定、国防力量的不断提升、综合国力的显著增强，提升了中国的国际地位，在世界舞台上积极参与国际事务，并享有越来越高的话语权。能够在国际货币基金组织、世界银行、国际清算银行等国际组织的跨国金融事务的政策制定和协商谈判中，为人民币的国际化谋得更广阔的发展空间。中国应继续坚定不移地推行人民币汇率制度改革和资本账户的逐步开放，完善人民币离岸金融市场建设和国际金融中心建设，提升人民币的国际声誉，带动人民币在国际贸易、资本流通和储备货币中的使用规模和使用范围的扩大。只有提升人民币的国际化地位，实行更加灵活稳定的汇率制度，才能够更有效地防范外部冲击对本国经济发展的影响。

2. 拓展区域合作，提升货币流通范围

德国在推进德国马克国际化的过程中，借助于欧洲区域货币合作、欧洲区域经济一体化发展以及德国马克在欧洲区域中心地位的确立，提升了德国马克在国际上的地位。不同于日元，德国货币当局选择非美元体系大力发展，在一定程度上减小了与美元的阻击。中国通过"一带一路"战略，在基础设施、能源环保、贸易投资等项目合作过程中，以人民币为计价、结算工具，扩大人民币流通区域，加强境外使用，改善国内货币错配问题。积极推进资本输出，向海外输送国内优势产能，从而在促进国内产业结构调整的同时，促进周边地区发展，寻求区域经济带来的福利，从而提升人民币国际化地位。同时，应鼓励境外发行人民币债券，境外投资者以人民币投资，丰富了人民币投资标的，推进了货币互换。但需要注意的是，亚洲不同于欧洲，其文化、经济以及发展程度存在较大的差异，区域化发展较为困难。在寻求经济合作过程中，应当求同存异，从而谋求更大的发展。

3. 积极应对外部冲击，通过谈判避免"以邻为壑"的货币政策

随着国际环境的复杂化，美国、欧元区的货币政策肯定会对中国市场产生一定的冲击，面对这些政策外溢的冲击，应积极构建协调应对机制，防范这些冲击对中国金融市场和宏观经济产生致命性的影响，并通过积极发布政策建议和组织相关培训，增强金融市场自我化解危机的能力。

"以邻为壑"的货币政策，比如竞争性货币贬值，已经被证明是有百害而无一利的。它直接损害了周边国家的经济利益，虽然在短时间内本国的经济会有所好转，

但根本竞争力并没有提升，最终会受周边国家的贸易和政策歧视而出现下滑。中国作为全球第二大经济体，在国际事务中的话语权不断增强，应该承担更多的国际责任、履行更多的义务，避免"以邻为壑"的货币政策出现，对中国和区域经济产生系统性冲击。中国应该加强与其他国家的政策协调，加强在国际谈判上的话语权，避免其他国家货币政策的外溢效应对中国汇率市场的冲击，进而引发系统性金融风险。与此同时，建立和完善风险防范和隔离机制，特别要完善危机救助制度。

第 6 章

人民币基础资产价格联动与风险传导

2015 年中国的利率市场化改革基本完成，汇率市场化改革也有突破性进展，资金更多地在市场力量和价格杠杆的指挥下进行跨市场的配置，人民币基础资产价格联动与风险传导机制开始形成。有必要充分认识这一新形势下的金融发展变化，准确把握金融风险跨市场传导的规律和特征，为我国在资本账户放开过程中加强宏观审慎管理、防范系统性风险提供理论依据。

6.1 金融市场风险及传染机制

6.1.1 金融市场风险要素变迁

芝加哥学派创始人弗兰克·奈特（Knight，F.）曾经提出，世界由三种形态的事物组成——确定性（certainty）、风险（risk）和不确定性（uncertainty）。其中，确定性排除了特定结果之外事件发生的可能；不确定性指我们无法知道未来的可能结果或者即便知道可能的结果也无法预测其各自发生的概率；而风险意味着，参与者基于经验或者事物的客观规律，对未来可能发生的所有事件以及它们发生的概率分布或许有着模糊或准确的认识，但是对于结果却无法确定。风险具体到金融领域，从影响程度看，可分为系统性风险和非系统性风险，从引发风险的具体原因看，可分为市场风险、信用风险、流动性风险、合规风险等。

金融市场风险，指的是由于金融市场中价格影响因素波动而形成的资产未来可能发生损失的风险，是各经济主体所面临的主要风险之一。由于价格波动难以把握、金融机构负债率偏高以及大量使用衍生产品等，金融市场风险具有不确定性、相关性、高杠杆性和传染性等四大典型特征。如何科学合理地测量、化解和控制金融市场风险，成为全球企业、金融机构和政府必须面对的主要议题之一。

专栏 6—1

金融市场风险的评估与管理

金融市场风险测量的总体框架可以分为三个层次：敏感性分析、在险价值（Value at Risk，VaR）和压力测试。其中，敏感性分析是进行风险测量的基础模块；VaR 则给出了一定置信度下标的组合可能出现的最大损失；压力测试展现的是极端情景下风险因子变化所产生的结果，是对 VaR 测度的合理补充。

（一）敏感性分析

进行风险测量首先必须确定证券和证券组合对风险因子的敏感性。风险因子是指影响证券或合约价值发生变化的市场变量，如利率、汇率、股票指数和商品价格等。例如对于债券来说，调整久期是债券对利率因子的敏感性；对于股票而言，β 系数是股票对股票指数的敏感性；对于期权这种衍生工具，它对标的资产价格的敏感性即 delta。

利用敏感性分析方法进行风险管理时，可以通过免疫策略，使得组合证券的价值对各种外部风险来源免疫，以摆脱对风险因子的依赖，实现单一风险因子的零暴露。

（二）VaR

VaR 是当前市场风险测量的主流方法，它不仅测量证券组合的集成风险，而且将其转化为潜在损失的概念，即在一定的持有期及置信度内，某一金融工具或证券组合所面临的最大的潜在损失。持有期和置信水平的不同会导致 VaR 值的不同，置信水平的选择反映了公司的风险厌恶程度及损失超过 VaR 值所支付的成本。例如，巴塞尔协议对银行类金融机构的要求是在 99% 的置信度下计算 10 个交易日的 VaR 值，其背后的逻辑在于它们假定管理者发现问题并迅速采取补救措施需要 10 天的时间，同时 99% 的置信水平反映了管理者维持健全的金融系统的愿望和抵消设置风险资本对银行利润不利影响之间的均衡。

在具体求解 VaR 值的过程中，我们通常将这些标的资产的预期回报转化为风险因子的组合。首先在当前风险因子下对证券组合进行估值，然后模拟风险因子的未来变化情景，在此基础上对证券组合价值进行模拟，给出其未来收益的分布，计算 VaR 值。由于模拟的方法不同，又主要可分为历史模拟法和蒙特卡洛模拟法。历史模拟法直接根据风险因子的历史数据进行趋势外推，估计风险因子未来变化的情景，计算相对简单，目前受到多数机构投资者的追捧；而蒙特卡洛模拟法则利用统计方法估计历史上风险因子运动的参数，计算相对复杂且难以进行回测，但是其理论基础要强于历史模拟法，目前越来越多的风险管理者开始尝试使用这种方法模拟出的VaR 值进行风险监控。

（三）压力测试

尽管 VaR 提供了一种较准确测量由不同风险来源及其相互作用而产生的潜在损失的途径，但是极端事件的发生可能会带来远超预期的连锁反应，系统性风险的爆发甚至可能导致大量公司破产，因此人们用压力测试来作为极端条件下 VaR 测度的补充。

压力测试是在极端不利的市场条件下评价组合证券的收益或损失，这些极端情景在正常条件下几乎不会发生。与 VaR 相比，压力实验显得不那么体系化且更非正式一些，它的优势在于充分考虑到不同市场间的连锁反应，客观分析市场条件发生极端不利变化时组合证券的预期收益。

造成金融市场剧烈波动的原因往往是多方面的。首先，金融市场自由化、一体化程度提高，使得市场因子自由度增加，例如布雷顿森林体系的崩溃、20 世纪末诸多国家取消利率管制、两次能源危机，均体现了全球市场波动性的增加；其次，金融衍生产品的迅猛发展，同样拓宽了市场的波动边界，它们一方面为金融风险的合理分解转移创造了条件，另一方面又加重了各种市场因子的相互影响，使它们的波动更具不确定性。

20 世纪 70 年代以前，由于金融市场价格变化比较平稳，金融市场风险突出地表现为信用风险。然而，进入 70 年代以来，国际金融体系发生了巨大变化。以布雷顿森林体系崩溃为标志的国际金融市场的变革，导致金融市场的波动性日趋加剧，技术进步和经济全球化推动金融市场交易和资本流动加速、交易量空前增加，也加深了金融市场的复杂性和波动性，国际金融市场间的价格协动使任何地区金融市场的局部波动都会迅速波及、传染和放大到其他市场。此外，金融市场间竞争与放松金融管制的浪潮也加剧了金融市场风险。正确认识到金融市场风险的决定因素，有利于我们找到适当的风险控制指标和策略，把握不出现系统性风险的底线。

具体来看，金融市场风险是指由于资产的市场价格（包括金融资产价格和商品价格）变化或波动而引起的未来损失的可能性。根据引发市场风险的因子不同，市场风险可分为利率风险、汇率风险、股市风险以及商品价格风险等。

20 世纪 70 年代以来，国际金融体系发生了巨大的变化，市场风险的影响要素具体表现为：

（1）1973 年布林顿森林体系崩溃，浮动汇率制逐渐成为世界主要经济体的选择，引发了汇率风险；

（2）1979 年，美联储将货币政策的控制目标由利率改为货币供应量，西方发达国家在随后 10 年中也逐步放弃利率管制，引发了利率风险；

（3）两次石油危机导致石油商品价格的剧烈波动，这对各国经济造成极大的冲击，并进一步引发了全球大宗商品价格风险。

20世纪90年代以后，全球金融市场又发生了基础性的变化，主要包括以下几个方面：

（1）经济全球化和金融一体化趋势，使得企业市场和资源配置全球化，资本在全球范围内的大量、快速和自由流动，增大了不同经济体间市场危机的传染风险；

（2）金融业的激烈竞争导致了金融创新浪潮，并由此引发政府对金融业的放松管制，反过来又加剧了市场竞争。在技术革命的大背景下，该反身性过程导致了金融市场风险的放大。

由此可见，市场风险的影响要素在不同的时期扮演着不同的角色，随着时代背景的更替，影响市场风险的关键因素也在不断更迭。

6.1.2 金融风险传染机制

在经济全球化的背景下，实物资源和金融资源在国际逐步达到了更优化的配置，但是也使得金融风险更易爆发和传染。回顾近年来金融危机的历程，其影响深度和广度正在不断增强。金融风险的传染机制已经很难从传统的金融理论中找到合理的解释，因此越来越多的学者开始以开放经济为背景来研究金融风险传染问题，主要以国际贸易、国际资本流动、金融市场联系、国际经济金融合作等方面为立足点，来考察金融危机由一国爆发后，如何传染到其他国家，对其产生的影响进行量化计算和理论分析，以更好地解释风险传染的内在机制。

贸易机制、金融机制和预期机制是学界认为的三大传统风险传染机制。

有国外学者指出，如果一国的贸易伙伴或竞争对手国内发生经济危机，该国家货币会相应贬值并改变投资者的预期，增加经济的脆弱性，有引发投机性攻击的可能，进而造成金融市场的危机。典型的例子如亚洲金融危机时的泰国。

从微观角度来看，地区性经济危机发生后，危机发生国与贸易关联的公司的股票收益较该国其他公司差距很大，使得危机的传递呈现出很强的特定行业倾向，从产品竞争力、收入效应、信贷危机、被迫资产重组等维度对特定行业的公司产生传染。

一国金融体系的动荡也可以通过金融渠道，直接危害其他国家的金融市场稳定，尤其会收紧金融体系的流动性，进而导致危机的传染。当金融市场发生危机后，对实体经济的冲击加剧了金融机构资产负债结构的不平衡，容易抽干其流动性，迫使金融中介机构减少资产业务，造成关联国家的资金紧张。

此外，实证研究表明，当一国感染金融危机时，通常伴随着资本账户收支状况的严重逆转，其实质就是资本抽逃。由于危机起源国投资者对本国经济前景的判断具有信息优势，当一国发生金融危机时，他们将主动退出国际市场并且撤回其他国家的资金，造成其他国家资本流入突停。大量资本的流出将导致一国金融市场的动荡，进而引发金融危机。

预期传染机制是指即使两国之间不存在直接的贸易或金融联系，金融危机也可能存在传染效应，这是由于投机者的预期变化导致的。

由于存在信息成本以及信息不对称，导致了市场的趋同性，投资者在市场上常常根据其他投资者的决策来决定自己的选择，当他们无法获得充分的信息来区分不同金融市场的基本情况时，即使两国经济状况不同，一国的危机也可能导致其他国家发生金融危机。另外，信息不对称导致投资者无法区分各国金融市场之间的差异，使其对所有金融市场的前景重新进行更为悲观的评估，导致一国的危机向其他国家蔓延。

6.1.3 中国金融市场的脆弱性和易感染性

关于新兴市场金融脆弱性和感染性的相关研究主要从高通胀率和财政赤字恶化的角度入手，但由于我国近期并未出现这些问题，很难应用这些研究来解释中国金融市场的脆弱性。我国金融体系是在以商业银行为主体的基础上逐步形成的，居民投资渠道较少，收入—存款比例高。在这样的背景下，长期以来，商业银行流动性风险防范意识薄弱。然而，随着近年来国有商业银行不良资产增加、表外资产和同业业务大幅扩张，同时伴随着银行准入放宽、利率市场化推进、互联网金融兴起、影子银行活跃，金融体系的生态环境发生了很大变化，突出表现为商业银行流动性风险大大增加。在我国银行主导的金融体系基础上，流动性风险增加容易造成金融市场的脆弱性和易感染性。

首先，投资渠道增多推高了流动性成本。在利率市场化和互联网金融大力发展的背景下，股票、债券、基金以及衍生工具等金融产品不断丰富，居民投资渠道日益多元化，对商业银行的存款稳定性形成了一定的冲击。与此同时，随着我国经济体系对金融服务需求的多元化和金融机构间竞争的加剧，出现了一系列另类金融创新，银信合作、民间借贷等非常规投融资渠道的出现，使得大量资金流动于银行体系之外，不仅使得商业银行吸收流动性的难度增大，也增加了相关统计工作和系统性金融风险管理的难度。

其次，资金成本升高推动了市场风险偏好。从中国当前的产业结构看，加工制造业仍然维持低附加值的粗放型增长态势，利润率低，难以负担高成本融资。以炒地皮、炒一线城市房产为主要特点的房地产投资经历了 10 年的高增长，增长趋势强，预期收益率高，吸引大量的流动性游离于实体经济体之外进行循环。随着流动性不断注入，经济泡沫越吹越大，加深了整个经济体的系统性风险。此外，在这种市场环境下，为了提高收益，金融机构倾向于把资金更多地投向长期项目，短存长贷问题日趋严重，与存款端形成期限错配，期限错配下的存贷结构极不稳定，一旦市场流动性需求突增，银行很难及时抽回资金进行调整，必将面临严重的流动性风险。

最后，激烈的同业竞争降低了金融机构的风险控制标准。目前，我国银行类金融机构达到 5 000 多家，农村信用合作社 3 000 多家，村镇银行 1 000 多家，各金融机构为争夺有限金融资源进行异常激烈的竞争，加上金融产品的高度同质性，价格战在所难免，风险与收益严格匹配的原则和底线在利润的诱惑面前很难坚持。此外，在企业客户面前，金融机构为争夺市场份额，风险防范的动机也不断减弱，有时甚至配合企业发放风险贷款，形成了"银企合谋"。很多金融机构为了快速增加市场份额，以接近或者低于成本的价格提供融资服务，并放宽风险控制标准。从企业方面看，只要能够获得长期稳定的资金支持，虽然承受了较大的还本付息压力，但是经济上升期的预期投资回报率可以覆盖债务成本，同时融资到期后也可以通过借新还旧的方式解决问题。来自银行和企业两方面的道德风险与逆向选择风险上升，使得整个信贷市场的秩序控制变得更为复杂，金融体系变得更加脆弱。

6.2 中国金融市场已经形成复杂联动关系

6.2.1 金融改革为市场联动奠定制度基础

随着中国整体改革开放进程的不断推进，中国金融改革也不断深化，人民币加入 SDR 是国际社会对中国金融改革的肯定，是中国金融改革深化到一定程度的体现。金融改革有序推进，目标是更好地发挥金融功能，优化资源配置，服务实体经济。

1. 利率市场化

资金价格是优化资源配置、提高金融功能的关键，因此金融改革中的重要一环是利率市场化改革。从 1996 年银行同业拆借自主确定利率开始，在过去 20 年的时间中，中国根据经济金融发展的需要，不断务实推进利率市场化改革。表 6—1 总结了我国利率市场化的基本进程。随着存款利率的放开，截至 2015 年，中国利率市场化宣告基本完成。利率市场化有利于金融机构动态预测和形成资产价格，有利于形成各个金融市场之间的价格传导和联动。

表 6—1 　　　　　　　　　　我国利率市场化历程（1996—2015 年）

	时间	事件
货币市场 利率市场化	1996 年 6 月	中国人民银行宣布对同业拆借市场的利率进行间接调控，由拆借双方自主确定同业拆借利率水平；同时取消对同业拆借利率的上限管理。
	2013 年 7 月	中国人民银行取消票据贴现利率管制，改变贴现利率＝再贴现利率＋基点的方式，由金融机构自主确定。

续前表

	时间	事件
债券市场 利率市场化	1996 年	在证券交易所平台上，财政部开始利用利率招标、收益率招标等多种方式发行国债，首次市场化发行国债 1 952 亿元。我国债券发行利率市场化从此开始，为以后债券利率市场化改革积累了经验。
	1997 年	在银行间债券市场上，国债、中央银行融资券和政策性金融债实现了利率市场化，可自由进行债券回购和现券买卖，利率由交易双方自行确定。
	1998 年	国家开发银行、中国进出口银行成功实施债券的市场化发行。
	1999 年	财政部首次在银行间债券市场实行利率招标发行国债。
存贷款利率 市场化	1998 年 10 月	中国人民银行对金融机构（不含农村信用社）的贷款利率进行市场化改革，小企业贷款利率最高上浮幅度由原来的 10％提高到 20％。农村信用社的贷款利率最高上浮幅度由 40％扩大到 50％。
	1999 年 4 月	县以下金融机构发放贷款的利率最高可上浮 30％。
	1999 年 10 月	中资商业银行法人对中资保险公司法人试办由双方协商确定利率的大额定期存款。
	2000 年 9 月	对外币贷款利率进行改革，完全将外币贷款利率放开。资金供求双方可以通过国际市场的利率变动情况和资金成本、风险差异来自主确定外币贷款利率；还放开了大额外币存款利率的管制。
	2003 年 7 月	商业银行可自主确定一些主要外币的小额存款利率。
	2003 年 8 月	试点地区的农村信用社允许贷款利率上浮，上浮幅度不得超过贷款基准利率的两倍。
	2003 年 11 月	商业银行、农村信用社可以开办邮政储蓄协议存款。
	2003 年 11 月	商业银行可以通过国际金融市场利率的变化，对美元、日元、港币、欧元小额存款利率实行上限管理。
	2004 年 1 月	商业银行、城市信用社贷款利率的浮动区间扩大到基准利率的 0.9～1.7 倍。农村信用社贷款利率浮动区间扩大到基准利率的 0.9～2 倍。
	2006 年 8 月	商业性个人住房贷款利率浮动范围扩大至基准利率的 0.85 倍。
	2008 年 5 月	商业性个人住房贷款利率下限扩大到基准利率的 0.7 倍。
	2012 年 6 月	金融机构贷款利率浮动区间的下限调整为基准利率的 0.8 倍，存款利率浮动区间的上限调整为基准利率的 1.1 倍。

续前表

	时间	事件
存贷款利率市场化	2014 年 11 月	金融机构存款利率浮动区间的上限由存款基准利率的 1.1 倍调整为 1.2 倍；其他各档次贷款和存款基准利率相应调整，并对基准利率期限档次作适当简并。
	2015 年 3 月	金融机构存款利率浮动区间的上限由存款基准利率的 1.2 倍调整为 1.3 倍。
	2015 年 5 月	金融机构存款利率浮动区间的上限由存款基准利率的 1.3 倍调整为 1.5 倍。
	2015 年 8 月	放开一年期以上（不含一年期）定期存款的利率浮动上限，活期存款以及一年期以下定期存款的利率浮动上限（1.5 倍）不变。
	2015 年 10 月	中国人民银行对商业银行和农村合作金融机构等不再设置存款利率浮动上限。

2. 资本市场多元化与开放

与利率市场化配套进行的是资本市场的逐步有序开放和多层次、多元化发展。20 世纪 90 年代伊始，中国在上海和深圳分别成立了证券交易所，并于 1992 年成立了专门监管机构——中国证监会。1999 年制定了《证券法》，以法律形式确定了资本市场的地位，规范证券发行和交易行为。

21 世纪的头十年，是中国资本市场深化改革、健全市场机制的十年。2002 年，证监会颁布实施《证券公司管理办法》，对证券公司内部控制与风险管理做出原则性规定，允许境外机构在境内设立中外合营券商。2004 年，《中华人民共和国证券投资基金法》实施，推动机构投资者在我国资本市场发挥重要作用，标志着基金行业进入有法可依的历史阶段。2005 年，在"国九条"的指导下，正式启动股权分置改革，采用大股东让渡一部分股份、换取股份流通资格的方式，实现了同股同权的制度性转轨；同时，深交所设立了中小企业板和代办股份转让系统，扩大了资本市场的融资功能。2006 年，中国金融期货交易所成立，修订后的《公司法》与《证券法》正式实施，这标志着我国资本市场走向法制化，为中国证监会更高程度地规范中国的资本市场提供了基础性条件。

全球金融危机爆发后，资本市场受到沉重打击，市值损失超过 6 成。为了稳定行情，对冲风险，健全价格形成机制，2010 年中国启动了融资融券试点，沪深 300 指数在中金所上市。2012 年，为了降低创业型、高科技中小企业的上市门槛，深交所推出了创业板，为中国资本市场注入了新鲜血液和活力。

2013 年，中国共产党第十八届中央委员会第三次全体会议通过《中共中央关于全面深化改革若干重大问题的决定》，明确提出要"健全多层次资本市场体系，推进股票发行注册制改革，多渠道推动股权融资，发展并规范债券市场，提高直接融资比重"。同一年，以高科技、高成长型企业为主体的新三板全国扩容，多层次资本市场建设取得实质性进展。2014 年 11 月，为了推动资本市场开放，扩大投资主体和股票范围，开启了沪港通。2015 年，第十二届全国人民代表大会常务委员会第十四次会议审议了《〈证券法〉修订草案》，股票发行注册制呼之欲出。

3. 资本账户开放程度稳步提高

在利率市场化和资本市场改革的背景下，中国资本市场未来的发展机会越来越多、空间越来越大。与之相联系的是资本账户开放的问题。图 6—1 总结了中国资本账户开放的基本历程。随着资本市场的发展，必然对资金的自由流动提出更高的要求。金融机构风险管理和资源优化配置要求全球的市场能够实现更好的风险共担。中国资本账户的不断开放和汇率形成机制改革为进一步促进中国资本市场与全球资本市场的一体化与风险共担创造了条件，但同时也提出了新的问题。在全球市场一体化的背景下，金融风险的跨境传导使得无论是宏观还是微观的风险管理变得更加复杂。风险管理失当会导致金融体系不能正常发挥功能，并对实体经济产生损害，严重的情况下，会阻碍改革开放进程的进一步推进。在资本账户开放和汇率形成机制改革的进程中，一个必须要回答的问题是：我们的金融市场和国际资本流动和汇率波动是如何互动的？风险是如何传导的？要确保金融改革更好地促进金融体系效率的提高，必须防控风险。

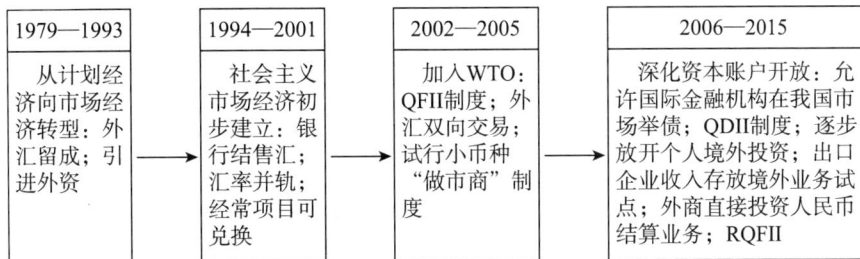

图 6—1 我国资本账户开放历程的四大阶段（1979—2015 年）

6.2.2 市场联动性的具体表现

金融市场是金融资产交易的载体，我们可以通过观察市场间联动关系研究标的资产的收益率及其波动的相关性。中国金融市场主要包括股票市场、外汇市场、货币市场和衍生品市场等，对其联动关系的研究目前既包括金融市场内的联动关系，也包括金融市场间多层次的联动关系。通过简要梳理学者们的研究成果，不难发现，我国已经形成了复杂的金融市场联动机制。

1. 货币市场内的联动

中国货币市场中的交易类型或标的主要包括同业拆借、回购、商业票据、银行承兑票据和大额可转让存单等。货币市场联动是指各类交易或标的同时受到一个市场基准利率的影响。哪个利率指标适合作为货币市场的基准利率呢？方先明和花旻（2009）、蒋先玲等（2012）的研究均表明，Shibor 作为中国货币市场基准利率具有一定合理性；宋芳秀和杜宁（2010）则认为，银行间市场的同业拆借利率和（七日债券）回购利率是中国货币市场基准利率的代表，Shibor 仅在短期利率方面有指导意义；李宏瑾和项卫星（2010）认为央票利率更具备货币市场基准利率的资格。

2. 资本流动与金融市场的联动

在资本流动与金融市场的联动关系方面，陈浪南、陈云（2009）认为，影响我国短期国际资本流动的主要因素包括国内外利差（DIR）、人民币名义汇率（NER）、人民币汇率预期变化率（EE）、股票市场投资收益（SR）、房地产市场投资收益（RR）等。人民币升值和上证综合指数上涨会引起国际"热钱"流入，但"热钱"流入并不是人民币升值和上证综合指数上涨的原因。王国松、杨扬（2006）的研究则表明，1994 年汇改前，影响我国资本流动的主要因素是人民币汇率预期，但在1994 年后我国的当期物价水平和人民币名义汇率水平对我国国际资本流动的影响力明显提高，人民币汇率预期、物价水平和名义汇率共同成为我国资本流动的主要影响因素，即短期国际资本流入中国国内市场的动因是，在等待人民币升值的同时，进入股票和房地产等资产市场套取"价格"收益。在内外部驱动因素方面，刘立达（2007）认为，中国国际资本流动的主要导因是内部拉动因素，最主要的外部因素即利差对资本流动几乎没有解释能力，资本流动与"GDP 差"（尤其是滞后值）表现出很强的关联性。2015 年汇率机制改革以来，房价上涨导致资本流出，进而引起人民币即期汇率贬值和市场对人民币的贬值预期，同时，股价也会下跌，存在股价和房价的"跷跷板效应"。

目前学术界在跨国资本市场收益率关联方面的结论主要有两点：一是如 Eun and Shim（1989）提出的，美国股市在国际股票市场传递中起着非常重要的作用，二是如 Soydemir（2000）提出的，经济体资本市场间联动机制的强度和国际贸易的深度存在正相关关系。除去收益率方面的关联，国际市场间流动性关联在 2008 年金融危机后也越来越受到学界的关注。主要观点有：经济体内股票市场和债券市场由于非流动性问题易呈现一体化趋势，且市场流动性和实体经济之间存在紧密关系。

3. 股价与汇率联动

资本市场与外汇市场间联动关系通常通过股价与汇率之间的联动关系来反映。Dornbusch（1980）提出流量导向（flow-oriented）观点，根据经常项目或贸易收支状况，分析汇率变化如何影响经济体的贸易收支和国际竞争力，进而研究其对上市公司经营业绩的具体影响并反映到资本市场中。与此相反，Frankel（1983）提出股票导向（stock-oriented）观点，从微观到宏观，认为国内股价的变化会影响跨境资本流动，从而使得汇率发生变化。进入 20 世纪 90 年代后，Ajayi and Mougoue

（1996）等越来越多的研究结果表明，汇市和股市在长期和短期中均存在双向相互影响的关系。

　　关于利率与股价之间的联动关系，诸多国际研究证明，无论是发达国家还是发展中国家，利率与股价之间均存在显著的负相关关系。王一萱和屈文洲（2005）通过实证证明，中国的利率与股价之间的联动关系非常微弱，两者中任何一个变量发生变动都不会导致另外一个变量发生改变；蒋振声和金戈（2001）等则认为两者是在彼此引导的方向上存在分歧，从股价到利率的传递是显著的，而反向传递能力则比较弱。

　　4. 人民币离岸与在岸市场联动

　　在岸人民币市场形成于 1994 年，并随着我国外汇制度的改革不断发展。1994年，我国进行首次大规模汇率制度改革，决定取消外汇留成、上缴和额度管理，实行结售汇制度，并建立全国统一的银行间外汇市场即中国外汇交易中心，在岸人民币市场由此形成，并在 2001 年中国加入 WTO 后迎来了贸易驱动型交易额猛增。2005 年，"汇改"要求实行以市场供求为基础、参考一篮子货币进行调节、有管理的浮动汇率制度，人民币汇率波动明显增加，而 2015 年"8·11"新汇改则要求进一步完善人民币中间价报价机制，做市商报价时须"参考上一日银行间外汇市场收盘汇率"。这相当于给中间价设置了一个参照系，明确做市商报价来源，从而大大缩减央行操控中间价的空间，把确定中间价的主导权交给市场。由此，在岸人民币汇率朝着市场化迈出了重要一步。

　　离岸人民币市场起步于 1996 年，源于新加坡、香港等地为中国跨国贸易企业提供人民币无本金交割远期（NDF）产品，到期后以美元计价结算差额，以帮助其提前锁定汇率，规避汇率波动风险，该产品直到 21 世纪初都是影响力最大的离岸人民币交易品种。2009 年，中国人民银行公布《跨境贸易人民币结算试点管理办法》，极大地拓展了离岸人民币来源渠道；2010 年 7 月，中国人民银行与香港金融管理局签署协议，使香港人民币存款可于银行间往来转账并取消了企业兑换人民币的上限，推动了离岸人民币交割，香港离岸人民币市场（CNH 市场）在这两次改革的背景下快速发展，对人民币 NDF 市场形成了显著替代。在香港以外，新加坡、伦敦、卢森堡等地也先后建设了离岸人民币中心，共同助力人民币国际化进程。相比而言，在岸人民币市场规模较小，目前日均交易量约 600 亿美元，离岸市场则在人民币国际化的大背景下不断发展，日均交易量已超过 2 000 亿美元。

　　国内外很多学者围绕离岸—在岸人民币汇率关系展开了深入研究。例如，伍戈和裴诚（2012）运用 AR-GARCH 模型等定量分析方法，发现在岸汇率对离岸汇率具有引导作用，在岸市场在人民币汇率定价上具备主动性。Cheung and Rime（2014）利用订单流研究离岸和在岸汇率的互动，发现离岸汇率对在岸人民币汇率有较大影响，并且对人民币中间价有显著的预测作用。虽然研究方法不同，研究结论有别，但几乎所有学者都赞同：境外因素已开始越来越多地影响人民币即期市场，人民币 NDF 市场的信息向国内人民币即期市场的传导机制使得人民币 NDF 汇率将起到价格发现的作用，国内金融市场与境外市场的联系更加密切，独立经济政策的实现将会变得更加困难。在我国金融市场对外开放的逐步深入的宏观背景下，市场之间的联系更加紧密，风险的传导也更加迅速。因此与资本管制相比，通过汇率政策调整来管理风险将更为可行。适当放宽人民币汇率的浮动区间，可以增加"热钱"流动的成本和风险，有利于增强我国货币政策的独立性，进而为稳步推进资本账户开放创造条件。央行对离岸和在岸人民币市场价差的调控能够促进市场调节更好地发挥作用，控制金融失衡与金融风险。

前述研究较少考虑离岸—在岸汇率联动关系中的非线性变化。为突破这一局限，王芳等（2016）采用门限误差修正模型，发现当离岸与在岸汇价差较小时，在岸汇率对两个市场汇率的引导作用更强。离岸汇率的自我调整能够重建在岸与离岸汇率的均衡关系。此时在岸市场汇率为随机游走，而离岸市场汇率主要受在岸市场汇率、离岸市场流动性和投资者对全球资本市场风险的判断影响。当离岸与在岸汇率价差较大时，在岸汇率失去引导作用。离岸市场表现出均值回归特性，而在岸汇率表现出追涨杀跌特性。两个市场的人民币汇率走势分离。通过市场调节重建其长期均衡关系的难度加大，需要耗费更长时间。当离岸与在岸汇率价差较大时，资本流动压力加大，政策因素对汇率的作用加强。如能巧妙利用离岸—在岸汇率的联动性，则央行引导市场预期甚至干预外汇市场都可取得事半功倍的效果。

6.3 跨境资本流动使市场联动性和波动性增强

为了综合分析资本流动对我国金融市场整体波动之间的关系，我们运用一个更加全面的基于经济理论的实证模型（见附录 4），综合考察短期资本流动、离岸和在岸人民币市场汇价差、资本市场收益率、外汇市场无抛补套利超额收益和资本市场杠杆投资的交互作用。理论上讲，离在岸人民币市场汇价差、资本市场收益率和外汇市场超额收益的变动，既能驱动短期资本跨境流动，又会受到短期资本流动的影响。不容忽视的是，资本市场的杠杆投资在这个过程中往往起到推波助澜的作用。然而，实际情况究竟如何，在缺乏可靠的实证研究的情况下很难做出准确的判断。鉴于前人的研究大都只关心收益率的联动，对市场波动与风险的联动关注较少，而后者对于人民币国际化背景下的宏观审慎监管至关重要。因此，我们在模型中同时考察了收益率和波动的跨市场联动。

根据研究目的，我们搜集和整理了五组代表性数据：短期跨境净资本流入额、离在岸人民币汇价差、沪深 300 指数收益率、无抛补套利超额收益率、资本公开市场融资融券余额。频率为日度数据，并以 2015 年 8 月 11 日汇率制度改革为分界点，对"8·11"新汇改前后的数据进行区分。在此基础上，对五组数据相互之间存在的影响关系进行了检验，发现"8·11"新汇改之后出现了一些新的变化：

（1）市场收益率与短期资本流动之间由单向影响改变为双向影响，短期跨境资本对我国经济的冲击增强，可以更深入影响到资本市场的价格和杠杆水平。

在"8·11"新汇改前，增加（或减少）沪深 300 指数的收益率，可以显著推动资本公开市场融资融券余额增速上升（或下降），并促进短期跨境资本流入（流出）。然而，该效应不能由跨境资本流动进一步反向影响 A 股价格或者融资融券余额，这说明在"8·11"新汇改前，跨境资本不能对中国资本市场及其杠杆率提高产生显著影响，但其本身会受到股价攀升、杠杆率攀升的影响，入场博取收益，这也是显著的国际"热钱"流动特征。

在"8·11"新汇改之后，五组变量间的联动关系较之前发生了明显变化。中国资本市场价格、杠杆率和跨境资本净流入由之前的单向驱动关系变为循环式的互动影响关系，三者之间存在显著正相关，且对某一变量的冲击呈现反身性的不断强化特征，这反映出"8·11"新汇改之后，跨境资本流动对我国经济的冲击增强，已经可以更深入影响到资本市场的价格和杠杆水平。

（2）离岸、在岸人民币汇价差与外汇市场无抛补套利收益率对资本市场收益率、杠杆率和资本流动的影响下降。

在"8·11"新汇改前，离岸在岸人民币汇价差的升高（或降低）会显著导致美元与离岸人民币利差的降低（或升高），进而导致中国资本市场收益率、杠杆率增速的降低（或升高）和跨境资本净流入的减少（或升高）。但是，"8·11"新汇改后的离岸人民币与美元的利差已经不能再对资本市场收益率、杠杆率和资本流动产生显著影响了。

（3）金融市场风险的关联性增强，且关联性的波动性也有所增强。

我们实证模型中变量的波动性代表市场主体面临的关于该变量的不确定性。这些不确定性会带来经济金融风险。在"8·11"新汇改前，波动性存在显著关联的变量对有三组，它们是：离岸—在岸汇价差与无抛补套利超额收益、股市收益率与融资融券余额变化、离岸—在岸汇价差与资本流动，其余变量的关联性均不显著。在"8·11"新汇改前，资本流动的波动性和 A 股市场指数收益率的波动性并没有显著相关关系。

在"8·11"新汇改之后，变量波动性之间的联动关系显著增加（详细结果见附录1），其中短期跨境资本流动、中国资本市场收益率和融资融券增长率三者的波动性之间的联动关系增强，大大高于汇改前的联动性。如图 6—2 所示，在"8·11"新汇改前跨境资本流动与资本市场波动性之间的关联度几乎为 0，而在"8·11"新汇改后，二者的关联性显著上升（见图 6—3）。在大部分时间里，资本流动的波动性和资本市场的不确定性是正相关的。而该相关性本身也存在较大的波动。这说明在人民币汇率弹性增强的情况下，短期资本流动和资本市场风险的关联性加强了，这就对宏观审慎监管提出了新的要求。

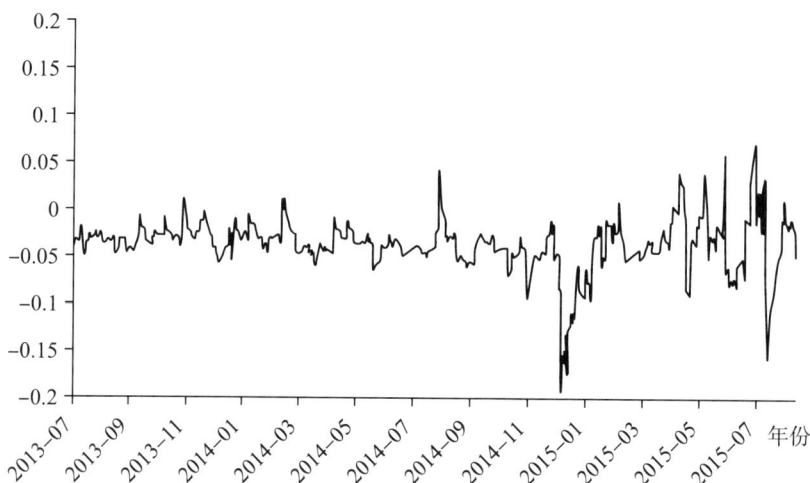

图 6—2　资本流动、资本市场收益率波动性的动态相关系数（"8·11"新汇改前）

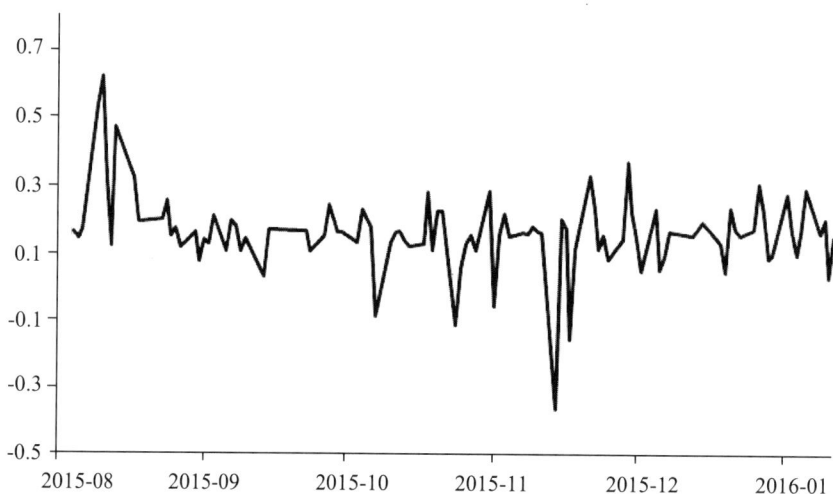

图 6—3　资本流动、资本市场收益率波动性的动态相关系数（"8·11"新汇改后）

在进一步深化改革的背景下，特别需要研究的是，资本流动与金融市场之间会发生怎样的联动。以往的研究一般从高通胀率和财政赤字恶化角度入手，但由于这些问题在我国并未出现过，很难应用前人的研究来解释中国当前金融体系的脆弱性。我国金融体系是在以商业银行为主体的基础上逐步形成的，居民投资渠道较少，储蓄通常以存款形式实现，致使商业银行长期以来流动性风险防范意识薄弱。然而，近年来随着国有商业银行剥离不良资产以及信贷资产证券化，同时伴随着银行准入放宽、利率市场化推进、互联网金融的兴起、影子银行的出现，金融体系生态环境发生了巨大变化，商业银行流动性风险大大增加。从全局看，金融机构的风险聚集于以下三个方面：首先，投资渠道增多推高了流动性成本；其次，资金成本上升推高了市场风险偏好；最后，激烈的同业竞争降低了金融机构的风险控制标准。因此，要准确衡量资本流动对金融市场的冲击，把握二者之间的联动规律，必须结合金融机构的业务变化与流动性波动，将市场风险与金融机构风险有机地结合在一起进行全面分析研究，才能找到有效的宏观审慎管理路径。

第 7 章

银行国际化及风险防范

随着中国经济对外开放以及人民币国际化程度的进一步提高，银行的外部运行环境正在发生显著变化，银行将迎来巨大的国际化发展空间，推动其在客户和产品两个维度加快提升海外业务规模及收入来源。随着海外业务、资产及收入占比的上升，银行将面临更加复杂的市场环境和监管要求，其风险暴露在数量和结构方面都将出现巨大的调整，要求其不断强化风险管控机制，防范各种风险事件可能带来的冲击。

7.1 国际化现状与发展机遇

7.1.1 国际化经营成为趋势

在中国的金融体系中，银行一直是配置金融资源、提供金融服务的主力军。无论是对外开放的市场化结果，还是银行自身转型的需要，银行当前都在积极推行国际化战略，而且将国际化程度作为衡量银行综合竞争力的主要指标之一。中资银行高度重视在国际金融市场筹集资金、寻找客户、扩大业务范围，有效地优化资源配置，降低资产组合的风险。银行将从金融产品多元化和客户基础国际化两个角度着手，提升资产负债表及总体收益的国际化程度。目前，中国大多数商业银行和政策型银行都处于国际化的起步和发展阶段。中国银行作为国际化程度最高的大型国有商业银行，2015 年其境外资产占比和境外利润占比分别为 27.01％和 23.64％，与多数"全球系统重要性银行"相比仍存在一定的差距。为了配合企业"走出去"和"一带一路"战略，政策性银行也加入了国际化行列。截至 2014 年年底，国家开发银行国际业务项目遍布全球 115 个国家和地区，国际业务贷款达到 3 198 亿美元。[①]中国进出口银行 2014 年全年发放贷款 9 210 亿元，2015 年末在"一带一路"沿线国家贷款余额超过 5 200 亿元人民币。[②] 然而，从资产和利润的角度来看，在大型商业银行境外资产占比和境外利润占比的比较中，中资银行的平均水平远低于西方主流的国际性银行（见图 7—1 和图 7—2）。

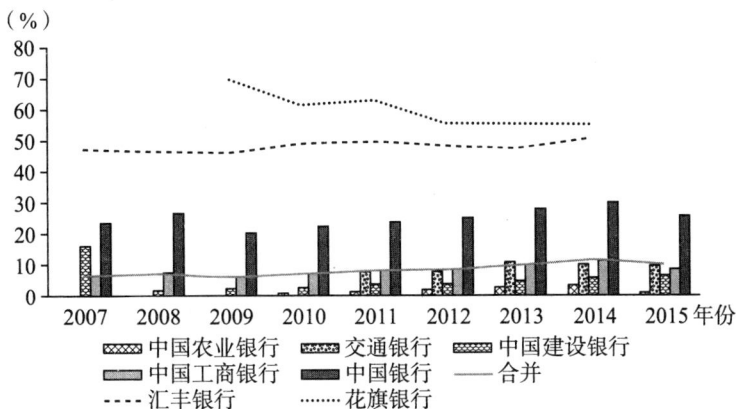

图 7—1　大型商业银行境外资产占比

注："合并"指中资银行平均值。

资料来源：各银行历年年报。

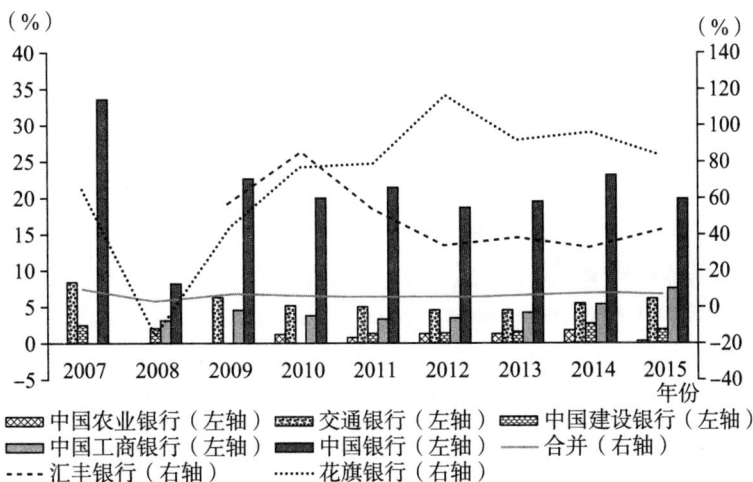

图 7—2　大型商业银行境外利润占比

注："合并"指中资银行平均值。

资料来源：各银行历年年报。

[①]　参见《国家开发银行国际业务宣介手册》。

[②]　参见《中国进出口银行 2014 年年报》。

根据银行跨国经营的客观规律，在起步和初级阶段，银行主要采取的是跟随战略，跟随本国企业跨境经营，为跨国企业提供所需的金融服务。由于我国企业从 2003 年才开始大规模"走出去"，跨国经营的时间较短，而且区域分布很不均衡，这就使得银行的国际化扩张速度较慢，新设机构和并购十分谨慎，机构设置数量少，地域化拓展有限。受制于海外机构数量和层次，中资银行业务的国际化水平不高、服务对象窄、业务种类少等问题依然存在。与成熟的国际领先银行相比，中资银行的综合化经营程度较低，贷款业务占总资产比例、利息收入占总收入比例较高。海外的中资银行基本延续母行在国内市场的业务模式，以传统对公业务为主，传统的贷款、银团贷款、贸易融资、国际结算和清算是其核心业务。鉴于银行内部的"绩效考核"仍注重规模指标，中资银行的海外业务增长大多体现为信贷资产规模的连年迅速增长。

7.1.2 金融产品与金融服务多元化

人民币国际化的快速推进为中资银行的国际化创造了良好的条件，推动中资银行加快实现业务创新和转型，实现金融产品和金融服务多元化。特别是，在国际结算、外汇买卖、国际信贷、债务发行、国际清算等传统国际业务的基础上，根据新的市场需求，及时设计并提供多元化的人民币产品体系。

1. 人民币投资和融资相关产品需求大幅上升

随着人民币国际化提速，人民币逐步成为国际认可的计价和结算工具，大大激发了境内和离岸市场的人民币投融资需求。例如，2015 年，以人民币进行结算的直接投资累计发生 2.32 万亿元，较 2014 年的 1.05 万亿元增长了 1.21 倍，较 2013 年增长近 3 倍。其中金融机构对外直接投资 11 116.31 亿元，较 2014 年增长了 35%，较 2013 年增长了约 53%。[①] 2014 年 11 月，中国人民银行发布了《关于人民币合格境内机构投资者境外证券投资有关事项的通知》，对人民币合格境内机构投资者（RQDII）业务正式开闸，进一步支持境外人民币产品创新，支持离岸人民币业务发展。随着人民币跨境使用规模的快速增长，香港、台北、新加坡、伦敦、卢森堡等人民币离岸市场存款规模逐年扩大，为离岸人民币投融资市场提供了资金保障，这些离岸市场推出了以人民币计价的各类产品，其中以离岸人民币存款证和债券为主，二者的金额从 2010 年的 415 亿元增加到了 2014 年的 5 640 亿元。[②]

为了适应市场需求的新变化，推动在岸市场与离岸市场之间的融合联通，中资银行进行了大量的创新，进一步完善人民币流出安排和回流机制的对接，形成产品流、资金流的循环互动。[③] 2014 年中资银行共发行离岸人民币筹资工具 3 094 亿元，是 2011 年的 4.89 倍，平均增长率达 171%，其中股份制商业银行共发行 82 亿元，

---

① 参见 Wind 资讯。
② 参见蓝天旻：《人民币国际化背景下中资商业银行境外筹资研究》，载《新金融》，2015（8）。
③ 参见夏丹、武雯、汪伟：《"一带一路"战略下的商业银行业务发展契机与策略建议》，载《新金融》，2015（9）。

占整体规模的 2%。

随着人民币国际认可程度的提高，与投资相关的金融交易类产品的需求快速上升，人民币国际化将由贸易驱动逐渐转为投资计价及金融产品发展驱动，促使中资银行加快发展人民币投资和融资相关产品。根据当前国际金融市场的特点，可以预料，资本项目下的人民币债券交易将大幅增加。主要包括：

（1）固定收益类产品。根据在岸市场开放程度的差异及离岸人民币产品类别，人民币债券等固定收益类产品将逐渐成为境外机构配置人民币资产的首要投资标的。中资银行已经成为离岸市场点心债的主要交易机构，亦可以进入在岸债券市场，具有一定的投资额度。此类机构可以充分发挥自身在离岸和在岸两个市场的交易优势，根据境外需求的特殊性，开发更多固定收益类产品，满足投资需求。

（2）人民币货币基金产品。人民币货币基金产品具有资金调度灵活、收益率理想、低风险等特点，是相当一段时间内的人民币投资热门产品。中资银行发挥各自的产品优势发展了一定数量的人民币货币基金产品，拓宽了投资产品交易管道，吸引了大批非银行机构投资者及个人投资者。

（3）人民币计价衍生产品。中资银行在美元、欧元等主流投资产品上具备一定的业务经验后，开始探索将美元等非人民币投资产品改造为人民币计价产品的可行性，丰富人民币产品选项。目前，全球一些交易所陆续推出人民币计价的衍生产品，如香港和伦敦交易所提供人民币期货合约产品，美国 CME、新加坡交易所和巴西期货交易所相继推出人民兑美元及当地货币的期货产品。

2. 人民币外汇交易类产品快速增加

随着人民币国际化程度进一步提升，人民币外汇市场的海外参与主体日益增多，外汇市场的人民币需求越来越大。在资本项目尚未完全开放之前，离岸市场将是获取人民币资金的重要渠道。预计在未来一段时间内，境外机构会利用 CNH 市场进行货币兑换和资产配置，管理自身的汇率和利率风险，并利用各种离岸人民币衍生产品配合实体经济需要，为离岸市场带来更多资金。CNH 外汇交易、兑换交易和拆借交易将日趋活跃，即期和远期人民币兑换量快速增长，据统计，离岸市场人民币外汇交易量约 2 300 亿美元/天，排名大致在全球第五位，交易量占比约为 2.3%，远低于美元的 42% 和欧元的 13.4%。人民币投融资产品需求的增长将直接刺激人民币外汇交易量。未来外汇交易活动在离岸及在岸人民币市场的重要性均将持续上升，交易量将显著增长。

3. 构建区域性人民币清算平台

据环球银行金融电信协会（SWIFT）统计，2015 年 12 月，人民币在全球支付市场中的份额为 2.31%，较上月增长了 0.03%，继续保持着全球第五大支付货币、第二大贸易融资货币的地位。[①] 人民币日渐成为国际计价、结算及投融资货币。为

---

① https：//www.swift.com.

了满足人民币的国际清算需求，通过指定清算行，由中国大型商业银行的境外机构充当区域性人民币清算平台，连接境外金融机构，形成人民币全球性的清算网络，提供高效、便捷的清算服务。随着人民币产品多元化和业务的扩张，中资银行的人民币清算业务将不断增加，海外的战略布局得以扩充，同时能够加强和海外其他行之间的联系，形成促进互补的作用。此外，在清算过程中，随着清算渠道的扩张和清算账户链条的延长，中国商业银行体系内将不断积累境外银行账户和非居民账户，进而产生大量境外的渠道和客户资源，为中国商业银行的国际化经营提供更多便利（见表7—1）。

表 7—1 中国人民币清算行的分布区域

区域	地点
亚洲	中国香港
	中国澳门
	中国台北
	老挝万象
	新加坡
	柬埔寨金边
	韩国首尔
	卡塔尔多哈
	马来西亚吉隆坡
	泰国曼谷
大洋洲	澳大利亚悉尼
欧洲	英国伦敦
	德国法兰克福
	法国巴黎
	卢森堡
	匈牙利
	瑞士苏黎世
北美洲	加拿大多伦多
南美洲	智利圣地亚哥
	阿根廷
非洲	南非约翰内斯堡
	赞比亚

资料来源：中国人民银行；《人民币国际化报告（2015）》，北京，中国人民大学出版社，2015。

7.1.3 海外扩张与机构布局

尽管已经实现亚洲、美洲、欧洲、非洲等区域的布局，并取得了可喜可贺的突破和成就，但总体而言，中资银行的国际布局严重不平衡。香港等近缘地区仍然是大多数银行国际化战略的首选。以香港为代表的近缘地区凭借经济往来的密切度、历史文化等因素，以及国际金融中心和人民币清算中心的地理区位优势，在中资银行的境外业务中占据重要组成部分。因此，如何实现盈利渠道多元化、推进国际化战略是中资银行参与国际竞争、提升全球竞争力的重要课题。

"一带一路"倡议规划了中国对外经济合作的新方向，有助于推进中资银行海外机构的合理布局。2015 年 3 月 28 日国家发展改革委、外交部、商务部经国务院授权进一步联合发布了《推动共建丝绸之路经济带和 21 世纪海上丝绸之路的愿景与行动》，通过支持沿线国家的基础设施建设及通过与沿线各国合作，打造区域利益和命运共同体，联系亚太和欧洲经济圈，实现全球的互联互通。[①] 在这一倡议下，沿线国家基础设施建设激发的中长期投融资需求，贸易便利化带来的跨境贸易增长，经济互联互通带来的资金流动，都将进一步打开跨境支付结算市场，为中资银行的发展提供机遇。中资银行可以凭借自身的雄厚实力及在海外的布局，选择银团贷款方式，为基建和大型设备出口的中长期融资需求提供融资服务，并结合实际对跨境贸易的融资需要提供出口买方信贷、出口卖方信贷、信用证等多种融资产品和国际结算业务。[②]

"一带一路"战略实施促进了沿线经济贸易发展，为中资银行进一步扩大和完善海外机构布局，完善清算体系，加强与外汇市场资金清算平台的合作，构建本外币全球清算网络提供了条件。截至 2015 年年末，我国五大国有商业银行中，中国银行拥有海外机构 644 家，中国工商银行拥有海外机构 404 家，中国交通银行拥有海外机构 15 家，中国农业银行拥有海外机构 17 家，中国建设银行拥有海外机构 27 家，总计 1 000 多个海外机构覆盖了全球 50 多个国家，机构布局多集中于发达国家和地区。政策性银行中，目前国开行在境外设有 1 家分行和 5 家海外代表处，以及50 多个海外工作组；中国进出口银行到 2015 年末已开设 1 家境外分行和 2 家代表处，共与境内外 1 355 家银行的总分支机构建立了代理行关系，代理行网络覆盖 160 多个国家和地区。[③]

相比全球性银行，中资银行在跨时区报价、交易等方面服务能力相对薄弱。中资银行在全球布局的过程中，在运作时间方面尚不能像主流国际银行那样提供全天候 24 小时交易服务，市场竞争力有待提高。

---

① 参见刘克、王曦：《人民币国际化的关键问题及最新进展研究》，载《现代管理科学》，2015（7）。

② 参见夏丹、武雯、汪伟：《"一带一路"战略下的商业银行业务发展契机与策略建议》，载《新金融》，2015（9）。

③ 参见各银行 2015 年年报。

7.1.4 人民币国际化带来新机遇

中资银行在"走出去"的过程中，受到客户基础薄弱、发展后劲不足的严重制约。人民币国际化将改善中资银行的客户服务能力，使其从机构和"走出去"企业方面加快客户基础建设，为其长远发展提供巨大的潜力。

1. 增强中资银行为"走出去"企业服务的能力

人民币国际化程度的提升，一定程度上降低了中国企业的海外融资成本，有利于推动中国企业的海外业务发展，加快企业"走出去"步伐，为中资银行拓展客户基础带来新的机遇。

随着我国开放的进一步深化，将会有越来越多的企业走出国门，站在国际舞台上进行海外市场开拓和战略布局。伴随着企业"走出去"，我国商业银行可以积极提升自身的国际化水平，凭借产品种类和服务经验方面的优势，与开发性、政策性金融形成互补，丰富及创新金融产品，强化实力，提高服务水平，打造"集出口信贷、项目融资、资源与贷款互换、并购融资、银团贷款、融资租赁、内保外贷、跨境担保为一体"的产品库。[①]

由于中资银行在国内有庞大的客户基础，可以更加便捷地为国内企业客户"走出去"提供并购、资金融通和国际结算等专业金融服务，帮助企业抢占区域发展优势地位，不断扩大贸易与投资空间；实现内外联动，获得拓展新的资源和扩大国际业务的机会。还可以为企业提供规避风险的一系列汇率衍生产品，提供财务咨询、风险管理、投资银行等创新业务，通过供应链金融方式助力更多企业"走出去"。[②]

2. 央行、主权基金、超主权机构、交易所等机构客户将成为中资银行新的战略性客户

人民币加入 SDR 后，具有了与美元、欧元等国际货币等同的储备货币地位，一定程度上清除了各国中央银行大规模持有人民币资产的技术障碍和法律障碍，使其能够在做好风险控制的前提下配置和持有人民币资产。因此，人民币加入 SDR 将触发全球央行和主权财富基金主动吸纳人民币资产，并带动私人金融机构配置人民币资产，这就为中资银行扩充客户基础提供了更大的可能性。

长期以来，央行、主权基金、超主权机构、交易所等机构客户对于合作银行订立了较高的准入门槛，绝大多数中资银行被拒之门外，无法与其建立业务联系。但是，随着人民币投资和储备货币功能的加强，虽然中资银行仍存在相关经验不足问题，但凭借自身在人民币产品设计、业务方面的丰富经验及对国内政策和市场的充分了解和把握，中资银行拥有了与此类机构客户建立联系的敲门砖，可以

---

① 参见王硕、张春霞：《新常态下国有商业银行战略转型及创新重点分析》，载《现代管理科学》，2015（10）。

② 参见夏丹、武雯、汪伟：《"一带一路"战略下的商业银行业务发展契机与策略建议》，载《新金融》，2015（9）。

成为境外机构客户投资境内外人民币产品的桥梁。因此，人民币加入 SDR 使中资银行得以持续优化业务模式，不断丰富与央行、主权基金、超主权机构和交易所客户的服务内容，建立深入稳固的业务关系，在客户营销上取得突破性进展，打造全新的客户群。

专栏 7—1

人民币加入 SDR 后中国银行业面临的机遇与挑战

人民币加入 SDR 货币篮将为商业银行国际化、综合化及财富管理战略落地带来难得的机遇，银行，特别是大型商业银行将迎来更为广阔的发展空间。但与此同时，商业银行在产品创新、风险识别和管理等方面也将面临一系列新的挑战。总体而言，机遇大于挑战。

一、四大领域的业务机遇利好商业银行发展

从微观业务层面上看，商业银行涉及跨境、跨岸、跨币种的相关业务都将迎来新的发展机遇期。

1. 全球资产配置需求上升将拉动个人消费、私人银行、理财及资管、RQFII 和 QDII2 托管、信托等业务发展

一方面，随着人民币国际化和境内外金融市场开放程度不断提高，未来个人可投资的领域将越来越广阔，包括股票、债券、基金、保险、外汇及衍生品等境外金融类投资，绿地投资、并购投资、联合投资等境外实业投资，以及境外不动产投资等，将为商业银行的个人金融部门和私人银行部门创造诸多业务机会。另一方面，境外投资者对我国各类资产的投资需求也将显著增长，将从另一个方向拉动商业银行海外业务发展。此外，商业银行还可通过信托子公司开展人民币境外直投业务。未来，将有更多银行系信托公司成为商业银行拓展海外业务的重要平台。

2. 全球人民币交易日趋活跃将推动金融市场业务、贵金属及国际业务（外汇）发展

国有大型商业银行可共同扮演全球人民币主要交易对手行和做市商的角色，成为人民币全球交易市场的重要定价行。发展与人民币相关的利率掉期、外汇掉期、期权等衍生产品交易。为境内企业或中小同业机构提供汇率及大宗商品套期保值服务。研发与人民币或人民币资产相关的各类指数，不但可为参与跨境人民币业务的市场主体提供价格参考，也使银行在一定程度上掌握了相关领域的人民币定价指导权。交通银行与中国人民大学自 2012 年每年发布人民币国际化指数，成为人民币国际化重要的风向标。

3. 以人民币计价的国际贷款需求扩张将推动贸易融资、国际结算及信贷资产证券化业务发展

根据离岸—在岸人民币利差变化灵活调整跨境人民币贷款业务流向。2015 年上

143

半年，境外人民币融资成本显著低于境内，上海自贸区、深圳前海、青岛、泉州、昆山等地跨境人民币贷款业务发展势头较强；但下半年，随着人民银行连续降息降准和美联储加息预期升温，离岸——在岸人民币利差倒挂现象时有出现。未来这种倒挂如常态化发展，则应对跨境贷款流向进行及时调整。同时，相应调整内保外贷和外保内贷业务，在跨境贷款达到一定规模的情况下，可适时开展跨境人民币贷款资产证券化或信贷流转业务。

4. 以人民币计价的国际债券崛起将加速投行、金融市场及债券发行、承销、投资业务的发展

首先，离岸人民币债券承销业务将出现多个热点市场。随着中英经济财经对话、中韩自由贸易协定、"一带一路"等机制和战略的相继推出，除中国香港外，中国台湾、新加坡、韩国首尔、英国伦敦甚至中东的多哈、迪拜等都有望成为重要的离岸人民币存款和交易集散地，使得未来离岸人民币债券市场的分布也将更为均衡。除香港点心债继续领跑外，宝岛债、狮城债、酋长债或苏库克债（伊斯兰债券）等也将形成百花齐放的局面。由于前期已在香港点心债市场积累了较为成熟的境外人民币发债经验，加之境内外网点众多，又是某些重要区域的人民币清算中心，大型商业银行更容易在相关业务上抢占先机。从债券类型来看，除一般的企业信用债外，金融债、主权债、地方政府债（市政债）等将更为多元化。其次，境内熊猫债市场将延续快速增长趋势。2015 年 6 月，央行明确提出，"扩大对外开放，进一步推动境外机构到境内发行人民币债券"，这意味着熊猫债还将迎来更大的发展机遇期。有机构预测，随着人民币纳入 SDR 的预期推动，到 2020 年熊猫债市场规模可能超过3 000 亿元。最后，与上述两类债券业务的顾问咨询、过桥贷款等投行业务将从中受益。

二、两方面的挑战不容忽视

一方面，更加复杂多变的汇率、利率环境要求创新产品设计和经营模式。人民币加入 SDR 货币篮后，我国国内金融市场与国际金融市场的互动将更加频繁。对于商业银行而言，新环境意味着很多原有的产品和经营模式或将已不再适用。同时，我国金融与资本账户不断开放，也要求商业银行加大人民币相关产品和服务创新力度，以满足境内外客户日益多元化的需求。如不能及时跟进，或导致客户的黏性下降。

另一方面，开展跨境、跨岸、跨币种业务，对风险管理的要求将更为全面。一是信用风险。由于客户来自全球，甚至是没有明确国别属性的跨国企业或网络平台，国内银行对其信用状况了解不足将带来潜在的风险。二是因海外网点设置或资金调度不合理引发的局部或短期流动性风险。三是交易纪律不健全、程序不规范诱发的操作风险。四是利率、汇率等市场风险。五是跨国、跨境的法律合规风险。例如，在伊斯兰国家开展贷款或债券承销业务，有可能遇到伊斯兰金融法律特有的法律风险；参与全球大宗商品和金融衍生品交易，对相关金融市场的法律风险和市场惯例

应有充分认识。六是各国政治经济动荡、地缘政治冲突、监管差异等政策性风险。为此，商业银行风险管理要以信用风险为重心，实行信用、流动性、市场、操作、法律、政策各种类型的全面风险管理。

（交通银行首席经济学家　连平）

7.2　国际化进程中的风险与挑战

随着海外业务资产及收入占比的上升，中资银行将面临更加复杂的市场环境和监管要求，其风险暴露在数量和结构方面都将面临巨大的挑战，要求其不断强化风险管控机制，防范各种风险事件可能带来的冲击。

首先，中资银行国际化具有信息不对称性，投资目标市场的交易机制、监管要求、合规控制等因素与国内市场迥然不同，需要投入更多的时间和精力来逐步建立自身参与海外投资的专业能力和技术水平，无形中提升了交易成本。

其次，从理论上讲，中资银行国际化主要面临市场风险、操作风险、政治风险、法律风险等四大类别。在具体实践中，上述四大风险具有不同的表现形式，需要分别加以识别和管理。

政治风险和法律风险是高压线，一旦触发此类风险，可能带来难以弥补的损失。因此，要求投资者必须系统研究和熟悉投资标的所在国家法律法规和对外经济金融政策，及时了解和掌握相关法律条款和政策规定的变化，避免在国际化过程中遭遇法律纠纷，造成经济损失。

国际化贯穿资金进出国境全过程的操作风险具有种类繁多、结构复杂等特点，需要格外关注。其中，发达国家对于反洗钱和合规监管的要求非常严格，监管主体繁多，监管法规庞杂。海外经营触及监管红线的可能性不容忽视。

市场风险涵盖了汇率、利率等与金融市场波动密切相关的风险类别，是国际化进程中实现风险与收益动态平衡的关键所在。

7.2.1　资产全球配置加速带来的信用风险

与中资企业"走出去"如影随形的是中资银行各种各样的信贷服务。在离岸市场上，人民币贷款已经初具规模。例如，2013—2015 年，香港银行贷款中人民币贷款金额分别达到 1 156 亿元、1 880 亿元和 2 976 亿元。台湾离岸市场人民币贴现及放款余额在 2013—2015 年分别达到 920.55 亿元、1 962.97 亿元和 2 519.5 亿元。2013 年新加坡人民币贷款超过 3 000 亿元，2012—2014 年英国以人民币结算的进出口融资分别为 339 亿元、385.7 亿元和 334 亿元，2013—2014 年卢森堡的人民币贷款分别为 2 350 亿元和 1 458 亿元。[①]

---

① 参见 Wind 资讯。

相较于国内投资，中资企业的海外投资额外增加了政治风险、法律冲突和汇率风险，加大了贷款违约的概率，意味着为之服务的中资银行也将面临更大的信用风险。例如"一带一路"战略中，我国参与沿线国家基础设施建设项目，往往需要中资银行提供配套的融资服务，然而基建投资普遍面临收益率低、回收期长的问题，投资布局可能还存在结构性过剩风险，这对商业银行的实力和综合风险管理提出了较高要求，需要考虑是否能够承受较慢的回款节奏并支撑项目存续。由于项目所处国家大多为发展中国家或新兴市场国家，地缘政治复杂，在社会安全、法律环境、经济发展等方面存在不稳定因素，可能会使企业的海外投资出现延期完工、半途而废、大大超预算等问题，贷款质量下降甚至无法回收，给企业和银行均造成巨大损失。[①]

全球金融危机之后，国际金融监管标准日益严格，境外监管也普遍采取了更为严格的资本约束和流动性管理要求，给我国商业银行境外机构的发展带来了压力，在一定程度上制约了业务拓展。[②] 同时，随着全球经济金融日益一体化，中国企业和金融机构的国际化程度大大提高，中资银行的跨境贷款面临更加激烈的竞争。[③]一方面，中资银行要面对来自当地金融机构以及发达国家金融机构的竞争压力，尤其是在政策法律环境、贷款成本、产品种类、服务水平以及接受认同度等方面相对不利的情况下。另一方面，还存在同海外中资金融机构之间进行竞争的压力，尤其是在各家银行主体评级相近、产品单一、差异化程度较低的情况下。这些都对中资银行的跨境贷款业务提出了巨大挑战。

7.2.2　资本频繁流动带来的流动性风险

1. 银行存款的稳定性受到资本账户逐渐开放的挑战

资本账户管制的逐步取消使得跨境资金流动趋于频繁，增加了银行存款的波动性。不难预计，随着人民币国际化的推进，对外贸易及对外投资的结算货币将从只限于外币扩展为人民币、外币并行，以人民币债券为主的证券市场投融资将不断涌现，与他国货币的互换规模也将逐步扩大，这些因素都引起银行资金的跨境流动，进而动摇存款稳定性。

从存贷款比率来看，2015 年，我国商业银行存贷比为 67.24%，16 家上市商业银行的存贷比均值为 73.48%，其中以交通银行最高，高达 82.99%，而南京银行则低至 49.82%，两极分化严重（见图 7—3）。由于近来银行存款的收益率偏低，银行存款已经受到了其他金融投资方式的分流，一旦资本账户开放，可以预见存款流失将加剧，商业银行的存贷比状况堪忧（见图 7—4）。

---

① 参见夏丹、武雯、汪伟：《"一带一路"战略下的商业银行业务发展契机与策略建议》，载《新金融》，2015（9）。

② 参见魏革军：《提升商业银行国际化水平——访中国银行行长陈四清》，载《中国金融》，2015（17）。

③ 程军：《构建"一带一路"经贸往来金融大动脉》，载《中国金融》，2015（5）。

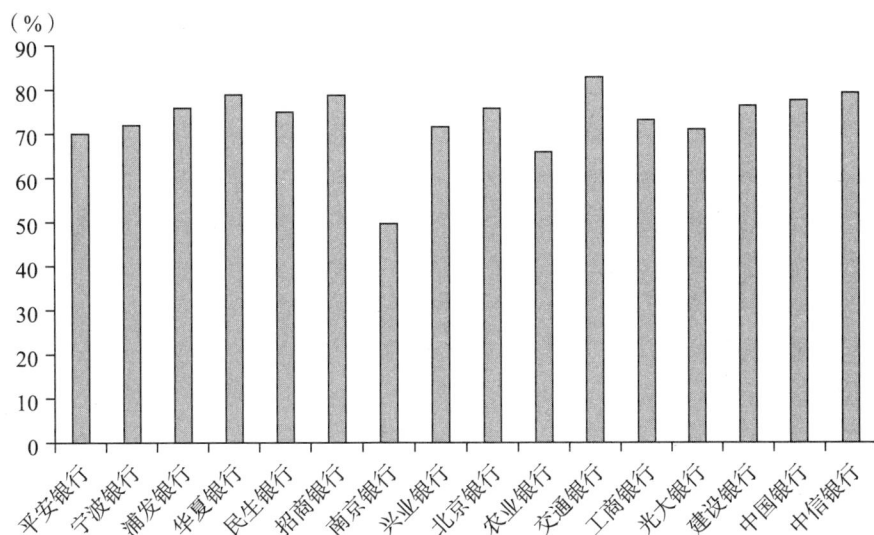

图 7—3 2015 年中资上市银行存贷款比率

资料来源：Wind 资讯。

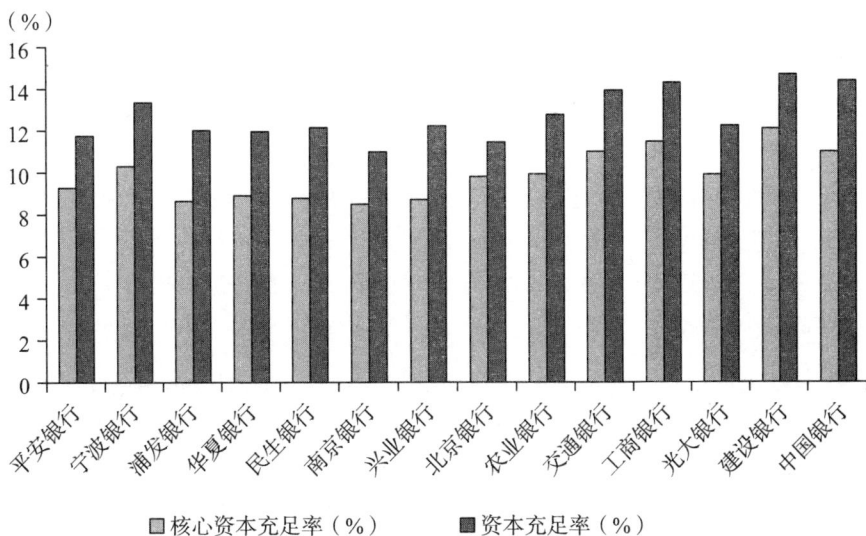

■ 核心资本充足率（%）　■ 资本充足率（%）

图 7—4 2014 年中资上市银行资本充足率

注：2015 年一些股份制商业银行数据缺失，故采用 2014 年数据。

资料来源：Wind 资讯。

2. 新一轮"脱媒"产生流动性冲击

人民币国际化以及资本账户的进一步放开，允许企业和机构通过发行离岸人民币债券实现融资，低成本融资渠道的建立可能引发新一轮的金融"脱媒"，给银行的资产扩张和盈利能力造成不利影响。中国经济进入新常态后，经济增长逐步放慢，为了配合经济转型升级和供给侧改革，2015 年至今，中国人民银行累计五次降息，四次下调存款准备金，利差变化引起汇率波动，促使离岸外汇市场中人民币的净结汇攀升，人民币流动性紧缩，人民币离岸融资渠道逐步趋热。越来越多的中资银行参与到离岸金融市场，尤其是人民币离岸金融市场，进行境外同业拆借活动。随着越来越多的市场主体开始发行人民币债务工具，加上沪港通的开通和 RQFII 的扩容，离岸人民币投融资市场的供求关系发生了改变，离岸人民币流动性渐趋紧张。[①]

同理，随着国内同业市场逐渐对外开放，境外金融机构也会参与进来。QFII（合格境外机构投资者）2012—2015 年的投资额度同期增长率分别为 32.74％、34.65％和 21.14％；RQFII（人民币合格境外机构投资者）2012—2015 年的投资额度同期增长率分别为 135.07％、90.29％和 48.26％（见图 7—5 和表 7—2）。

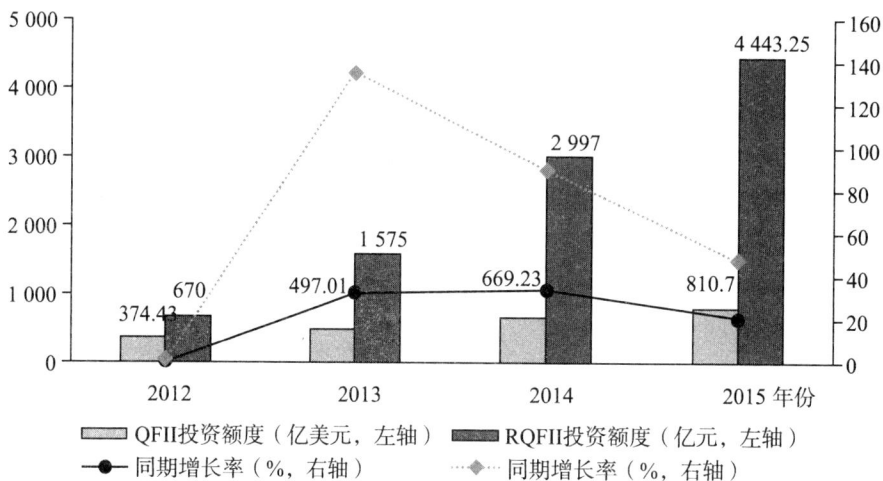

图 7—5　2012—2015 年 QFII 和 RQFII 年度投资情况

资料来源：Wind 资讯。

境外金融机构进入同业市场不仅增加了竞争，还可能把外部风险引入国内金融体系。因此，中资金融机构进入离岸金融市场，海外金融机构进入中国债券市场，都可能引发流动性危机。

7.2.3　汇率波动加剧带来的市场风险

人民币汇率形成机制的市场化可能会加大汇率波动风险，对商业银行的外汇业务将提出挑战。不仅会使商业银行自身的外汇投资和交易业务面临汇率波动损失，还会对银行外汇理财和其他外汇衍生业务的发展造成不利影响。鉴于汇率波动的影响在前面章节中已做过充分的分析，故此处不再赘述。

---

① 参见蓝天旻旻：《人民币国际化背景下中资商业银行境外筹资研究》，载《新金融》，2015（8）。

表 7—2　中资银行境外银行同业及其他金融机构拆入与拆出

年份 指标 银行	2013 年				2014 年				2015 年			
	拆入		拆出		拆入		拆出		拆入		拆出	
	金额 (亿元)	占比 (%)	金额 (亿元)	占比 (%)	金额 (亿元)	占比 (%)	金额 (亿元)	占比 (%)	金额 (亿元)	占比 (%)	金额 (亿元)	占比 (%)
中国银行	2 466.61	84.17	770.93	30.34	1 121.17	55.61	1 003.28	32.35	1 121.27	37.02	1 032.18	29.38
中国工商银行	2 708.10	91.67	1 023.91	22.02	2 613.03	86.82	1 329.04	28.42	3 065.90	80.45	2 282.99	39.21
中国农业银行	1 077.89	73.87	62.40	2.00	1 576.12	79.68	201.13	4.85	1 642.80	56.57	536.25	10.44
中国建设银行	1 160.81	94.78	1 169.60	50.07	1 263.63	83.05	1 314.83	53.1	2 168	71.27	1 188.76	35.66
交通银行	878.85	60.71	320.06	15.37	862.86	62.7	279.63	14.71	1 031.74	64.47	886.71	22.67

注：此处占比分别为境外同业拆入/拆出占该行拆入/拆出总额比重。

资料来源：各银行历年年报。

7.2.4 海外机构扩张带来的管理风险

开拓海外分支机构是中资银行国际化的必由之路，海外分支机构在为银行创造新型业务模式和盈利方式的同时，也对银行的风险管理提出了挑战。其中尤为引人关注的是操作风险。由于海内外分支机构所在国家、地区的法律条例不同，银行需要因地制宜完善业务体系。同时，人民币跨境结算等国际业务刚刚起步，商业银行的境外机构对国外法律法规不熟悉、从业人员业务不熟练、国内外网点间服务系统的不成熟容易引发漏洞，这就要求管理层加强对操作风险的控制。一个典型案例是2016 年 2 月 17 日，中国工商银行西班牙马德里分行在一场涉及反洗钱和逃税的调查中被搜查，包括总经理、副总经理、部门经理等 5 名主要负责人被带走，银行也被临时封锁。据西班牙执法当局称，这次搜查行动是搜寻工商银行"帮助一个犯罪团伙将 3 亿欧元从西班牙汇入中国"的控诉证据。[①] 虽然该事件至今仍未有确定的结果公布，但已经对中资银行海外业务拓展给出了风险警示。

除了操作风险，海外机构扩张也会带来财务风险，给银行的集团管理带来挑战。海外分支结构的开设使得银行资产负债表从国内拓向全球市场，涉及海外资金的业务往来会促使资产负债表中海外来源将不断扩大，面对新开辟的海外市场，经验缺乏和业务模式陌生容易恶化资产负债的期限错配格局，且在海内外并表时，如处理不当，将引发财务风险。同时，人民币国际化使得银行的服务对象国际化，对银行全天候流动性管理提出要求。自有资金的不恰当运用、同业拆借的不合理配置以及资金价格的估值错位也将导致财务风险。

最后是经营风险。目前中资银行的人民币跨境业务尽管在香港和东盟地区有相对成熟的业务模式和充足的经验，但随着人民币国际化的不断深入，客户群也逐步国际化，跨国贸易集团是最具潜力的新增客户群，在涉及贸易资金结算时，对银行的市场前瞻性和战略部署提出了较大挑战。完善全球服务网络，实现对境外机构信用风险的有力甄别评估都是商业银行在开设海外分支机构时需重点开展的工作。

尽管中资银行在国际化进程中会遇到许多外部风险，但就目前中国银行业的发展阶段而言，海外业务占比相对较低，境外机构盈利占比仍旧相对较小，对利润总额的贡献度还相对较低，银行面临的风险仍主要来源于国内。例如中国银行 2014 年对外投资占总投资的比重为 16.14%，香港、澳门、台湾地区资产总额占集团资产总额的16.33%，利润对集团利润总额的贡献为 6.44%；其他国家资产总额占集团资产总额的 11.08%，对集团利润总额的贡献为 6.54%。[②] 在中国经济增长处于下行区间时，未来银行业风险仍然主要是大陆以及和大陆有密切联系的港澳台地区的资产和业务风险。

---

① 参见《工行马德里分行遭调查》，新浪网，http：//news.sina.com.cn/o/2016-02-19/doc—ifxprqea4745381.shtml。

② 参见《中国银行年报 2014》。

7.3　仍需防范国内风险

7.3.1　银行资产质量下降风险

中资银行的主要业务是信贷，信贷资产质量下降是威胁银行安全的首要风险。由于银行贷款是企业的主要融资渠道，在关停并转"两高一污"企业和"去产能、去库存、去杠杆"的经济结构调整过程中，银行的不良贷款规模急剧上升。2015 年第四季度，商业银行总资产规模增速为 15.6%，不良贷款规模持续上行，拨备水平持续下行，商业银行口径拨备覆盖率为 181%，部分大行的拨备覆盖率已经逼近150% 的监管红线，未来面临较大拨备计提压力。截至 2015 年年底，银行业关注类贷款比例 3.79%，整体不良贷款率 1.67%，拨备覆盖率 181%（见图 7—6 和图 7—7）。①

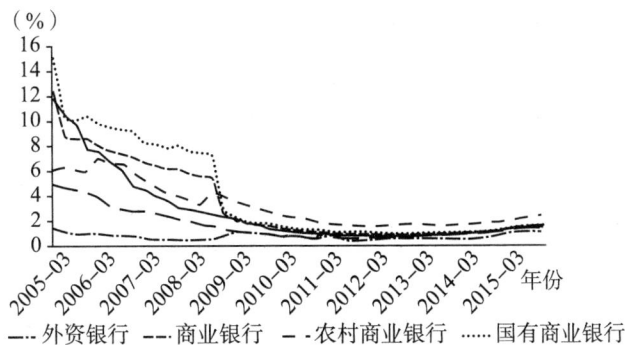

—··外资银行　-- 商业银行　- 农村商业银行　……国有商业银行

图 7—6　2005—2015 年各类商业银行不良贷款率

资料来源：Wind 资讯。

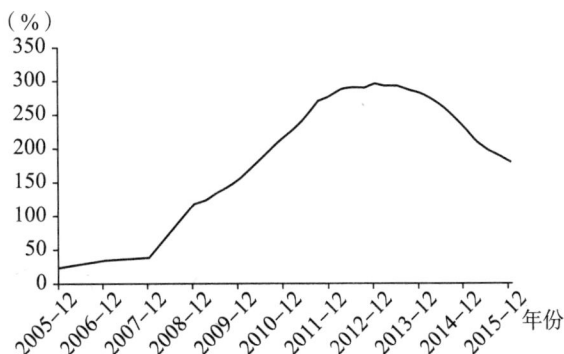

图 7—7　2005—2015 年各类商业银行拨备覆盖率

资料来源：Wind 资讯。

---

①　参见银监会主席尚福林 2016 年 3 月 12 日在"三会"联合记者会的发言。

从国际经验和我国过去的实践看，要化解银行不断积累的不良贷款，可以采取不良资产证券化、债转股等方式。债转股就是允许商业银行按照一定的标准，将银行对企业的债权转换为股权。债转股提供了处理表内不良资产的新手段，在短期内可以提高银行不良资产的出清速度，降低银行资产质量压力和企业杠杆率，对银行的经营和风险管理产生较大影响。值得注意的是，此举会促进延期续贷、已实质性破产但并未纳入不良贷款的公司加速债转股重组，使得短期内银行表内资产质量压力不降反升。此外，还存在实际操作中的道德风险和银企利益绑定问题，银行需要建立严格的风险隔离手段，防止利益输送。长期看，银行通过债转股可帮助消化企业的杠杆比例，有利于淘汰僵尸企业，但银行从债权人转向投资人，无疑要为去产能、去库存承担一定的成本，必须充分认识到其中的风险，制定相应的风险控制措施。

7.3.2 银行利润下降风险

拖累银行业利润增长的两个主要因素是息差缩小和资产质量下降，在"去产能、去库存、去杠杆"的经济结构调整过程中，这样的趋势在今后一段时间内还将延续。根据银监会公布的数据，截至 2015 年第四季度末，商业银行当年累计实现净利润 1.59 万亿元，同比增长 2.43%，净息差 2.54%，环比第三季度上升 1 个基点，收入成本比 30.59%，同比下降 1.03%。商业银行不良贷款率 1.67%，环比第三季度上升 8 个基点，拨备覆盖率为 181.18%，环比第三季度下降 9.62%；贷款拨备率为 3.03%，环比第三季度基本持平（见表7—4）。

表 7—4　　　　　　2015 年商业银行主要监管指标（法人）

	第一季度	第二季度	第三季度	第四季度
流动性指标				
流动性比例	47.46%	46.18%	46.16%	48.01%
存贷比	65.67%	65.80%	66.39%	67.24%
人民币超额备付金率	2.30%	2.91%	1.91%	2.10%
效益性指标				
净利润（本年累计，亿元）	4 436	8 715	12 925	15 926
资产利润率	1.29%	1.23%	1.20%	1.10%
资本利润率	17.76%	17.26%	16.68%	14.98%
净息差	2.53%	2.51%	2.53%	2.54%
非利息收入占比	24.60%	24.61%	24.27%	23.73%
成本收入比	26.67%	27.21%	27.88%	30.59%
资本充足指标				
核心一级资本净额（亿元）	95 456	97 062	101 414	106 268
一级资本净额（亿元）	98 027	99 962	104 463	110 109
资本净额（亿元）	117 594	119 949	125 073	131 030

续前表

	第一季度	第二季度	第三季度	第四季度
信用风险加权资产（亿元）	803 087	833 708	859 033	884 712
市场风险加权资产（亿元）	7 929	8 354	8 598	8 613
操作风险加权资产（亿元）	68 530	68 672	68 814	77 226
应用资本底线后的风险加权资产合计（亿元）	895 530	926 236	950 921	973 982
核心一级资本充足率	10.66%	10.48%	10.66%	10.91%
一级资本充足率	10.95%	10.79%	10.99%	11.31%
资本充足率	13.13%	12.95%	13.15%	13.45%

资料来源：中国银行业监督管理委员会。

2015 年商业银行口径净利润增速为 2.4%，相比 2014 年末 9.6% 的增速水平下降了 7.2%。利率市场化基本完成，且中央银行采取多次降息政策，对银行的息差收入产生了显著的负面影响。银行是典型的顺周期行业，在宏观经济下行的打压下，在资产质量恶化的压力下，银行的净利润增速进入下行通道。展望未来，如果资产质量继续恶化并蚕食利润，预测银行业整体净利润增速可能接近零增长，甚至出现负增长（见图 7—8）。

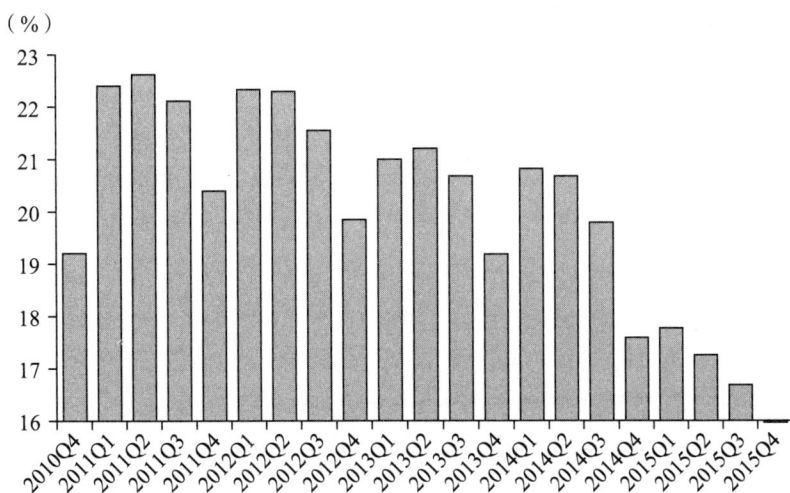

图7—8 2010—2015 年商业银行资本利润率

资料来源：Wind 资讯。

在未来利润增速持续放缓的趋势下，银行的盈利模式亟待转变。随着利率市场化进程的不断推进，表外业务的创新与开展日益成为传统银行业竞相争夺的新制高点，其中债转股、不良资产证券化业务重启和通过收购券商等牌照推进综合化经营，有望成为解决银行息差收窄和资产质量下滑问题的突破口。

7.3.3 利率市场化风险

2015 年，随着存款利率管制的放开，中国历时近 20 年的利率市场化进程基本完成。一方面，为了适应宏观经济管理需要，央行多次降准、降息，导致银行的贷款利息下降；另一方面，互联网金融异军突起，用更高的利率争夺居民储蓄资金，导致银行存款大幅流失。银行面临存贷利差收窄、存贷比上行的压力。据银监会官方数据披露，2015 年商业银行存贷比为 66.28%，较 2014 年的 65.13% 上升了 1.15%（见图 7—9）。此外，资本市场场外配资、互联网金融创新更是吸引了大部分存款外流，银行资产扩张能力早已今非昔比（见图 7—10）。展望未来，银行负债将更加不稳定，流动性风险加大。

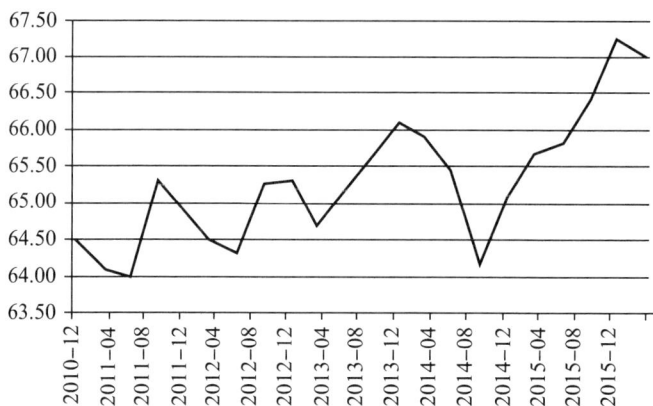

图 7—9 商业银行存贷比

注：从 2014 年第三季度起，存贷比按照《中国银监会关于调整商业银行存贷比计算口径的通知》（银监发〔2014〕34 号）中的方法计算，披露口径由"本外币"改为"人民币"。

资料来源：Wind 资讯。

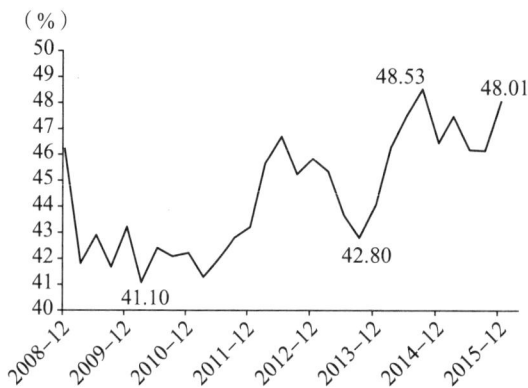

图 7—10 2009—2015 年商业银行流动性指标

资料来源：Wind 资讯。

7.3.4 影子银行风险

近年来，影子银行在服务经济社会发展的同时也暴露出了交易错综复杂、管理不规范等问题。影子银行将资金投向地方政府融资平台、房地产、"两高一剩"等行业和领域，削弱了宏观调控的有效性，不利于经济结构调整；影子银行的资金来源和运用与正规金融体系相互渗透，如果管理不善会导致风险向正规金融体系传递。此外，部分影子银行扩张冲动明显导致收益率过高，风险提示不足，扰乱了金融秩序和市场环境。

信托公司是我国最重要的影子银行，信托行业对经济周期和宏观环境变化相对敏感，在经济进入新常态下行压力增大，特别是钢铁、煤炭、水泥等行业产能过剩、亟待调整的背景下，信托业也结束了 2008 年以来的高速增长，步入转型发展阶段。前期高速发展时期，利率设置过高和业务集中于房地产、基建等领域等问题导致信托产品存在严峻的兑付风险，信托公司面临业务风险集聚与释放的挑战，以信托为渠道的深度介入，必然也会给银行带来传染风险。

在银信合作模式中，潜在的信托合作风险值得银行重点关注。首先，由信托公司发放、银行发起的信托贷款，存在隐性担保的表外风险敞口。由于受到监管指标与贷款行业投向等限制，银行有动力通过证券化等渠道将部分表内资产转移到表外，但在信托产品违约时，银行则要承担相应的损失。截至 2015 年 12 月，全部 40 614 只信托产品中，贷款类信托数量合计 3 151 只，占比 7.76%，且平均发行规模较大，规模占比达到了 19.52%。在当前银行表外资产计提拨备比例较低的情况下，一旦信托产品出现系统性违约，银行的不良资产很可能就会迅速增加。其次，银行以信托收益权形式购买信托产品，或为其他信托通道业务提供资金支持，当发生违约事件时，与违约信托产品相关的银行投资也将面临损失。最后，银行开展的信托产品代销业务同样隐含风险。在这种合作方式中，银行主要采取向高净值客户销售等方式获取佣金收入，只履行代销协议而不参与产品的设计与募集。当信托产品违约发生时，银行不负有赔偿责任，但若在销售过程中存在误导投资者等不当行为，则需分担违约责任。

此外，刚性兑付的后遗症也导致影子银行风险不断酝酿发酵。虽然在短期中刚性兑付有助于推动业务快速发展，消除投资者的疑虑，但其长期效果则会导致投资者对风险不敏感、风险收益不匹配，加大逆向选择风险，在经济下行时容易面临预期收益难以覆盖融资成本的冲击。而且刚性兑付也不利于成熟金融市场的发展，隐患更加严重。

近年来，伴随着信托公司自营渠道的扩展和资产管理行业竞争的日益激烈，信托公司对银行的依赖程度持续减弱，银信合作的占比正在逐步下降。加之监管层对银信合作相继出台各项细则，在资产真实转让、非标资产占比、风险资本计提等方面提出了更加严格的要求，从而使得银信合作的风险整体可控。

值得注意的是，披着同业业务和委托贷款外衣进行信贷腾挪的影子银行业务仍然兴旺。截至 2014 年年底，影子银行达到约 46 万亿元的规模，其中同业产品与信托的相互串联交叉行为比较突出，进一步放大了系统性风险。在此背景下，2015 年 1 月 16 日，银监会出台《商业银行委托贷款管理办法（征求意见稿）》，明确提出委托贷款资金不能来自银行授信资金或发行债券获得的资金、委托贷款资金不可变相进入资本市场等要求。重点从来源、投向、额度三个角度对委托贷款展开管理，力图整治实体经济及资产市场中私自提升杠杆等不规范行为，严格控制非标资产风险向银行资产负债表内及其他金融市场的转移。结合此前发布的针对理财资金监管的《中国银监会关于规范商业银行理财业务投资运作有关问题的通知》（银发〔2013〕8号）和规范同业业务的《关于规范金融机构同业业务的通知》（银发〔2014〕127号），对影子银行的监管实现了框架性总体监管和具体落实的结合。

在放松对地方融资平台监管和同业业务活跃开展的推动下，2015 年末社会融资规模进一步扩张至 1.8 万亿元人民币，反映出影子银行融资的回升迹象，由此带来的不稳定与潜在风险值得关注和警惕。此外，影子银行模式还逐渐渗透到资本市场场外配资、互联网金融创新、房地产中介等新领域，出现了复杂多样的衍生扩展形态，从而进一步加剧了银行业的整体风险。

专栏 7—2

商业银行跨境人民币业务合规风险管理

近年来，随着人民币国际化进程的稳步推进，跨境人民币业务取得了蓬勃发展。人民币国际使用的政策框架基本建成，经常项目跨境人民币业务已实现全覆盖和充分便利化，跨境人民币直接投资已无政策障碍，人民币跨境融资有序放开。作为跨境人民币业务的践行者，商业银行在积极开展跨境人民币金融服务的同时，全面落实监管要求，不断完善内控管理体系，稳步推动跨境人民币业务健康发展。

一、全面落实"展业三原则"，审慎自律开展业务

"展业三原则"，即"了解客户、了解业务、尽职调查"，是商业银行办理跨境人民币业务的基本原则。商业银行将"展业三原则"落实在跨境人民币各项业务操作和管理的始终，贯穿于客户存续关系的事前、事中及事后，审慎自律，合规经营。

在"了解客户"方面，商业银行严格开展客户身份识别工作。与客户建立业务关系时，认真核实客户身份证明、业务状况等资料的合法性、真实性和有效性；与非居民及境外金融机构建立业务关系时，充分履行反洗钱、反恐融资及国际制裁等方面的审查职责。与客户业务关系存续期间，对客户持续开展尽职调查，关注客户的日常经营活动、金融交易、政策合规等情况，及时更新客户信息，以确保银行业务系统中客户身份的真实、完整及合规。在"了解业务"方面，商业银行在业务办理时对客户基于跨境交易合同、交易背景、商品种类、投资标的、价格条款、单据要求等要素进行审核，合理考量跨境融资期限与贸易资金周转期限的匹配，依据业务背景对跨境物流、资金流和单据流进行跟踪监控，全面掌握客户在跨境人民币货物贸易、服务贸易或跨境投融资等业务整个流程的真实性和合规性，令风险防控尽在掌握。在"尽职调查"方面，商业银行既要对客户的身份识别和交易识别持续开展尽职调查，也要定期监控分析客户及业务指标变动情况，重点对大额、高频、异常交易进行事后核查。对发现的各类异常可疑业务信息，及时报告中国人民银行等监管部门，并配合做好业务核查和后续业务检查工作。

二、完善内控管理体系，构建风险管理长效机制

建立健全内控管理体系是商业银行持续健康开展跨境人民币业务的重要保障。第一，建立在跨境人民币监管政策框架内、兼顾国际惯例和境内外法律的规章制度，是商业银行内控管理体系的基石。在具体的操作流程制度中，强化对重点风险环节的防控，强化反洗钱、反恐怖融资的监管要求，确保业务开展审慎合规。第二，建立制度化、可操作的风险预检和常规检查机制，及早发现并避免高风险业务和违规行为的发生，并对常规检查时发现的问题及时整改、防微杜渐。第三，加强异常数据分析和业务后续管理。建立大额、可疑交易监测与报告制度，发现可疑业务、可疑客户特征或资金流向，按规定及时报告监管部门，并适时调整客户风险等级、业务准入及风险防控策略，切实提高风险管控水平。第四，明确各级人员的风险责任，建立责任追究制度。对疏于管控、突破底线、违规违法等情况，严格执行风险责任追究制度，确保风险责任落实到位。

第 8 章

以供给侧改革夯实人民币
国际化的经济基础

理论研究与实践均表明，强大的经济实力是一国货币国际化的基础，人民币国际化进程之所以能够顺利推进，关键在于中国经济具有举足轻重的国际地位。目前，中国经济面临着艰巨的结构调整任务，面临着复杂的国际经济环境约束，新问题、新风险使得经济持续发展受阻的压力不断增加。如何打破中国经济可持续发展的瓶颈？进行供给侧改革是一条必由之路。以供给侧改革重构中国经济持续、高效发展的基础，人民币国际化就能够走得更坚定、更长远。

8.1　实体经济是人民币国际化的坚实基础

没有强大的实体经济，一国货币不可能得到全球货币使用者的长久信任，该国货币的国际化就会成为流沙上的大厦，没有稳固的根基。从这个角度看，基于中国实体经济坚实的基础，迄今为止人民币国际化进程是比较顺利的。2015 年人民币顺利地加入 SDR 货币篮子，这无疑是国际社会对中国改革开放 37 年来经济持续高速发展的肯定。

Bergsten（1975）认为，一国货币若想成为国际货币，该国在自身经济上要满足以下条件：在国际经济体系中具有相对优势，具备稳定的经济实力和价格水平。Tavlas（1997）根据最优货币区标准，认为贸易一体化程度是国际货币选择的最重要因素。Richard Portes and Helene Rey（1998）强调，国民经济规模庞大且经济实力雄厚，对外经贸密切且具有较高地位，这两个方面直接决定了国际市场对一国货币的认可。Bacchetts and Wincoop（2002）发现，市场份额是计价货币选择的决定性因素。出口国所占市场份额越高，越有可能以出口国货币定价。相反，出口国企业越有可能被迫选择强势国外竞争者的货币定价。因此，强大的经济实力、重要的国际贸易地位是货币国际化的必要前提。

历史经验表明，强大的经济实力是一国货币国际化的推动力和根本保证。在英镑成为国际货币之前，英国已经凭借工业革命和自由贸易成为了世界工厂，所生产的商品遍及世界市场，经济总量及其增长都领先于其他工业国家，英国经济贸易的迅猛发展使得英镑很快确立了国际货币地位。到1914年，国际贸易的90%使用英镑结算，英国的海外投资占西方国家总投资的一半。在1944年布雷顿森林体系确定美元成为关键的国际货币之前，美国凭借后发优势，建立了经济效率更高、更现代的工业体系，其经济总量早在1870年就超过了英国，名列世界前茅；在欧元正式运行之前，欧盟的经济总量由1993年的约6.7万亿美元增长到2002年的近10万亿美元，1995—2000年间，欧盟国家的经济保持3%的稳定增长，欧盟的整体经济实力已经超过美国，位居世界第一。正因为有强大的实体经济作为支撑，2002年正式进入流通的欧元名正言顺地成为紧随美元之后的主要国际货币。

除了经济实力与贸易地位外，货币国际化还需要一个前提，即币值稳定。币值稳定的实质是货币供给与货币需求保持适度平衡，也就是摆正货币供给与实体经济增长之间的关系。在1949年新中国成立以前，中国经济一直饱受货币币值不稳甚至恶性通货膨胀的折磨。新中国成立以后，陈云等主管宏观经济的高级领导人果断地采取措施，着眼于实体经济的需求，通过有计划地组织生产和畅通物流，保持生活必需品、重要物资的供求平衡，很快实现了人民币的币值稳定。这样的币值稳定一直保持到1978年中国实行改革开放。此后，在中国人民大学前校长黄达先生《财政信贷综合平衡导论》一书的思想指引下，中国的货币金融明确定位于服务实体经济发展的需要，特别强调货币供求平衡与稳定人民币购买力，防止金融"脱实就虚"，自我膨胀。而且，这种根深蒂固的金融观念不仅影响了中国国内的通货膨胀管理，还影响了人民币的对外定价，使得人民币成为2008年国际金融危机以来国际上汇率波动较小、币值较稳定的货币。立足于货币金融服务于实体经济的理论与实践，人民币获得了币值稳定的思想基础和实践经验，并为人民币国际化做好了准备。

一国货币充当国际货币所发挥的各项职能，关键在于有强大的国力或较高的经济增长以及强有力的出口作为后盾。在国际贸易、资本流动中，选择什么货币作为计价和结算货币，一定程度上取决于货币的交易成本，根本上则取决于交易各方对该货币购买力的信心，这种信心主要来自对货币发行国经济实力和国际地位的认可。因此，自2012年《人民币国际化报告》首次发布以来，我们一直坚持一个基本观点，即实体经济是人民币国际化的坚实基础，离开中国实体经济在全球经济中毋庸置疑的强大实力，人民币国际化不可能阔步前进。

跨越中等收入陷阱不可或缺的因素

自 2008 年全球金融危机以来，国际社会一直都有唱空中国的声音，在国内也有不少学者和官员担心，由于一些制度和经济缺陷，快速发展的中国有可能像拉美一些新兴市场国家一样，落入"中等收入陷阱"，经济发展停滞，社会矛盾尖锐，相当长一段时间内失去经济增长的动力和国际竞争力。

通过梳理世界各国经济发展史不难发现，世界上跨越中等收入陷阱的发达国家有三大类。第一类是传统的老牌资本主义国家，包括英国、法国等老欧洲国家和美国，它们在工业革命的推动下全面实现了工业化，并在本国内部或者本地区的国家联盟内部构建了一整套具有自我技术更新的工业化体系。在经济发展、实现工业化的过程中，这些国家通过对外战争与殖民，实现对海外资源与财富的掠夺，从而在本国构建了相对完善的社会保障体系，在一定程度上将社会矛盾转嫁到了国外。第二类是日本、韩国、新加坡等国家，它们在第二次世界大战之后，承接了第一类国家出于国际战略考虑而进行的技术转移和大量订单，并在此基础上建立起部分自我完善与更新的工业体系，实现了经济增长，顺利跨入发达国家行列。但是它们在政治、经济与军事等多个领域并不独立，在国际事务中被第一类国家予取予夺。第三类是与欧美等第一类国家同宗同源的澳大利亚与加拿大，它们的人均经济资源极为丰富，依靠与第一类发达国家的天然血缘关系，成为这类国家工业化中不可缺少的资源和中间产品的供给环节，进入了富裕国家行列。总结这些成功跨越中等收入陷阱国家的经验，它们几乎都有一个共同的特点，那就是它们都完成了工业化，经济持续发展的强大动力依靠的是相对完善、具有自我升级能力的工业化体系。

反观那些落入"中等收入陷阱"的国家，有些国家曾经达到很高的人均收入水平，曾经十分接近发达国家的行列，但令人遗憾的是，它们没有建立起富有创新力和竞争力的产业结构，或者没有建立起有效的金融服务实体经济的机制，或者缺乏资本账户开放后进行有效宏观金融风险管理的能力，或者不能很好地处理经济增长与改善民生的关系，导致劳动力成本上升过快，贫富差距扩大，产业结构失衡，进而在经济全球化进程中，丧失了经济的自主性和商品的国际竞争力，甚至将本国的经济命脉拱手交与外资，在一次次的金融危机冲击之下，在"中等收入陷阱"中挣扎与煎熬。

作为最大的发展中国家，中国仍有一半的人口生活在农村，虽然工业门类齐全，但是高端制造能力薄弱，工业化远没有完成。在国际经济环境发生巨大变化后，中国经济结构不合理问题开始显现，经济增长下滑，进入一个转型换挡的新常态。针对本国国情，充分吸取其他国家在跨越中等收入陷阱过程中的经验和教训，中国制定了供给侧改革和新型城镇化的两轮驱动策略。只要坚定不移地构建具有创新能力和自我升级能力的工业化体系，构建具有强大购买力的多层次国内需求市场，中国就能够在 2020 年实现国民收入比 2010 年翻一番的目标，并为中国成功跨越"中等收入陷阱"、人民币成为重要国际货币奠定坚实的经济基础。

8.2 威胁中国经济可持续发展的主要风险

在过去盛行的传统经济模式下，中国经济注重需求管理，通过扩大投资、增加出口、拉动国内居民与政府消费来实现经济的较快发展。目前，中国经济正面临经济增速的换挡期、结构调整的阵痛期、前期刺激政策的消化期"三期叠加"的严峻挑战，存在经济增速下降、工业品价格下降、实体企业盈利下降、财政收入增速下降以及经济风险上升问题，显然，先前推动中国经济高速增长的动力已经失效，那种主要依靠信贷政策刺激投资、依靠廉价政策刺激出口的经济模式难以为继。加快经济转型升级，构建新的经济增长动力，是中国实体经济可持续发展的当务之急。

8.2.1 传统经济模式带来的结构性障碍

国际金融危机爆发以来，世界经济进入了漫长的衰退期，对外依赖度较高的中国经济受到沉重打击，国内产业结构不合理问题凸显。尤其是在 G20 国家实施的反危机经济刺激计划下，中国经历了一轮粗放式经济扩张，导致了严重的负债经营和产能过剩，经济背上了沉重的包袱，企业倒闭潮涌现，投资意愿下降，增长动力不足。2015 年中国 GDP 同比增长 6.9%，连续 5 年下降。工业增加值增长 5.9%，比上年下降 1%；固定资产投资增长 10%，比上年下降 5.7%。工业企业利润同比下降 2.3%，仅 11 月亏损企业数就达到 54 459 个，同比增加 17.4%。过去相当长一段时期作为中国经济增长重要引擎的出口贸易持续低迷，2015 年中国进出口贸易总额为 39 586.4 亿美元，同比下降 8.0%，其中进口总额为 16 820.7 亿美元，同比下跌 14.1%；出口总额为 22 765.7 亿美元，同比下降 2.8%。种种迹象表明，传统经济模式已造成经济增长的结构性障碍，难以为继，集中体现在以下四个方面：

1. 创新能力薄弱

改革开放以来，由于技术水平整体落后，缺乏核心技术，大多数中国企业只能从事"三来一补"和技术含量不高、劳动密集的产品生产，产品的附加值较低。相应地，企业的创新意识薄弱，研发投入较低，2000 年中国的研发支出占 GDP 的比重只有 0.9%，不到日本的 1/3，科技对 GDP 增长的贡献度不足 20%。国际金融危机爆发后，中国开始强调经济转型升级，加大了研发投入力度，2010 年研发投入超过德国，2013 年进而超过日本，2015 年研发支出 1.4 万亿元，是仅次于美国的世界第二大研发经费投入国家。目前中国的研发支出占 GDP 的比重达到 2.10%，已超过英国，达到欧元区水平，但是与日本、美国相比，仍有不小的差距（见图 8—1）。由于中国还有一半的农村人口，全民教育水平不高，高素质人才尤其是科技人才缺乏是制约中国创新能力的关键。根据世界银行的统计，2000 年中国每百万人口中 R&D 研究人员仅为 547

人，而同期日本为 5 151 人，美国为 3 476 人，中国研发人员的数量约为日本的 1/10
和美国的 1/6。经过不懈的努力，中国的科技人才培养取得了很大的成绩，与发达国
家的差距迅速缩小。2013 年中国每百万人口中 R&D 研究人员翻了一番，达到 1 089
人，大约是日本的 1/5、美国的 1/4、欧元区的 1/3（见图 8—2）。尽管 2014 年中国申
请专利的数量为 127 042 件，与 2000 年的 26 560 件专利相比增加了近 5 倍，是世界上
仅次于美国的专利大国（见图 8—3），但是受到机制体制的制约，科技成果向产业的
转化乏力，许多专利停留在实验室水平，致使科学技术对经济发展的贡献度相对较低。
美国经济增长中科技的贡献度超过 70%，而我国却不到 30%。科技对经济增长的贡
献率低，已成为制约我国经济发展的"阿喀琉斯之踵"。

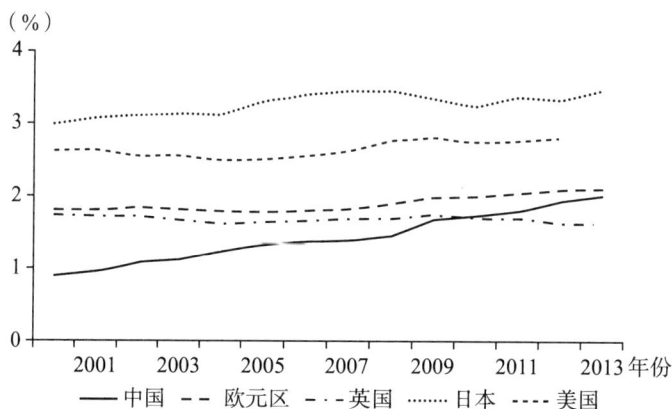

图 8—1　研发支出占 GDP 的比重变动情况

资料来源：世界银行。

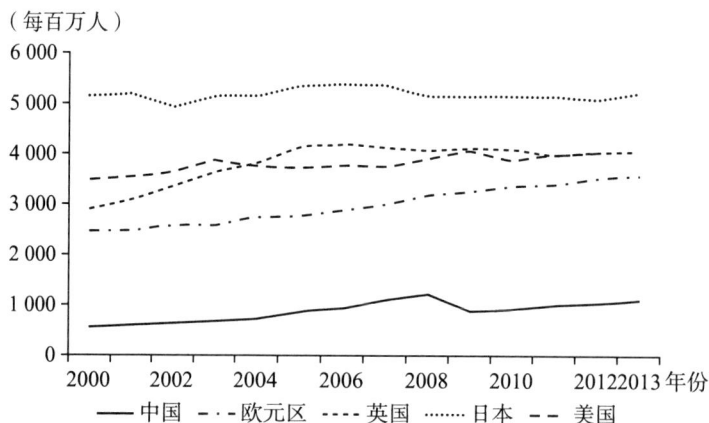

图 8—2　R&D 研究人员数量变动

注：R&D 研究人员是指参与新知识、新产品、新流程、新方法或新系统的概念成形或创造，以及相关
项目管理的专业人员，包括参与 R&D 的博士研究生（ISCED97 第 6 级）。

资料来源：世界银行。

（万件）

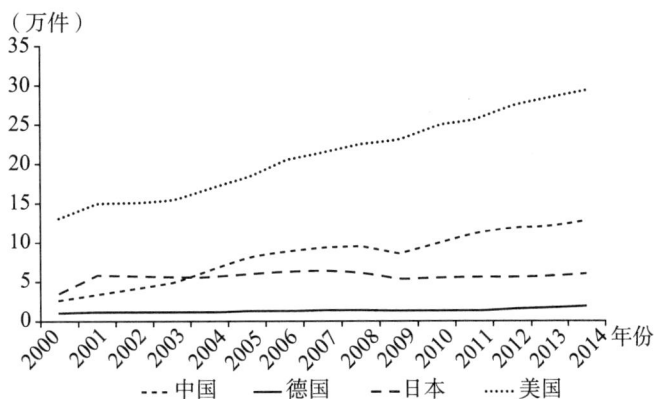

图8—3 专利申请数量变化

资料来源：世界银行。

2. 经济结构失衡

中国经济结构性失衡的一个主要表现是消费率的逐年下降和储蓄率的持续攀升。2000—2008年八年时间，由于住房、医疗、教育、养老压力加大，社会保障体系不健全，居民储蓄意愿陡增，储蓄率从36.2%迅速上升到51.8%，消费率从63.1%下滑到49.7%。储蓄和消费结构的变化，使得中国的内需市场萎缩，对外部需求的依赖大大增加，促使中国经济增长转向投资拉动和出口带动。2008年的国际金融危机以及后续的国际市场疲软，减少了国际市场需求，供过于求的结构性失衡、部分行业产能过剩的问题很快暴露无遗。为了保持一定速度的经济增长，政府被迫采用大力度的扩张性财政政策和货币政策，增大投资拉动经济的砝码（见图8—4）。大规模投资使生产能力急剧扩张，而消费增长速度远远赶不上资本投入和生产能力的扩张速度，恶化了内需不足和生产能力过剩之间的失衡状况。

（%）

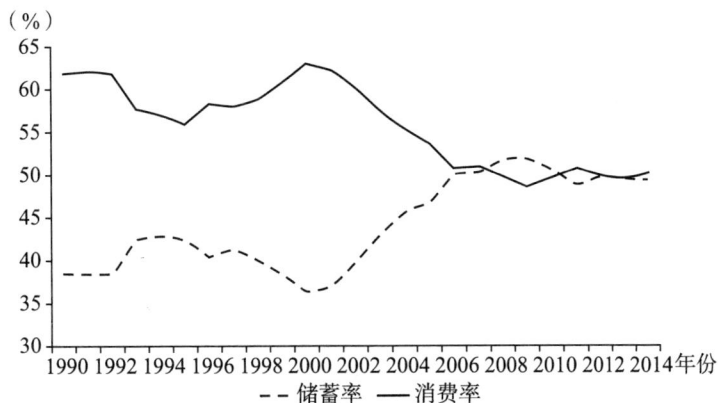

图8—4 1990—2014年中国储蓄和消费变化曲线

资料来源：世界银行。

163

中国经济结构性失衡的另一个表现是部分行业产能严重过剩，而居民的生活需求得不到有效供给的满足。在经济转型升级过程中，钢铁、煤炭、化工、建材、电解铝等五大类行业出现了严重的产能过剩。例如，按 2015 年煤炭消费量 35 亿吨估算，中国煤炭产能过剩 22 亿吨，产能利用率不足 70%。2012 年以来，我国粗钢产能利用率持续在合理水平线以下，2015 年产能利用率不足 67%，钢铁行业亏损严重。2015 年钢铁工业协会会员企业亏损 645 亿元，亏损面为 50.5%，企业经营十分困难。氮肥、氯碱等出现行业性亏损；无机盐、甲醇、轮胎制造等行业利润连续两年或三年下降。水泥行业利润 330 亿元，同比下降 58%，水泥产量出现了 25 年来的首次负增长。铝冶炼行业连年全行业巨额亏损，债务负担沉重。

不少沿海企业仍从事传统加工工业，沿用低效的生产技术和方式，导致市场空间被大量廉价、易淘汰的产品占据，造成实质性供给不良。改革开放以来，我国长期实行"需求引导供给，供给改善需求"的发展策略，在物资短缺、购买力较弱时期，过多注重"量"上的满足，而对产品质量和品牌的强调远远不足。一旦收入水平提升，需求档次提高，或者来自国外的低端需求数量减少，使得国内不可避免地出现一方面很多行业产能过剩，另一方面居民还想方设法到国外或通过代购方式购买奶粉、马桶盖、高压锅等高质量消费品的奇怪现象。中国能否兼顾供求两侧，稳步调整经济结构，减少无效和低端供给，扩大有效和中高端供给，对未来中国经济发展至关重要。

3. 民间投资下降

在过去相当长的时期中，投资一直是我国经济增长的主要动力。尽管最近两年消费超过投资和出口成为经济增长的第一动力，但是在出口负增长的情况下，投资仍然是我国经济增长特别倚重的动力。企业是民间投资的主力军，其中小企业最具活力。中小企业作为我国国民经济的重要组成部分和基本发展动力，在激活市场竞争、创造就业机会等方面做出了重要贡献。国家统计局数据显示，中小企业占企业法人总数超过 95%，其最终产品和服务价值占全国 GDP 总量的 50% 以上。由于思想观念以及体制机制存在问题，政府与市场之间的关系失衡，市场在配置资源方面居于次要地位，种种规定和软条件约束让中小企业无法进入一些盈利较高的、新兴的行业，导致中小企业在经济转型升级过程中投资意愿下降。此外，银行主导的金融体系存在"身份歧视"，在中小企业金融支持方面鲜有作为，中小企业即使有投资意愿，但是它们面临的资金紧张、融资困难问题至今没有得到解决。图 8—5 反映了民间投资增长率的变化情况。2015 年底民间固定投资增长率为 10.1%，与 2013 年初的 24.1% 相比，下降了 58%（见图 8—6）。民间投资的大幅萎缩反映了中小企业的发展环境更加恶劣，使其规模扩张、技术研发和资金需求得不到满足。中小企业缺乏足够的生机与活力，这就给新型城镇化中解决就业问题、保持经济的柔韧性和弹性带来巨大压力。

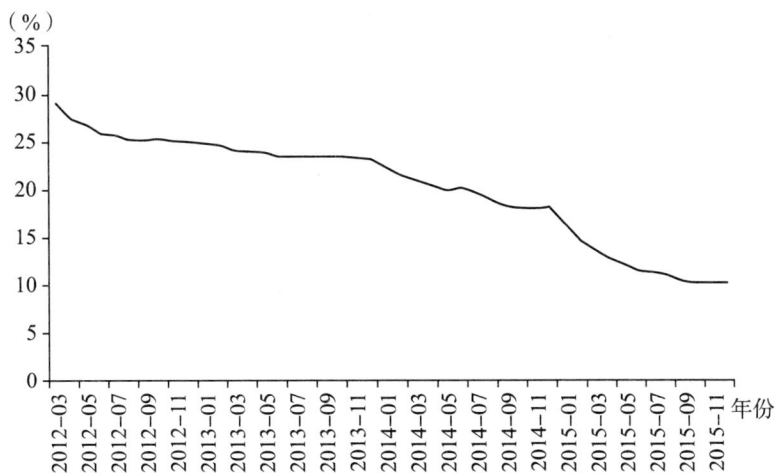

图 8—5 民间投资增长率变化曲线

资料来源：国家统计局。

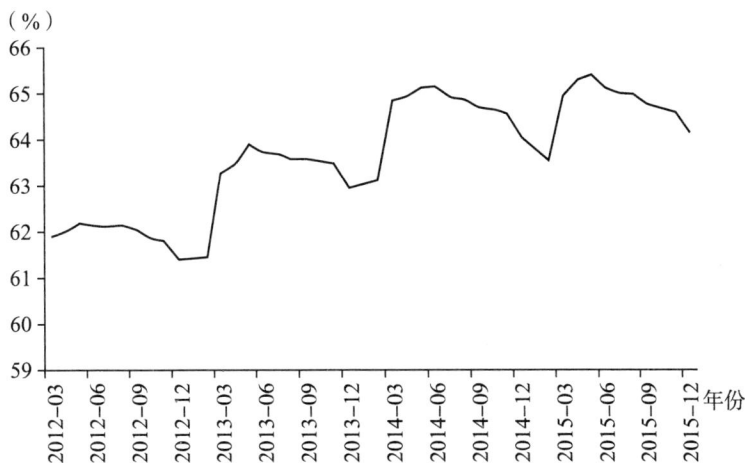

图 8—6 民间固定资产投资占比

注：民间固定资产投资占比＝民间固定资产投资额/全国固定资产投资额（不含农户）。

4. 中国贸易大而不强

2015 年，我国货物贸易进出口总值 24.59 万亿元人民币，继续保持全球第一的地位，较上一年继续提升。从贸易"量"上看，我国是世界最大的贸易国，是 100多个国家的最大贸易伙伴，进出口贸易额超过世界总额的八分之一。从贸易"质"上看，在出口产品附加值、贸易竞争力和定价权等方面，中国距离成为贸易强国的目标仍然任重而道远。一方面，我国出口产品多为低附加值产品，可替代性强，出口商品贸易额对价格变化非常敏感；传统的依靠廉价劳动力的中国制造产品正在失去往日的荣耀。2015 年纺织品、服装、箱包、鞋类、玩具、家具、塑料制品等 7 大类劳动密集型产品出口总值 2.93 万亿元，出现了罕见的下降，同比降幅为 1.7%。根据世界银行的统计，在世界其他主要国家（地区）高科技出口占比下降的大环境下，中国的高科技出口占制成品的比重保持上升态势，从 2000 年的 19.0% 稳步上升到 2014 年的 25.4%，陆续超过欧元区、日本、英国和美国（见图 8—7）。尽管中国的高科技出口在制造产品中占比较高，但这些产品的关键技术和元器件多来自国外，不仅生产受制于人，而且利润率相对较低，缺乏贸易谈判定价能力。此外，我国拥有知名品牌的制造企业数量不多，制造业的国际竞争力不强。2015 年 7 月 22 日，《财富》世界 500 强排行榜公布，中国上榜公司数量达到了 106 家，仅次于美国，接近日本的两倍，但这些公司主要集中在资源、能源、矿业、钢铁、运输、电信、金融等行业，制造企业只有两三家（见表 8—1）。

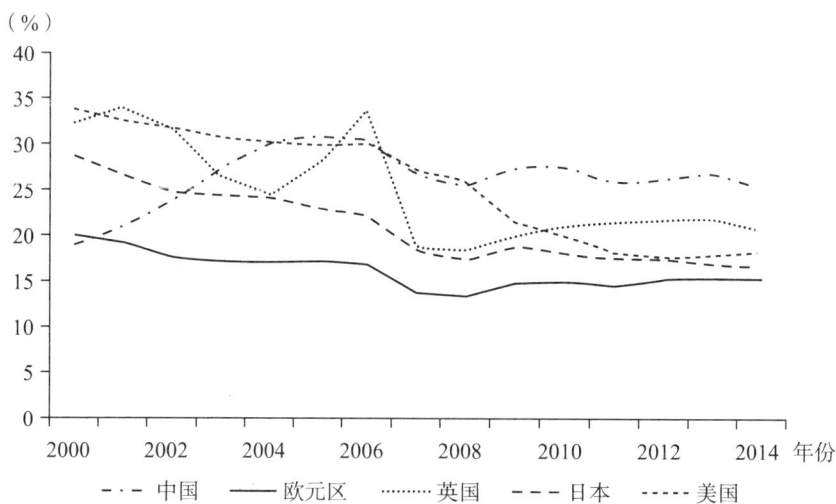

图 8—7　高科技出口（占制成品）比重变动情况

注：高科技出口产品是指具有高研发强度的产品，例如航空航天、计算机、医药、科学仪器、电气机械。

资料来源：世界银行。

表 8—1　　　　　　　　　　世界 500 强中的中国企业及排名

国际排名	公司	国际排名	公司
2	中国石油化工集团公司	274	江苏沙钢集团
4	中国石油天然气集团公司	276	中国医药集团
7	国家电网公司	281	中国民生银行
18	中国工商银行	282	怡和集团
29	中国建设银行	288	中国机械工业集团有限公司
31	鸿海精密工业股份有限公司	296	上海浦东发展银行股份有限公司

续前表

国际排名	公司	国际排名	公司
36	中国农业银行	304	渤海钢铁集团
37	中国建筑股份有限公司	315	冀中能源集团
45	中国银行	316	台湾中油股份有限公司
55	中国移动通信集团公司	321	中国航空油料集团公司
60	上海汽车集团股份有限公司	326	中国冶金科工集团有限公司
71	中国铁路工程总公司	328	中国太平洋保险（集团）股份有限公司
72	中国海洋石油总公司	336	和记黄埔有限公司
77	来宝集团	339	浙江物产集团
79	中国铁道建筑总公司	341	大同煤矿集团有限责任公司
87	国家开发银行	342	中国华信能源有限公司
94	中国人寿保险（集团）公司	343	中国国电集团公司
96	中国平安保险（集团）股份有限公司	344	新兴际华集团
105	中国中化集团公司	345	中国华电集团公司
107	中国第一汽车集团公司	354	江西铜业集团公司
109	东风汽车集团	355	和硕
113	中国南方电网有限责任公司	358	潞安集团
115	中国华润总公司	362	广州汽车工业集团
143	中国邮政集团公司	364	河南能源化工集团
144	中国兵器工业集团公司	366	中国电子信息产业集团有限公司
146	天津市物资集团总公司	371	中国船舶重工集团公司
156	太平洋建设集团	373	山东能源集团有限公司
159	中国航空工业集团公司	379	山西晋城无烟煤矿业集团有限责任公司
160	中国电信集团公司	380	陕西延长石油（集团）有限责任公司
165	中国交通建设集团有限公司	382	晋能集团
174	中国人民保险集团股份有限公司	389	广达电脑
186	中国中信集团有限公司	390	中国有色矿业集团有限公司

续前表

国际排名	公司	国际排名	公司
190	交通银行	391	中国能源建设集团有限公司
196	神华集团	392	中国大唐集团公司
198	中国五矿集团公司	393	台塑石化股份有限公司
207	北京汽车集团	400	开滦集团
218	宝钢集团有限公司	402	首钢集团
224	中国华能集团公司	403	中国电力投资集团公司
227	中国联合网络通信股份有限公司	409	山西阳泉煤业（集团）有限责任公司
228	华为投资控股有限公司	416	陕西煤业化工集团
231	联想集团	420	中国光大集团
234	山东魏桥创业集团有限公司	423	仁宝电脑
235	招商银行	426	中国通用技术（集团）控股有限责任公司
239	河北钢铁集团	432	中国远洋运输（集团）总公司
240	中国铝业公司	437	中国航天科技集团公司
247	正威国际集团	451	鞍钢集团公司
253	中国电力建设集团有限公司	457	中国保利集团
258	绿地控股集团有限公司	464	海航集团
264	山西焦煤集团有限责任公司	467	友邦保险
265	中国化工集团公司	471	国泰人寿保险股份有限公司
270	中国建筑材料集团有限公司	472	台湾积体电路制造股份有限公司
271	兴业银行	477	浙江吉利控股集团
272	中粮集团有限公司	500	武汉钢铁（集团）公司

资料来源：财富中文网。

8.2.2　复杂的国际环境和外部冲击

1. 外部需求低迷导致出口驱动失效

美国、欧盟、日本等发达国家和地区的经济仍处于金融危机后的温和复苏阶段，经济增长乏力。据国际货币基金组织估计，2015 年发达经济体的经济增长率为 1.9%，虽相较于 2014 年提升了 0.1 个百分点，但仍远低于全球 3.1% 的经济增长的平均值。发展中国家的经济增长率为 4.0%，较 2014 年下降了 0.6 个百分点（见

图 8—8）。尽管 IMF 预测 2016 年、2017 年世界经济增长率为 3.4％和 3.6％，但是增长动力微弱。发达国家未能恢复到 2007 年的增长水平，发展中国家也只有同期增长率的一半。低迷的世界经济环境意味着外部需求难以增长，中国的出口有可能继续负增长，出口不再发挥经济增长驱动力的作用。

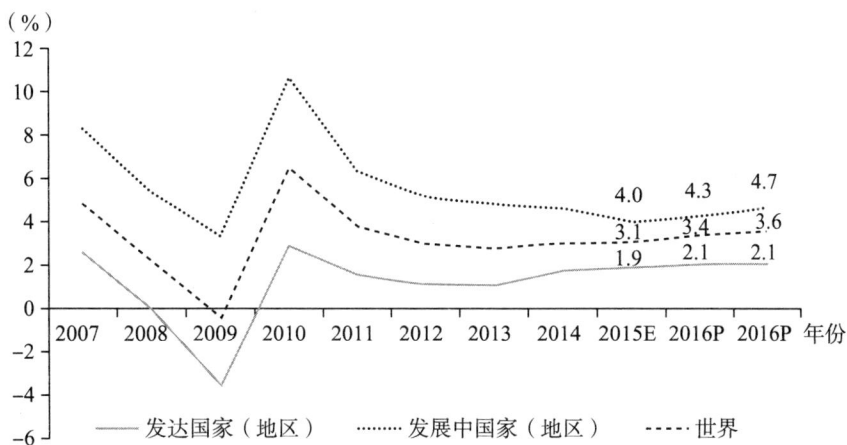

图 8—8　世界主要国家 GDP 增长率及预期

注：2015 年为估计值，2016 年、2017 年为预测值。

资料来源：IMF：《世界经济展望》。

在我国的主要贸易伙伴中，美国保持了经济复苏的良好势头，欧元区和日本经济依旧疲弱。根据江恩十年经济循环周期规律[①]，虽然美国金融危机走过八年历程，已经接近下调的尾声，有望在 2017 年开始一个长达十年的上升周期，但是 2011 年爆发的欧洲主权债务危机才历经五年，加上难民危机的困扰，离彻底走出阴霾至少还有 4～5 年的时间。2015 年，我国货物贸易进出口总值 24.59 万亿元人民币，相比 2014 年下降 7％。其中，出口 14.14 万亿元，下降 1.8％；进口 10.45 万亿元，下降 13.2％。实际上，自 2010 年以来，我国对主要发达国家（地区）的出口增长大幅度下降，而且非常不稳定（见图 8—9）。例如，中国对美国的出口增长率从 2010 年的 28.1％一路下滑，跌至 2015 年的 3.4％；同期，中国对日本的出口增长率从 22.7％跌至 −9.1％，对欧元区的出口增长率从 33.6％跌至 −6.1％，对英国的出口增长率从 24％跌至 4.4％。由于发达国家占据我国对外贸易大约一半的份额，如果发达国家和地区的经济增长或复苏乏力，并继续保持对华进口需求下降的趋势，我国出口企业的处境将变得十分困难。

---

① 十年经济循环周期是江恩分析的重要基础，江恩认为，十年周期可以再现市场的循环。一个新的历史低点与一个新的历史高点之间相距十年。任何一个长期的升势或跌势都不可能持续三年以上，其间必然有 3～6 个月的调整。因此，十年循环的升势过程实际上是前六年中，每三年出现一个顶部，最后四年出现最后的顶部。参见百度百科。

（%）

2001 2003 2005 2007 2009 2011 2013 2015 年份

------ 美国　　…… 欧元区　　——— 英国　　- - - 日本

图 8—9　中国对主要发达国家（地区）的出口增长率

资料来源：世界银行。

　　新兴市场国家的经济增速虽然快于发达国家，但因其结构性矛盾日益突出、技术创新能力较弱，经济的对外依赖性较强，抵御外部冲击的风险管理能力较差，在发达国家经济复苏缓慢、大宗商品价格大幅下降、资本外流加剧的情况下，经济增长普遍放缓。目前，新兴市场国家在中国的对外经济中所占比重越来越高，中国一半以上的对外贸易来自新兴市场国家和发展中国家，特别是"一带一路"倡议提出后，中国与沿线国家的经济和贸易日益紧密，投资和贸易也更多地转向了这些国家。由于地缘关系紧密，中国与韩国、印度、东盟国家的贸易增长迅速，2001 年以来，对这些国家和地区的年均出口增长率超过 20%（见图 8—10）。2015 年，新兴市场国家经济表现欠佳，它们的进口需求下降，导致中国对新兴市场的出口大幅下滑。例如，对韩国的出口增长率从 2010 年的 28.3% 下降到 2015 年的 1%，同期，对印度的出口增长率从 37.7% 下降到 7.4%，对马来西亚的出口增长率从 21.3% 下降到 −4.5%。

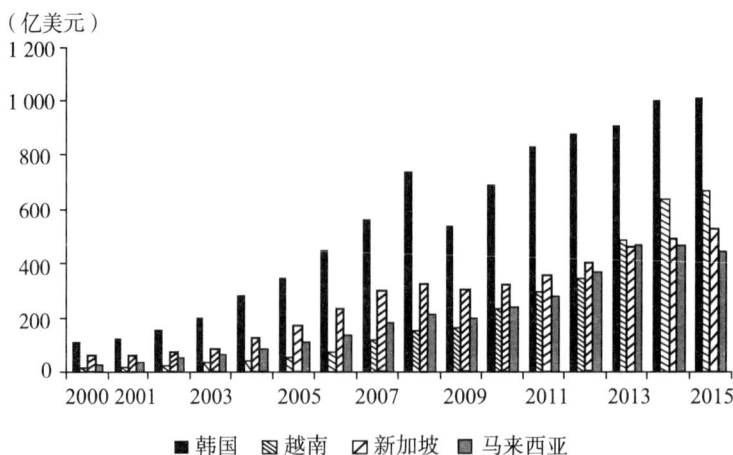

（亿美元）

■ 韩国　　▨ 越南　　▥ 新加坡　　▦ 马来西亚

图 8—10　2000—2015 年中国对东南亚主要国家出口情况变动

资料来源：IMF，IFS.

在当前世界经济低迷、主要贸易伙伴的外部需求减少的背景下，如果不能采取有效措施来提高我国的出口竞争力，我国就有可能失去出口驱动力，给经济增长和就业造成前所未有的压力。

2. 中国制造的国际竞争压力加大

在全球金融危机之后，发达国家着手进行产业结构的调整，反思金融"脱实就虚"现象，大力加强监管，要求金融机构去杠杆，更多地为实体经济服务。与此同时，为了保持其经济和技术的领先地位，它们纷纷回归实体经济，寻求产业转型，大力促进高端制造业的发展，提升本国制造业在全球的竞争力。美国、日本和以德国、法国为代表的部分欧洲国家纷纷制定并出台了"再制造业化"战略：美国的"重振制造业计划"、"高端制造计划"着眼于通过创新发展新能源、新材料、生物技术等新兴产业；日本除了在以机械设备制造、汽车及关键零部件制造为代表的工业竞争力上保持全球第一以外，还大力发展机器人、新能源汽车、3D打印和IT的作用；德国推出高科技的"工业4.0"计划，提升制造业的智能化水平，建立具有适应性、资源效率及人体工程学的智慧工厂；法国提出"工业化新法兰西"计划重点发展知识与技术密集的七大战略产业。主要工业国家这些提振制造业的计划提高了中国进入高端制造市场的门槛，有可能进一步拉大我国与它们在高端制造方面的差距，对于我国发展创新技术和产业升级形成了强有力的挑战。一方面，由于劳动力成本较快上升，我国在劳动密集型的低端制造品方面正在丧失优势；另一方面，发达国家在高端制造品方面加大投入，形成较高的技术壁垒，使得我国在国际贸易中的比较优势一路下滑，得自贸易的收入大幅度下降。贸易顺差占GDP的比例从2007年的顶峰10.02%下降到2013年的谷底1.56%。最近两年，由于大宗商品价格大幅下跌，进口支出比出口收入减少得更多，尽管出口出现负增长，贸易顺差却有所扩大，经常账户差额占GDP的比例提高（见图8—11）。

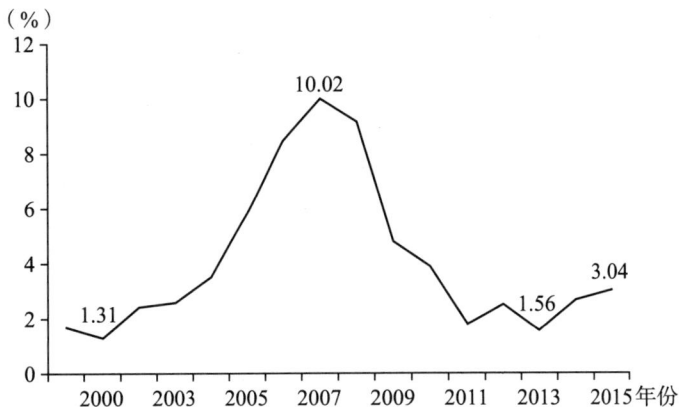

图8—11 中国经常账户差额占GDP的比例

3. 国际产能合作面临更大的竞争压力

加强国际产能合作，获得新的市场，延伸我国一些制造业的生命周期，这是更有效地实现我国产业转型升级的一个必然选择。新兴市场国家是我国国际产能合作的主要对象。自 2008 年金融危机爆发以来，贸易保护主义抬头，新兴经济体的制造业首当其冲，大多数贸易壁垒是发展中国家设置的。新兴经济体发展主要依靠低价格、低附加值的劳动密集型、资本密集型产业，产品技术壁垒低、同质性高，相互之间竞争激烈，引起贸易摩擦的可能性相对较高。而发达国家的高新技术产品正是新兴经济体所缺少的，产品替代性较弱，对新兴经济体市场进入的贸易壁垒的影响小。同时我国充裕的廉价劳动力在新兴市场国家并不具备明显优势，要想重新占领新兴市场，必须提高产品技术含量。如前所述，主要工业国家加大了研发投入，更加重视维持本国的制造业优势和国际竞争力，受美日重返亚太战略和新一波全球产业整合浪潮的影响，发达国家开始逐渐加强对东南亚地区、非洲以及"一带一路"沿线国家的产业转移和直接投资的力度，与中国相比，欧、美、日发达国家在技术上具有明显优势，对中国在这些地区的直接投资和国际产能合作产生了巨大冲击。

8.2.3 资本流动可能威胁经济的稳定性

人民币加入 SDR 客观上对我国金融开放提出了更高的要求。中国人民银行表示，中方将继续加快推动金融改革和对外开放，为促进全球经济增长、维护全球金融稳定和完善全球经济治理做出积极贡献。毋庸置疑，中国经济将面临越来越开放的宏观环境，在此环境下，资本流动、金融与实体经济间将有更为复杂的关联，实体经济受到人民币汇率、金融市场、国际资本流动冲击的风险更大。

1. 资本流动冲击实体经济的风险

资本账户更加开放，在获得优化配置国内外两种资源的同时，很难避免短期资本流动的套利性冲击风险。人民币加入 SDR，意味着中国为全球提供了一种储备资产，必然会增加全球资产管理者对人民币的关注和买卖需求，而人民币汇率灵活性的增加，反过来提高了人民币资产的汇率敏感度，短期内可能引发更多的资本流动。从国际经验看，短期资本快速流入容易引起资产泡沫，随后资产快速大规模流出，容易引发金融市场混乱甚至金融危机，破坏实体经济的资金链，造成人为的经济波动。

从资本流入的冲击角度看，短期内大规模的资本流入可能导致三大类风险：（1）外汇市场上本国货币供不应求局面，形成本币升值风险；（2）国内流动性过剩，压低利率水平，生产企业过度借贷而形成经济过热风险，同时债市、股市与房地产等市场价格虚高，形成资产价格泡沫；（3）在本币汇率高企、利率水平较低的背景下，本国企业与金融机构大量借入外债，形成资产负债表上的货币与期限错配风险。上述三种风险均有可能为金融危机埋下伏笔。以韩国为例，为了满足经济合作与发展组织（OECD）的准入要求，韩国于 1993 年实现了经常项目和资本项目下的自由兑换，1995 年对国外投资者开放了资本市场和货币市场。在内部金融改革不彻底的情况下，迅速开放本国金融市场，导致短期内大量国际资本流入。1996 年韩国的外汇储备为 332 亿美元，而短期外债就高达 930 亿美元。由于金融监管当局对金融开放产生的汇率风险、流动性风险、衍生品交易风险、外债风险等估计严重不足，导致东南亚金融危机在韩国一触即发。

由于短期资本流动具有较强的投机性，一旦流入国经济预期发生变化，或者金融市场套利预期收益下降，或者主要货币发行国的货币政策发生变化，或者国际社会有什么风吹草动，就会诱发资本流入突然发生中断、停止，继而发生方向逆转，短期资本开始大规模流出。在短期资本流出过程中，不仅外资大规模流出，出于逐利或避险的需要，国内资本也有可能加入大规模流出的行列。从短期资本的流出冲击角度看，也会造成三方面的不利后果，包括：（1）国内利率水平急剧升高，使实体产业融资成本上升，引发资金链断裂而陷入停滞破产状态，使实体产业产生灭活效应；而被灭活了的实体产能随后就可能被国际资本以极低廉的价格收购，成为为外资打工的实体；（2）资产价格大幅下跌，刺破前期资本流入造成的资产泡沫，使持有国内资产的居民部门、企业部门和政府部门的资产负债表的资产方严重受损；（3）本币对外币汇率显著贬值，使得过去大量对外币举债的国内金融与实体产业部门的对外负债急剧增加，从而加大它们破产以及被外资兼并收购的风险。

2. 资本流动对实体经济的冲击实证研究

Hutchison and Noy（2006），Joyce and Nabar（2009）等发现，如果将"一国资本净流入的下降幅度在 1 年内达到该国资本流动样本均值的 2 个标准差以上"定义为"资本流入突然停止"，则这种"突然停止"对实体经济的冲击最为严重，一般货币危机导致产出在 3 年内平均下降 2%～3%，而"突然停止"则会导致产出下降 13%～15%。

为量化讨论资本流动对实体经济的冲击，本章选择占全球经济总量 90% 的 G20 国家作为研究对象，以面板数据模型为工具进行实证分析。

（1）基本的计量模型设定。

$$\text{GDP}_{it} = \alpha_i + \eta_t + \beta \text{GDP}_{it-1} + \sum_{n=0}^{\omega} \gamma_n \text{CAP}_{it-n} + \xi_{it}$$

式中，GDP_{it} 为被解释变量，表示国家 i 在 t 年的实际 GDP 增长率；α_i 表示国家 i 的固定效应，η_t 表示 t 年的时间效应；研究中通过检验，最终本章选择了固定效应模型；$\sum_{n=0}^{\omega} \gamma_n \text{CAP}_{it-n}$ 表示资本流动对 GDP 的影响之和，其中 CAP_{it-n} 表示国家 i 的第 $t-n$ 年的资本流动指标，本章中分别以净资本流入、净资本流入增长率、资本流入、资本流入增长率四个指标进行建模；ω 取值从 0 到 2，考察不同滞后期的影响，因此，对每一个资本流动指标均可构成三个子模型；ξ_{it} 为随机误差项。

（2）数据选择与模型分组。

本章选择资本流入及其增长率、净资本流入及其增长率作为资本流动冲击的度量指标。为避免时间序列过短影响建模可靠性，本章取 2002—2015 年的数据，将部分数据缺失的国家删去。由于发达国家与发展中国家的资本流入特征不同，中国作为发展中国家，随着人民币国际化进程的展开，其资本流动将有可能具备部分发达国家特征，尤其是中国处于从相对严格的资本管制向相对宽松的资本管理过渡期，与其他国家相比存在较大的制度差异，因此，本章没有包括中国。对发展中国家与发达国家分组建模。其中发达国家组包括下列 9 个国家：澳大利亚、加拿大、德国、法国、意大利、日本、韩国、英国和美国；发展中国家包括阿根廷、巴西、俄罗斯、南非等 4 个国家。

（3）实证结果。

研究发现，无论是对发达国家组，还是对发展中国家组，资本流入增长率与资本流入净额增长率对经济增长的影响均不显著，本章在此不作详细报告。对发达国家而言，资本净流入的变化对经济增长的影响并不显著，不过资本流入金额对总产出有显著的影响。对发展中国家而言，建模结果表明，无论资本流入还是资本净流入，当期都会对 GDP 增长产生显著影响，而且在 10％ 的置信水平上，前一期资本净流入对当期 GDP 增长的影响也是显著的（如表 8—2 所示）。

表 8—2 资本流入与资本净流入对经济增长的影响

	资本流入		资本净流入	
	CAPT	CAPT（−1）	CAPN	CAPN（−1）
发达国家组	0.359 ** (0.038 3)	0.381 ** (0.044 3)	0.138 (0.548 1)	0.421 (0.840 5)
发展中国家组	0.306 8 ** (0.044 1)	0.238 7 (0.145 0)	0.313 7 ** (0.031 3)	0.269 6 * (0.088 2)

注：表中 CAPT 表示资本流入，CAPN 表示资本净流入；每个单元格中上方为系数值，* 表示在 10％ 的水平上显著，** 表示在 5％ 的水平上显著；下方为对应的 p 值。

对过去 13 年 G20 国家的实证研究表明，资本流入对各国的经济增长都有显著的影响。发达国家资本流入每增加 100 亿美元，GDP 增长率大约可增加 0.36％。发展中国家资本流入每增加 10 亿美元，GDP 增长率大约可增加 0.31％，当然，发展中国家多为资本净流入国，因此，资本净流入每增加 10 亿美元，带来的 GDP 增长率大致也是 0.31％。相反，如果由于某种原因出现资本流出，发达国家每流出 100 亿美元，或者发展中国家每流出 10 亿美元，它们的 GDP 增长率大约会下降 0.3％。

3. 加剧经济虚拟化的风险

自 20 世纪 80 年代以来，受到信息技术进步和经济全球化的影响，国际金融出现了证券化、电子化和国际化趋势，金融创新层出不穷，金融衍生品市场异军突起，金融交易逐渐脱离实体经济。根据国际清算银行的统计，2014 年世界股票交易额占 GDP 的比例为 102.4%，1990 年该比例仅为 32%（见图 8—12）。国际未偿债务余额的增长率也大大高于实体经济的增长率。在 2008 年金融危机爆发之前，二者的年均差距达到 13%。此后发达国家大力去杠杆，二者的差距大幅缩小（见图 8—13）。

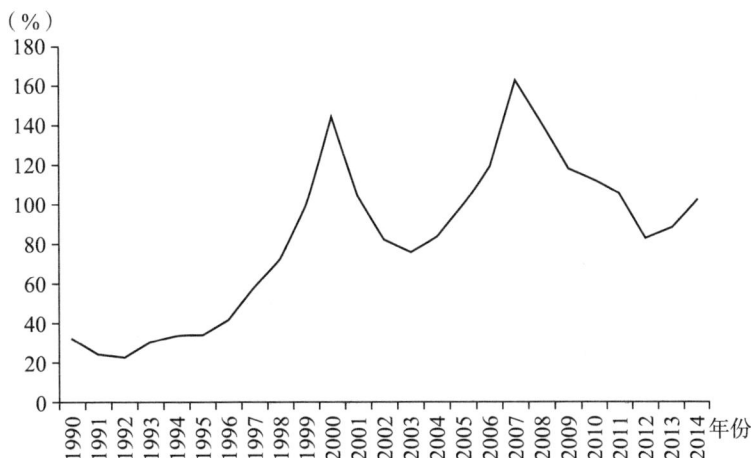

图 8—12　世界股票交易总额占 GDP 比重

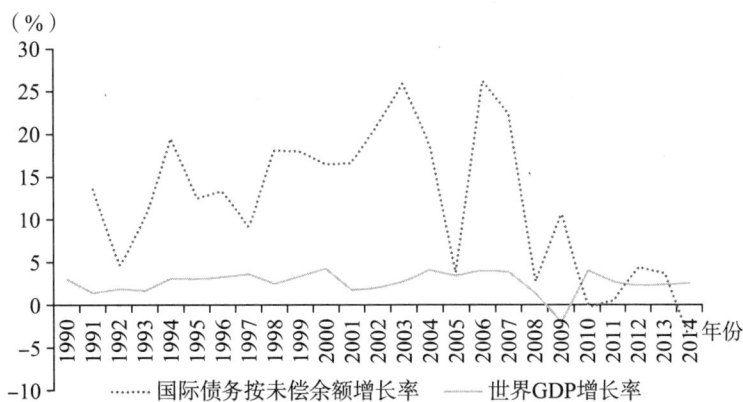

图 8—13　世界债务与 GDP 增长率的对比

　　从全球范围看，在过去的 25 年中，金融活动越来越多地关注自身的产品衍生与交易，越来越少地关注对企业和个人的信贷支持。也就是说，金融更多强调为金融服务，而不是强调为实体经济服务，金融业自身脱离实体经济自我繁荣，形成了一个快速增长、聚集巨大财富的庞大虚拟经济。在中国金融市场开放度有限、金融市场不发达的情况下，中国较少受到这种经济虚拟化的影响。然而，随着中国经济、金融逐步融入全球经济，尤其是人民币成为国际货币之后，金融"脱实就虚"问题开始显现，虚拟经济甚至在一定范围内受到追捧。突出表现为一些地方政府不切实际地推动金融业发展，一些企业家不愿投资实业，宁愿通过理财、金融资产投机来

"一夜暴富"。在华尔街虚拟经济示范效应的影响下，金融不是主要为实体经济服务的工具，而是通过金融产品和金融市场创新，通过金融技术来"挣快钱"的手段。这种观念在不少人心中十分流行。不难预料，在资本账户更加开放的情况下，资本跨国流动将更加频繁，规模也将扩大，一定程度上会刺激中国的虚拟经济膨胀，使原本应投资实体经济的资金投向容易"挣快钱"的金融产品，挫伤我国实体经济发展。此外，由于在国际范围内配置资源更加便捷，使得原本应投资于国内产业的资金投资于国外产业，有可能出现英、美、日发达国家曾经历过的"产业空心化"，有损人民币国际化长远发展的根基。

值得注意的是，世界经济发展不平衡，各国的经济周期并不完全同步，投资回报率的国际差异一直存在，在过去 20 年中，新兴市场国家的投资回报率就明显高于发达国家。随着更高水平的对外开放，中国居民海外投资机会必然增多，通过对外直接投资、对外人民币贷款、发行人民币债券等方式，可以获得较国内更高的投资收益率。这种提高资金收益率的跨国投资行为无疑会部分挤压国内资金。发展中国家的经验表明，在完全市场机制的作用下，高回报率的对外投资会对国内投资产生挤出效应，或者拉升国内的投资回报率。目前，在产业结构调整过程中，我国的第二产业平均投资收益率相对较低，容易导致资金流向回报率更高的股市或金融交易产品，从而造成金融资产泡沫，加大金融系统风险。与此同时，实体经济却得不到必要的资金支持。

在人民币国际化过程中，为了满足不同风险偏好的国际机构对人民币金融资产的需求，以及构建适当的人民币回流机制，中国需要大力发展多层次金融市场，增加多元人民币产品供给。这两个因素将共同促进我国虚拟经济的扩张。如果不能在金融发展与金融为实体经济服务之间找到一个适当的均衡点，不能对这一金融扩张进行有效控制和规范，就会造成虚拟经济过度膨胀，增加实业投资下降和经济去工业化风险，不利于中国经济结构稳定和可持续发展。

8.3 供给侧改革的主要抓手

要解决中国经济存在的主要问题，必须转变发展思路和经济模式。在 2015 年 10 月召开的中共十八届五中全会上，首次提出了"创新、协调、绿色、开放、共享"五大发展新理念，要求充分发挥市场在经济发展中的基础性作用，要求制定政策的着眼点从以前的需求管理转向供给侧改革。供给侧改革的实质，就是从生产要素供给角度出发，通过"去产能、去库存、去杠杆、降成本、补短板"，降低无效产能，盘活资产存量，弥补结构性短板，提高全要素劳动生产率，为中国经济维持中高速发展培育新的动力。如果中国能够在十三五期间顺利完成供给侧改革任务，建立起能够适应国际国内环境新变化的可持续发展的经济结构，必将夯实人民币国际化的经济基础，使得人民币避免遭遇日元国际化的困境，拥有打破国际金融市场货币使用惯性的强大动力，成为最重要的国际储备货币之一。

8.3.1 抓住主要矛盾，去产能、去库存、去杠杆

如前所述，在过去相当长一段时期内，中国经济对出口和投资有较高的依赖，具有粗放型经济特征，有些地方追求经济增长时不计成本，对环境造成较大破坏。为了实现经济转型升级的目标，满足人民更高生活质量、更美生态环境的新需求，当务之急是进行供给侧改革，做好"减法"和"加法"。做"减法"，即去产能、去库存、去杠杆、降成本，这是调整产业结构、剔出侵害经济躯体健康痼疾的"釜底抽薪"之举。在外部需求大幅减少而且树立绿色经济新理念后，一些出口导向企业供过于求，产品积压，连年亏损，失去了生存空间；一些高污染、高耗能和资源消耗型企业因为不符合绿色经济的要求而必须关闭；一些加重企业负担、提高经营成本的不合理收费必须降下来。

从需求角度看，目前中国产能严重过剩的行业主要有五大类：钢铁、煤炭、化工、建材、电解铝。以钢铁行业为例，根据国家统计局数据，2015 年我国粗钢产量 8.04 亿吨，同比降低 2.33%，出现了自 1981 年以来的首次负增长；钢材实际消费 6.64 亿吨，为 1996 年以来首次下降。钢铁企业产能利用率不足 67%，一半的钢铁企业处于亏损状态。煤炭、化工、建材和电解铝行业的情况与钢铁行业类似，大致需要去除 30% 的产能才能实现供求平衡、健康发展。

深入探究五大行业产能过剩的原因，不难发现，其实它们都与房地产库存增加高度正相关，有内在的一致性。自 1998 年中国实行住房制度改革以来，居民购买住房的热情高涨，加上 3 亿农民工进城，形成了巨大的住房刚性需求。在旺盛的需求推动下，2001—2007 年商品房销售额年均增长幅度接近 30%（见图 8—14），房地产很快成为中国经济的一大支柱产业，进而带动了上下游钢铁、建材、家电、石化装修等 60 多个产业的快速增长。2008 年国际金融危机爆发后，政府出台 4 万亿元经济刺激计划，进一步推动房地产销售额在 2009 年达到峰值。自 2010 年以来，政府着手控制房价过快上涨，防止出现房地产泡沫，房地产行业结束了高速增长期，投资性需求开始下降，商品房库存上升。

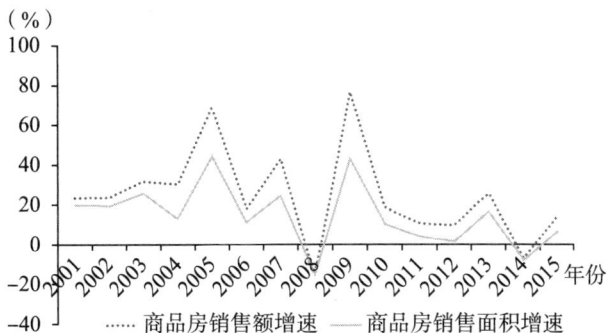

图 8—14 2001—2015 年全国商品房销售变化情况

资料来源：国家统计局。

　　然而，经过近 20 年的高速增长，房地产出现了供求失衡的局面，一线城市商品房供不应求，房价高企，一些三线、四线城市商品房库存积压严重。根据国家统计局公布的数据，2015 年商品房销售面积 128 495 万平方米，同比增长 6.5%，商品房销售金额增速回升了 14.1%。商品房待售面积 71 853 万平方米。2011—2015 年商品房待售面积年均增长率高达 22.2%（见图 8—15）。由于居民的投资渠道较窄，商品房逐渐偏离了居住功能，演变成为一些人投资的工具。据中国经济网报道，如果按照我国人均住房面积 30 平方米计算，目前无人居住的"空置"住房可供近 2.4 亿人口居住。商品房库存增加，直接导致上游的建材和钢铁行业库存上升（见图 8—16和图 8—17）。

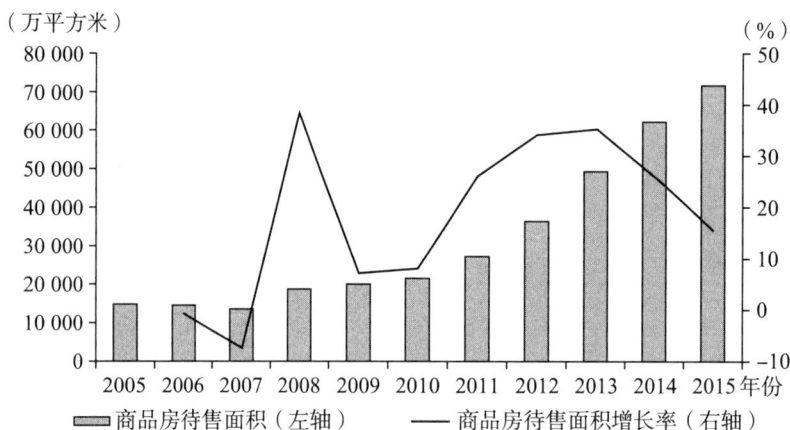

图 8—15　2005—2015 年全国商品房待售面积及增长率

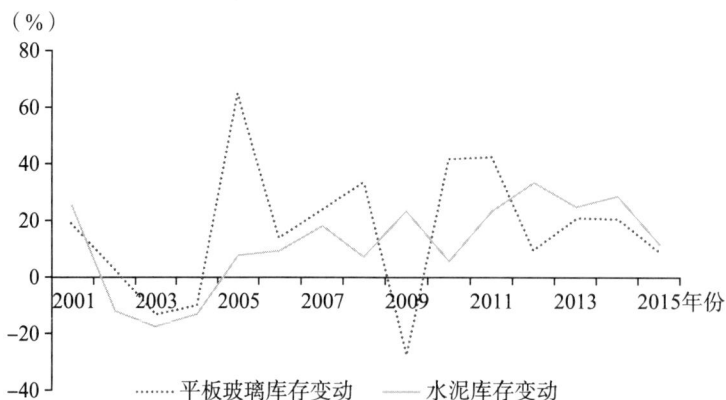

图 8—16　建材行业库存变动情况

资料来源：国家统计局。

　　从微观企业角度看，去产能意味着停工停产甚至企业破产倒闭，工人下岗，已投入的资本无法收回，成为沉没成本，很多企业家不愿主动采取措施去产能。从政府角度看，上述五类行业都是重资本型企业，对地方政府的经济增长业绩、税收、解决就业有较大贡献，因此地方政府往往难下决心放弃这些企业，让其关、停、并、转。从银行角度看，这些产能过剩的企业以前曾经是银行大力支持的客户，获得过银行的巨额贷款，毫无疑问，去产能、去库存、去杠杆意味着银行的不良贷款有可能大幅增加，在绩效考核的压力下，有的银行在停止向这些企业发放贷款或者坚决收回贷款方面权衡再三、犹豫不决。

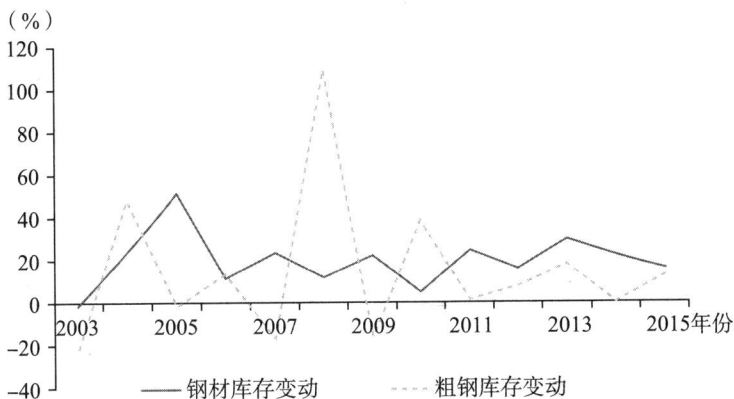

图 8—17　2003—2015 年钢铁行业库存变动情况

资料来源：国家统计局。

面对这种复杂的情况，必须坚持以下几个重要原则：（1）尊重市场规律，发挥市场在配置资源中的决定性作用。只要政府不干预，产能过剩问题交由市场来解决，市场竞争的优胜劣汰机制就会迫使企业努力削减过剩产能，并对抱残守缺的企业形成惩罚。（2）进行整体设计，不能碎片化去产能、去库存、去杠杆。去产能、去库存和去杠杆是一项复杂的系统工程，涉及多个相互关联的行业，不能单刀直入，需要发挥板块联动效应，以房地产为核心去库存，只有抓住主要矛盾发力，才能收到良好的效果。否则，相互割裂、独立地去产能，容易相互掣肘，事倍功半。（3）对于国有企业，主管部门应做出科学研判，顺应市场形势，坚决放弃拯救僵尸企业，努力推动兼并重组，与此同时，做好职工就业安置工作，保持社会稳定。

8.3.2　内外并举，弥补技术和品牌短板

实施供给侧改革，在做好"减法"的同时，还必须下大力气做好"加法"。增加基础设施、养老、医疗、教育、环保、文化体育设施投入，针对人民群众日益增长的物质文化需求，提供有效的供给。笔者认为，补短板的关键在于技术进步，至关重要的是应该实行倾斜政策，加大科研投入，着力弥补技术短板，从提高生产力、提高劳动生产率角度出发，提升科技对经济增长的贡献率。

1. 鼓励发展科技创新，增强产业核心竞争力

从主要工业国的情况看，科技在它们的国民经济增长中具有超过 50％以上的贡

献率，在美国，科技对经济增长的贡献率更是超过 70%。尽管中国在十二五时期加大了科研经费投入，鼓励万众创新，在航天、4G 移动通讯、高铁、核电等领域已经与世界先进水平同步甚至领先，但是与先进的发达国家相比，中国的整体技术水平仍然比较落后。在中国的经济增长中，科技的贡献不足 50%。目前在中国的 9 个高技术领域中，具有贸易竞争力的只有计算机与通信技术、生物技术两个领域，其他 7 个领域的贸易竞争力都较差。为了获得未来十年的国际产业链高端竞争力，中国需要采取包括财政、金融、收入、知识产权等方面的综合措施，鼓励创新和科技成果转化为生产力，不断提高产业的技术含量和劳动生产率，推动贸易和产业结构升级。政府应该鼓励投资高技术的产业基金，实施刺激企业研发投入的财政会计制度，加大高新技术引进消化和专利技术转化的税收优惠，通过完整的政策支持，增强企业技术创新的内在动力，促使企业真正成为技术创新的主体。具体措施包括：对自主创新型产业和经济活动实行税收激励，加大对企业研发投入的税前所得的抵扣力度，允许企业加速用于研发的设备仪器的折旧，减免高新技术企业所得税；鼓励银行、证券、保险、基金等金融机构加强对创新型企业的金融服务支持等。同时要引导外资投向高技术领域，约束、限制对低技术产业的投资力度。在对外商逐步实施国民待遇的同时，采取适当的税收优惠和限制政策，促使 FDI 更多地投向高技术含量的通用设备制造业、通信设备计算机及其他电子设备制造业，提高与贸易有关的外国直接投资活动的技术含量，推动贸易持续稳定健康的发展。

鼓励企业增加研发经费投入，争取在 2020 年实现科技进步对经济增长的贡献率达到 60% 的目标，从而将"中国制造"转变为"中国质造"和"中国智造"。一旦完成这样的经济"蜕变"，中国经济就会拥有较强的国际竞争力，更容易从产业链的中低端走向中高端，人民币国际化的根基将更加牢靠。

2. 加大对发达国家高端制造业的并购，以增加高技术供给

主要工业国的制造业历史悠久，众多企业拥有国际知名品牌和核心技术。目前，一些中国企业具备了雄厚的经济实力和较强的吸收先进技术的能力，在激烈的国际竞争中亟须拥有核心技术，以便实现产品升级。核心技术主要应该通过自主研发获得，在合适的条件下，购买、消化发达国家先进企业的技术也不失为一条捷径。特别是这场国际金融危机还未结束，欧洲又受到新的难民危机的打击，经济复苏的不确定性增加，不少制造企业因为市场萎缩难以生存，它们有出售自身拥有的品牌和技术甚至出售整个企业的愿望和动机，中资企业应该抓住机会，结合产业转型升级的实际需要，选择理想的目标企业，通过并购来充实技术、品牌和国际营销网络，更快地从国际产业链低端走向高端。

当然，即便是对西方企业进行并购这样一种纯粹市场化的行为，由于欧美部分国家对中国的偏见，也有可能受到政治阻挠。因此，有必要发挥政府的引导和支持作用，协调政治、外交、社团等多方力量，帮助中资企业完成发达国家企业的并购活动，以提升本国企业的技术水平，构建国际营销品牌和网络，提高本国企业对全

球商品市场的供给水平。

3. 加强质量与品牌建设补足有效供给短板

进入中等收入阶段，消费方面最大的变化是更加注重质量与品牌，没有品牌意味着没有市场和立锥之地。因此，培育一大批名牌企业，是中国实体经济能够抵御各种不利冲击的保障。中国政府应该制定法律法规，从知识产权上保护企业发展品牌所需的良好市场环境，并从文化舆论角度，加强对国内产品与品牌的正面宣传。实际上，中国企业现有的技术与管理水平，足以生产出满足高端需求的高品质产品，不至于发生到国外蜂拥购买日用消费品的现象，但是，国内企业自主品牌意识薄弱，同一家企业往往重视为外资配套生产的产品质量，轻视内销品牌的产品质量，从而损害了自有品牌的美誉度。此外，人们对国产自主品牌长期以来有一种低质低价的印象，影响了高端消费非进口品莫属的选择倾向，国人不愿出高价购买内资品牌，内资品牌只好提供与低价对应的低质产品，进一步强化了内资品牌低质低价的形象，并形成一种难以打破的恶性循环。因此，中国企业要创建世界品牌，培育国内消费市场，一是需要企业严把质量关，以长期的高品质养成品牌美誉度，同时国家要依法保护内资企业品牌，严惩假冒伪劣等侵犯知识产权的行为，规范市场环境，保护内资品牌。

中国产业转型升级离不开国际市场，需要在鼓励企业"走出去"的同时，制定国家品牌发展中长期计划。充分利用驻外领事馆与当地华人团体机构，定期举办各种中外企业参加的展会，帮助企业了解当地环境与文化，使"走出去"的企业了解当地市场细分，做到有的放矢，同时帮助企业建立海外畅通的销售渠道，推广企业品牌。过去中国企业的常见战略是先占领国内市场，然后为外企贴牌，以贴牌生产形成的质量声誉在国际市场上寻求代理商，逐步推广自己的品牌。这种方式在互联网思维独角兽企业横行的今天已经很难成功，因此借鉴和学习联合利华、宝洁公司等跨国企业的品牌管理战略，以适当的代价收购当地知名品牌，发挥"互联网＋"的优势，展开创新性的品牌管理，以建立畅通的销售渠道和合理的品牌运作与管理模式。

8.3.3 强化金融服务实体经济功能

1. 防范产业资源错配与经济泡沫化风险

金融是高效的资源配置手段，发达的金融市场、丰富的金融工具对实体经济的发展起着重要的推动作用。人民币加入 SDR 后，中国的金融市场更加开放，人民币同时涵盖离岸和在岸市场，参与主体、产品创新和丰富程度将会出现跨越式发展，金融业自身也具备了脱离实体经济进而自我膨胀、自我服务的更大可能性，因此，尤其需要强调长期以来中国明确的金融业定位，摆正金融与实体经济的关系，金融服务实体经济的理念不应该有任何动摇。

在资金要素的分配方面，中国应发挥本国社会制度的优势，综合运用财政税收政策，平衡国内金融运作的超额收益与实体产业的平均利润，抑制金融"脱实就虚"的自我膨胀、自我循环倾向，防止在股票市场、黄金市场、房地产市场、外汇市场和部分衍生品市场滋生资产泡沫，挤占实体经济的投资，确保金融机构运用资金来服务实体经济。

应该加强对外资的引导，培育更加便捷和合法合规的营商环境，鼓励外资投资于商品市场、服务提供等实体经济，带动中国相关产业提高技术和经营管理水平。

加强产融合作，在风险可控的情况下加快国际产能合作的力度，更好地实现国内去库存、压产能的产业转型升级目标。依靠国内科技水平的提高，提升海外投资的技术含量，提高中国对外直接投资（FDI）的技术溢出效应，以保持中国海外投资的竞争优势。同时鼓励海外投资收益回归国内，投资于科技研发与产业升级，投资于对传统实体产业的科技革新，提升国内工业水平。中国应该充分吸取日本经济在日元大幅升值、日元国际化进程中的教训，防止产业过快转移到国外，避免出现产业空心化以及去工业化，否则，经济很可能失去增长基础和发展动力，难免出现"失去的二十年"。

2. 多种手段保障金融服务实体经济

（1）加快国内金融市场建设。既要形成与我国实体产业规模相适应的资本市场规模，又要发展与经济转型升级要求相匹配的金融主体和市场，使得各类企业的投资生产需求、个人升级的消费需求都能够得到充分的金融支持，让国内外资本能在国内金融市场上发现令人满意的金融产品。与此同时，高度重视金融的虚拟化程度，适当约束纯粹金融体系内运转、以金融体系内盈利乃至以规避金融监管为目的的金融衍生品的发展，在国内形成实体产业发展及国际产能合作可以依托的相对安全的资本市场。

（2）审慎、渐进、可控地开放资本账户与金融市场，加强大数据技术的应用，整合银行、证券和保险业的监管力量，对资本流动加强监控。在资本账户与金融市场开放过程中，设计引入各种资本流动检测和管理工具，比如开征有利于遏制短期资本流动的托宾税等，通过提高成本、约束流动速度等方式减缓短期资本流动的冲击。

（3）加强宏观审慎政策的实施力度。通过对金融机构净外币头寸征税，在发生短期资本异常流动时，提高或降低金融机构的资本充足率和拨备要求，抑制金融机构资产负债表的期限与币种错配，缓解资本短期波动对金融系统造成的冲击。我们应该认真吸取日本在这方面提供的反面教训。《广场协议》之后日元升值，日本政府未能及时调整国内金融市场，积极化解货币升值带来的冲击和风险，不健全的金融体制反而放大了这种冲击和风险，酿成巨大的房地产泡沫和产业空心化，并为此付出了沉重的代价。

3. 加大对中小微企业的金融支持力度

中小微企业在推动市场竞争、提升市场活力、促进技术创新等方面作用巨大，已成为国民经济和市场发展的重要力量。然而中小微企业的规模小、盈利能力弱、财务制度不完善、信用理念不足、财务报表信息缺少和不实等因素，导致银行对企业进行信贷前调查有一定的阻碍，中小企业信贷难问题成为制约其发展的重要原因。

为了切实解决中小企业融资难问题，2015年6月，中国人民银行定向下调存款准备金率，决定从2014年6月16日起，对符合审慎经营要求且"三农"和小微企业贷款达到一定比例的商业银行，下调人民币存款准备金率0.5个百分点，引导信贷资源支持"三农"和小微企业。中国银监会对银行服务中小微企业进行引导和监督，从增速、户数、申贷获得率三个维度全面考察小微企业贷款增长情况，建立了"三个不低于"的监管标准。"三个不低于"是指在有效提高贷款增量的基础上，努力实现小微企业贷款增速不低于各项贷款平均增速，小微企业贷款户数不低于上年同期户数，小微企业申贷获得率不低于上年同期水平。

除了增加贷款可获得性外，资本市场也努力拓宽中小微企业直接融资的渠道。中国证监会提出了资本市场扶持小微企业的十条意见，通过大力培育私募市场和扩大公司债券范围，建设和完善中国的多层次资本市场，让优质的小微企业早日进入资本市场进行融资。新三板的设立为非上市股份有限公司的股份公开转让、融资、并购等相关业务提供服务，为中小型企业的发展做出了极为重要的贡献。对于民营中小企业来说，新三板不仅为企业提供了新的融资渠道，还可以引入战略投资者，在带来资金的同时，引入规范的公司治理，为企业做大做强奠定资本与治理的基础。

2015年，财政部、税务局、国家税务总局联合发布《关于小型微利企业所得税优惠政策有关问题的通知》。自2015年1月1日至2017年12月31日，对年应纳税所得额低于20万元（含20万元）的小型微利企业，其所得减按50％计入应纳税所得额，按20％的税率缴纳企业所得税。金融机构与小型、微型企业签订的借款合同免征印花税。另外还制定了一系列政策措施，给予中小企业一定的增值税、营业税优惠，降低中小微企业的税负，增强它们的盈利能力，改善它们的财务状况和信用，进而提高它们的融资能力。

8.4 人民币国际化有利于中国经济转型升级

进行供给侧改革，中国经济健康、可持续发展有利于夯实人民币国际化的物质基础，不容忽视的是，人民币国际化本身就是在建设更加稳健的国际货币新秩序、增加国际流动性供给，可为中国实体经济转型升级提供一个良好的环境和推动力。实际上，建立在中国经济发展基础上的人民币国际化，与中国经济发展具有良性互动机制，能够在一定程度上为巩固国内产业基础，抵御来自国际社会的不利冲击，促进中国经济尽快完成结构调整提供必要的支持。

8.4.1 人民币国际化可促进直接投资和产业升级

积极利用外资，大力引进先进技术，是我国制造业长足进步、成为世界加工厂的一个重要因素。

中国拥有14亿人口，地区经济发展不平衡，正处在新型城镇化进程中，可以为从底端到高端、从第一产业到第三产业、从普通消费品到奢侈消费品、从物质到精神的生产企业提供宽广的市场，这对国际投资者有巨大的吸引力。商务部数据显示，截至 2015 年 12 月底，中国非金融领域累计设立外商投资企业 83.7 万家，实际使用外资金额 16 423 亿美元。人民币国际化进程加快，特别是加入 SDR 后，国际社会对中国的经济前景继续看好，全球 500 强跨国公司继续在华投资新设企业或追加投资，所投资行业遍及汽车及零部件、石化、能源、基础设施、生物、医药、通信、金融、软件服务等，当年实际使用外资金额 7 813.5 亿元人民币，中国利用外资金额仍然名列世界前茅。

人民币国际化的长足进步增强了外商投资中国的信心，也便利了 RFDI。特别是与人民币国际化相伴而行的人民币升值预期，更是在鼓励和引导外资在中国产业转型升级中扮演积极的角色，发挥了正能量。利用外资出现了两个新的特点：一是绿色投资比例提高。与以前主要投资于制造业、房地产业相比，投资于金融、软件、医疗、保健、健康养老设施的外资企业明显增加。二是高技术含量和高附加值投资比例增加。中国大力普及信息技术的运用，降低网络费用，倡导"互联网＋"技术改造传统行业，而且鼓励大众创业、万众创新，各级政府都采取措施鼓励研发投资，着力提高技术水平和技术吸收能力，实际上提高了外资进入中国市场的技术门槛，有利于改善外商投资结构，有利于引进高技术、资本密集型企业。

自从 2005 年人民币汇率形成机制改革以来，尽管中间有时出现短期的贬值，但是人民币一直处于稳步升值状态。在 2015 年 8 月 11 日完成人民币汇率市场化的改革后，虽然人民币对美元出现了较大幅度的贬值，然而，根据中国外汇交易中心发布的 CFETS 人民币汇率指数，综合计算人民币对一篮子外币加权平均汇率的变动，人民币仍然保持了小幅的升值。实际上，与人民币国际化进程相伴而行的人民币升值趋势明显地影响了 FDI 的产业选择。近十年来人民币稳步升值，以人民币表示的国产原材料和工资水平的国际比较价格大幅上升，对依托中国资源的资源消耗型跨国公司造成了不利影响。随着中国劳动力平均工资的快速上升，中国劳动力廉价的优势逐渐减弱，低技术、劳动密集型行业竞争加剧，企业的生存空间狭窄，迫使外资调整投资战略，转向更高技术含量的产品和行业。人民币升值的 FDI 产业转移效应和技术溢出效应，对我国的产业及产品的升级换代具有带动作用。

8.4.2　人民币国际化可推动国际产能合作

中国本身是一个发展中国家，中国的实用技术和管理经验在许多发展中国家具有相对优势，而且相较于西方发达国家而言，更容易被发展中国家吸收和学习，更符合它们的现实需求，因此，利用中国的资金，不仅有助于这些国家扩大资本形成规模，提高本国的经济增长速度，扩大就业，改善民生，还有利于这些国家获得更好的示范效应和技术溢出效应。中国实体经济的整体技术水平与生产能力，又符合国际上绝大多数发展中国家的需要，因此我国资本以我国实体产业的生产能力作为载体参与国际合作,是一项互惠互利、合作多赢的国际化事业。实际上,中国的高铁技术、通信技术、航天技术、核能技术、家电技术、基础设施技术在全球处于领先地位,无论发达国家还是发展中国家都可以从中受益。因此,自从中国放松对企业的对外投资限制,鼓励企业"走出去"以来,中国已经在全球 180 多个国家进行了投资,2014 年中国对外投资首次超过利用外资的规模,开始成为净资本流出国,跻身于全球最重要的对外投资大国行列。

人民币加入 SDR,巩固了人民币国际化进程,扩大了国际社会对人民币的需求,使得以人民币计价的投资更容易被接受,这就为中资企业对外投资提供了便利性和收益稳定性,改善了跨境投资环境,"走出去"进行国际产能合作必然更加活跃。尤其是那些过去受到外汇约束、汇率风险管理能力较弱的民营企业可以从中受益,它们可以方便、快捷地直接使用人民币进行对外投资,双方都不需要再去兑换第三方货币,既节省了汇兑支付成本,又规避了汇率风险。它们还可以更多地通过离岸人民币市场解决跨国经营中遇到的融资困难,这就大大提高了它们参与国际产能合作的积极性,有利于改变中国对外投资主要依靠国有企业的局面,全方位、多主体地推动中国资本以实体产业为载体进行的国际合作。

2015 年,中国与"一带一路"沿线国家的双边贸易总额达 9 955 亿美元,占全国贸易总额的 25.1%;中国企业在沿线国家的直接投资达 148.2 亿美元,同比增长 18.2%,远高于中国与其他地区国家的贸易与投资水平。正如我们在《人民币国际化报告(2015)》中曾经提出的观点,大宗商品贸易、基础设施融资、产业园区建设和跨境电子商务可以成为人民币国际化在一带一路建设中的突破口。在中国对外投资和国际产能合作方面,经贸合作区和产业园区正在发挥重要的作用。迄今为止,中国与沿线国家合作,共同建设了 50 多个境外经贸合作区,其中中白工业园、泰中罗勇工业园、中印尼综合产业园区建设成效显著,开始成为推动我国企业以集团军作战方式"走出去"、开展国际产能和装备制造合作的重要载体。此外,达成中韩自贸协议,顺利完成中国—东盟自贸区的升级谈判,中泰高铁项目开工,土耳其东西高铁、缅甸皎漂经济特区等重点项目得到务实推进,更是有利于中国资本与产能的国际合作迈上更高的新台阶。

欧元区的发展历程表明,选择区域经济中经贸关系密切的货币作为关键货币,有利于维护长期的稳定供求关系,规避汇率风险,加速经济一体化进程。因此,在"一带一路"建设中推进人民币国际化,能够推动"一带一路"沿线国家的经济一体化,为中国的产业转移和国际产能合作增添新的动力。

8.4.3 人民币国际化可稳定大宗商品物资供应

人民币国际化就是要在贸易结算、金融交易和官方储备中发挥人民币的国际货币功能,其中,大宗商品人民币计价结算是人民币国际化的突破口。目前,黄金、铁矿石已经开始了交易所人民币计价结算。

自布雷顿森林体系建立以来，美元一直充当大宗商品的计价结算货币。当美元和黄金脱钩后，美元流动性处于不断膨胀的态势，特别是"9·11"事件后，美国一直实行宽松的货币政策，导致美元泛滥，结果大宗商品的价格决定脱离了实际的市场供求关系，很大程度上取决于流动性变化和投机行为，无论是大宗商品的生产国还是消费国，在大宗商品定价时鲜有发言权。作为多种大宗商品的最大进口国和最大消费国，中国经常面临"一买就涨，一卖就跌"的尴尬处境，给中国经济的稳健发展造成很大威胁，给中国经济"由大到强"的转型设置了人为障碍。而发展中的资源国家受制于综合国力，更没有实力在国际大宗商品市场上与发达国家抗衡，以掌握自己的命运。鉴于中国正在发展成为一个以消费为主要经济推动力的国家，对一些大宗商品的需求量不断上升，例如我国目前已经成为黄金、原油的最大交易国和消费国，而且中国超过 70％ 的大宗商品进口来自"一带一路"沿线国家，加强中国与沿线国家的大宗商品生产合作，使用人民币计价结算无疑是一种双赢策略。

能否以人民币作为大宗商品的定价货币，大宗商品的价格能否由真实需求来决定，很大程度上依赖于大宗商品未来价格波动风险能否通过人民币衍生产品得到有效的控制。通过整合"一带一路"沿线国家对大宗商品的需求，将单一的中国需求与区域性需求相结合，我国通过与沿线国家的自由贸易、控制交通运输、参股大宗商品生产、提供金融服务等方式，增强"一带一路"沿线国家在大宗商品市场和消费中相关大宗商品的定价权。以原油为例，中国、中东、中亚、俄罗斯等国家与地区可多方联手，推动区域内原油贸易以人民币计价、结算，促使上海国际能源中心推出的原油期货价格成为继西得克萨斯原油（WTI）、布伦特原油、迪拜原油之外的又一原油基准价格，进而提升包括中国在内的这些国家对原油的定价权。事实上，大宗商品价格高低并不是核心问题，这些商品价格与真实需求相关且可承受、资源可控制、能实现价值增值，并在资源输出国与消费国之间相对公平合理地分配价值增值，才是大宗商品的人民币计价权的目的所在。

总之，在我国推动科技进步、优化资源配置并多方提升有效供给的今天，稳步推进人民币国际化进程，必将有利于中国在国内国际两个市场上优化配置资源，加速国际产能合作的步伐，在中国的产业升级转型中发挥积极的作用，成为供给侧改革的有力推手。值得注意的是，实施供给侧改革，完成"去产能、去库存、去杠杆、降成本"等任务，在短期内必然造成经济增长下滑、银行不良贷款率提高、政府财政赤字增加、失业压力加大甚至社会不稳定等风险，这些风险如不能及时化解，很可能冲击整个金融系统，恶化实体经济发展的金融环境，形成系统性金融风险。因此，构建科学的宏观审慎政策框架，对供给侧改革过程中可能引发系统性风险的各个环节、各条渠道、各类风险进行事前监控与评估，有的放矢地制定预案，定向化解风险，对于确保供给侧改革成功、夯实人民币国际化的经济基础，是十分必要的战略举措。

第 9 章

系统性风险防范与宏观审慎政策框架

9.1　构建宏观审慎政策框架的必要性

2015 年 12 月，人民币加入 SDR 标志着人民币在更大程度上获得了国际社会的认可，是人民币国际化进程当中具有里程碑意义的重要事件。以此为契机，汇率市场化、资本账户开放等必将加速推进，并进一步倒逼中国金融体系更大程度的开放。

在此过程中，金融体系的开放首先带来的是资本在全球范围内的大规模流动，这将对中国的汇率和利率造成冲击。国际资本流入在一定程度上对宏观经济发展起到了积极的推动作用。但是，如果流入大量短期资本也会导致总外债中短期外债比例过高，使得国内货币和资产偏离正常价格，从而产生投资过度、信贷过度的倾向，增加金融体系的风险。另一方面，如果短期资本大幅流出，则会产生对本国资产的抛售，从而使本国资产价格下跌，进而引发金融恐慌，导致更大规模资本的流出，当流出资本超出本国外汇储备时，央行可能宣布本国货币对外国货币的贬值，从而引发更大的恐慌，形成恶性循环。另外，人民币的汇率风险也会随着金融体系的更加开放而加大。这是由于更加密切的国内外资本与国内外资产投资的双向互动，会通过资本流动、投资结构等因素导致利率、汇率机制都变得更为复杂而且不易调控。一个典型的例子是日元，在国际化过程中，日本政府试图依靠本币升值推进其国际地位。然而，在实体经济支撑不足的情况下，日元的价值尺度职能逐渐丧失，并且在美元的阻击下出现剧烈的价值波动。此外，虽然目前中国的整体外债水平可控，但是外债偿付问题也是金融系统更加开放后的潜在风险来源之一。货币可兑换后，过去我国实行的前置审批制度对外债规模的控制将不再可行，一旦汇率发生较大幅度的波动，则可能出现外债偿付的问题。当一国外债比例过高时，偿付能力的下降将导致信用评级下降，使得一国的再融资能力下降，并且加剧金融信心的危机，从而进入恶性循环。

总而言之，伴随中国金融体系更加开放而来的汇率风险、外部冲击，与国内金融市场风险、实体经济风险等相互交织、彼此传染，使系统性风险发生的可能性大幅提升。2015 年下半年以来股市、汇市大幅波动，尽管最终并未诱发系统性风险，但是由单个市场或者局部风险引起的连锁冲击而导致的系统性风险发生的概率不断提升。

近年来，我国不断加强系统性风险的识别与防范，积极参与全球宏观审慎监管改革，在国内监管实践当中推出多种宏观审慎政策工具并强化与宏观经济政策的协调，在很大程度上起到了防范系统性风险累积的作用。但是，由于在体制机制层面并未能真正构建起符合中国实际的宏观审慎政策框架，加之中国处于"三期"叠加、经济下行的特殊时期，爆发系统性风险的隐患依然存在。因此，在人民币加入 SDR 后的重要战略窗口期，加快推动宏观审慎监管改革具有重要的现实意义。

事实上，"宏观审慎"（macroprudential）不是新词也非新问题，早在 1979 年便由国际清算银行提出。此后的近 30 年间，宏观审慎监管作为"与宏观经济相关的系统性监管导向"，除了"散落"在国际清算银行以及国际货币基金组织等国际机构的报告当中之外，其他地方鲜有提及。直到 1997 年，亚洲金融危机才开始迫使理论和实务界真正认识到宏观审慎监管的重要性，并在本次国际金融危机中得到进一步的强化和提升。

宏观审慎监管以抑制系统性风险、保障金融稳定，并降低金融危机可能产生的巨大经济成本为主要目标。狭义的宏观审慎监管仅限于被赋予系统性视角的审慎监管政策组合，重点在于时间维度（或称"纵向"维度）与跨部门维度（或称"横向"维度）两方面的监管工具设计。而广义的概念则包括系统性风险的分析、识别及监测，政策工具与实施传导以及治理结构与制度基础等方面，是一个涵盖宏观审慎监管所有环节的系列组合，也就是国际上通称的宏观审慎政策框架（Macroprudential Policy）（见图 9—1）。

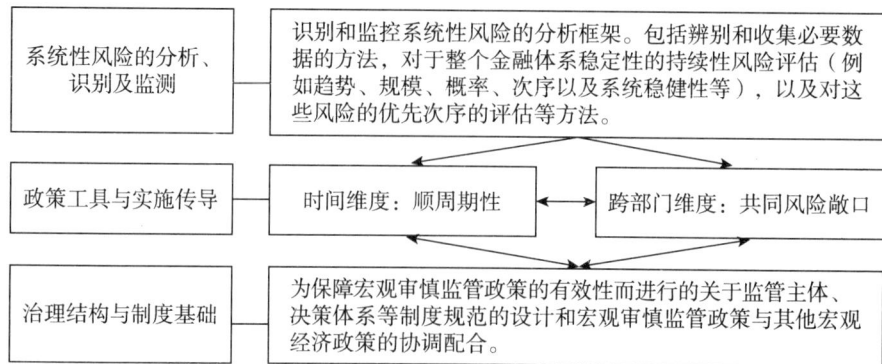

图 9—1　宏观审慎政策框架

9.2 系统性风险的识别与评估

9.2.1 定义与辨析

传统的关于系统性风险的研究将其定义为传播风险，即外部冲击不仅限于对经济的直接影响，而是通过在金融体系和实体经济间不断扩散，最终引发危机并对实体经济造成破坏。该观点主要强调对个体机构倒闭的防范、风险的外生性，忽略了金融失衡的前期累积过程以及金融机构持有共同风险敞口在危机发生过程中的作用。

事实上，整个金融体系具有遭受外部因素的冲击以及内部因素的相互牵连而发生剧烈波动、危机的可能性，一旦遭受系统性风险的冲击，任何单一金融机构都将不可避免地受到波及。本次国际金融危机以来，内生于金融体系中的共同风险敞口与随时间积累的金融失衡而非风险传播本身，被认为是诱发危机的关键因素。与传统定义不同，关于系统性风险的解释开始更多强调金融失衡的严重性、金融体系的顺周期性和关联性以及风险的内生性，等等。

按照国际货币基金组织、国际清算银行和金融稳定理事会的最新定义，系统性风险是由整个或者部分金融体系失灵（并可能对实体经济产生严重的负面影响）而导致的金融服务（包括信用中介、风险管理和支付体系等）中断的风险。然而，该定义在对于时间和国别环境的依赖程度、金融体系的行为及其与实体经济的反馈效应、对于政策干预的敏感性等方面表述不清，未能准确表达系统性风险的本质。

此外，更多的研究从时间和空间两个维度来具体刻画系统性风险。其中，跨部门维度主要考虑在特定时间点上系统性风险在金融体系中的分布状况，包括金融机构持有的共同风险敞口，个体或一组金融机构对系统性风险的贡献度等。在现代金融体系下，金融机构直接持有相同或相似的资产，或者间接与其他机构相互联系的风险敞口（如交易对手等）以及倾向于采用相同的价值评估和风险度量手段等等，使金融机构间的关联度、同质性和集中度等问题日趋严重。在这种情况下，风险更容易在金融体系内部"滋生"，并通过由相同的风险敞口编织而成的"风险网络"迅速传播。时间维度（或称"纵向维度"）主要关注系统性风险如何随时间变化的问题——系统性风险如何通过金融体系以及金融体系与实体经济的相互关联不断放大经济周期的波动，从而导致金融危机，亦即金融体系的"顺周期性"问题。在经济的上行期，由于金融机构的风险意识减弱、融资限制减少，金融机构倾向于持有更多的风险敞口，导致金融机构的杠杆率高企、市场流动性泛滥和资产价格飞涨。在此过程中，如果金融机构并没有积累足够的缓冲，便会导致系统性风险不断累积，金融失衡愈演愈烈，从而埋下金融危机的种子。一旦经济走势逆转，经济由上行期转入下行期，金融失衡的释放将导致大规模金融动荡的出现，而且随之而来的去杠杆化、信贷供给等金融服务的大幅减少，会进一步强化这种趋势。此外，从时间维度与跨部门维度的相互关系来看，两者并不孤立。金融机构持有的共同风险敞口，一来加强了金融机构之间的关联度，二来使金融机构的一致性行动成为可能，系统性风险更容易通过不同市场主体的连锁反应而加大经济的周期波动。

9.2.2　基于金融系统与实体经济互动视角的成因分析

1. 金融系统与实体经济互动的理论解释

在现代经济中，金融系统是国民经济中的一个重要部门，其作为服务业的一部分对实际经济产出有着直接的贡献，所提供的服务能够帮助家庭和企业融资以及分担风险，并且起到更合理地配置稀缺资源的作用。可以说，一个现代化国民经济体系的建立，需要一个现代化的金融系统作为支撑。

美国经济学家默顿认为，金融体系的首要功能是在存在不确定性的环境下，促进稀缺经济要素的有效配置。这一资源的配置体现在跨经济主体、跨地域和跨时期合理、高效地利用稀缺资源，以获得更大的生产效率和回报。依托这一功能，企业可以通过金融机构进行融资，从事需要大量资金投入的研发活动，从而推动经济发展；在市场前景看好的情况下，也可以较快地扩大生产规模，实现快速增长。家庭则可以通过住房贷款等方式更好地平滑跨期消费，实现福利的提高。围绕着资源配置这一首要功能，默顿进一步总结出了金融系统得以影响实体经济的六大核心功能。第一，金融系统为商品和服务的交易提供了一个支付结算体系。金融系统从诞生的那一天起就让人类摆脱了以物易物这一效率低下的交易方式，从而大大地提高了交易效率、降低了交易成本。近年来，随着互联网产业的发展，以网络支付为代表的新型结算方式使得交易效率进一步提高，在交易安全性上也有了长足的进步。第二，金融系统可以通过集中小额资金，为需要大量资本的工程融资。这一功能体现了跨经济主体的资源配置，其中最典型的例子就是银行的吸储放贷过程。很难想象在没有金融行业的情况下，众多现代的大型工程、需要耗费大量资金的研发工程等等将如何实现。第三，金融系统还可以实现跨期和跨地区的资源配置。有研究表明，当区域金融实力较高时，会更容易吸引外商直接投资，并且有助于当地经济增长。这一结果表明，金融系统可以通过跨地区的资源配置提高生产效率，促进经济发展。第四，金融系统提供了一个管理、控制风险的平台。这一功能主要体现在两个方面：一方面，金融系统本身可以提供进行风险对冲的交易工具将风险分散，如保险、期货、期权等；另一方面，金融系统通过优化实体经济的资源配置，可以降低整个经济的风险。第五，金融系统提供了分散决策的市场经济中的价格信号。价格是市场经济的灵魂，良好的金融系统能够准确、快速地通过价格信号来反映市场供求关系，从而帮助经济主体做出决策。第六，良好的金融体系能够缓解不对称信息等阻碍交易顺利完成的问题的产生。

林毅夫将金融系统的功能总结为三类：动员资金、配置资金和分散风险。并且指出最重要的功能是金融系统的资金配置功能。原因在于，高效率的资金配置会提高生产效率，同时也会激励储蓄并且降低整体经济风险。因此，评价一个金融体系的效率主要看它的资金配置效率。从理论上讲，完善的金融体系可以通过帮助企业解决道德风险、逆向选择等阻碍资本流动的问题，降低企业的外部融资成本，从而将资源配置到最有竞争力和创新能力的行业和企业，以此来提高经济发展的速度与质量。当前中国经济面临的最紧迫的任务是：从传统的高耗能、高污染的发展模式向以"互联网＋"和"大众创业、万众创新"为代表的新的发展模式的转变。改善资本配置效率是实现经济转型的重要支撑，高效的金融体系对创新创业型经济的发展的重要性体现在两个方面。一方面，可以帮助企业在初创时期获得必要的外部融资；另一方面，良好的金融系统能够甄别出真正具有发展前景的企业。

不难看出，金融系统和实体经济有着相互影响、螺旋式交叉促进的关系。金融系统通过优化资源配置、分散风险等功能为实体经济服务，金融服务本身就构成了实际经济产出的一部分，同时实体经济的增长也增加了对金融服务的需求，促进了金融部门的发展。随着中国从制造业强国向创新型国家的转变，企业对技术研发的投入也需要大规模增加。一般而言，技术研发需要投入的成本大，研发风险高。金融部门既可以为企业研发融资，也可以将研发风险分散出去。因此，随着实体经济的增长，其对金融服务的需求也越来越高，从而促进了金融行业的发展。另一方面，随着中国经济开放度的提高，企业和投资者更多地参与到国际经济金融活动中，随之而来的是对金融服务需求的进一步增加。

2. 金融风险与实体经济波动的传染机制

（1）金融冲击对实体经济的影响及其传染机制：以次贷危机为例。

从反映经济总体情况的几个主要变量来看，金融冲击会降低产出、资本和消费的均值，同时也扩大了产出、消费、投资和劳动时间的波动率。即金融危机对实体经济的冲击同时影响到了主要经济变量的一阶矩和二阶矩，具体表现为经济的衰退和经济不确定性的增加。

由于中国经济并未遭受过源自经济体内部的金融危机，我们以美国2007—2009年发生的次贷危机为例，来考察金融冲击如何在实体经济中蔓延。如图9—2所示，金融危机到来之后，最先产生异动的变量是GDP和私人投资，其中私人投资下降的主要原因是房地产投资的下降。商业投资、消费和总劳动时间直到2008年第三季度才开始了明显的下降，相较于私人投资有半年的滞后。然而，相较于最低谷的2009年第二季度，经济变量在金融危机初期的下跌幅度并不大。随着2008年9月雷曼兄弟的破产，GDP、私人投资、商业投资、劳动时间和消费开始迅速地大幅下滑。在最低谷时期，GDP相对于2007年第四季度下滑了5.6%，劳动投入下滑了超过8%，私人投资和商业投资更是分别有超过20%和25%的巨幅下降。与以往的经济危机的另外一个区别是，各主要经济变量不仅下滑幅度大，而且在低谷持续了相当长的一段时间才得以缓慢恢复。相应地，全要素生产率的测算指标也有着超过3%的下降，但相较于其他主要经济变量，生产率的恢复较快。

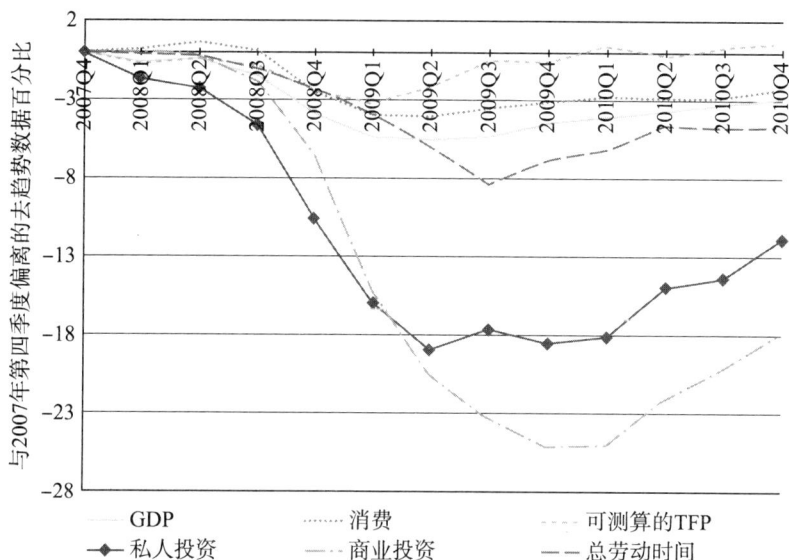

图 9—2　美国主要经济变量相对于 2007 年第四季度的变化

资料来源：Khan and Thomas（2013）.

　　下面，我们分别从家庭和厂商这两个经济中的微观主体的角度出发，阐述金融冲击是如何影响实体经济的。

　　由金融危机引起的信贷恐慌通常表现为借贷困难以及利差加大。从家庭决策角度来看，信贷恐慌从两个渠道影响着家庭这个最基本的经济主体。首先，由于信贷约束的收紧，债务水平较高的家庭不得不减少借贷，降低债务水平。这在一定程度上减少了经济总体的信贷需求。其次，没有受到信贷约束的家庭通常会采取增加储蓄等预防性措施，来防范未来可能的金融风险的加剧。这将会增大经济的信贷供给。因此，由于信贷需求的减少以及信贷供给的增加，均衡状态下的利率会降低，即当信贷恐慌发生时，信贷供求关系的变化会导致均衡利率的降低。有研究进一步发现，当一个经济体遭受信贷恐慌的冲击后，利率首先会深度下探，随后缓慢恢复到一个比金融冲击之前低的稳态水平。这一利率超调现象的原因归结为，在金融冲击到来之前就维持着较高债务水平的家庭，为了适应新的信贷约束条件，不得不迅速地调节信贷水平，从而使得金融冲击初期的信贷需求快速下降，导致利率深度下探。当经济主体的分布缓慢地向新的稳态水平收敛时，信贷需求缺口造成的压力减小，利率则开始缓慢地恢复到新的稳态水平。通常而言，当遭受金融冲击时，负债较高的家庭为了不得不降低杠杆率，不得不通过减少消费和增加劳动供给两种方式调节债务水平。当经济中存在名义价格刚性时，总产出主要由消费需求决定，从而使得金融冲击带来了产出的下降。更不利的情况是，当名义利率接近于零，或者在开放经济条件下，央行为了稳定汇率、防止资本外流等目的而无法进一步降低名义利率时，金融冲击造成的产出下降将会更为严重。进一步地，在理论上，当考虑房地产这一具备一定投资功能的耐用消费品时，信贷恐慌的冲击一方面强制净负债的家庭降低杠杆率，减少对住房的消费；另一方面，预防性措施使得另一部分家庭增加对住房等耐用消费品的投资。因此，经济学理论无法回答房地产投资在金融冲击下会呈现出何种反应。然而，以美国2007年的金融危机为例，大量的实证研究表明，房地产市场的崩溃与信贷恐慌的关系非常紧密，是产出、消费以及就业下滑的重要因素。目前看来，我国家庭整体债务水平虽然并未偏高，但是依然要警惕尚未被纳入监管体系的新型金融工具的过快扩张，以及其导致的我国家庭杠杆率的快速提高。

经济中另外一个重要的微观主体是厂商，下面我们从厂商的角度探讨金融冲击在实体经济中的传播。在实际经济运行中，厂商往往不能完全按照自己的意愿进行投资、生产和研发等活动，而是要面对诸如信贷约束、周转资金约束和库存约束的制约。一个运行良好的金融系统可以帮助企业削弱这些制约带来的不利影响，使得资本能够得到良好的利用，提高整个经济的生产效率；相反，发展中国家往往不具备完善的金融系统，资源错配的情况也就更加常见，经济体的生产效率也就偏低。当一个经济体遭受金融冲击时，随之而来的往往是信贷约束的收紧。这一信贷约束的收紧带来的最直接影响就是企业周转资金不足，从而使企业不得不通过裁员等措施来维持运营。更为严重的是，信贷约束的收紧使得一部分原本可以按照最优方式进行投资的企业受到了这一约束的影响，而只能选择次优的投资方案。这一次优投资方案的选择导致了资本配置效率降低，经济体的生产率下降。对于年轻或者创业型企业而言，信贷约束收紧的打击往往更大。这是因为虽然这一类企业的个体生产率通常较高，但是往往自有资本积累不足，更加依赖于外部融资。相反，大型企业由于自有资本充足，即使在信贷约束收紧的情况下也不受制于该约束，反而能够利用较低的利率和相对更安全的资产进一步扩大企业规模。有研究表明，2007年底开始的美国次贷危机使得小企业劳动投入的降低是大企业的两倍。由于大企业相较于小企业而言往往活力不足、生产率低下，资本由小企业向大企业的错配使得经济的整体生产率下滑。在开放经济中，遭受金融冲击的经济体对外商直接投资的吸引力会降低，其引进新技术的可能性也会随之减小。在我国，需要特别注意的是房地产企业的杠杆率和债务水平。在当前去产能、去库存、去杠杆的大背景下，要警惕房地产企业利用政策优势盲目扩张，反而提高其杠杆率的可能。

金融冲击带来的另一个后果是经济不确定性的增加，即投资的未来收益变得更加模糊不定、风险加大。不确定性增加的一个直接影响是投资意愿的降低。投资意愿的降低一方面表现为使用原有技术水平的投资规模的下降，另一方面则表现为技术研发投入的大量减少。这些后果将会使得短期的金融冲击给经济体带来中长期的负面影响。在开放经济中，不确定性的增加还可能表现为资本的外流。资本外流则可能使汇率下跌，而汇率下跌会导致资本进一步外流。两者相互影响、相互加强则可能使得一国经济陷入衰退。

总而言之，金融冲击会使得企业更多地受到信贷约束、周转资金约束、库存约束等经济金融摩擦的制约，迫使企业进行裁员、降低投资、减少研发等活动。在考虑到企业异质性的情况下，金融冲击对小型和创业型企业的影响较大，对大型企业的影响较小，从而加剧了资本错配，降低了经济整体的生产率。

（2）历次金融危机的成因逻辑。

美国著名经济学家、普林斯顿大学经济学教授艾伦·布林德曾总结出了七大引起金融危机的主要因素。在此基础上，我们将这些因素进一步归结为五大类，并且将日本金融危机的类似诱因加以比较讨论。

第一，资产泡沫。资产泡沫体现在两个方面，即房地产泡沫和由房价持续上涨推动的以住房抵押贷款债券为代表的债券泡沫。根据美国经济学家卡尔·凯斯（Karl Case）和罗伯特·席勒（Robert Shiller）开发的凯斯-席勒房屋价格指数，美国在 1997—2006 年之间真实房价上升了 85%，这一涨幅远远超出了有数据统计以来美国房价的平均上涨幅度。与此类似的是，日本房地产价格在 20 世纪 80 年代中后期也经历了一段惊人的暴涨时期。在两国房地产市场的繁荣时期，由于房地产价格的持续上涨，即使是还款能力较低的住房抵押贷款的持有者，也可以很容易地通过再融资获得新的抵押贷款，还掉旧的利率较高的抵押贷款。因此，在这一时期，住房抵押贷款的违约事件非常罕见。较低的违约率使得住房抵押贷款债券的风险溢价达到了一个非常低的水平。事实上，不仅仅是住房抵押贷款债券，整体经济的繁荣表象使得各种债券的风险溢价均较低。较长的市场繁荣甚至是泡沫时期的低违约率向投资者传递了一个错误信号，即债券的违约率可以长期维持在一个较低的水平，从而滋生了债券泡沫。然而，这样超低的风险溢价注定是不可持续的，因而也预示着债券泡沫终究会走向破灭。

回顾历史，我们发现美国和日本两国的房地产泡沫和债券泡沫有着共同的诱因——过度宽松的货币政策。为了应对 2001 年美国经济的小规模衰退，美联储将联邦基准利率降低到了 1% 这一水平。与之类似的是，为了应对 1985 年《广场协议》后带来的日本出口疲软，日本央行在 1987 年将法定利率降到了 2.5% 这一历史最低水平。超低的利率使得大量资金涌入了利率较高且违约率非常低的抵押贷款证券，甚至直接投资于不动产市场。大量资金的涌入推动了房地产价格的上涨，从而催生了房地产泡沫和债券泡沫。

第二，过度的杠杆。美国金融体系在危机之前的脆弱性主要体现在过高的杠杆率上。随着住房按揭贷款首付比例的降低，甚至零首付的出现，美国家庭的杠杆率大幅上升。另外，由于对商业银行表外资产监管的缺失，使得美国银行业普遍运用结构性投资工具进行表外资产交易。这些结构性投资工具往往有着巨大的杠杆率，从而使得银行能够绕开国家金融部门的监管进行高杠杆投资。更严重的是，对高收益有着更高追求的投资银行往往以极高的杠杆率进行交易。以当时的华尔街五大投资银行为例，其平均杠杆率高达 30∶1，甚至 40∶1。可以说，在金融危机之前，从美国家庭到商业银行，再到投资银行，都在高杠杆投资这条钢丝绳上翩翩起舞，稍有不慎便会血本无归。

第三，金融体系不合理的激励机制。这一不合理的激励机制主要体现在两个方面：一个是金融行业从业者的薪酬体制，另一个是评级机构的激励体系。首先，金融系统的薪酬体制是一个鼓励冒险的体制。具体来说，金融交易往往伴随着较大的风险，但是一旦投资成功，能够获得的收益也极为丰厚。对于交易员来说，进行的某项投资如果能够成功，他将收获极高的报酬，若投资失败，损失将由投资者承担。这样的激励机制难以避免地会鼓励金融从业者进行风险较大的交易，从而使得整个金融体系暴露在较大的风险之中。在这次金融危机中，这一激励机制带来的最主要问题就是对住房抵押贷款资格的放松，即次级贷款的出现。以次级抵押贷款为基础的金融衍生品的最终崩盘成为本次金融危机的导火索。另一方面，由于评级机构产品的付费人也是其评估标的的发行者，使得评级机构对金融产品的评估往往会出现一定的偏差。而投资者由于缺乏信息导致对评级机构的过度依赖，使得投资者不能够对风险进行准确的判断。另外，评级机构在评估某一金融产品的风险时，往往只关注产品本身，而忽略了宏观的系统性风险。然而，当系统性风险爆发时，单一金融产品的微观风险往往显得微不足道。

第四，高度复杂化的金融衍生品。伴随着资本的大量涌入，随之而来的是快速的金融创新。高度复杂化的金融衍生品使得原本就处于信息劣势的投资者更加难以准确判断所投资标的的风险，从而加剧了投资的盲目性。

第五，过于宽松的金融监管与肆意扩张的影子银行系统。在金融危机爆发前的很长一段时间里，美国的金融监管部门大都信奉自由主义，因而或多或少有着放松对金融行业监管的思想。监管者放松监管的一大表现在于对次级抵押贷款的过度放纵，导致次贷规模的极速扩张，成为美国金融体系的一颗定时炸弹。宽松的监管还体现在美国国际集团的案例中。美国国际集团是当时全球最大的保险公司，其利用自身非常优秀的信用评级成为了信用违约互换这类衍生品市场最主要的卖方。然而，早在 2000 年，《商业期货现代化法案》就明确禁止了对衍生产品实施监管。在缺乏监管的条件下衍生品疯狂扩张，使得美国国际集团到 2007 年积累了 5 000 亿美元的信用风险头寸。最终，随着金融危机的爆发，美联储不得不花费数百亿美元将之国有化，从而使其免于破产。另外，由于疯狂生长的影子银行系统游离在当时的监管体系之外并且规模远大于传统的银行系统，使得金融行业的很大一部分事实上不受任何监管部门的监督。据估计，在 2005 年这一影子银行系统持有的次级抵押贷款占总额的 80%之多。日本在 20 世纪 80 年代后期的金融系统虽然没有美国在 21 世纪初的金融系统那样复杂，但在当时也出现了大量规模不小的非传统银行类金融机构。其中的典型代表就是以提供住宅按揭为目的的"住宅金融专门会社"（简称"住专"）。与美国率先受到冲击的房地美和房利美两大机构类似，在日本，"住专"的破产通常被认为是日本金融危机爆发的第一波。从美国和日本的经验教训来看，防止金融风险累积甚至金融危机爆发的一个重要条件是，对金融行业特别是影子银行的投机主义行为完善的监管体系。

金融危机的起源与扩散——以美国和日本为例

2008 年 9 月 15 日，当时的美国第四大投资银行雷曼兄弟宣布破产，将大萧条以来最严重的一次金融危机一步步推向高潮，继而引发了长达数年的经济衰退。这一金融危机的影响很快扩散到实体经济，在雷曼兄弟破产后的第一个季度，美国实际 GDP 以 3.7％的年均速度下跌，在 2008 年第四季度，这一跌幅扩大到了年均8.9％，紧接着在 2009 年第一季度，GDP 的跌幅仍然高达 5.3％。可以说，这一轮由系统性金融风险爆发而引发的经济衰退对美国乃至世界经济都有着巨大而深远的影响。在这一专栏中，我们将回顾 2008 年美国金融危机的起源与其在金融系统中的扩散并与 20 世纪 90 年代日本的经济危机进行对比。

美国和日本的两次金融危机都起源于房地产泡沫的破灭。在美国，房地产价格在 2006 年初期达到了历史顶峰，随后房价经历了一段较为缓慢的小幅下跌，继而在2007 年开始了快速地大幅下跌。随着房价下跌，次级抵押贷款的持有人无法通过再融资进行还款，因而只能选择违约。违约的增多进一步压低了房地产价格，从而使得更多的房屋抵押贷款的持有人不得不选择违约，进而产生了房价下降—违约增加—房价进一步下降—更多的违约产生这样一个恶性循环。这一恶性循环带来的不仅仅是房地产泡沫的破灭，更重要的是，它通过以其为基础的大量金融产品、衍生品而影响到了杠杆率极高的整个金融体系。最先受到影响的是大量持有以住房抵押贷款为基础的担保债务凭证（Collateralized Debt Obligation，CDO）的投资银行和房地美、房利美两大抵押贷款融资巨头。2008 年 3 月，由于对房屋抵押贷款证券化业务的过度依赖以及房地产泡沫的加速破灭，华尔街第五大投资银行贝尔斯登首先遭遇了流动性问题。紧接着，由于市场信心的丧失，这一问题演化成了更严重的资不抵债问题，从而使这家著名的公司濒临破产的边缘。最终，美联储不得不以吸收290 亿美元损失的代价促成了摩根大通银行对贝尔斯通的收购，暂缓了系统性金融风险的大爆发。

然而好景不长，由于房地产市场的崩溃趋势没有停止，深陷住房抵押贷款及其证券化业务的房利美、房利美和华尔街其他投资银行相继遭遇严重冲击，纷纷走向破产或者破产的边缘。这些公司后来要么被国有化，要么被大型银行收购，要么破产。其中最著名的案例是雷曼兄弟在 2008 年 9 月的破产，这一事件成为了整个金融危机的分水岭，成为了系统性金融风险总爆发的导火索。在各大投行和两房被住房抵押贷款证券化业务崩盘所折磨的同时，美国国际集团也未能幸免。由于其在

"信用违约互换"（一种建立在次级抵押贷款债券之上的金融衍生品）上的巨大投资，当房地产泡沫破灭时，美国国际集团遭受到了严重的危机。这一危机最终由美联储出资850亿美元并获得其79.9％的股权后才得以平息。此外，由于雷曼兄弟与货币市场共同基金有着密切的联系，雷曼的破产将金融恐慌延伸到了货币基金领域。紧接着，由于持有了大量不良抵押贷款，众多商业银行也受到了冲击。商业银行受到的冲击并不仅局限于其所持有的不良抵押贷款或者相关金融衍生品所带来的损失，更重要的是由于公众对其信心的丧失，随之而来的是存款的流失。在国际上，同样由于持有了大量不良抵押贷款的相关金融产品，英国、法国、德国等国的金融机构也蒙受了巨大直接损失和伴随而来的金融恐慌带来的间接损失。这一金融危机爆发的危害也并没有仅仅停留在金融系统中，而是蔓延到了整个实体经济。由于金融市场的流动性迅速降低，实体经济也面临着融资困难等局面，从而影响了实体部门的正常运作，也导致了失业率激增、经济增速为负等全面衰退的局面。

在日本，房地产泡沫破灭的诱因被认为是1989年5月日本央行上调法定利率和1990年3月日本大藏省对房地产融资实行的总量管制。随之而来的是不动产价格的下跌和股票价格的下跌。与美国类似，房地产价格的下跌催生了大量的住房抵押贷款违约，从而使得众多从事住房贷款业务的"住宅金融专门会社"持有了大量的不良债权，因而不得不面临倒闭。由于日本没能及时清理这些不良债权，使得日本经济陷入了长达20年的衰退。

从美国和日本的经验来看，对房地产泡沫的放任使得金融体系积累了巨大的风险，而泡沫的破灭也由相关的金融产品牵连到了金融系统中的各个方面，并且最终对实体经济造成了巨大的打击。接下来，我们将对造成这些金融危机的因素加以分析。

（3）货币政策与金融市场的交互作用及其对宏观经济的影响：以股票市场为例。

我们利用同时施加短期和长期约束的结构性向量自回归模型，将货币政策与金融市场（以股票市场为例）的同期关系纳入分析，考察货币政策与金融市场的交互作用及其对宏观经济的影响。与传统 VAR 模型不同的是，为了将货币政策与股票价格可能存在的同期关系纳入模型中，我们放开了传统 SVAR 模型中假设股票价格不受当期货币政策影响或货币政策不受当期股票价格影响的约束，假设股票价格和货币政策互相受到当期影响。同时，为了使模型可识别，我们假设货币政策冲击对股票价格没有长期影响，因为从长期来看，股票价格主要受到上市公司的盈利能力等基本面因素的影响，而货币政策的长期中性的性质，使得其无法影响到股票的长期价格。

我们以1997—2015年作为样本区间，采用月度数据，研究通胀和GDP等主要变量对货币政策冲击和股票价格冲击的脉冲响应（如图9—3和图9—4所示）。可以看到，无论是利率冲击还是 M2 供给冲击，其对股票价格均没有显著影响。这在一定程度上说明我国货币政策与金融市场之间的传导渠道仍然阻塞，需要进一步推动货币政策与金融市场的相关改革。两种货币政策冲击对通货膨胀均有显著作用，但对产出的影响略有差别，M2 供给在冲击后 5 期开始对产出有显著的正向作用；而利率效果则相对较晚，在冲击过后 10 期开始对产出有显著的负向作用。可见，两种货币政策工具均是较好的货币政策中介目标。股票价格冲击对利率和 M2 供给均有显著作用，但其对 M2 供给的作用要晚于利率，反映出我国货币政策的制定考虑到了股票市场的状况，资产价格包含了通货膨胀的产出信息，货币当局应该对资产价格变动做出反应。除此之外，股票价格冲击对通胀和产出的作用也都显著，股价上涨会引发通货膨胀，同时在短期内刺激产出增长。说明我国股票市场在国民经济中已经占有比较重要的地位，应该得到政策层面足够的重视，这也可能是股价冲击对货币政策有显著影响的原因。

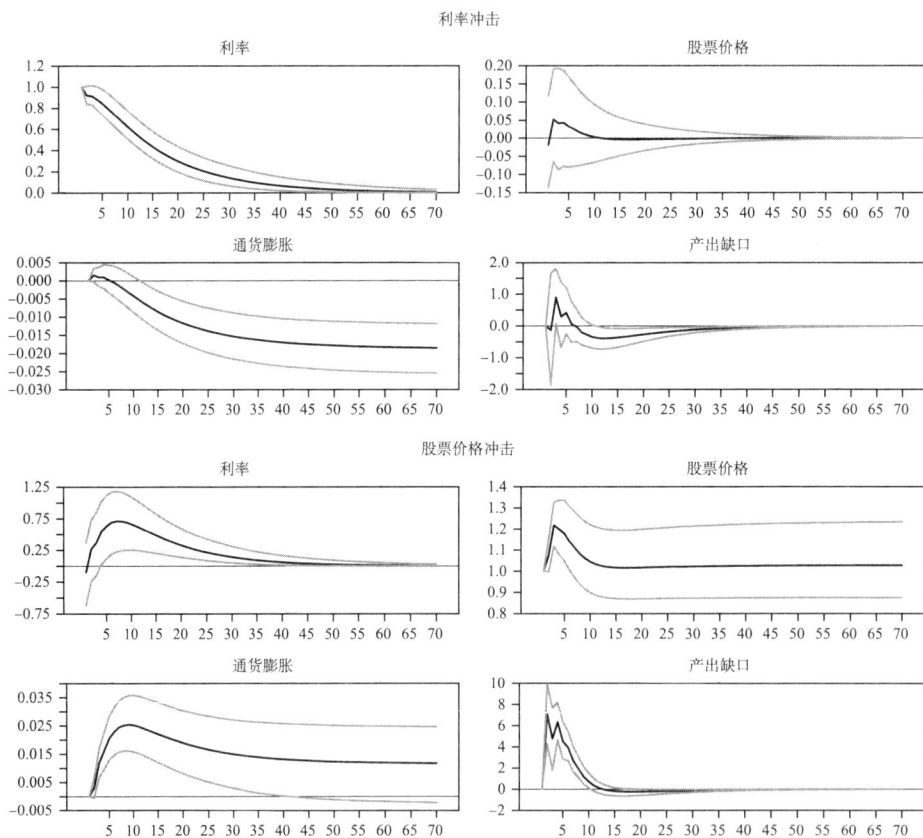

图 9—3　利率冲击与股票价格冲击（1997 年 1 月—2015 年 10 月）

M2供给冲击

股票价格冲击

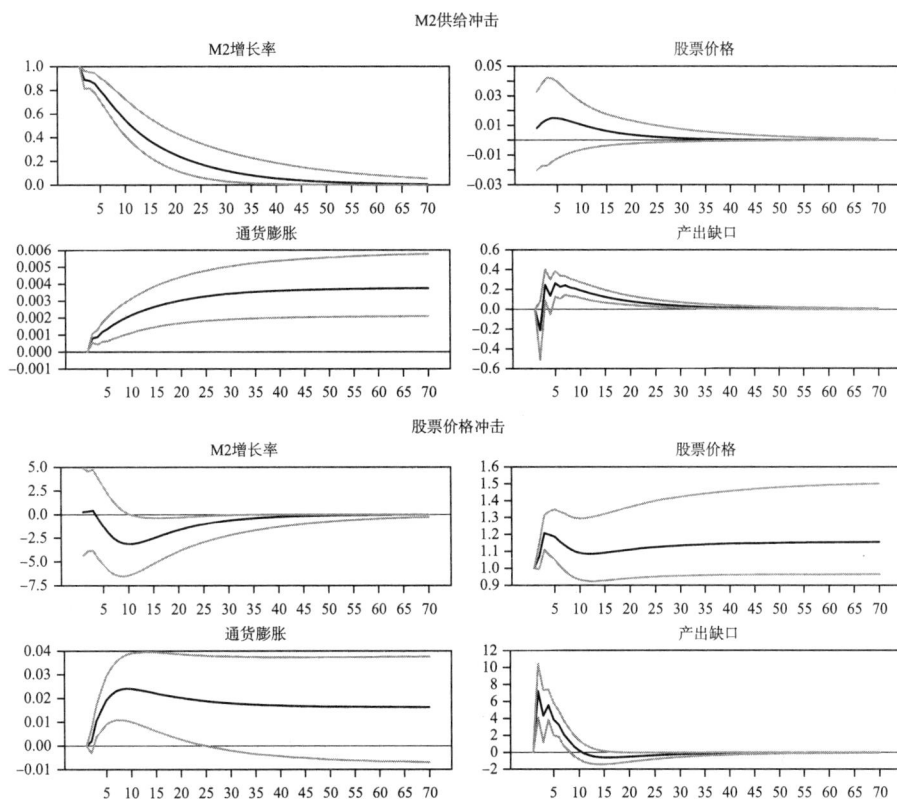

图9—4 M2供给冲击与股票价格冲击（1997年1月—2015年10月）

9.2.3 对中国系统性风险的评估

1. 当前系统性风险评估方法的主要进展

早在20世纪末期，国际金融机构和各国监管当局便已经开始致力于系统性风险评估方法的开发。以资本充足性、资本的质量、获利能力和流动性大小等为度量指标的CAEL和CAMEL体系，在20世纪90年代前就被各国监管当局用来充当个体机构风险的预警工具。国际货币基金组织和世界银行于1999年便开始启动金融部门评估规划（FSAP）其他如KLR方法、FR模型以及金融压力指数等等，至今仍然被很多国家使用。危机之后，针对系统性风险评估方法的探索得以加强，国际货币基金组织、国际清算银行和金融稳定理事会对这些测量方法进行了总结归纳，具体可分为如下两大类：

（1）单一指标体系或模型。

第一，经济失衡的总量指标。大量关于宏观经济数据或资产负债表的指标（例如银行信贷、流动性和期限错配、汇率风险以及外部不平衡等），被用来评估金融体系或者实体经济当中风险的积累。例如，信贷与GDP之比作为银行体系内系统性风险的核心指标，被用来作为逆周期资本缓冲的挂钩变量，等等。

第二，市场条件指标。这些指标关注能够引起经济衰退的金融市场条件。例如，风险偏好指标（利差、风险溢价等）以及市场流动性指标等。

第三，风险集中度指标。这些测量方法与跨部门维度的系统性风险相关，重点关注风险的传染与放大机制。除了关于规模和集中度的度量之外，它们更关注金融机构与公私部门、金融市场主体之间以及国家间的共同风险敞口和关联度。例如，网络模型被大量用来测量中介机构之间的关联度和潜在传染性；巴塞尔委员会开发出基于指标的度量方法来识别全球系统重要性银行。

第四，宏观压力测试。与传统的压力测试充当度量个体机构弹性的工具不同，宏观压力测试被用来对整个金融体系的压力进行测试。一方面，该方法可以将市场的极端情景（尾部风险）以及网络效应导致的风险放大机制融入市场动态机制当中；另一方面，它还能够通过包括多轮不良反馈效应在内的方法，更好地评估金融体系与实体经济的相关性。

（2）综合指标体系或模型。

与单一指标相比，综合指标体系或模型能够更有效地识别和评估系统性风险，包括国际货币基金组织开发的全球金融稳定图（Global Financial Stability Map）、全球风险度量法（Global Risk Appetite Measures）以及系统风险仪表盘（Systemic Risk Dashboard）等系统性风险评估模型；以及美银美林推出的全球金融稳定指数（Global Financial Stability Index）、欧洲中央银行的系统性风险综合指标（Composite Indicator of Systemic Stress）和惠誉评级的宏观审慎指标（Macro Prudential Indicators，MPI），等等。上述方法不仅充分考虑了不同国家的特异性，而且将信贷、杠杆率等评估系统性风险的评估指标囊括其中，为宏观审慎监管政策的实施提供了有力支撑。

其中，国际货币基金组织开发的系统风险仪表盘，可以在缺乏显著的单个指标的情况下，根据各国的实际情况，选取一组指标进行监控。该方法明确区分了冲击的可能性及其潜在影响，以及高频和低频的监控工具，而且在每一个维度上，都选择了一到两个在早期预警实践中表现最为稳健和有效的分析工具（如表9—1所示）。欧洲中央银行则采用七步法对系统性风险进行评估：第一，确定金融脆弱性的来源；第二，将该来源设定为潜在的风险情景；第三，确定导致风险情景发生的冲击事件；第四，计算上述情景的发生概率；第五，估计金融体系的损失；第六，度量冲击的强度；第七，进行风险评级。

整体上讲，尽管大量系统性评估的方法已经进入实践领域，但是其有效性有待进一步考察。首先，单纯依赖数量性工具无法达到评估系统性风险和指导宏观审慎监管实践的目的，这些工具只有在与其他定性工具（市场情报与监督等）相互结合时才能真正发挥效力。其次，系统性风险评估的有效性严重依赖于数据的可获得性和准确性。目前，金融稳定理事会、国际货币基金组织、国际清算银行以及世界

表 9—1   国际货币基金组织系统风险仪表盘的指标体系

综合量度	
低频	高频
危机风险模型	系统性或有债权分析（CCA）

冲击的可能性	

• 从资产质量/价格偏离角度

低频	高频
信贷/GDP	金融市场波动性的跃变（如利率、通货和股票市场）
房价	

• 从集中度/关联度角度

低频	高频
银行间风险敞口	危机关联性（JPod，BSI）
核心/非核心负债（总量）	

潜在影响	

• 通过资产负债表风险敞口

低频	高频
杠杆量度	对于主要系统重要性金融机构（SIFI）的预期违约频率（Expected Default Frequency，EDF）的度量
宏观压力测试	

• 通过相互关联度

低频	高频
网络模型	对联合损失的 CCA 相关量度
银行系统的跨系统风险敞口	

资料来源：IMF（2011）.

银行等正致力于数据和信息可得性的工作。最后，由于系统性风险的评估与一国经济发展水平、金融体系结构、货币政策、汇率政策以及经济开放程度等密切相关，所以并不存在一种具有普适性的评估方法。

2. 基于综合指标体系的中国系统性风险评估

人民币加入 SDR 后，所面临的系统性金融风险是包括金融政策风险、金融市场风险、金融机构风险以及外汇市场风险在内的总体风险。因此，我们采用刘瑞兴（2015）的方法，利用 2005 年 7 月—2015 年 12 月之间的月度数据，从金融政策环境、金融市场、金融机构以及外汇市场等方面，构建中国系统性风险指数，并以此度量样本区间内的系统性风险。

（1）金融政策风险。

人民币加入 SDR，在一定程度上也鼓励着人民币逐渐走向全面可自由兑换。这一全面开放将带来国内金融市场与国际金融市场的进一步融合，从而也给金融政策制定和监管方带来了更大的挑战。同时，金融发展不可避免地受到宏观货币与财政政策的影响，因此我们首先度量金融政策风险。具体来说，选取货币供应膨胀率（M2/GDP）的变动率、实际利率的变动率以及财政赤字与 GDP 的比率，作为主要指标来度量金融政策风险。在这一部分和本节接下来对其他各大类金融风险进行度量时，我们也采用对影响各大类金融风险的具体指标的标准差的倒数所占比重来确定该具体指标的权重。

（2）金融市场风险。

人民币加入 SDR 后带来了国内金融市场与国际资本的进一步融合与更加深入的互动。一方面，这有助于我国金融市场的发展，进一步扩大金融系统在我国经济中的作用与影响；另一方面，这也意味着我国金融系统更易受到国际金融市场波动的影响。因此，金融市场的风险也是我国金融系统性风险的重要来源之一。反映金融市场风险的指标主要有股票价格指数、国债指数以及反映房地产市场的国房景气指数。这是因为股票市场、债券市场以及房地产金融市场是构成金融市场的主要组成部分。从国际和国内的经验来看，也是最容易引发金融市场泡沫和金融波动的载体。

（3）金融机构风险。

金融机构是金融体系运行的具体执行主体，其运营状况往往也关系到金融系统是否能够有效运转。某些金融机构由于其体量巨大或者与其他机构的牵扯过多，其自身的安全性也构成了影响整个金融系统的重要因素。另外，随着人民币加入 SDR，我国金融机构也将逐渐参与到更多的国际金融活动中。因此，在度量系统性风险时，对微观金融机构风险的度量必不可少。在现阶段，银行仍然是我国最主要的金融机构。因此，本节采用银行贷款占 GDP 比重、银行间同业拆借利率的变动率和银行间债券交易利率的变动率为主要指标刻画金融机构的风险。

（4）外汇市场风险。

人民币加入 SDR 后，人民币在世界贸易、外汇储备等方面的角色越来越重要，同时也面临着更大的风险和挑战。这是由于，货币可兑换标志着国内资本与国外资产投资的双向互动，随之而来的是利率、汇率等机制变得更为复杂而且不易调控。因此，我们将外汇市场的风险也纳入金融系统性风险的度量之中。本节选取的主要指标有：美元兑人民币的汇率变动率和外汇储备余额变动率。

根据中国系统性风险指数，在 2005 年 7 月—2015 年 12 月的 10 年里，我国经历了 7 次系统性风险较高的时期。具体来看，2005 年 7 月 21 日，我国对人民币开始实行以市场供求为基础、参考一篮子货币进行调节、有管理的浮动汇率制度，人民币不再单一盯住美元。基于此，汇改冲击在一定程度上推升了当月的系统性风险。2007 年 10 月和 2008 年 12 月的两次系统性风险的加剧可以归结为美国次贷危机的发生与蔓延，而 2010 年初快速上升的系统性风险则源自通货膨胀高企。此后，在经历了 2010 年中期到 2013 年初期的稳定期后，2013 年 6 月遭受了短暂的流动性风险（钱荒）并导致了系统性风险上升。最近两次系统性风险的上升，分别由 2015 年中期股票市场的剧烈波动和当年年底的人民币汇率的快速贬值所引发（见图 9—5）。

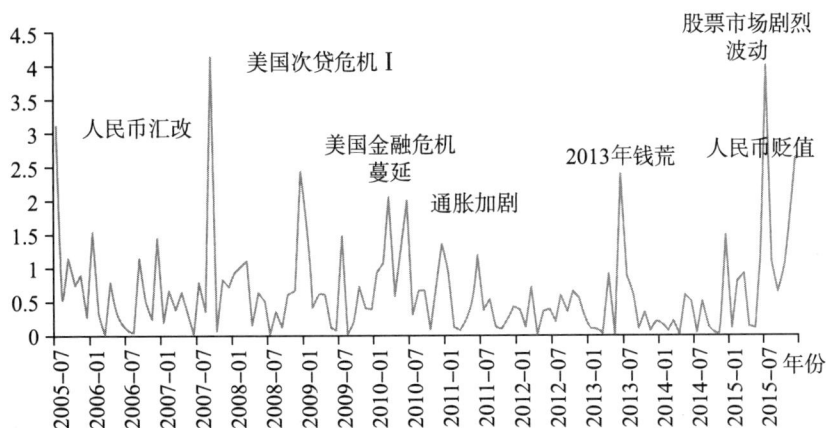

图 9—5　中国系统性风险指数（2005—2015 年）

不难看出，我国系统性风险虽然经历过若干次的短暂升高，但是究其原因，主要风险源都是来自某一单一市场，因此并未造成系统性风险的爆发或风险持续的升高。需要注意的是，在 2015 年下半年，中国系统性风险经历了两次较大的提高。这一现象在历史上是不多见的。因此，有关部门应该加强对系统性风险的紧密监控，完善应急处理措施，做到有备无患，即使风险爆发时也可将损失控制在一定范围内。

值得注意的是，虽然系统性风险可能来自金融系统的各个方面，但是不能简单地把任何单一金融部门的风险都看作是系统性风险。系统性风险是能够同时影响多个金融部门乃至实体经济的风险。其主要判别依据为是否有多个金融部门同时产生异动。如果某一金融部门的风险的影响只局限于这个部门本身，那么即使风险造成的波动幅度较大，也不能归结为系统性风险。

由于系统性金融风险来源的多样性，以及对系统性风险的评估需要一个整体上的把握，因此，建立一个统一的、全面的金融监管与监测体系显得尤为重要。此外，在现代金融发展中，由于高频交易的存在，金融波动可能在很短的时间内迅速扩大，成为系统性金融风险。因此，我们建议使用更高频的数据（如周度数据）对系统性风险进行评估与监测。

9.3 宏观审慎政策框架的主要内容与运行机制

9.3.1 选择宏观审慎政策工具："时间维度"与"跨部门维度"

以微观审慎为核心的监管工具旨在通过将个体机构风险的内部化来达到保护消费者和投资者的目的，忽略了自身的"外部性"问题。然而，在一个高度关联的金融体系当中，个体机构处于紧密而复杂的网络体系当中，具有非常明显的外部性。在这种情况下，个体机构不可能完全将其对于其他机构产生的压力成本"内部化"，因此就需要宏观审慎政策工具来为金融机构提供额外的动力来完成这些工作。具体来看，就是要通过提升金融体系的稳健性、减缓金融体系的顺周期性以及利用抑制金融机构相互关联等政策工具，来迫使个体机构对自身的"外部性"进行"内部化"。

宏观审慎政策工具主要分为逆周期政策工具（"时间维度"）与解决金融体系集中度和关联度的政策工具（"跨部门维度"）两大类，具有以下共同特征：第一，无论是被赋予宏观审慎功能的微观审慎监管工具，还是典型的宏观审慎监管工具，都必须对抑制系统性风险、保障金融稳定具有非常明确的指向性。第二，为保证政策的有效性，宏观审慎监管工具应当受一个具有明确的宏观审慎监管授权、责任和操作独立性的机构所支配。同时，宏观审慎监管工具不仅不能对其他政策的有效性产生破坏，而且要成为现有政策的有效补充。第三，宏观审慎监管工具主要被用来对金融不稳定性进行预防而非治理，因为后者属于危机管理范畴。第四，宏观审慎监管工具必须根据个体机构对于系统性风险的贡献度而适时调整，而且任何具有系统重要性的机构（无关其机构类型）都应该被纳入监管边界当中。

从"时间维度"来看，宏观审慎政策工具主要通过在经济的繁荣时期建立足够的资本缓冲来实现其政策功能。一方面，由于在经济繁荣期，资本积累的过程相对容易且成本不高，同时还能起到抑制金融市场主体的过度风险承担行为的作用，充当经济繁荣的"制动器"；另一方面，在经济萧条期，通过释放已积累的资本缓冲，可以吸收损失，缓解金融体系的内生性危机放大机制。目前，"时间维度"的政策工具主要包括逆周期资本缓冲、留存资本缓冲、动态拨备制度、流动性要求、杠杆率、贷款价值比以及压力测试等逆周期工具。从"跨部门维度"来看，宏观审慎政策工具采用"自上而下"的方式，根据个体机构对系统性风险的贡献度：首先，需要测定系统范围内的尾部风险，计算单个机构对风险的影响，然后相应地调整政策工具（资本金要求、保险费等）。这意味着对于影响大、贡献度高的机构，需要执行更高的监管标准。与此形成鲜明对比的是，微观审慎监管对所有机构执行的是共同标准，而且一般采用自下而上的方式实现。目前，"跨部门维度"的政策工具主要包括"大而不倒"问题的解决方案以及根据不同机构风险贡献度而设计的针对性政策工具等。

事实上，宏观审慎政策工具早已有之，只是在本次国际金融危机之后才被大规模运用于监管实践当中（详见附表9—1）。近期，国际货币基金组织组织了一次针对119个国家在2000—2013年间宏观审慎政策工具使用情况的调查。结果发现，发展中国家的使用频率高于发达国家，且两者的使用频率随着时间的推移不断提高。资本账户开放与否对于工具使用频率并没有一致结论，不同监管工具的使用频率与本国资本账户开放程度的相关性不强（如表9—2所示）。

表9—2　　　　　　　　　　宏观审慎政策工具使用频率比较（％）

工具	全部国家 （1）	发达国家 （2）	新兴市场 国家 （3）	发展 中国家 （4）	资本账户 开放国家 （5）	资本账户 未开放国家 （6）
贷款价值比限制	21	40	20	6	29	14
债务收入比限制	15	13	21	0	19	12
时变/动态准备金	9	5	6	19	5	11
逆周期资本要求	2	1	3	1	0	3
杠杆率	15	13	17	12	28	8
系统重要性机构额外资本要求	1	1	1	1	1	1
银行间风险敞口限制	29	33	32	17	34	26
集中度限制	75	69	76	77	72	78
外币贷款限制	14	9	16	13	10	16
存款准备金要求	21	0	24	33	4	32
本币贷款限制	12	0	11	26	9	14
金融机构税收	14	14	14	11	17	12

资料来源：IMF（2015）.

近年来，我国监管部门已经开始在实践当中加强宏观审慎监管，推出不少具有较强实效性和针对性的政策工具（详见附表9—2）。实施机构主要是中国人民银行和银监会等部门，工具当中既有应对时间维度风险的工具，又有防范跨部门风险的工具，既有宏观层面又兼顾微观层面，为防范系统性风险起到了良好效果。

9.3.2　实现审慎监管与宏观经济政策的协调搭配

在现行的金融稳定框架当中纳入宏观审慎维度，意味着当前政策框架需要彻底重构。特别是要真正厘清审慎监管政策与宏观经济政策的政策边界，并通过相互之间的协调配合来保障金融稳定目标的实现。

在新的框架当中，各种政策工具都在保证其首要目标实现的同时被赋予了在金融稳定实现过程中所应扮演的新角色（如图 9—6 所示）。以货币政策与微观审慎监管的配合为例，货币政策的首要目标是货币稳定，而微观审慎监管政策的首要目标则是限制个体金融机构的风险，在实践当中，只有两者的有效配合才能更好地服务于金融稳定目标。具体而言，央行在进行决策时，就不能将短期通货膨胀作为唯一目标，而应该同时考虑信贷和资产价格的实际情况，从而通过附加的政策操作实现中长期金融与宏观经济的稳定。同时，微观审慎监管政策也不仅仅局限于考虑个体金融机构的稳健与否，而是将其拓展至宏观审慎视角，考虑单个机构在整个金融体系当中的风险暴露程度，这在客观上同样有利于金融稳定目标的实现。

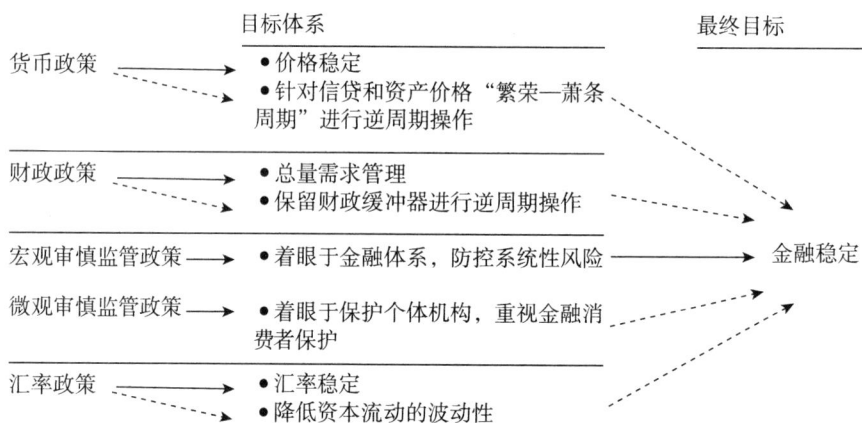

图 9—6　金融稳定新框架下的政策目标

注：图中实线表示政策的首要目标，虚线表示政策的次要目标。

资料来源：Hannoun（2010）；Schoenmaker（2010）.

具体来看，我们需要对货币政策、财政政策、汇率政策和审慎政策的目标体系进行重新界定。

第一，货币政策。

央行在制定货币政策时，必须同时兼顾主要与次要目标的实现，正确处理两者的相互关系与实施次序。首先，货币政策依然要利用传统的政策工具，将保障货币稳定作为第一要务；其次，将金融稳定纳入次要目标，通过更为对称的政策操作实现降低金融失衡的累积、保障金融稳定的目标。具体而言，在经济上行期采取逆向操作，通过提高法定利率、存款准备金率、控制信贷发放以及通过发行央行票据和回购协议控制流动性等方式，来抑制经济的过度繁荣；在经济下行期，通过降低法定利率、存款准备金率、放松信贷以及通过公开市场操作注入流动性等方式，为经济注入活力，避免过度萧条。

为保障金融稳定，货币政策操作有必要采取更为对称的方式，无论在经济的繁荣期还是萧条期，货币政策都要发挥更为均衡的政策效力。当然，这并不意味着货币政策一定要将资产价格纳入政策目标。事实上，货币政策可以通过逆向操作来减少可能的系统性风险和金融失衡的积累，而不是将资产价格这一经济指标直接纳入货币政策目标当中。

第二，财政政策。

与货币政策的操作一样，财政政策通常被用来进行逆周期的需求管理，但在它的制定和实施过程中，也要考虑需要保留或者释放一定的财政缓冲（fiscal buffers）来应对金融体系中可能出现的扩张或紧缩。也就是说，财政政策同样需要在实现税收调节、自动稳定器等首要功能的同时，实行更为均衡的政策操作，以保障金融稳定。在经济上行期，通过降低债务水平、提高金融部门的税率等方式积累财政缓冲，这也意味着政府债务要保持在合理的水平上，以使得在经济下行时期政府可以通过借债来平滑金融市场的波动；在经济下行期，通过资本注入、存款与债务担保以及针对金融机构的一揽子危机救助方案等方式来为金融部门提供支持，以此减缓经济衰退。

第三，汇率政策。

在大多数发达国家，特别是采取通货膨胀目标制的货币当局，通常将汇率政策与货币政策挂钩，更多关心汇率政策对通货膨胀的影响。但是，在部分小国和新兴市场国家，汇率政策的情形并不一样。米什金（Mishkin，2008）的研究发现，小国大都关注汇率并通过对外汇市场的干预来熨平波动，这在一定程度上会影响汇率的走势。实践证明，如此做法对于保障金融稳定和减少经济波动的效果更为明显。在历次危机当中，由于资本流动的剧烈变化或由其他因素导致的汇率大幅波动会严重危害金融稳定并对实体经济产生巨大的破坏作用。特别是对贸易依赖程度较高或者存在货币错配的国家，其遭受破坏的影响范围和波及程度更大。

第四，审慎政策。

微观审慎监管的目标主要是维护个体机构稳健，纠正因信息不对称、有限责任以及其他诸如直接或间接的政府担保等缺陷而导致的市场失灵，它在宏观经济中的作用长期被忽略，金融监管并没有以宏观经济政策的角色出现。危机以来，由于微观审慎监管对于系统性风险、金融体系的顺周期性、流动性风险以及影子银行等等缺乏必要的监管而广受诟病。危机之后，一方面，加强宏观审慎监管无论在学术界还是政策层都已经达成基本共识，构建兼具宏观和微观的审慎监管政策以保障金融稳定成为绝大多数国家的共同目标；另一方面，宏观审慎监管作为宏观经济管理的重要手段，被更多地用来与货币政策、财政政策等宏观经济政策相互搭配，共同维护金融稳定。

9.4　构建符合中国实际的宏观审慎政策框架

危机以来，我国顺应全球范围内加强宏观审慎监管，推动金融监管改革的大趋势，陆续推出多种具有实效性的宏观审慎政策工具，为防范和化解系统性风险起到了良好作用。而且近年来党和国家的重要文件多次提出要构建宏观审慎政策框架。

但是，由于现行改革举措仅限于工具创新而未真正触及监管体制改革的核心，未能完善宏观审慎政策的治理结构和制度基础，并真正构建起与新时期经济金融发展相匹配、符合中国实际的宏观审慎政策框架，导致股市、汇市等单个市场的大幅波动，并存在发生系统性危机的隐患。

习近平主席在《关于〈中共中央关于制定国民经济和社会发展第十三个五年规划建议〉的说明》中明确提出："近来频繁显露的局部风险特别是近期资本市场的剧烈波动说明，现行监管框架存在着不适应我国金融业发展的体制性矛盾，也再次提醒我们必须通过改革保障金融安全，有效防范系统性风险。要坚持市场化改革方向，加快建立符合现代金融特点、统筹协调监管、有力有效的现代金融监管框架，坚守住不发生系统性风险的底线。"

因此，在人民币加入 SDR，中国更大程度地融入国际竞争的重要时期，更应当充分借鉴国际经验，明确我国金融监管体制改革的原则，加快构建符合中国实际的宏观审慎政策框架。具体来看：

第一，要在现行金融监管框架当中增加"宏观审慎"维度，并明确宏观审慎政策的具体实施部门。危机以来，各国的监管改革以增加现行监管框架的宏观审慎维度为主，加强系统性风险监测、评估和防范，并以不同方式（专门委员会或者审慎监管局等）明确了实施宏观审慎政策的具体部门。例如，美国根据《多德-弗兰克华尔街改革和消费者保护法案》成立的金融稳定监督委员会（FSOC），由 10 名有投票权成员和 5 名无投票权成员组成。拥有投票权的成员包括 9 名联邦金融监管机构成员和 1 名拥有保险专业知识的独立成员。主席由财政部长担任，向国会负责。该委员会承担了识别系统重要性机构、工具和市场，全面监测系统性风险并提出相关应对措施，以及协调解决各成员部门争端，促进信息共享和监管协调等职能。按照《泛欧金融监管改革法案》的规定，欧盟设立欧洲系统性风险委员会（ESRB），欧央行行长担任委员会主席，成员包括各成员国央行行长、欧央行副行长、欧盟委员会代表、欧盟微观审慎监管机构负责人等。该委员会负责收集和分析数据信息，进行系统性风险监测、分析与评估并及时向成员国提出宏观审慎政策的实施建议，同时加强成员国之间的沟通和协调等。根据新《金融服务法》，英格兰银行理事会下设金融政策委员会（FPC），英格兰银行行长担任主席，成员包括货币政策委员会主席、审慎监管局主席和金融行为局主席。该委员会的主要职能包括系统性风险的识别、评估、监测，全面保障金融稳定，同时还被赋予宏观审慎监管的主导权。具体包括决策制定宏观审慎政策工具并要求新设立的审慎监管局或金融行为监管局具体实施的"指令权"（power of direction），以及向审慎监管局和金融行为监管局提出具体实施建议的"建议权"（power of recommendation）。法国根据《经济现代化法》和《银行金融监管法》，确立了以中央银行为核心，包括审慎监管局和金融市场监管局在内的监管框架。同时成立的金融监管与系统性风险委员会担负起监测与识别系统性金融风险、协调国内外相互之间的监管行动以及合作交流等职能。

第二，除了维护货币稳定之外，央行应当被赋予更多的保障金融稳定和加强金融监管的职能。危机之前，为了解决金融监管与货币政策冲突，并保障央行货币政策的独立性，央行普遍被剥离了金融监管的职能。但是，货币稳定并未能带来金融稳定，相反金融危机频繁爆发。在过去的 30 多年间，无论是发达国家还是发展中国家均遭受了金融危机的冲击。危机之后，各国将防范系统性风险、保障金融稳定作为监管体制改革的核心目标，强化中央银行金融稳定和金融监管的职能，进一步推动宏观审慎监管改革及其与宏观经济政策的协调。例如，美联储被赋予了对系统重要性机构、金融控股公司和重要金融基础设施的监管权。欧元区建立单一监管机制（SSM），赋予欧央行金融监管职能。自 2014 年 11 月起，欧央行可以直接监管该机制框架下的成员国的系统重要性信贷机构、金融控股公司、混合型金融控股公司以及信贷机构在非该机制成员国设立的分支机构等。英格兰银行负责对具有系统重要性的金融市场基础设施进行审慎监管，同时还被赋予了微观审慎监管的职能。新的《韩国银行法》明确赋予央行保障金融稳定的功能并相应增加了监管权限。

第三，要从功能和机制上厘清货币政策、宏观审慎、微观审慎和行为监管四者之间的关系，并加强相互之间的协调配合。危机以来，各国金融监管体制改革主要围绕如何把货币政策、宏观审慎、微观审慎以及行为监管有效组合并配之以合理的机构设置。目前来看，主要有以下几种模式：一是将货币政策、宏观审慎、微观审慎统归央行的大央行模式。例如，英国 2015 年发布的《英格兰银行议案：技术咨询稿》进一步升级本国金融监管体制改革，将负责货币政策的货币政策委员会、负责宏观审慎政策的金融政策委员会以及负责微观审慎监管的审慎监管委员会统归到英格兰银行之下，同时将原先作为英格兰银行附属机构的审慎监管局完全并入英格兰内部，形成了由央行主导的大一统监管体制。此外，俄罗斯在危机后构建的由中央银行承担银、证、保以及其他非银行金融机构监管职能的大一统监管体制与此类似。二是成立金融稳定监督委员会并加强央行金融监管职能的"委员会＋强化版央行"模式。该模式保留多头监管的格局，由金融稳定监督委员会承担系统性风险防范和化解以及监管协调等职能，美联储被赋予更多的监管职能。当然，之所以采取这种模式是考虑到美国拥有最为发达和复杂的金融体系，长期实行邦、州两级的多头监管体制，如果对其进行单一监管体制的改革，将受到诸多制度和法律层面的障碍。事实上，欧盟新设的欧洲系统性风险委员会与被赋予更多监管职能的欧央行的模式跟美国的监管改革方向有一定的相似之处。三是"审慎监管＋行为监管"的双峰监管模式。该模式的主要特点在于严格区分审慎监管和行为监管，同时明确央行在审慎监管当中的核心作用。澳大利亚的监管模式为央行负责宏观审慎政策，独立于央行之外的审慎监管局、证券与投资委员会分别承担微观审慎监管和行为监管的职能。荷兰则由央行负责宏观与微观审慎监管职能，金融市场局负责行为监管。

第四，要全面提高金融数据的可获得性和准确性，为系统性风险的监测、分析和评估提供全面、及时的信息。本次国际金融危机的爆发与蔓延很大程度上源自政策部门所掌握的全面金融信息的缺失，以致无法在危机前准确把握风险积累和演变的过程，错失危机预警和政策干预的时机。宏观审慎政策实施部门只有全面、及时、准确地掌握大量经济金融数据信息，从整体上把握金融业整体运行和发展状况，才能做出更为有效的判断和决策，真正起到防范系统性风险的作用。目前，金融稳定理事会、国际货币基金组织、国际清算银行、世界银行以及主要经济体，正通过强化央行职能、修订法律框架、完善统计制度以及扩大统计范围等方式，加强数据和信息的可得性并促进各类金融信息的共享与协调。

第五，要建立有效的危机处置机制并加强金融消费者保护。危机以来，为防止危机的再次爆发和蔓延，各国均加强了各自的危机处置能力。其中，美联储、英格兰银行均被赋予了一定的风险处置功能。新的监管体制明确由美联储与联邦存款保险公司共同负责美国系统性风险的处置。按照欧盟《银行恢复和处置指令》，英格兰银行作为英国金融危机处置当局，负责制定金融机构处置策略。新的监管办法则进一步明确英格兰银行在制定或更新金融机构处置策略时，要将关键信息提供给财政部，以便政府及时评估可能对公共资金造成的风险。而欧盟通过构建欧洲银行业联盟的方式，将银行业监管、处置和存款保险机制进行合并。此外，部分国家成立了专门的机构，以进一步加强对于金融消费者的保护。例如美联储通过设立独立的消费者金融保护局，统一行使消费者权益保护的职责。

全球和中国的主要宏观审慎政策工具分别见表9—3和表9—4。

表9—3　　　　　　　　　　全球主要宏观审慎政策工具

工具	简介
时间维度	
贷款价值比限制（Caps on the LTV）	贷款价值在贷款首付方面对家庭的借贷能力造成了约束。从理论上讲，由于房屋价格和家庭借贷能力（借贷能力取决于房屋的抵押价值）以顺周期性的方式相互影响，因此这种约束实际上限制了抵押贷款的顺周期性。不论LTV是否经常调整，如果设定在一个合适的水平上，就可以解决系统性风险。但是，对LTV的调整使其成为了一个有效的逆周期性政策工具。
债务收入比限制（Caps on the DTI）	债务收入在单独提出时指的是一种致力于保障银行资产质量的审慎调控规则。但当它和LTV同时使用时，DTI会通过限制家庭借贷能力从而抑制抵押款的周期性。同LTV一样，对DTI的调整可以通过逆周期性的方式来应对系统性风险。
外币贷款限制（Caps on foreign currency lending）	外币贷款使没有进行对冲操作的借款人面临外汇风险并使出借人面临信用风险。这种风险不断扩大、增加，则会发展成全面的系统性危机。针对外汇的限制（或者更高的风险权重、存款准备金等等）可以被用来防范由外汇引起的系统性风险。

工具	简介
信贷或信贷增长上限（Ceilings on credit or credit growth）	信贷上限可以是针对整体银行信贷或者特别部门贷款。前者主要可用于抑制信贷或资产价格周期，也就是时间维度系统性风险的积累。而后者可以减少特定部门的风险敞口，也就是化解空间维度风险。
净货币头寸限制/货币错配（Limits on net open currency positions/currency mismatch）	这种审慎的调控工具减少了银行所面临的外汇风险。并且，这些限制可以用来解决由于银行集中性购买外币带来的汇率大幅波动问题。这种外部效应以高昂的外币负债增加了没有进行对冲操作的借款人的信用危机。
期限错配限制（Limits on maturity mismatch）	由于资产/债务到期的选择会造成一种外部效应——资产大减价出售，从而使期限错配限制可被用于应对系统性风险。危机当中，如果金融机构由于到期无力偿还短期债务，则该金融机构要被迫进行资产清算，对持有的资产进行减价出售，从而使一些资金短缺机构由于传染效应爆发系统流动性危机。
存款准备金要求（Reserve requirements）	该政策可以从两个层面应对系统性危机。第一，存款准备金对信贷增长有着直接影响，所以它有可能抑制信用/资产价格循环，即系统性危机的时间维度；第二，存款准备金为资金流动提供缓冲，从而在情况允许时，可以用于缓解系统性的流动性危机。
逆周期资本要求（Counter cyclical capital requirement）	该工具可以通过调节比率或风险权重的形式，在经济上行期提高以限制信用扩张，在经济下行期降低来提供资金缓冲。长期资金缓冲也往往是在经济上行期建立、经济下行期取消，与逆周期资本要求具有同样的作用。
时变/动态准备金（Time-varying/Dynamic provisioning）	传统的动态储备金是根据银行特定损失调整的，但是它也可以用来抑制金融系统中的周期性。经济上行期调高储备金要求可以起到缓冲作用，并且限制信贷扩张；经济下行期则降低储备金要求以此来支持银行放款。要求的调整取决于固定的标准，或者取决于政策制定者的判断，准备金要求以逆周期性的方式影响着银行的放贷行为。
利润分配限制（Restrictions on profit distribution）	由于未分配的利润将会加在银行总资本中，在经济下行期，这种限制往往对银行放贷产生逆周期性的影响。巴塞尔协议Ⅲ中的资本留存缓冲也扮演着相似的角色。
跨部门维度	
系统重要性金融机构额外资本要求（Systemic capital surcharges）	巴塞尔协议Ⅲ规定对系统重要性金融机构需要提取 1%～2.5%的额外资本金要求。

续前表

工具	简介
对金融机构征税（Levy/Tax on Financial Institutions）	向全球银行和金融机构征税并建立救助基金，主要用于覆盖未来银行等金融机构的救助成本。包括金融稳定税（Financial Stability Contribution，FSC）、金融机构活动税（Financial Activities Tax，FAT）、金融交易税（Financial Transaction Tax，FTT）等
银行间风险敞口限制（Limits on Interbank Exposures）	对银行间风险敞口加以限制，可以降低风险在银行间传染的可能性，从而解决过大的风险敞口所引发的大规模风险爆发等问题。
集中度限制（Concentration Limits）	风险集中度是相对于银行资本、总资产和总体风险水平，由没有完全分散化的个体风险或风险集导致的可能影响正常经营的风险暴露。对金融机构的风险集中度限制可以降低整体风险集中度的形成概率。
对未通过中央对手方清算的交易提出更高的资本要求（Higher capital charges for trades not cleared through CCPs）	巴塞尔协议Ⅲ提高了对双边场外交易风险暴露的资本要求，鼓励场外衍生品交易向中央对手方集中，以解决银行等金融机构衍生品市场可能引发的系统性风险。

资料来源：IMF（2011）；IMF（2015）；笔者整理。

表 9—4 中国宏观审慎政策工具

工具	实施机构	政策目标
时间维度		
个人住房贷款价值比要求	中国人民银行、银监会	房地产价格、房地产相关资产业务
差别准备金动态调整机制	中国人民银行	信贷增长、资产价格
动态拨备要求	银监会、中国人民银行、财政部	缓解亲周期经营行为，提高损失吸收能力，信贷增长
逆周期资本监管	中国人民银行、银监会	缓解亲周期经营行为，提高损失吸收能力，信贷增长（辅助目标）
杠杆率要求	银监会	缓解亲周期经营行为
特定资产组合资本要求调整	银监会	对特定资产组合的增长进行微调
跨周期的风险加权资产计量方法	银监会	缓解资本计量的亲周期性
合意贷款管理机制	中国人民银行	对银行业金融机构在一个时期内的贷款总额进行投放节奏与投放规模的调控

续前表

工具	实施机构	政策目标
宏观审慎评估体系（MPA）	中国人民银行	差别准备金动态调整和合意贷款管理机制的升级版。重点考虑资本和杠杆情况、资产负债情况、流动性、定价行为、资产质量、外债风险、信贷政策执行等七大方面，通过综合评估加强逆周期调节和系统性金融风险防范
跨部门维度		
加强系统重要性金融机构的监管	中国人民银行、银监会	降低系统重要性金融机构经营失败对金融体系的冲击
流动性风险管理	中国人民银行、银监会	宏观层面的流动性风险
限制同业之间的交易	中国人民银行、银监会	降低金融机构之间的传染性
风险隔离（"栅栏原则"）	中国人民银行、银监会	降低中间业务、高风险业务对传统业务的传染性
早期预警系统	中国人民银行、银监会	

资料来源：廖岷、孙涛、丛阳：《宏观审慎监管研究与实践》，北京，中国经济出版社，2014；笔者整理。

第 10 章

结论和建议

10.1 主要研究结论

结论 1：人民币加入 SDR 货币篮子，标志着人民币国际化跨越了一个里程碑。在五个方面动力的共同推动下，人民币国际化指数快速上升，达到 3.6，五年间增长逾 10 倍。在新的平台上，中国需要加强宏观金融管理，防止人民币国际化"昙花一现"。

2015 年是人民币国际化取得丰硕成果的一年。跨境贸易人民币结算累计发生 7.23 万亿元，占我国贸易总额的 29.36%，占全球贸易结算的份额提升至 3.38%。以人民币结算的对外直接投资达到 7 362 亿元，较上一年增长了 294.53%。境内金融机构人民币境外贷款余额达 3 153.47 亿元，同比增长 58.49%。中国人民银行已与 33 个国家和地区的货币当局签署货币互换协议，货币互换余额 3.31 万亿元。人民币金融资产的国际吸引力上升，QFII 和 RQFII 出现较快增长，总数达到 295 家和 186 家。一些外国政府开始在中国发行人民币计价的熊猫债，将人民币资产纳入其官方储备。鉴于人民币发挥越来越重要的国际货币功能，11 月 30 日国际货币基金组织宣布，将人民币纳入 SDR 货币篮子，成为人民币国际化的里程碑事件。2015 年综合反映人民币国际使用程度的指标 RII 达到 3.6，五年间增长逾十倍。

人民币国际化指数快速增长的主要动力来自五个方面：一是中国经济保持 6.9% 的中高速增长，使得国际社会对人民币充满信心。二是深化金融改革，继续推进资本账户开放。2015 年中国的利率市场化基本完成，8 月进行了市场导向的汇率形成机制改革，放松企业发行外债的管制，允许更多境外机构依法合规参与中国银行间外汇市场，中国资本开放度已经提高到 0.650 2，与 2011 年相比，资本市场开放度提高了 34%。三是人民币基础设施逐步完善，相关配套体系与国际接轨。跨境

214

人民币支付系统 CIPS 上线运行，基本建成覆盖全球的人民币清算网络，采纳 IMF 数据公布特殊标准（SDDS），提升经济金融统计的标准性与透明性。四是"一带一路"战略有序推进，中欧经济金融合作掀起热潮。我国先后与 31 个国家和地区签署一系列合作协议与谅解备忘录，大批重点建设项目落地，亚投行成立运营，为沿线人民币联通使用构筑了坚实载体。欧盟已成为中国第一大贸易伙伴、第一大技术引进来源地和重要的投资合作伙伴。令人瞩目的是，人民币直接投资和跨境贷款成为推动 RII 较快上升的新动力。五是大宗商品领域人民币计价使用程度增强。在美元走强的情况下，中东地区提高了人民币使用水平。2015 年，人民币成为阿拉伯联合酋长国、卡塔尔对中国大陆和香港地区支付的常用货币，支付占比分别达 74％与 60％。人民币是仅次于美元、欧元的受俄罗斯客户欢迎的第三大货币，莫斯科交易所也推出了人民币兑卢布期货交易。伦敦金属交易所接受人民币作为质押货币，中国（上海）自贸区跨境人民币大宗商品现货交易启动。

2015 年主要货币出现了分化。美联储启动了加息进程，美元大幅走强，推动美元国际化指数上升至 55.82，已经收复了 2007 年次贷危机爆发以来的失地。希腊问题、难民危机、英国"脱欧"风险使得欧元前景黯淡，欧元国际化指数降至 24.29。日本经济正在缓慢恢复，企业收入大幅增长，日元国际化指数保持在 4.06，国际地位得到巩固。英国经济表现好于预期，贸易与投资增长较快，英镑国际化指数为 4.82，国际地位小幅上升。

应当看到，人民币"入篮"并不等于人民币国际化目标实现。人民币国际化的最终目标是要实现与中国经济和贸易地位相匹配的货币地位，注定要经历一个漫长的历史过程。虽然 IMF 从官方角度认可了人民币的国际储备资产身份，但能否成为主要国际货币之一还必须取决于国际金融市场上使用和持有人民币的实际情况。从日元加入 SDR 货币篮子之后的经验来看，国际货币的"官方身份"未必自然产生"市场地位"。我们应当充分借鉴日元国际化"昙花一现"的历史经验教训，坚定政策立场，把握市场机遇，做好国际货币竞争博弈的反遏制准备，避免重蹈日元覆辙。

结论 2：经典理论和德日两国历史经验表明，随着人民币国际化程度逐渐提高，货币当局必然要面临宏观金融政策调整及其引致宏观金融风险的严峻考验。应当以宏观审慎政策框架作为制度保障，将汇率管理作为宏观金融风险管理的主要抓手，将资本流动管理作为宏观金融风险管理的关键切入点，全力防范和化解极具破坏性的系统性金融危机，确保人民币国际化战略最终目标的实现。

伴随货币国际化水平的逐渐提高，货币发行国将不得不在放开资本账户、维持汇率稳定、保持货币政策独立性这三大宏观金融政策目标中做出重新选择。从历史经验看，德国和日本选择了不同的政策调整路径，对两国经济和金融运行产生了迥然不同的深刻影响，使得这两个国家在货币国际化的道路上明显拉开了差距。

德国先实现了德国马克国际化，然后才完全放开资本账户。在此期间，德国对于汇率和货币政策的稳定一直是有着近乎偏执的追求，一直以审慎的态度逐步放开和调整资本账户。这种调整策略不仅为德国赢得了工业核心竞争力提升的黄金时期，还为德国应对德国马克国际化后出现的各种金融市场波动准备好了充足的技术手段和政策工具，最终成就了德国马克和德国在国际金融市场中的地位。而日本则过于激进，从 20 世纪 60 年代开始就试图大幅放开资本账户，并且高估了本国实体经济应对汇率升值冲击的能力，没有很好地保持日元汇率稳定。日元过快升值导致产业转移，出现了经济"空心化"，严重损害了本国实体经济。虽然 20 世纪 80 年代日本试图通过宽松型货币政策和金融市场开放来刺激本国经济，但是实体经济的衰退已经不可避免，最终不仅使得日元国际化成为泡影，同时还拖累了东京金融市场的发展。

当一国货币已经跻身于主要国际货币行列之后，货币当局只能采取"资本自由流动＋浮动汇率＋货币政策独立性"的宏观金融政策组合。这同样也适用于中国。然而，贸然放开资本账户和人民币汇率，极有可能发生系统性金融危机，严重损害实体经济和金融发展，致使人民币国际化进程中断。因此，政策调整不能急于求成，要在本国经济和金融市场、监管部门做好应对国际资本冲击的充分准备以后才可放开汇率和资本账户。

在货币国际化水平由低而高变化的时候，对货币发行国来说，首要的挑战就是汇率波动。但汇率过度波动会对金融市场造成负面冲击，并对实体经济稳健增长产生不利影响。在这个问题上，我们应该效仿德国，在货币国际化初期将汇率稳定目标置于首要位置。

伴随着资本账户的逐步开放，中国的外汇市场和资本市场将成为国外游资和投机资本主要冲击的目标。应当充分吸取广大新兴市场国家因国际资本流动冲击引发金融危机的教训，对于国际资本流动特别是短期资本流动保持高度警惕。因此，宏观金融风险管理要以资本流动管理作为关键切入点，重点识别和监测跨境资本流动所引起的国内金融市场连锁反应，加强宏观审慎金融监管，避免发生系统性金融危机。

当前，货币当局宏观金融管理的核心任务就是构建更加全面、更具针对性的宏观审慎政策框架，追求金融稳定目标，为推动人民币国际化战略提供必要前提。一方面要将汇率政策与货币政策、财政政策等工具协调使用，将物价稳定、汇率稳定、宏观经济稳定增长等政策目标统一在金融稳定终极目标的框架之内。另一方面要继续完善微观审慎监管政策，重视金融机构的风险控制与管理，加强金融消费者权益保护，同时积极探索宏观审慎监管政策，着眼于金融体系的稳健运行，强化金融与实体经济的和谐发展，将防控系统性金融风险作为实现金融稳定目标的重要支撑。

结论 3：继续推进人民币国际化将面对更加严峻的金融风险挑战。中短期和长期汇率决定因素更加复杂，汇率波动和央行汇率管理成为全球焦点。国内各个金融子市场之间、境内外金融市场之间的资产价格联动性和金融风险传染性明显提高，对跨境资本流动的冲击更加敏感。银行国际化发展过程中需要经受国内外双重风险的考验，实现市场扩张与风险控制之间的平衡更加困难。

随着人民币汇率形成机制的不断完善以及资本账户开放度的逐步提高，人民币汇率决定因素将发生明显变化。国际经验表明，宏观经济基本面对长期汇率决定具有较强的解释力，但对短期汇率波动的影响力较低。短期汇率波动主要受跨境资本流动冲击和其他国家政策溢出效应的影响，但市场套利行为可以促使汇率回归长期均衡水平。汇率波动性对短期资本流动没有显著影响，但是对经济增长稳定性的影响大幅度增加，对外商直接投资的影响尤其强烈。

随着人民币更多执行国际货币职能，人民币汇率将不仅影响国内经济和金融活动，也会对周边国家汇率、区域贸易投资甚至整个国际金融市场产生不小的溢出效应，因此加强人民币汇率预期管理十分必要。2015 年 12 月 11 日中国外汇交易中心正式发布 CFETS 人民币汇率指数，有助于改变市场过去主要关注人民币兑美元双边汇率的习惯，逐渐把参考一篮子货币计算的有效汇率作为衡量人民币汇率水平的主要参照系，理解并接受新的汇率形成机制。

更加灵活的人民币汇率制度提高了跨境资本流动和金融市场的关联度，使得外汇市场、货币市场、资本市场之间，以及离岸和在岸金融市场之间的价格联动性及风险传染性增强，使得国内金融市场存在不容忽视的脆弱性。研究表明，"8·11"新汇改之后，中国资本市场价格、杠杆率和跨境资本净流入之间的关系，由之前的单向驱动关系变为循环式的互动关系，而且显著正相关，对某一变量的冲击呈现反身性和不断强化的特征。市场收益率与短期资本流动存在双向的互相影响，说明短期资本流动冲击足以影响到资本市场的价格和杠杆水平。此前对资本市场收益率、杠杆率和资本流动具有较大影响的 CNH 与 CNY 价差、外汇市场无抛补套利收益率的影响力逐渐下降。

人民币加入 SDR 将提升更多国家和地区与中资金融机构加强合作的意愿，为中资银行带来巨大的国际化发展空间，推动其在客户和产品两个维度加快提升海外业务规模及收入来源。在这一过程中，中资银行不可避免地会面临更加复杂的市场环境和监管要求，使得银行的风险暴露在数量和结构方面出现新的特征。由于我国经济正处于去产能、去杠杆的结构调整阶段，银行国际化发展过程中还不得不面对国内外双重风险的考验，有可能出现资产质量下降、利润增速放缓、流动性风险上升等问题，导致银行风险承受能力下降。对于那些系统重要性银行来说，如果不能解决好风险管控问题，就会降低国际竞争力，错失国际化发展的良机，还会危及国内金融体系的稳定。

结论 4：中国经济面临着模式不适应、创新能力落后、贸易大而不强、民间投资萎缩等发展障碍，需要抓住主要矛盾进行供给侧改革，降低实体经济风险，夯实人民币国际化的物质基础。人民币国际化可以在直接投资、技术进步、贸易升级等方面与供给侧改革形成良性互动，化危为机，共同推动中国经济进行结构调整和转型升级。

实体经济保持中高速可持续发展是人民币国际化的坚实基础。实体经济是一国货币国际化的根基。强大的经济实力、庞大的国际贸易体量、稳定的币值、资本可自由使用、有效的宏观政策等是货币国际化的必要前提。

自 2008 年国际金融危机以来,国际经济环境变迁使得严重依赖出口和投资驱动的中国传统经济增长模式陷入困境,实体经济面临诸多结构性障碍,风险点不断爆发。突出表现为:(1)创新能力薄弱,无法跻身国际产业链分工的中高端;(2)经济结构失衡,储蓄率过高,消费对经济的拉动不足,部分行业产能过剩;(3)中小企业融资难,民间投资萎缩;(4)缺乏国际贸易的组织者和定价权,贸易大而不强等。与此同时,主要贸易伙伴经济疲软,增长复苏困难,使得出口对中国经济的驱动失效;发达国家纷纷采取措施重振制造业,去杠杆,回归实体经济,给中国制造带来巨大的竞争压力。

另一方面,对 G20 国家跨境资本流动的实证研究表明,自人民币国际化以来,资本流动冲击较以前更复杂、更频繁,加剧了实体经济的波动性。而且,在全球经济虚拟化程度较高的现实背景下,还要防范资本流动导致国内经济虚拟化加剧的风险。

推进供给侧改革,长远看有助于解决我国实体经济的风险积聚问题。创新型工业体系的建立将确保经济可持续发展,夯实人民币国际化的物质基础。而人民币国际化的稳步推进,不仅增加了国际社会对中国经济的信心和需求,其所带来的贸易计价结算和投融资便利,还有利于扩大对外贸易和国际合作,推动跨国并购和技术进步,形成大宗商品新的供应模式,在国内外更广阔的市场上实现资源的优化配置。尤其是人民币在国际化进程中稳步升值,迫使贸易结构升级,从产业链低端迈向中高端,形成了加速中国经济增长动力转换的倒逼机制。因此,从某种意义上看,人民币国际化与供给侧改革是相辅相成的,具有内在的相互促进机制,人民币国际化本身就是中国实体经济转型升级的一大推手。

结论 5:跨境资本流动等外部冲击与国内金融市场风险、机构风险、实体经济风险等相互交织、彼此传染,使得由单个市场或者局部风险引起连锁冲击而导致系统性风险发生的概率不断提升。需要编制中国系统性风险指数,加强对系统性风险的评估与监测。构建符合中国实际的宏观审慎政策框架,在体制机制层面实现对系统性风险的防范与管理。

整个金融体系具有遭受外部因素冲击以及内部因素相互牵连而发生剧烈波动甚至危机的可能性。随着中国金融改革和人民币国际化的推进,跨境资本流动导致国内系统性金融风险显著上升。一旦遭受系统性风险冲击时,任何单一金融机构都将不可避免地受到波及。换言之,系统性风险是能够同时影响多个金融部门乃至实体经济的风险,其主要判别依据为是否有多个金融部门同时产生异动。

由于系统性金融风险来源的多样性,对系统性风险进行评估需要一个整体上的把握。我们从金融政策环境、金融市场、金融机构以及外汇市场风险等方面,运用加权平均方法进行综合评估,构建中国系统性风险指数,为准确度量和客观评估系统性风险提供科学依据。研究结果发现,在 2005 年 7 月—2015 年 12 月的 10 年里,我国经历了 7 次系统性风险较高的时期。具体来看，2005 年 7 月 21 日，我国开始实行以市场供求为基础、参考一篮子货币进行调节、有管理的浮动汇率制度，人民币不再单一盯住美元。此次汇率制度改革带来了强烈冲击，推升了当月的系统性风险。2007 年 10 月和 2008 年 12 月出现的两次系统性风险加剧，归结为美国次贷危机的爆发与蔓延。2010 年初快速上升的系统性风险则源自通货膨胀高企。此后，在经历了 2010 年中期到 2013 年初期的稳定期后，2013 年 6 月发生了短暂的流动性风险（钱荒）并导致系统性风险上升。最近两次系统性风险的上升，分别对应的是 2015 年中期股票市场的剧烈波动和当年年底的人民币汇率快速贬值。

我国系统性风险虽然经历过若干次的短暂升高，但是究其原因，主要风险都源自某个单一市场，并未造成多个金融部门同时出现风险，没有导致系统性风险爆发或持续升高。但是需要注意，仅仅在 2015 年下半年，中国系统性风险就经历了两次较大的提高。频率之高，在历史上罕见，需要引起高度重视。

国际金融危机重创了长期以来的金融监管理念，全球范围内基本达成了"货币稳定"无法保障"金融稳定"、"个体稳健"无法保障"系统稳健"的共识，保障金融稳定的诉求引发了宏观审慎监管大变革。我国也积极参与全球宏观审慎监管改革，并在国内监管实践当中推出多种宏观审慎政策工具，一定程度上起到了防范系统性风险累积的作用。但在新形势下，中国需要在微观审慎监管之外增加"宏观维度"，并且将金融监管与其他宏观经济政策实现有效协调配合，构建符合中国国情的宏观审慎政策框架，防范系统性风险的发生与蔓延，保障金融稳定目标的实现。

10.2 政策建议

建议 1：进一步推动汇率市场化改革，完善人民币汇率制度，加强市场预期管理，保持长期汇率在均衡水平上的基本稳定，追求与最优货币政策目标相符合的汇率政策目标。

首先，完善汇率形成机制，提高人民币汇率的市场化程度，使其更富弹性、双向波动；提高人民币汇率指数的公信力，鼓励企业和机构更多参考和使用人民币汇率指数，扭转市场主要观察人民币兑美元双边汇率的习惯。允许汇率有一个较宽的波动幅度，增强企业汇率风险管理和对外更多使用人民币的意识，促进金融机构的汇率风险管理工具及全球范围人民币资产管理业务的创新。

其次，人民币汇率制度应从管理浮动逐渐过渡到自由浮动，汇率政策目标的实现方式从直接干预为主转向间接干预为主。市场套利行为可以促使汇率回归长期均衡水平，央行应当退出常态化的直接干预，但要防止汇率过度波动对金融市场和实体经济造成负面冲击。要完善我的管理浮动汇率制度，为本国实体经济的转型与发展赢得时间和空间。汇率管理应该努力实现三个目标：第一，汇率水平基本反映市场供求变化，充分发挥汇率调节国际收支、优化配置国内外资源的作用。第二，避免人民币汇率大幅波动，为经济金融稳定运行创造良好环境。第三，稳定人民币汇率预期，加强与市场沟通，提高政府的公信力和政策效力。未来在资本账户有序开放的条件下，主要通过货币政策、财政政策和收入政策的合理搭配来维持长期汇率在均衡水平上的基本稳定。与此同时，在外汇市场出现投机性冲击或危机来临之际，保持必要的外汇干预和资本管制，加强技术性管理工具的运用，采取果断和有效措施维持人民币汇率稳定。这是防范金融危机蔓延和系统性金融风险产生的必要手段。

第三，汇率政策实施过程中必须重视国际政策沟通与协调。要密切关注美国宏观政策的溢出效应，加强与美国政府的沟通，推动建立美元—人民币汇率协调机制，降低过度的汇率波动对双方经济金融的负面影响。积极应对欧元区和日本的负利率政策，呼吁建立 SDR 篮子货币国家之间的货币政策协调机制，避免主要货币之间发生汇率战，减少以邻为壑效应。同时，也要考虑到中国货币政策和汇率政策对其他新兴市场国家的溢出效应，既要优先考虑国内需要，又要通过适当的沟通与协调机制兼顾它们的利益诉求，减少政策摩擦，实现合作共赢。

建议 2：不能冒进开放资本账户。重视跨境资本流动对国内金融市场价格联动与风险传染的影响，加强全口径资本流动监测。中资银行应当抓住机遇扩大跨国经营，同时要健全风险管理机制，避免成为外部冲击的放大器或系统性风险的导火索。

资本账户开放要与汇率制度改革相互配合，坚持"渐进、可控、协调"的原则，适应中国经济金融发展和国际经济形势变化的需要。在国内金融市场尚未成熟、金融监管体系还不完善、应对跨境资本流动冲击的方法有限且效果欠佳的情况下，不可贸然放开资本账户。正确认识短期内资本的净流出态势，以及跨境资本流动的"双向"波动对我国经济的影响。始终保持对资本账户的审慎监管，将资本流动冲击风险维持在可承受的范围之内。

在当前的新形势下，外汇市场和资本市场、在岸市场和离岸市场之间的联动性进一步加强，市场风险传染性增加，应该高度重视大规模短期资本流动可能造成的系统性金融风险。掌握并利用资本市场收益率与汇率之间的联动机制，加强货币政策和汇率政策之间的协调，增强政府对短期资本流动的驾驭能力。在资本流动管理中既要"节其流"，也要"开其源"，提高投机性资本流动的成本。必须密切监测资本流入的动向，对所有可能的途径进行监测，以便在发生资本外流时制定有效的应对措施。鉴于 QFII 资金的进出是很多观望资金的重要先导指标，必须运用大数据技术，增加高频数据统计，加强对 QFII 的监测和引导。

人民币加入 SDR 货币篮子为企业跨国投资创造了更好的条件，中资银行应当抓住机遇加快国际化步伐，为"走出去"的中国企业提供全方位的金融服务，帮助它们在国际市场站稳脚跟、树立品牌；要根据自身特色以及外部环境，制定和调整经营发展方向及策略，丰富相关产品和服务的种类，实现收入结构的多元化，在国际金融市场提升核心竞争力，增加中国金融机构的国际影响力。由于境外经营环境更加复杂、风险更大，需要中资银行培育风险文化，树立正确的绩效观念，建立覆盖境内外业务的完善的风险管理信息系统，规范境外业务经营，避免操作风险。政治风险和合规风险是银行跨国经营面临的突出问题，要尽早制定金融机构跨国经营的法律法规，建立健全海外投资保险机制，监管部门要提高银行的资本充足率和流动性监管标准，加强跨境金融监管合作，为中资银行国际化保驾护航，避免外部风险损失产生放大效应，进而损害银行的稳健经营、动摇国内金融体系安全运行的基础，甚至引发国内系统性金融危机。

建议 3：针对目前多头监管存在的政出多门、职权交叉、责任不明、严宽不一等问题，应充分借鉴国际经验，明确当前我国金融监管改革的原则，构建符合中国实际的宏观审慎政策框架，为加强系统性风险管理提供制度保障。

要在现行金融监管框架当中增加"宏观审慎"维度，并明确宏观审慎政策的具体实施部门。危机以来，各国的监管改革以增加现行监管框架的宏观审慎维度为主，加强系统性风险监测、评估和防范，并以专门委员会或者审慎监管局等不同方式明确了实施宏观审慎政策的具体部门。

除了维护货币稳定之外，央行应当被赋予更多的保障金融稳定和加强金融监管的职能。危机之后，主要经济体将防范系统性风险、保障金融稳定作为监管体制改革的核心目标，强化中央银行金融稳定和金融监管的功能，进一步推动宏观审慎监管改革及其与宏观经济政策的协调。

要从功能和机制上厘清货币政策、宏观审慎、微观审慎和行为监管四者之间的关系，并加强相互之间的协调配合。这已然成为各国金融监管体制改革的主要工作。具体做法包括将货币政策、宏观审慎、微观审慎统归央行的大央行模式，成立金融稳定监督委员会并加强央行金融监管职能的"委员会＋强化版央行"模式以及"审慎监管＋行为监管"的双峰监管模式等。

要全面提高金融数据的可获得性和准确性，为系统性风险的监测、分析和评估提供全面、及时的信息。金融稳定理事会、国际货币基金组织、国际清算银行、世界银行以及主要经济体正通过强化央行职能、修订法律框架、完善统计制度以及扩大统计范围等方式，加强数据和信息可得性并促进各类金融信息的共享与协调。

还要致力于建立有效的危机处置机制并加强金融消费者保护。从主要经济体的监管改革来看，美联储和联邦存款保险公司共同负责美国系统性风险处置；英国的金融危机处置当局是英格兰银行，负责制定金融机构处置策略；欧盟通过构建欧洲银行业联盟的方式，将银行业监管、处置和存款保险机制进行合并。此外，部分国家也成立了专门的机构，以进一步加强对于金融消费者的保护。例如，美联储通过设立独立的消费者金融保护局，统一行使消费者权益保护的职责。

建议 4：加强全球人民币离岸市场建设，构建人民币"国际大循环"通道，积极推动人民币在多边国际金融机构中的使用，扩大人民币交易规模，确立人民币在国际金融市场的网络效应。

充分利用人民币国际化快速推进的时间窗口，积极发展人民币离岸市场，提供更多投资工具和投资渠道，满足不断增长的贸易和投资实际需求。加强建设人民币资金的自我循环机制，为离岸市场发展提供足够的流动性。通过某些特别的政策安排，促进离岸市场和在岸市场相互协调，建立在岸价格引导离岸价格的机制。

人民币回流机制的安排为香港和上海提供了很多新的历史机遇。两地可以围绕这条主线根据各自的优势和需求，积极开展更深层次的合作，互补互动，形成良性循环机制，共同推进人民币国际化进程。在构建人民币"国际大循环"机制时，目前应以香港为中心，通过沪港通培育人民币国际资本市场，建立资本项下的人民币海外循环机制。从更广阔的视角看，要致力于构建大陆、台湾、香港、澳门大中华货币区，将人民币周边化作为阶段性的战略选择。

加强欧洲主要国际金融中心的人民币离岸市场建设。推动国内证券、商品交易所与法兰克福、卢森堡和伦敦交易所的合作，重点推出人民币国际债券、股票、基金、结构型证券等金融产品，以及人民币标价的黄金、石油等大宗商品期货，充分利用当地的营销渠道，扩大人民币产品的交易规模，加速形成人民币网络效应，推动人民币离岸金融市场向纵深方向发展。

人民币加入 SDR 货币篮子后，国际社会对中国发挥大国作用的期待更高，对人民币发挥国际货币功能的需求也会增加。通过亚投行、丝路基金、人民币跨境支付系统的务实、高效运作，引领国际资本支持"一带一路"重大项目建设，增加人民币的国际使用。以此为契机，中国应该更加积极地参与国际金融治理，在国际货币基金组织、世界银行、国际清算银行等国际金融组织的政策制定和协商谈判中发挥更大的作用，提高在国际金融体系改革中的话语权。

建议5：明确供给侧改革的抓手，内外并举推动技术进步，坚持金融服务实体经济，防止泡沫化和虚拟化，促进人民币国际化与供给侧改革的良性互动。

供给侧改革是培育中国经济增长新动力、建立经济可持续发展新结构的必由之路。应该在供给侧改革中确立三个抓手，并有所建树。第一，增加研发投入，加大海外并购，内外并举提升技术水平。供给侧改革的一大核心任务是补短板，补短板应该从内外两个方向齐头并进。对内通过加大研发投入进行制度改革，鼓励企业发展科技和创新能力，提高全要素生产率，增强中国制造的核心竞争力。对外鼓励企业"走出去"，加大对发达国家高端制造业的并购，增加高技术的供给。第二，重视金融结构调整，拓宽融资渠道，降低资金成本，强化金融服务实体经济的功能，防止金融"脱实就虚"甚至泡沫化。应该大力发展要素市场，更多地运用利率杠杆来调节资金供求关系，提高资源配置的经济效率；促进金融开放和创新，在风险可控的情况下鼓励企业境外融资，利用境外市场利率较低的优势，帮助高负债企业去杠杆，大幅降低资金成本，提高企业的活力和竞争力。加快金融机构国际化步伐，为"走出去"的企业、为我国的跨国公司提供全方位金融服务，帮助它们拓展海外市场，增强它们在国际分工中的地位和影响力，使其在贸易活动中有更大的主导权和话语权。第三，金融手段与财政措施协调配合，鼓励民营企业进行直接投资，利用国内外两个市场优化生产要素配置。一方面，必须加强企业的品牌建设与管理，满足国内对高质量生活用品、奢侈品的消费需求，逐步实现进口替代；另一方面，合理设计外援模式，有效进行 PPP 模式的海外扩展，帮助企业进行国际产能合作，延长传统优势产品的生命周期，提高全要素经济效率。

中国必须毫不动摇地坚持金融为实体经济服务、人民币国际化为实体经济服务的指导思想。人民币国际化的长足进步，有利于国际社会增加对中国的信心和投资动机，并为中资企业使用人民币对外投资提供便利性和收益稳定性。尤其是可以改变大宗商品使用美元计价结算的习惯，使中国经济获得更加稳定的物资供应模式。鉴于"一带一路"沿线国家使用人民币的意愿大幅提高，中国可与中东、中亚国家以及俄罗斯等国家推动双边原油贸易以人民币计价、结算，将上海国际能源中心推出的原油期货价格发展成为继 WTI、布伦特之外的又一原油基准价格，提升包括中国在内的这些国家的原油定价权。

附录 1

入篮后日元国际化的经验

布雷顿森林体系瓦解后，伴随着浮动汇率体系的形成，国际货币体系逐渐由单极结构向多元化结构演变。随后的几年时间，日元的国际化进入了初始的朦胧阶段。1981 年，日元被纳入 SDR 五国货币篮子中，标志着日元国际化进程正式拉开序幕。

日元国际化进程是伴随着日本经济实力的崛起而逐步实现的（见附图 1—1）。20 世纪 70 年代初日本就超越德国成为世界第二大经济体。80 年代更是日本经济腾飞的时代。这一时期日本经济保持了高速发展并且相比较其他发行国际货币的国家，日本国内通货膨胀情况良好，物价稳定。但伴随着《广场协议》后日元的急剧升值，日本的经济泡沫迅速积累，房地产泡沫的破灭进一步拖垮了日本经济，使其从 90 年代中期开始进入衰退期，随之日元国际化也宣告失败。

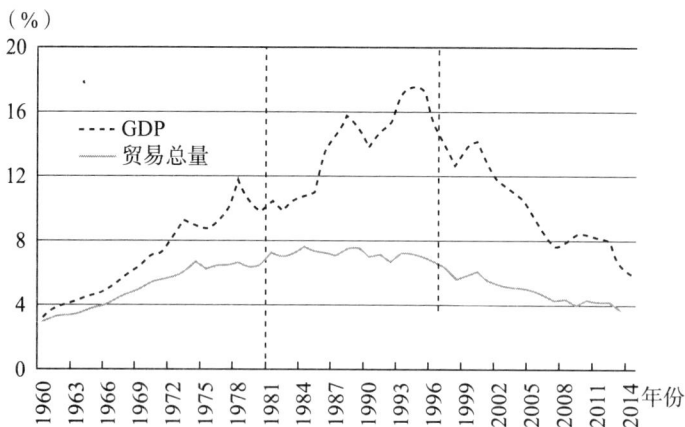

附图 1—1　日本经济占全球经济总量的比重图

资料来源：World Bank.

下面将从三个维度来展示加入 SDR 货币篮子后日元参与全球资产配置的历史进程，即：商品市场的跨境贸易结算，金融市场和资本市场的资金配置，以及储备资产配置。

一、加入 SDR 并未显著推进日元在商品市场跨境贸易结算中的发展

Goldberg and Tille（2005）从理论和实证两个方面研究了产业特征与结算货币选择之间的相互影响效应，并得出结论认为对于需求价格弹性较高的产品，在国际贸易市场中已经形成了一种单一货币计价的羊群效应，即厂商倾向于使用同竞争者相同的结算货币选择策略，以最大可能地减少需求风险。[①] 初级产品和金融产品最大的特征就是同质性较强、产品差异化程度较低、需求价格弹性大并且都在竞争性非常强的国际贸易、金融市场中进行交易，这就必然导致了单一货币模式的产生，因为各国企业都会选择交易成本最低、使用范围最广的货币进行计价结算，久而久之就会形成单一货币的结算模式，如当前在初级市场中占据主导地位的美元。在目前的几大国际货币中，日元的国际交易媒介职能发展明显滞后。

从附表 1—1 可以看出，日元在其本国进出口贸易结算中所占的比例远远低于美元、英镑、德国马克在美国、英国和德国进出口贸易结算中所占的比例。在日本的出口中，1995 年美元结算额的比重达到 52.2%，也是除了美国以外以美元结算比例最高的国家，进口贸易中美元占比更是达到 70.2%（见附图 1—2）。

附表 1—1　　　　　　　1995 年主要国际货币在相应国家贸易结算中的占比（%）

国家	美元	日元	德国马克	法郎	英镑	意大利里拉	荷兰盾	其他
出口								
美国	92.0	2.4	0.9	0.6	0.9	0.3	0.6	2.3
日本	52.2	36.0	2.4	0.7	1.4	0.3	0.9	5.8
德国	9.5	0.9	74.7	3.2	2.6	2.2	1.3	5.6
法国	18.6	1.0	10.5	51.7	4.2	3.1	1.5	9.4
英国	23.1	1.1	4.0	3.1	61.6	1.6	2.3	3.0
意大利	21.0	0.6	18.0	8.0	3.5	40.0	1.5	7.4
荷兰	20.6	0.6	18.5	4.5	4.1	1.5	43.8	6.4
进口								
美国	80.7	2.8	3.8	0.9	1.7	0.8	0.3	9.0
日本	70.2	22.7	2.7	1.0	1.3	0.8	0.3	1.0
德国	19.5	1.4	51.5	2.5	1.7	1.0	0.9	21.5
法国	23.1	1.0	10.1	48.5	2.9	3.7	1.4	9.3
英国	24.6	2.0	11.1	4.6	43.0	1.8	2.5	10.7
意大利	29.0	1.0	14.0	7.0	3.8	37.0	2.4	5.8
荷兰	25.4	1.3	17.5	2.8	3.4	1.0	42.8	5.8

资料来源：Bekx，P.，"The Implications of the Introduction of the Euro for non-EU Countries," Euro Papers No. 26，European Commission，1998.

[①] Goldberg，L. M.，Tille，C. "Vehicle Currency Use in International Trade," Federal Reserve Bank of New York Staff Reports，No. 200，Jan.，2005.

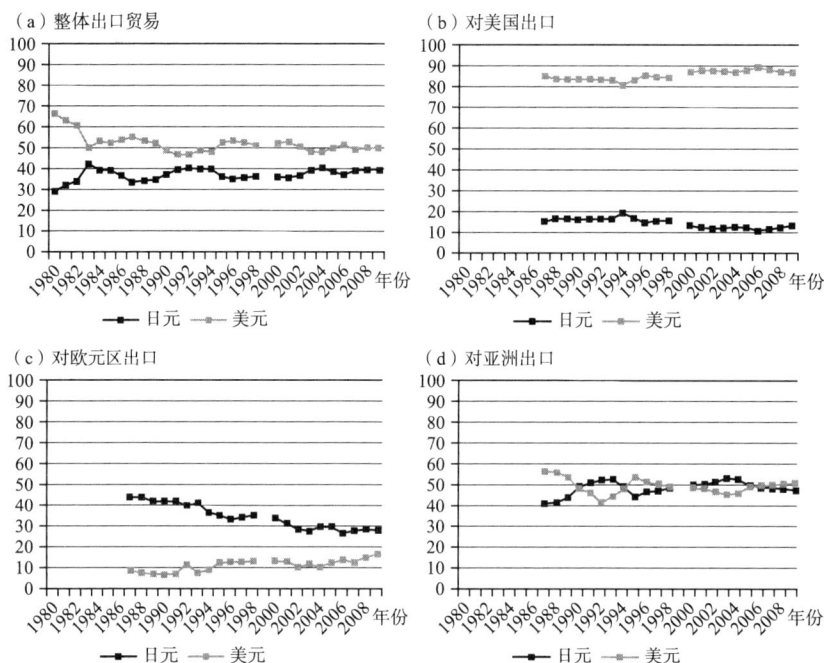

附图 1—2　日本出口贸易中本币结算和美元结算占比发展

资料来源：Takatoshi, I., Kiyotaka, S., and Junko, S., "Determinants of Currency Invoicing in Japanese Exports: A Firm-Level Analysis," RIETI Discussion Paper, 10-E-034, June 2010.

二、加入 SDR 推动日元在国际金融市场和资本市场中的发展

20 世纪 70 年代以来，庞大的货币交易额与金融产品交易规模逐渐与物质产品的生产和流通脱钩，世界资本运动的主体也开始发生转移，世界资本也因此进入了一个崭新的时代——"虚拟资本主义"时代。金融扩张也成为 20 世纪 70 年代初以来世界经济的主要特征，虚拟经济的规模随着经济全球化的不断深入日益扩大，其与实体经济之间的位移也越来越远。虚拟经济最大的特点就是金融工具的市场价值脱离了金融工具的自身价值，金融工具的交易形成了相对独立于实体经济的运动体系，货币在虚拟经济发展的过程中起着举足轻重的作用，外汇交易和资本市场的发展也逐渐从实体经济的运行中脱离出来，并且交易规模日益扩大，对世界经济的影响力也逐渐超过了实体经济。

日元正是在这样的背景下进入了布雷顿森林体系之后的多元国际货币体制中，同德国马克、法国法郎、英镑一起成为仅次于美元的第二梯队国际货币，1981 年日元加入 SDR 之前，日元国际化仅处在启蒙阶段，日元在外汇市场和资本市场中的交易规模都极其有限，但是 1981 年日元加入 SDR 五国货币篮子后，日元在金融市场中的交易额显著提升，根据 1989 年 9 月美联储、英格兰银行和日本银行发布的一份调查报告中的统计数据可以看出（见附表 1—2），1981 年日元加入 SDR 五国货币篮子后，2 年后在纽约外汇市场中日元的交易规模相比较加入前上升了 115.7%，8 年

后进一步上升了147.1%。相对而言，德国马克在加入SDR五国货币篮子前后在纽约外汇市场中的交易规模表现比较稳定，加入SDR未对德国马克在外汇市场中的资产配置产生显著推动作用。但是从日元在东京外汇交易市场的数据可以看出，从20世纪80年代末开始，日元交易出现疲软态势，1986—1989年期间，日元交易规模占比从38.5%下降至36%，下降幅度为6.4%，进入90年代后，日元在全球外汇市场中的交易规模逐渐萎缩，同时东京外汇市场的交易规模占比也迅速下降，至1998年更是从1989年的15.5%下降至6.9%（见附表1—3）。

附表 1—2　　　　主要外汇市场中货币交易量占总交易量比重（%）

	纽约				伦敦		东京	
	1980年3月	1983年4月	1986年3月	1989年4月	1986年3月	1989年4月	1986年3月	1989年4月
对美元交易								
德国马克	31.8	32.5	34.2	32.9	28.0	22.0	10.4	9.7
日元	**10.2**	**22.0**	**23.0**	**25.2**	**14.0**	**15.0**	**77.0**	**72.1**
英镑	22.7	16.6	18.6	14.6	30.0	27.0	3.0	4.3
瑞士法郎	10.1	12.2	9.7	11.8	9.0	10.0	5.6	4.4
法国法郎	6.9	4.4	3.6	3.2	4.0	4.0	0.3	0.2
其他	18.3	12.1	10.9	12.3	12.0	13.0	3.7	3.2
交叉货币交易	—	0.2	—	—	3.0	9.0	—	6.1

资料来源：BIS：《外汇市场和衍生品市场活动的央行调查报告（1990—2005）》；Tavlas and Ozeki（1992）。

附表 1—3　　　　日元交易及东京外汇市场交易占全球外汇交易的比重（%）

	1970	1975	1989	1992	1995	1998	2001	2004
日元交易	0.0	0.5	13.5	11.7	12.1	10.1	11.4	10.1
东京外汇市场交易	—	—	15.5	11.2	10.2	6.9	9.1	8.2

资料来源：BIS：《外汇市场和衍生品市场活动的央行调查报告（1990—2005）》；Takagi，S.，"Internationalising the Yen，1984—2003：Unfinished Agenda or Mission Impossible?" prepared for BIS/BoK seminar on Currency Internationalization：Lessons from the Global Financial Crisis and Prospects for the Future in Asia and the Pacific，Seoul，19-20，March 2009.

　　从附表1—4可以看出，加入SDR五国货币篮子后，日元资产在国际债券市场中也出现了一轮快速发展，1975年国际债券市场中日元资产占比仅为0.4%，但1981年该比重已经变为6.6%（见附图1—3），这期间日元债券的快速发展一方面得益于日本经济的快速发展和日元国际化水平的提高，一方面也是由于日本国内股票市场持续低迷给企业融资造成了很大困难，迫使企业去海外寻求融资空间，大量日元债券的投资者都投资于日本企业的海外分公司。此外，从附表1—5可以看出，虽然日元加入SDR五国货币篮子显著推动了日元债券的发展，但是相对而言，欧洲日元债券的发行增长更快，1980—1984年，非居民发行的欧洲日元债券规模上升了3倍多。但是日元在债券市场中的发展在20世纪90年代中后期开始迅速衰退，至

1997 年时国际债券发行中日元占比已经不足 5％（见附图 1—3）。

附表 1—4　　　　　　　　国际债券发行中各货币占比（％）

	1975	1980	1985	1986	1987	1988	1989	1990	1991
美元	50.6	42.7	54.0	53.9	38.8	41.2	52.0	37.9	28.5
日元	**0.4**	**4.8**	**9.1**	**10.4**	**13.7**	**8.4**	**8.3**	**13.3**	**12.6**
英镑	0.2	3.0	4.0	4.6	7.8	9.4	7.1	8.6	9.1
瑞士法郎	17.1	19.5	11.3	10.7	12.9	11.1	7.5	9.4	7.3
德国马克	16.4	21.9	8.5	8.0	8.0	10.1	6.3	7.4	7.1
ECU	—	—	5.2	3.4	4.0	4.9	4.9	8.1	11.1
其他	15.3	8.1	7.9	9.0	14.8	14.9	13.9	15.3	24.3

资料来源：BIS：《外汇市场和衍生品市场活动的央行调查报告（1990－2005）》；OECD，*Financial Market Trends*，Various Issues，1981－1998。

附表 1—5　　　　欧洲日元债券和武士债券发行情况　　　　单位：10 亿日元

发行主体	1980	1984	1985	1986	1987	1988	1989
			欧洲日元债券				
非居民	55	227	1 446	2 551	2 994	2 213	3 558
居民	—	—	140	442	555	127	—
			武士债券				
公共部门	261	915	1 115	590	420	635	926
私人部门	—	199	157	195	78	162	74

资料来源：Nomura Research Institute，Ministry of Finance，Japan.

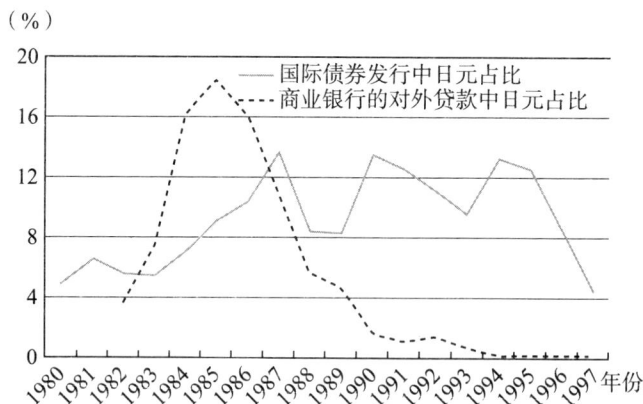

附图 1—3　日元参与全球金融资产配置发展演变

资料来源：OECD，*Financial Market Trends*，Various Issues，1981－1998.

20 世纪 70 年代的国际贷款几乎都是美元，日元所占比重微乎其微，进入 80 年代后，日元贷款规模迅速攀升，尤其是在东亚国家的外部贷款中，日元在韩国、泰国、马来西亚、印度尼西亚和菲律宾等五国对外贷款总额中所占的比重从 1980 年的 19.5％上升至 1990 年末的 37.9％（见附表 1—6），虽然这个时期处于日本商业银行的海外扩张期，而且 1985 年《广场协议》的实施导致日元对美元快速升值和日元资产规模的膨胀，但日元1981年加入SDR五国货币篮子所带来的积极效应是不可忽视的，市场对日元需求的上升带动日元在全球资产配置中份额的不断提升，但是这个趋势也没有延续太久，80年代后期开始日元贷款迅速缩水，至1997年，日元贷款在全球商业银行对外贷款中所占的比重已经下降到0.2%。

附表1—6　　　　　日元和美元在东亚主要国家对外贷款中的权重分配（%）

	1980	1981	1982	1983	1984	1985	1986	1987	1988	1989	1990
印度尼西亚											
日元	20.0	19.3	21.0	23.3	25.0	31.7	33.9	39.4	39.3	35.2	39.3
美元	43.5	44.4	43.1	42.3	41.4	30.7	26.0	19.2	18.5	19.5	18.5
韩国											
日元	16.6	14.1	12.3	12.5	12.8	16.7	22.0	27.2	29.5	26.6	29.5
美元	53.5	60.2	63.7	64.4	66.0	60.3	49.4	33.8	32.4	35.1	32.4
马来西亚											
日元	19.0	16.9	13.3	14.2	21.2	26.4	30.4	35.7	37.1	36.6	37.1
美元	38.0	51.5	62.3	65.8	61.5	50.6	45.0	36.3	35.6	34.2	35.6
菲律宾											
日元	22.0	20.6	19.2	20.0	20.0	24.9	25.5	35.2	40.5	32.6	40.5
美元	51.6	51.1	53.9	51.2	52.7	47.8	48.1	42.4	34.7	36.9	34.7
泰国											
日元	25.5	23.2	24.0	27.3	29.2	36.1	39.9	43.1	43.5	40.9	43.5
美元	39.7	40.5	38.0	32.5	29.9	25.5	20.6	17.8	20.8	23.6	20.8
均值											
日元	19.5	17.8	17.2	18.5	20.3	25.8	29.3	36.0	37.9	35.7	37.9
美元	47.3	51.3	53.4	53.2	52.9	44.7	38.5	29.0	27.0	28.1	27.0

资料来源：World Bank，Tavlas and Ozeki（1992）.

三、加入SDR显著提升了日元在国际储备资产中的配置

相比较交易媒介职能和金融市场计价职能，日元的价值贮藏职能在其加入SDR五国货币篮子后体现得更加明显，由附表1—7可以看出，1980年之前日元在全球外汇储备中所占份额几乎为零，1980—1991年是日元国际储备职能发展最迅速的阶段，1991年日元在全球外汇储备中所占的份额达到8.5%，在亚洲国家的外汇储备资产中日元规模的扩展更加迅速，尤其是《广场协议》之后，日元在亚洲国家外汇储备中的份额一度达到30%，这一方面是由于亚洲国家的对外贸易过分依赖日本市场；一方面是由于《广场协议》后日元的快速升值迫使亚洲国家日元债务负担增加，出于规避外汇风险的考虑，它们不得不增加日元外汇储备资产的配置。进入90年代后，随着日本经济进入"失去的十年"，日元进入SDR五国货币篮子所带来的积极效应逐渐消失，日元在全球外汇储备资产中的地位开始下降，目前日元资产在全球外汇储备中所占份额已经缩水至不足4%，且低于英镑（见附图1—4）。

附表 1—7　　　　　　全球外汇储备中的货币资产配置结构（%）

	1970	1975	1980	1981	1982	1983	1984	1985	1986	1987	1988	1989	1990
全球													
美元	77.2	79.5	68.6	71.5	70.5	71.4	70.1	64.9	67.1	67.2	64.9	60.3	56.4
日元	0.0	0.5	4.4	4.2	4.7	5.0	5.8	8.0	7.9	7.0	7.1	7.3	8.0
德国马克	1.9	6.3	14.9	12.3	12.4	11.8	12.7	15.2	14.6	14.4	15.7	19.1	19.7
英镑	10.4	3.9	2.9	2.1	2.3	2.5	2.9	3.0	2.6	2.4	2.8	2.7	3.2
法国法郎	1.1	1.2	1.7	1.3	1.0	0.8	0.8	0.9	0.8	0.8	1.0	1.4	2.1
瑞士法郎	0.7	1.6	3.2	2.7	2.7	2.4	2.0	2.3	2.0	2.0	1.9	1.5	1.5
其他	8.7	7.0	4.3	5.9	6.4	6.1	5.7	5.7	5.0	6.2	6.6	7.7	9.1
亚洲													
美元	—	—	48.6	54.4	53.2	55.7	58.2	44.8	48.4	41.2	46.7	56.4	62.7
日元	—	—	13.9	15.5	17.6	15.5	16.3	26.9	22.8	30.0	26.7	17.5	17.1
德国马克	—	—	20.6	18.9	17.6	16.7	14.6	16.4	16.7	16.7	17.4	15.2	14.2
英镑	—	—	3.0	2.5	2.7	2.9	3.5	4.1	3.6	3.9	4.2	6.4	4.9
法国法郎	—	—	0.6	0.6	0.7	0.8	0.6	0.9	1.1	1.0	0.5	0.5	0.2
瑞士法郎	—	—	10.6	5.1	5.6	6.6	4.9	4.9	5.1	5.7	3.4	3.0	0.5
其他	—	—	2.7	3.0	2.6	1.8	1.9	2.0	2.3	1.5	1.1	1.0	0.4

资料来源：IMF 年报。

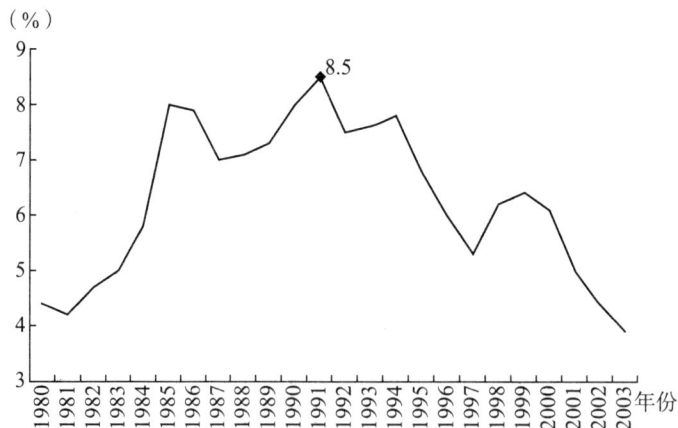

附图 1—4　日元在全球外汇储备资产中的占比

资料来源：IMF 年报。

交通银行汇率风险管理

一、新形势下汇率管理的多元化需求

2015 年 8 月 11 日，中国人民银行决定进一步完善人民币兑美元汇率中间价报价，增强其市场化程度和基准性。当日开盘，人民币兑美元汇率中间价较上一个交易日大幅下调 1 136 个基点，跌幅接近 2%，随即人民币即期汇率和离岸人民币汇率也出现下跌。9 月 1 日，中国人民银行下发《关于加强远期售汇宏观审慎管理的通知》（银发 〔2015〕 273 号），要求对开展代客远期售汇业务的金融机构收取外汇风险准备金。进入 2016 年，人民币汇率波动进一步增强，1 月 7 日人民币汇率中间价位 6.564 6，创近五年新低。

对于上述市场和政策的变化，客户对人民币汇率的预期出现了一定分化，客户对汇率管理也出现多元化的需求。部分原本无风险对冲意识的客户意识到汇率方面风险和机会并存；部分风险对冲意识强烈、制度完善的客户有效锁定了风险，更加坚定了其风险对冲的经营习惯；部分客户由于市场方向逆转产生了一定的亏损，对于未来趋势研判和新形势下新产品的需求更加强烈。

二、交通银行对客汇率风险管理服务

交通银行一贯致力于为客户提供全方位的财富管理和风险管理方案。面对多元化的客户汇率风险管理需求，交通银行结合不同类别客户特点提供创新金融服务。

（1）针对原本无风险对冲意识的客户，交行从注重培育客户风险意识入手，正确灌输其财务中性的理念，无论是远期售汇还是远期结汇目的都主要在于锁定风险。全面向客户介绍交行丰富的即期结售汇、远期结售汇、掉期结售汇、期权及组合等汇率工具，注重通过基础工具简单明了地帮助其管理汇率风险。

（2）针对已有一定的风险对冲和套保意识的客户，交行紧密结合客户经营特点，做好新形势下结售汇、外汇交易业务与客户融资、理财需求的组合服务方案。利用自贸区扩区、"一带一路"、金融支持企业"走出去"等有利政策，结合交行全球网络布局和"综合银团"、"离岸账户并购贷款"、"跨境融资"、"应收租金保理"自贸区特色产品，为贸易背景真实的客户设计跨境金融和汇率风险综合服务方案。

（3）流程创新、渠道创新。近年来，交行积极倡导"一个交行，一个客户"的服务理念，通过系统开发、渠道创新、流程优化提升客户体验，整合产品、人才、定价、品牌等要素形成综合实力，以"服务实体经济，便利跨境交易"为指导，坚持流程、渠道、服务创新为企业提供汇率风险管理产品，如企业网银结汇产品，帮助企业在快速变化的市场中通过网银便捷结汇，以专业创造价值。

三、交通银行自身汇率风险管理

在为客户提供汇率风险管理产品和方案的同时，交通银行作为一家稳健经营的股份制商业银行，一直以来持续关注自身的风险管理和合规经营。

（1）正确落实监管意图。目前中国经济发展虽然增速放缓，但仍稳中向好，虽然一段时间内面临资本流出压力，但总体可控。国家推行的宏观审慎管理系列措施将有助于正确引导市场预期、规范市场行为。对此，交行坚持做好价格传导，正确引导客户将监管政策意图落实到位。

（2）增强大局意识，切实履行真实性审核责任，积极适应新形势下的监管要求，在向企业提供结售汇便利化服务的同时，严格履行代位监管职责，实现业务发展和风险把控的均衡良性发展。

（3）加强内控机制建设和政策培训，提高内部管理的保障能力。同时，强化问责、考核和监督机制建设，提高遵守外汇政策的自觉性和主动性。交行要求各分支机构强化业务风险管理，在对客报价时充分考虑价格市场波动加剧因素，合理报价。同时，严格落实远期、掉期、期权等业务保证金，做好交易盯市等业务风险防控工作，严密监测市场动向和客户大额头寸异常情况，加强外汇业务的真实性和合规性审核。

资本流动影响我国金融市场联动性的实证研究

一、变量定义

该部分将主要分析净资本流入、离在岸人民币汇价差、沪深 300 指数收益率、离岸人民币与美元利差和股权融资融券余额五个变量之间的动态关系。我们将先对变量进行数据定义，再引入脉冲响应函数和 VAR—MGARCH—DCC 模型进行分析。

因为需要研究跨境资本流动和中国股市波动，首先我们将本地定义为美国，本地投资者定义为持有本币美元的投资者。假定本地投资者于 t 时刻投资中国 A 股市场，并于 $t+1$ 时刻卖出，将该时间段投资者的超额收益率记为 R_t，则 R_t 可以用对数形式表示为：

$$R_t = \ln \frac{\dfrac{P_{t+1}}{e_{CNY,t+1}}}{\dfrac{P_t}{e_{CNY,t}}} - r_{USD,t}$$

式中，P_t 表示 t 时刻的中国 A 股市场资产价格；$e_{CNY,t}$ 表示 t 时刻的中国在岸人民币（CNY）和美元（USD）的汇率（直接汇率标价法）；$r_{USD,t}$ 表示 t 时刻的美元无风险利率。由此可见，$\dfrac{P_t}{e_{CNY,t}}$ 为 t 时刻以美元计价的中国资产价格，$\dfrac{P_{t+1}}{e_{CNY,t+1}}$ 为 $t+1$ 时刻以美元计价的中国资产价格，两者相比之后取对数便是持有美元的投资者投资于中国资本市场的对数收益率。再减去美元的无风险利率 $r_{USD,t}$，就可以得到该投资策略领导超额对数收益率。

接下来，为了实现变量分离，我们将 R_t 分解为三部分：

$$R_t = \ln P_{t+1} - \ln P_t - r_{CNY,t} - \ln e_{CNY,t+1} + \ln e_{CNY,t} + \ln e_{CNH,t+1}$$
$$- \ln e_{CNH,t} - r_{CNH,t} + r_{CNY,t} - \ln e_{CNH,t+1} + \ln e_{CNH,t} + r_{CNH,t} - r_{USD,t}$$

式中，$r_{CNY,t}$ 表示 t 时刻在岸人民币 CNY 的利率；$r_{CNH,t}$ 表示 t 时刻离岸人民币 CNH 的利率；$e_{CNH,t}$ 表示 t 时刻中国离岸的汇率（直接汇率标价法）。

为了表示 A 股以人民币计价的收益率、离在岸人民币汇价差和无抛补利率平价，我们分别定义三个变量，如下式：

$$Equity_t = \ln P_{t+1} - \ln P_t - r_{CNY,t}$$
$$Spread_t = - \ln e_{CNY,t+1} + \ln e_{CNY,t} + \ln e_{CNH,t+1} - \ln e_{CNH,t} - r_{CNH,t} + r_{CNY,t}$$
$$UIP_t = - \ln e_{CNH,t+1} + \ln e_{CNH,t} + r_{CNH,t} - r_{USD,t}$$

那么，根据前面的分解式，R_t 可以表示为：

$$R_t = Spread_t + Equity_t + UIP_t$$

$Equity_t$、$Spread_t$、UIP_t 的具体意义如下：

$Equity_t = \ln P_{t+1} - \ln P_t - r_{CNY,t}$，表示中国资本市场以人民币计价的超额收益率。$\ln P_{t+1} - \ln P_t$ 是中国资本市场的对数收益率，$r_{CNY,t}$ 是中国在岸市场资金的无风险收益率，两者相减，得到中国资本市场的超额收益率。

$Spread_t = - \ln e_{CNY,t+1} + \ln e_{CNY,t} + \ln e_{CNH,t+1} - \ln e_{CNH,t} - r_{CNH,t} + r_{CNY,t}$，表示在岸人民币和离岸人民币的利差。利差由两部分构成：汇率变动和利率差。$e_{CNY,t}$ 为在岸人民币兑美元的汇率，$e_{CNH,t}$ 为离岸人民币兑美元的汇率，那么我们可以套算出在岸人民币兑离岸人民币的汇率为 $1CNH = \frac{e_{CNY,t}}{e_{CNH,t}} CNY$。由此，汇率变动就可以通过对数形式表示为 $(\ln e_{CNY,t+1} - \ln e_{CNH,t+1}) - (\ln e_{CNY,t} - \ln e_{CNH,t})$，利率差为 $r_{CNH,t} - r_{CNY,t}$。将两部分加起来，便可以得到 $Spread_t = - \ln e_{CNY,t+1} + \ln e_{CNY,t} + \ln e_{CNH,t+1} - \ln e_{CNH,t} - r_{CNH,t} + r_{CNY,t}$，表示一个持有离岸人民币的投资者将货币兑换为在岸人民币所带来的收益，即在岸人民币和离岸人民币的利差。

$UIP_t = - \ln e_{CNH,t+1} + \ln e_{CNH,t} + r_{CNH,t} - r_{USD,t}$，表示离岸人民币和美元的利差。$\ln e_{CNH,t+1} - \ln e_{CNH,t}$ 是汇率变动通过对数形式的表达式，$r_{USD,t} - r_{CNH,t}$ 为利率差。两部分加起来便是离岸人民币和美元的利差，即离岸人民币和美元间套息交易的收益，被称为无抛补利率溢价（uncovered interest rate premium）。无抛补利率溢价是无汇率对冲情况下国际资产组合回报中重要的组成部分，其背后的风险因素包括主权国违约风险等。

对于中国的情况，有学者认为公司股权融资融券余额（Equity Finance Balance，EFB）也是对中国资本市场证券价格产生影响的一个重要因素，这是由于 A 股市场中的流动性在很大程度上主导了短期价格趋势。因此，这里我们通过沪深两市融资融券余额的总和来表示企业由于 EFB 的不同而产生的影响。具体定义 EFB 为：

$$EFB_t = \ln Margin_{t+1} - \ln Margin_t$$

式中，$Margin_t$ 为 t 时刻的融资融券余额，EFB_t 表示在从 t 时刻到 $t+1$ 时刻，融资融券余额的净增长率。当 EFB_t 为正数时，融资融券余额上涨，意味着投资于 Equity 的资金变得更多；当 EFB_t 为负数时，融资融券余额下降，意味着投资于 Equity 的资金变得更少。

综上，该部分共选择了五个变量，分别是 *Flow*、*Spread*、*Equity*、*UIP*、*EFB*，分别表示中国资本市场净跨境资本流入量、在岸人民币和离岸人民币利差、中国资本市场超额收益率、离岸人民币和美元套息交易收益率、融资融券余额净增长率。笔者认为，这五个因素可以有效地衡量中国股权流动和股权市场之间的相互影响关系。鉴于经济理论通常并不足以对变量之间的动态联系提供一个严密的说明，而且内生变量既可以出现在方程的左端，又可以出现在方程的右端，使得估计和推断变得更加复杂，后面将对这五个变量通过变形后的向量自回归模型进行建模分析。

二、数据描述

在上述变量的数据选择中，短期跨境资本流动数据来自 EPFR Data，具体的操作方法是：选择非中国基金到中国的 Equity Country Flow，表示每日流入中国的净资本流入。EPFR 算出每一个基金每日资金规模的净变动量，并计算每个基金投资到不同国家或地区的比例，再进行加总，得到投资于某一国家的每日资金增量。本章计算的是非中国大陆的基金投资于中国市场的权益类基金的资金增加，可以视为投资于中国 A 股市场上的净资本流动量。

沪深两市两融余额来自 Wind 资讯、USD Libor、CNY Shibor、CNH Hibor、USD/CNY、USD/CNH、CSI300（用来表示股市价格），数据来自 Bloomberg。数据所覆盖的区间是 2013 年 6 月 25 日—2016 年 1 月 28 日，在去除无效点后，共有 612 个样本。

在单位选择上，短期跨境资本流动的单位是 10 亿美元，其余均是百分比。

三、数据分析

附表 3—1 描述了样本中数据的均值、标准差、最小值、中位数和最大值。如前所述，Flow 是 EPFR 统计的每日非中国基金投资于中国 A 股市场的资金流的总和，Spread 表示中国和美国的利差，Equity 表示资本市场的超额收益，UIP 表示套息交易的收益，EFB 表示两融资金的变化率。

附表 3—1　　　　　　　　　　　　　　　　描述统计

变量	均值	标准差	最小值	中位数	最大值
Flow	−0.048 9	0.218 6	−1.259 7	−0.031 2	0.819 3
Spread	0.000 02	0.001 6	−0.012 2	0.000 1	0.009 1
Equity	0.000 3	0.019 7	−0.091 8	0.000 5	0.066 7
UIP	0.000 003	0.002 2	−0.027 4	0.000 1	0.152 4
EFB	0.002 3	0.012 8	−0.110 4	0.003 2	0.043 8

附表 3—2 描述了各变量的 ADF 检验结果，∗∗∗ 表示显著性水平为 1%。由附表 3—2 可知，各变量均在 0.01 显著性水平下拒绝原假设，没有单位根，故各变量在样本区间内可以被认为是平稳变量。

附表 3—2　　　　　　　　　　　　　　　　ADF 检验结果

	Notrend	Withtrend
Flow	−5.464 6 ∗∗∗	−5.826 6 ∗∗∗
Spread	−13.806 8 ∗∗∗	−13.916 9 ∗∗∗
Equity	−10.327 2 ∗∗∗	−10.362 0 ∗∗∗
UIP	−13.225 4 ∗∗∗	−13.273 7 ∗∗∗
EFB	−6.218 3 ∗∗∗	−6.430 8 ∗∗∗

　　为研究中国上述各变量间的相互作用和影响，该部分基于数据的统计性质，把系统中每一个内生变量作为系统中所有内生变量的滞后值的函数来构造模型，从而将单变量自回归模型推广到由多元时间序列变量组成的向量自回归模型。VAR 模型是处理多个相关经济指标的分析与预测最容易操作的模型之一，在这里我们进一步使用 VAR 模型进阶版的 VAR—MGARCH—DCC 模型，是为了使用更符合波动率实际的 GARCH 方法估算不同时期、不同因素的波动性，以达到更高的准确率。具体数据分析中，我们通过最优化验证选择滞后阶数为 4，将以 2015 年 8 月 11 日中国人民银行汇率改革为分界点，分别对该时点前后的变量关系进行分析。

　　附图 3—1 和附图 3—2 分别描述了"8·11"新汇改前后的五变量联动关系，是经过 Cholesky 分解、自由度调节后的一单位外生冲击对各变量的影响，并且记录的是当期影响量而非累计影响量。

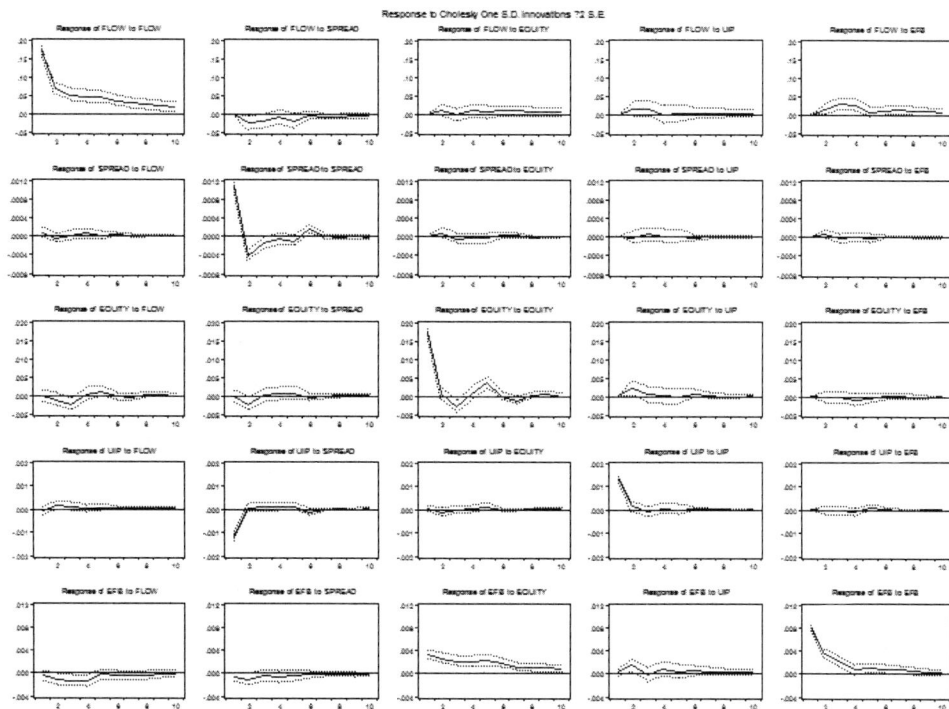

附图 3—1　五因素间的联动效应（"8·11"新汇改前）

由附图 3—1 可以看出，除上述各变量与其往期数值均存在不同程度的自相关关系外，在"8·11"新汇改前，中国资本市场价格指数增速的增加（或减少）可以显著单向推动该市场融资融券余额增速的增加（或减少），进而促进短期跨境资本的流入（流出），但是该效应并不能够由跨境资本流动进一步反向影响 A 股价格或者融资融券余额，这说明在"8·11"新汇改前，跨境资本并不能够对中国资本市场及其杠杆率增速产生显著影响，但其本身会受到股价攀升进而导致杠杆率攀升的影响，入场博取收益，这也是显著的国际"热钱"流动特征。

此外，我们还可以从附图 3—1 中看到，离在岸人民币汇价差的升高（或降低）会显著导致美元与离岸人民币利差的降低（或升高），进而导致中国资本市场价格、杠杆率增速的降低（或升高）和跨境资本净流入的减少（升高），这可能与外界普遍预期离在岸人民币汇率将收敛于一致有关。

由附图 3—2 可以看到，在"8·11"新汇改之后，五变量间的联动关系较之前发生了明显变化。首先，中国资本市场价格、杠杆率和跨境资本净流入由之前的单向驱动关系变为循环式的互动影响关系，三者之间相互存在显著正相关，且对某一变量的冲击呈现反身性的不断强化特征，这反映出"8·11"新汇改之后，跨境资本流动对我国经济的冲击增强，已经可以更深入地影响到资本市场的价格和杠杆水平。

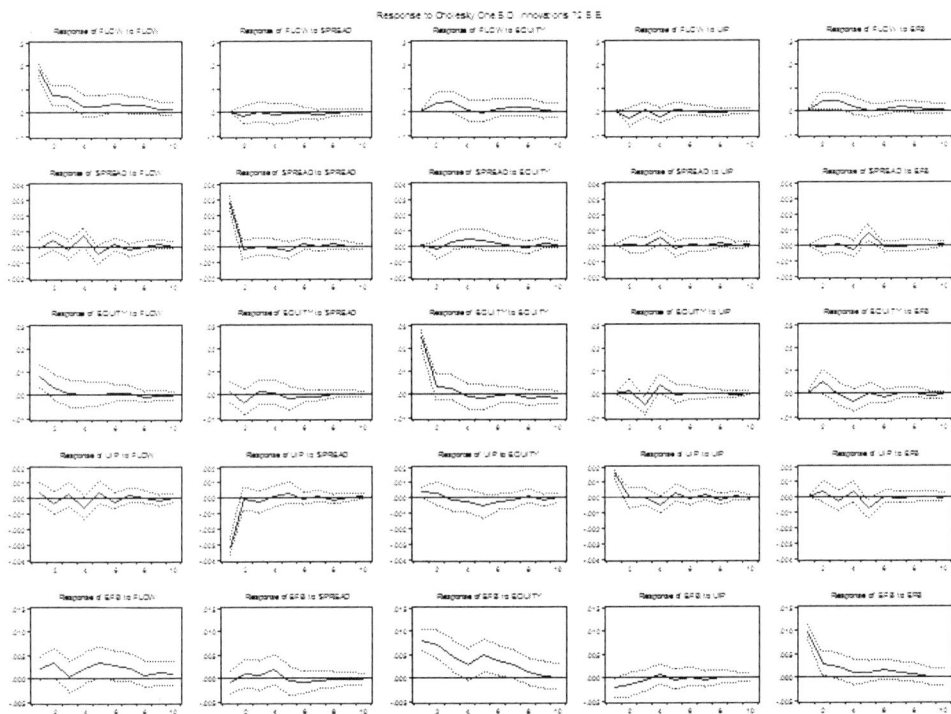

附图 3—2　五因素间的联动效应（"8·11"新汇改后）

在离在岸人民币汇价差和美元与离岸人民币利差方面，美元与离岸人民币利差仍然受到离在岸人民币汇价差的显著反向驱动，但是，汇改后的美元与离岸人民币利差已经不能再对其他三因素产生显著影响。

附图 3—3、附图 3—4 描述了 VAR—MGARCH—DCC 模型下对五变量模拟的动态条件相关系数，描述的是变量间波动性的联动关系。对比两图，我们可以发现两个直观的问题：第一，汇改前五变量波动性之间的联动系数相对较为稳定，而在汇改之后，十组系数均呈现出不同程度的波动性增强；第二，"8·11"新汇改后变量间不确定性呈现出显著相关性的比例增多，在汇改前十组相关关系中只有三组显著不为 0，而汇改后则出现了 5 组显著不为 0 的相关系数，且在汇改前已有关联的相关系数中，有两组呈现出绝对值增大的特点。笔者认为，以上两点变化均反映出"8·11"新汇改后，五组变量波动性之间的关联度增加，且关联程度的不确定性显著增加。

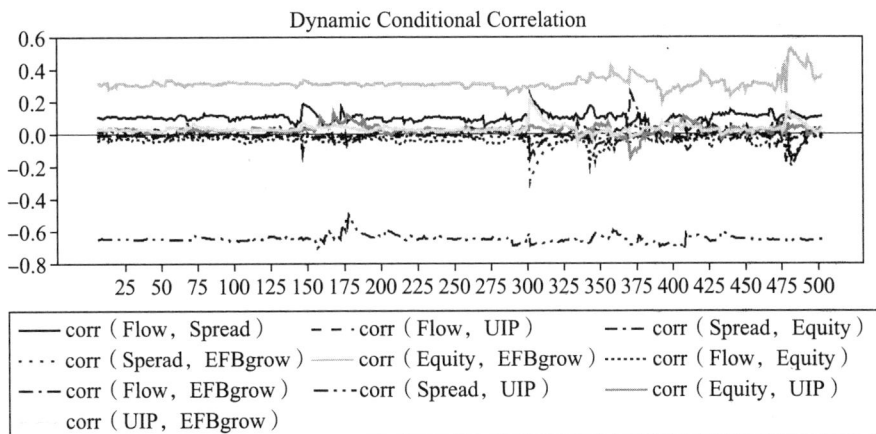

Dynamic Conditional Correlation

——corr（Flow, Spread） – – corr（Flow, UIP） – · – corr（Spread, Equity）
···· corr（Sperad, EFBgrow） —— corr（Equity, EFBgrow） ······ corr（Flow, Equity）
—·— corr（Flow, EFBgrow） —···corr（Spread, UIP） —— corr（Equity, UIP）
corr（UIP, EFBgrow）

附图3—3 五变量波动性的联动关系（"8·11"新汇改前）

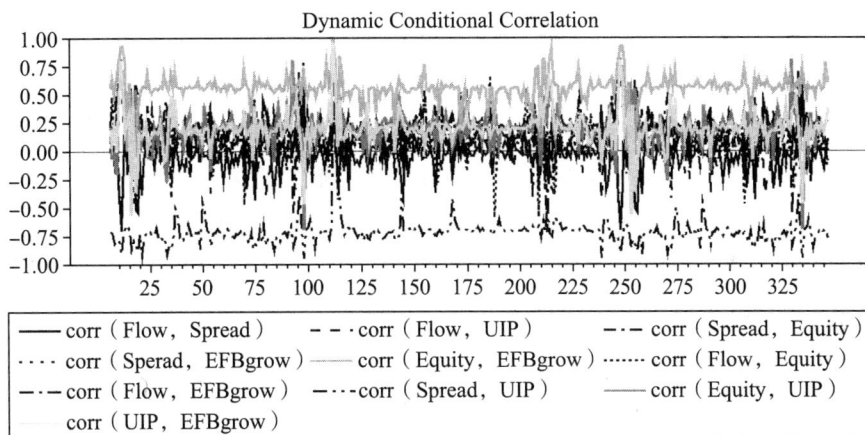

Dynamic Conditional Correlation

——corr（Flow, Spread） – – corr（Flow, UIP） – · – corr（Spread, Equity）
···· corr（Sperad, EFBgrow） —— corr（Equity, EFBgrow） ······ corr（Flow, Equity）
—·— corr（Flow, EFBgrow） —···corr（Spread, UIP） —— corr（Equity, UIP）
corr（UIP, EFBgrow）

附图3—4 五变量波动性的联动关系（"8·11"新汇改后）

附录 4
中资银行的国际化经营历程

一、中资银行海外并购概述

在经济高速增长和国际竞争日趋激烈的背景下，我国银行业金融机构不断提升自身国际化经营程度以应对挑战，实现跨越式发展，近年来在国际金融业务种类、国际化布局深度广度的拓展、跨境综合服务水平等方面取得了一定成果。

2001 年中国加入世界贸易组织后，随着 2005 年主要国有商业银行启动股改上市，中资银行逐步开始拓展海外业务。中国银行业协会发布的《2014 年度中国银行业社会责任报告》显示，截至 2015 年 9 月底，中资银行业金融机构开设了 1 200 多家海外分支机构，覆盖全球 55 个主要国家和地区，总资产超过 1.5 万亿美元。其中五大国有银行在银行业境外机构总数中占比超过 90%，中国银行、工商银行、建设银行、农业银行和交通银行境外机构覆盖的国家和地区分别为 41 个、41 个、15 个、11 个和 11 个。而根据银监会发布的数据，截至 2015 年 6 月末，共有 11 家中资银行在"一带一路"沿线 23 个国家设立了 55 家一级分支机构（其中，子行 15 家、分行 31 家、代表处 8 家、合资银行 1 家）。

而在拓展国际业务的诸多途径中，海外金融机构并购以其利于规避东道国法律监管限制、快速融入当地市场、实现跨国协同互补等方面的优势而成为众多中资银行的共同选择。改革开放后中资银行的海外并购最早可以追溯到 1984 年中国银行总行收购澳门大丰银行 50% 的股权。此后大致可依据驱动海外并购的重要事件划分为四个阶段：第一阶段（1994—2000 年）为国有专业银行转型为国有商业银行时期，以 1994 年相继成立国家开发银行、中国农业发展银行和中国进出口银行剥离专业银行的政策性业务为标志；第二阶段（2001—2004 年）为加入世界贸易组织后开始面临国际金融机构竞争与挑战时期；第三阶段（2005—2008 年）为大型国有商业银行股改上市、股份制商业银行快速发展时期；第四阶段（2009 年至今）为由美国次贷危机引发的全球金融危机导致世界经济格局深刻变化时期。

　　不仅如此，通过对我们统计的 1984—2015 年 38 宗中资商业银行主要境外金融机构并购（不含并购后增持）案例进行分析可知，近年来中资银行海外并购呈现出数量较快增长、并购区域多元化、并购标的和主体多样化、并购集中化程度提高等趋势。

　　从时间分布情况来看，1984—2000 年的 16 年间仅发生 6 宗海外并购，年均 0.375 宗；而从 2001 年至 2007 年，受加入 WTO 和国有商业银行股改上市的影响，达到了创纪录的 19 宗，年均 2.71 宗，特别是 2001 年和 2007 年分别达到 5 宗和 7 宗；2008 年爆发的全球金融危机导致海外并购数量下降，但 2010 年以来出现趋稳回升的态势，年均 1.6 宗。

　　从并购区域分布情况来看，包括港澳和东南亚在内的亚洲地区是传统上中资银行开展并购最主要的市场，占并购总数的 63% 以上；但自 2007 年以来，中资银行已经开始更多地涉足欧美发达国家、新兴市场国家等更加广泛的地区，特别是 2010 年以来，新增的并购 10 宗中有 7 宗在西欧和美洲，还有 1 宗在台湾。

　　并购标的和主体多元化发展的趋势同样值得关注，尽管中资银行以境外商业银行为主要并购对象，但部分银行，特别是中国工商银行和中国银行两大巨头已经开始关注具有证券、保险、衍生品交易和租赁等非银金融业务牌照的优质海外机构，从而进一步提升了跨国综合化服务经营的能力。此外，部分资产规模较大的上市股份制银行也开始在海外并购中崭露头角（见附图 4—1、附表 4—1、附图 4—2 和附图 4—3）。

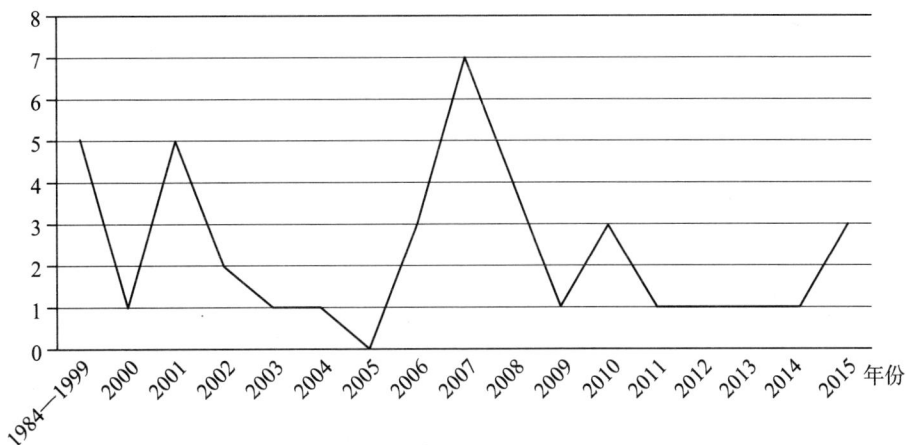

附图 4—1　1984－2015 年中资银行主要海外并购数量

资料来源：各银行公告及公开资料。

附表 4—1　　　　　　　　　　　　　中资银行海外并购发展四阶段

发展阶段	并购时间	并购方	被并购方
改革开放后最初的实践	1984 年 9 月	中国银行	大丰银行

续前表

发展阶段	并购时间	并购方	被并购方
专业银行转型	1994 年 4 月	中国建设银行	香港工商银行
	1998 年 1 月	中国建设银行	建新银行（增持）
	1998 年 2 月	中国工商银行	西敏证券亚洲有限公司
	1998 年 11 月	中信银行	嘉华银行
	2000 年 4 月	中国工商银行	香港友联银行
	2001 年 1 月	中国银行	宝生银行
	2001 年 8 月	中国银行	印尼中央亚细亚银行
	2001 年 9 月	中银香港	南洋商业银行
加入世界贸易组织	2001 年 11 月	中银香港	集友银行
	2001 年 11 月	中信嘉华	友人银行
	2002 年 2 月	中国建设银行	建新银行（增持）
	2002 年 2 月	中国工商银行	中保太平洋保险
	2003 年 12 月	工银亚洲	华比富通银行
	2004 年 12 月	工银亚洲	华商银行
主要商业银行股改上市	2006 年 8 月	中国建设银行	美国银行（亚洲）
	2006 年 12 月	中国银行	新加坡飞机租赁公司
	2006 年 12 月	中国工商银行	印尼哈利姆银行
	2007 年 1 月	国家开发银行	巴克莱银行
	2007 年 1 月	民生银行	美国联合银行（失败）
	2007 年 1 月	中国工商银行	南非标准银行
	2007 年 8 月	中国工商银行	诚兴银行
	2007 年 9 月	工银亚洲	JEC 投资公司
	2007 年 11 月	中银香港	东亚银行
	2007 年 11 月	中国平安银行	富通集团（失败）
	2008 年 6 月	招商银行	永隆银行
	2008 年 8 月	中国银行	瑞士和瑞达基金
	2008 年 9 月	中国银行	洛希尔银行
	2008 年 9 月	中信银行	中信国际金融控股

续前表

发展阶段	并购时间	并购方	被并购方
全球金融危机爆发后	2009 年 5 月	建行亚洲	美国国际信贷（香港）
	2010 年 1 月	中国工商银行	加拿大东亚银行
	2010 年 1 月	中国工商银行	法国金盛人寿保险
	2010 年 4 月	中国工商银行	泰国 ACL 银行
	2011 年 1 月	中国工商银行	美国东亚银行
	2012 年 11 月	中国工商银行	阿根廷标准银行
	2013 年 4 月	中国工商银行	永丰银行
	2014 年 8 月	中国建设银行	巴西工商银行
	2015 年 2 月	中国工商银行	标准银行公众有限公司
	2015 年 7 月	交通银行	巴西 BBM 银行
	2015 年 8 月	中国工商银行	土耳其纺织银行

资料来源：根据各银行公告及历史资料整理。

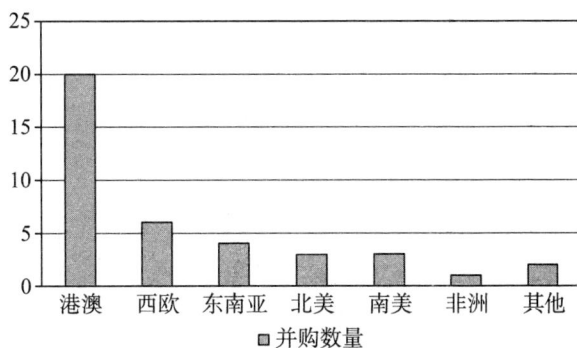

附图 4—2　1994—2015 年中资银行海外并购地区分布

资料来源：各银行公告及公开资料。

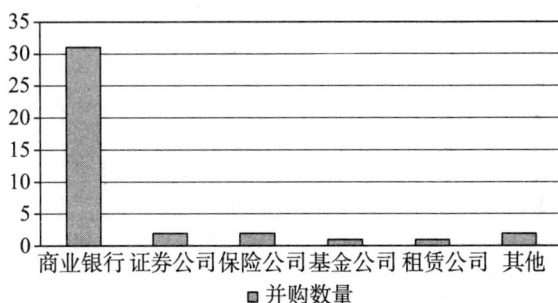

附图 4—3　1994—2015 年中资银行海外并购标的类型分布

资料来源：各银行公告及公开资料。

从海外并购的集中程度来看，根据 1994—2015 年的数据，五大国有商业银行中工商银行占据了绝对优势，中国银行和建设银行则分列二三位。交通银行在进入 2015 年之后加快了国际化的步伐，于 5 月开展了首次海外并购，并购对象为巴西 BBM 银行。农业银行则迟迟没有推出自己的海外并购计划。股份制银行中，中信银行处于领先地位，招商银行也有所尝试，而民生银行收购美国联合银行和平安银行收购富通集团则以失败告终（见附图 4—4）。

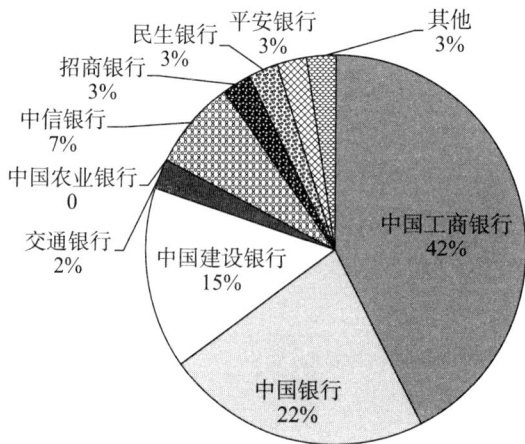

附图 4—4   1994—2015 年中资银行海外并购集中度

资料来源：各银行公告及公开资料。

二、中资银行海外并购典型案例

1. 中国建设银行并购美国银行（亚洲）——依托香港的国际化尝试

2006 年 8 月，中国建设银行斥资 97.1 亿港币并购美国银行（亚洲）股份有限公司全部股权，此次并购使建行在香港的业务规模翻倍，客户贷款规模上升至全港第九位。美银（亚洲）持有香港银行牌照，是一家向个人与中小企业提供服务的中小型零售银行，有丰富的管理经验，财务表现良好，增长能力强劲。建行此次收购的目的主要是为了整合在港零售业务，学习先进管理经验，并谋求立足香港进一步开展国际业务。

2. 中国工商银行控股南非标准银行——中资银行试水非洲

2007 年 10 月工商银行斥资 54.6 亿美元收购南非标准银行 20% 的股权，成为第一大股东，此次并购也是迄今为止中资商业银行跨国并购金额最高的项目。南非标准银行是非洲地区规模最大的银行，且在非洲矿产资源、贵金属投资方面拥有丰富经验及优势。此前，欧美发达国家是南非外资银行市场的绝对主体，这次并购被视为中国进入南非市场的破冰之举。

3. 招商银行并购香港永隆银行——股份制银行的国际化实践

2008 年 6 月—2009 年 1 月，招商银行分三步完成了对香港永隆银行的 100% 控股收购，永隆银行成为招商银行子公司。此次并购因为竞标过程中招行的退出和重新回归及其与巨头工行的竞价而一波三折。永隆银行是香港历史最悠久的华资家族式银行之一，全资并购永隆银行帮助招商银行迅速提升了在港影响力，发挥了经营协同效应，并为招行后续的国际化战略布局奠定了良好的基础。

4. 民生银行并购美国联合银行流产——海外并购的风险与反思

美国联合银行控股公司主要为华文社区提供金融服务，是美国三大华人银行之一。民生银行受到招行成功并购永隆银行的启发与激励，希望开创中资银行进军美国市场的先例。2007 年 9 月民生银行决定对联合银行实施分步并购，并通过后续注资将其持股比例提升至 20％。但 2009 年 9 月美联行爆出管理层故意隐瞒财务状况恶化的丑闻，高管涉嫌欺诈遭集体诉讼。11 月联合银行宣布破产并被华美银行接管。其间作为并购方的民生银行向美联储提出的救援性注资申请被以政治性理由拒绝。民生银行随后发布公告称并购联合银行失败并确认投资损失和减值损失合计 8.24 亿元人民币。此次并购暴露出海外银行并购中的信息不对称、战略不成熟、法律监管环境不适应等问题。

5. 中国工商银行收购阿根廷标准银行——进军拉美市场掘金新兴市场国家

2012 年 11 月，中国工商银行收购阿根廷标准银行 80％股权的交易获得阿根廷央行批准，工行通过支付不超过 6.5 亿美元的现金收购标准银行旗下这家阿根廷子公司的控股权。这是中资银行首次收购拉丁美洲的金融机构，也是中资银行第一次完成对世界主流商业银行的控股收购。本次收购后工行阿根廷分行成为拉丁美洲地区最大的中资银行，实现了竞争能力的飞跃。

6. 中国工商银行参股台湾永丰银行——两岸金融合作破冰

2013 年 4 月，工商银行签署认购台湾永丰商业银行股份有限公司 20％股份的股份认购协议。此次交易打破了两岸金融合作的坚冰，使得工行成为首家通过参股方式投资台湾金融业的大陆银行，对其他大陆银行投资台湾金融业和促进人民币国际化也发挥了积极作用。

附录 5

后危机时代金融监管
改革的国际经验

一、美国

2010 年 7 月，美国颁布《多德-弗兰克华尔街改革和消费者保护法案》，全面推动金融监管改革。

一是设立金融稳定监督委员会（FSOC），识别和防范系统性风险。全面监测系统性风险，识别并监管系统重要性机构、工具和市场，协调部门争端并促进信息共享和监管协调。

二是明确美联储为系统重要性金融机构的监管主体。首先，扩大监管范围。美联储负责对资产超过 500 亿美元的银行业金融机构，所有具有系统重要性的证券、保险等非银行金融机构，以及系统重要性支付、清算、结算活动和市场基础设施进行监管，同时保留对小银行的监管权。美联储还具有对非银行金融机构的后备检查权，判断其是否威胁金融稳定，进而纳入监管范围。其次，提高审慎监管标准。针对系统重要性机构，美联储从资本、杠杆率、流动性、风险管理等方面牵头制定严格的监管标准。严控银行高风险业务。限制银行业实体开展证券、衍生品、商品期货等高风险自营业务，商业银行投资对冲基金和私募股权基金的规模不得超过银行一级资本的 3%。最后，强化金融控股公司监管。美联储有权对金融控股公司及其任何一个子公司（包含非存款类子公司）进行直接检查，直接从金融控股公司获取信息以及获取金融控股公司交易对手的详细信息。

三是建立全面覆盖的风险处置和清算安排，保障问题机构有序退出。明确由美联储与联邦存款保险公司共同负责美国系统性风险处置。

四是扩大监管范围，填补监管漏洞。要求对冲基金和私募基金投资顾问到证券交易委员会注册，并向证券交易委员会报告交易情况和资产组合等方面的信息，资产规模超过 1.5 亿美元的公司必须接受证券交易委员会的监管和定期检查。如果对冲基金和私募基金被认为规模过大或风险过大，将被置于美联储的监管之下。保留证券交易委员会对信用评级公司的监管权，降低评级公司与被评级机构和承销商之间的利益关联度，长时间评级质量低劣的机构可能被摘牌，允许投资者控告信用评级公司的失职行为。在财政部下设联邦保险办公室，履行向金融稳定监督委员会提交系统重要性保险公司名单等职责。此外，撤销储贷监理署，将其大部分职能并入货币监理署。

五是成立消费者金融保护机构，加强消费者金融保护。在美联储内部设立相对独立的消费者金融保护局（CFPB），统一行使原本分散在 7 家金融监管机构的消费者权益保护职责。

二、欧盟

2010 年欧盟通过《泛欧金融监管改革法案》，全面改革监管体系。

一是成立欧洲系统性风险委员会（ESRB），强化宏观审慎管理。该委员会主要负责宏观审慎管理，收集和分析数据信息，识别和评估系统性风险，向银行业监管局（EBA）、证券和市场监管局（ESMA）、保险和职业养老金监管局（EIOPA）以及各成员国监管当局等提出警告或建议，并成立专门检查小组追踪评估各监管机构建议采纳情况。要求成员国以法律形式明确负责宏观审慎管理的机构，提出中央银行应在宏观审慎政策中发挥主导作用。对各成员国实施宏观审慎政策进行指导和建议，公开发布各国宏观审慎政策实践经验，促进各国政策沟通和协调。

二是欧央行的职责从维护币值稳定向维护金融稳定延伸。国际金融危机和欧洲债务危机爆发后，面对银行资金拆借困难、市场流动性收紧、部分国家国债收益率急剧上升等情况，为缓解危机对经济的冲击，维护金融体系稳定，欧央行不再局限于传统的货币政策，在降低基准利率等常规手段之外开始实施一系列非常规救助措施，充分发挥最后贷款人职能，向金融市场注入流动性，改善欧元区融资条件与流动性状况，恢复市场信心，保证支付清算等金融基础设施功能完备，发挥了不可替代的作用。

三是建立单一监管机制（SSM），赋予欧央行金融监管职能。欧央行直接监管加入 SSM 机制的成员国具有系统重要性的信贷机构、金融控股公司、混合型金融控股公司，以及信贷机构在非 SSM 机制成员国设立的分支机构。同时，各国监管当局将在欧央行指导下对本国非系统重要性的中小银行实施监管，并在消费者保护、反洗钱、支付服务等领域继续发挥重要作用。欧央行在必要时可接管任何一家并采取早期干预措施。单一监管机制涵盖欧元区所有银行，非欧元区欧盟成员国监管当局可自愿加入。

四是构建欧洲银行业联盟，统一银行业监管、处置和存款保险机制。欧洲银行业联盟包括三大监管支柱：单一监管机制、单一处置机制（SRM）、统一的存款保险机制。

五是强化欧盟监管机构之间的协调与合作。欧洲系统性风险委员会与银行业监管局、证券和市场监管局、保险和职业养老金监管局等三家微观审慎监管机构建立信息沟通和共享机制，三家微观审慎监管机构通过联合委员会（JCOE）加强跨行业、跨部门的监管协调与合作。欧盟各成员国的监管当局、中央银行以及财政部于 2008 年联合签订了危机管理和处置合作备忘录，强调成员国之间的金融监管合作，成立跨国稳定小组（CBSG），建立跨国合作机制，强调公共资源的分配应以平等和平衡为原则，按照危机对各国经济冲击的程度以及母国和东道国监管权力的分配来决定相应的公共资源支出额度。

三、英国

危机以来，英国先后两次调整金融监管框架。2013 年 4 月 1 日，新《金融服务法》生效，新的金融监管体制正式运行，确立了英格兰银行负责货币政策、宏观审慎管理与微观审慎监管的核心地位，其内部成立金融政策委员会（FPC），负责宏观审慎管理，并下设审慎监管局（PRA），与独立机构金融行为局（FCA）一同负责微观审慎监管，取代原来的金融服务局（FSA）。2015 年 7 月，英国发布《英格兰银行议案：技术咨询稿》（以下简称《议案》），拟进一步深化金融监管体制改革，调整金融监管架构。

一是设立审慎监管委员会（PRC），强化央行审慎监管职能。《议案》拟将审慎监管局完全整合进英格兰银行内部，不再作为英格兰银行的附属机构，同时设立新的审慎监管委员会。审慎监管局的名称、法定目标和监管方式保持不变，英格兰银行履行审慎监管职责仍继续以审慎监管局的监管收费为资金来源，审慎监管委员会负责决定收费标准。同时，《议案》拟将金融政策委员会从董事会下设的子委员会升级为与货币政策委员会和审慎监管委员会并列的英格兰银行直属委员会。由此，形成了英格兰银行直属的货币政策委员会、审慎监管委员会、金融政策委员会三个委员会分别负责货币政策、微观审慎监管和宏观审慎管理职能的框架。

二是改善治理结构，提高监管效率。精简并强化英格兰银行董事会。将非执行董事数量由 9 名减至 7 名，相应地，董事会成员人数变为 12 人。取消英格兰银行董事会下属的子委员会——法律监督委员会，将其职能纳入董事会，由董事会直接监督英格兰银行运作。改革现有副行长任免机制。拟通过二级立法调整副行长职位，便于英格兰银行根据需要调整其高管层的规模和构成。

三是加强信息共享，完善金融危机处置机制。《议案》拟在处置策略、处置政策和应急计划的制定等方面进一步强化危机管理和处置机制。

四是增强透明度，明确责任义务。通过公布英格兰银行货币政策决定、讨论会会议记录和通货膨胀报告；将决策会会议书面记录的保密期延长至 8 年等方式提高透明度。拟首次将英格兰银行纳入国家审计办公室（NAO）审查范围，同时，其政策制定职能将被排除在审查范围之外，以保证英格兰银行决策的独立性。

四、德国

危机后，德国根据本国金融业发展情况，借鉴国际金融监管改革经验，对本国金融监管体制进行改革。

一是强化德央行的金融监管权，突出其在维护金融稳定方面的作用。德央行在金融监管中继续扮演重要角色，利用网点优势负责对金融机构的日常监管，监测和评估金融机构的风险并对其进行审计；派代表参加金融监管局管理委员会，监督其管理层，决定其预算并对专项监管任务提出建议；与金融监管局联合开展压力测试、现场检查等重大监管行动；建立金融市场监管论坛，构筑高层人员定期磋商机制，讨论有关监管政策，制定监管措施。同时，金融监管局发布监管法规应事先与德央行协商，在与货币政策密切相关的领域，必须与德央行达成一致。此外，根据德国《银行法》的规定，德央行享有金融统计信息专属权，金融监管局无权单独向金融机构征集任何形式的统计信息。

二是强化宏观审慎管理。2013 年，德国通过《金融稳定法》，将宏观审慎管理职责授予单独成立的金融稳定委员会（FSC）。金融稳定委员会的代表来自财政部、德央行、金融监管局和联邦金融市场稳定局（FMSA），工作机制与欧洲系统性风险委员会类似。德央行在宏观审慎管理中发挥重要作用，负责识别和评估金融稳定风险，评估宏观审慎政策的实施效果，为金融稳定委员会会议提交讨论报告和初步政策建议，同时，拥有对金融稳定委员会发布警告或建议决策的否决权。

三是构建更加有效的金融机构处置机制。设立联邦金融市场稳定局，管理稳定基金，提供市场流动性，监管新成立的不良资产管理公司，并计划于 2016 年将其升级为监管机构，专门从事金融机构重组事务。推出总规模为 5 000 亿欧元的金融救市计划，设立了"稳定金融市场特别基金"（SoFFin），对危机中受到冲击的金融机构提供援助。成立 FMS-WM 和 EAA 两家资产管理公司，剥离银行风险资产，减轻银行资产负债表压力，确保银行继续为实体经济提供信贷支持。

五、法国

危机后，法国于 2008 年和 2010 年分别颁布《经济现代化法》和《银行金融监管法》，再次进行金融监管体制改革，形成以中央银行为核心、审慎监管局（ACP）和金融市场监管局并行的监管框架。

一是中央银行在金融监管中发挥重要作用。除指定一名副行长担任审慎监管局主席外，央行还对审慎监管局提供资源、员工、信息、金融和经济分析等各种履职支持，同时代表审慎监管局签署各类法律文件。此外，央行还利用网点优势帮助审慎监管局和金融市场监管局对消费者保护情况进行检查。

二是成立金融监管与系统性风险委员会，监测与识别系统性金融风险，并预测其未来发展趋势，协调法国在欧洲和国际不同层面上的监管行动，促进国内相关部门的合作和信息交流。

三是合并银行业和保险业监管机构，设立审慎监管局，负责银行业和保险业监管，维护金融市场稳定和保护金融消费者权益。审慎监管局可以对被监管机构进行现场和非现场检查，成立制裁委员会对违法金融机构进行处罚。

四是强化金融市场监管局职责，除保护投资者利益及金融产品安全，监管金融市场安全运作及信息发布，保障市场交易公正规范，确保市场良性竞争等传统的证券市场监管职责之外，赋予金融市场监管局监督管理信用评级机构、与欧盟和其他成员国监管部门建立合作、进行信息交流的职责。

六、俄罗斯

2013 年 7 月，俄罗斯颁布《修订关于将金融市场的监督、管理职能转移至俄罗斯联邦中央银行的俄罗斯联邦法案》（第 251-FZ 号），对多头金融监管体制进行重大变革。

一是将金融监管权统一划归中央银行。撤销联邦金融市场服务局（联邦保险监管局于 2011 年并入了联邦金融市场服务局），将资本市场监管和保险监管职能转移至俄央行，由俄央行对银行以及证券公司、保险公司、小型金融组织、交易所和养老基金等非银行金融机构实行统一监管。俄央行需向国家杜马提交有关金融市场重点领域发展和稳定运行的报告。由于俄央行职权扩大，原"银行监督管理委员会"更名为"国家金融委员会"，俄央行行长任主席，成员在俄央行各部门负责人中产生，职责包括评估系统性风险、监测系统重要性金融基础设施以及大型非金融机构的财务稳健性、审议金融稳定报告等。同时，俄央行行长和董事的任期由 4 年延长至 5 年，董事会成员由 13 人增加到 15 人。此外，为进一步优化对各类非银行金融机构的监管，加强相应的市场自律组织建设，促进风险管理、公司治理、内部控制、金融消费者权益保护等方面的标准统一。

二是统一金融政策的制定和监督执行职责。由俄央行接管财政部等政府部门有关金融市场监管标准制定的部分权力，参与起草相关法律和监管规定。俄央行负责批准信贷机构和非信贷金融机构的会计标准，管理证券发行登记，监督证券法规执行，打击内幕交易、市场操纵和洗钱活动。非信贷金融机构具体包括：经纪商、承销商等专业的证券市场参与者（银行也可开展证券业务），投资基金管理公司、互助基金、私人养老基金及其存管机构，保险和精算机构，小额信贷机构，信贷消费者合作社、住房储蓄合作社、农业信贷消费者合作社，信用评级机构等。俄央行的新职能还包括对股份制公司进行监管，规范股份制公司的业务关联。

七、韩国

韩国于 2009 年末再次启动了《韩国银行法》的修订工作，强化中央银行权力。新的《韩国银行法》于 2011 年 9 月正式颁布，通过扩大监管职权及增加宏观审慎工具，进一步强化了韩国银行维护金融稳定的职能。

一是赋予中央银行维护金融稳定的功能。除"维持物价稳定"外，明确赋予韩国银行"维护金融稳定"职能。

二是扩大央行监管职能。将信息获取范围从全国性商业银行扩展至《金融业结构优化法》涵盖的所有金融机构，通过限定期限提高韩国银行与金融监督院联合检查的效率，进一步强化现场检查权。

三是改进紧急流动性支持工具，放宽支持条件。对于因融资和资金使用失衡而出现流动性紧张的金融机构，不论是否持有合格抵押品，韩国银行都可提供紧急流动性支持。将证券拆借纳入公开市场操作工具，为韩国银行清算系统成员发生的清算资金短缺提供短期融资。

四是扩大了货币政策委员会对法定准备金的裁量权。其有权决定法定准备金的形式；将法定准备金率单纯由负债类型决定调整为由负债类型和负债规模共同决定。

金融交易税的国际实践

一、导论

税收是政府筹集收入的方式，也是实现金融稳定和抑制投资行为的重要手段。税收是宏观审慎政策的重要工具之一。金融交易税通常就是对证券的买卖等金融交易征收的一种税。这种可以对买家、卖家或双方征收的税一般是从价税，即所交易的证券市值的一定百分比。金融交易税有很多种类：证券交易税（STT）适用于金融证券的发行和/或交易，并可能包括股票、债券和相关衍生品；货币交易税（也被称为托宾税）适用于涉及外汇及其相关衍生品的交易；银行交易税或银行借记税在拉丁美洲和亚洲国家很常见，适用于从银行账户存款和取款，常常包括支票账户。此外，某些国家对保险金、不动产交易或增加经营资本等征税。

金融交易税有着悠久的历史，英国的印花税在 1694 年颁布，至今仍然生效。美国在 1914—1965 年就征收了股票交易税，而纽约州也在 1905—1981 年就征收股票交易税。证券转让税就是美国证券交易委员会现在的收入来源。金融交易税在欠发达国家也是非常流行的选择，其目的就是从少数相对复杂的金融实体中征收大量的税收收入。

金融交易税在发达国家正在重振雄风。欧盟国家也同样颁布了一个统一的金融交易税，按照计划在 2017 年 1 月 1 日生效。法国在 2012 年就开征了金融交易税，如果到时生效，就会融入整个欧洲的金融交易税。美国几个近期的国会议案也提出了征收金融交易税，其中就包括了由包括民主党的总统候选人伯尔尼-桑德斯等几位参众议员提出的金融交易税。

金融交易税的支持者认为有以下几个理由：金融交易税可以以低税率获得高收入，这是因为金融交易的价值也就是税基巨大。金融交易税可以抑制投机性的短期和高频交易，反过来会降低宝贵的人力资本的价值，使其转向那些没有或至多只有一点价值的纯粹的寻租活动。他们认为，金融交易税可以降低资产价格波动，减少泡沫，而这两项会通过创造不必要的风险和扭曲投资决策而伤害一国经济。金融交易税可以鼓励有耐心的资本和长期投资。金融交易税有助于回收金融部分救助的成本和金融危机对国家的其他部分造成的成本。金融交易税，也被某些人鼓吹为劫富济贫税，主要是由富豪承担的，且收入将被用于提高贫困人的福利，为未来的金融救助筹集资金，削减其他的税种或削减公共债务。

二、各国实践

目前，各国全面实施金融交易税的可行性主要有两种观点：一种是坚定的支持派，如德国、法国等国家，它们认为金融交易税具有两大优势：一是抑制短期投机，提高投机成本；二是减少道德风险，即金融部门的利润和管理人员的薪酬巨额增长，而出现危机时却由纳税人负担救助成本。这些国家还认为，稳定金融市场是十分紧迫的，国际社会应意识到这一点，并加强合作。金融交易税会提高金融监管的有效性，这样一来，各国就可避免在经济工作上投入大量资金。另一种则是如美国、加拿大的反对派，它们认为开征金融交易税不是现实的选择，会抑制金融市场的发展。另外，金融交易税的税制复杂且难以界定，很容易出现逃税现象，还会加重散户投资者的负担。

1. 巴西：金融交易税

巴西 2009 年就宣布开征金融交易税，是金砖国家中的第一个。巴西政府在 21 世纪和 20 世纪 90 年代曾两次运用托宾税对跨境资本流动实施管制，以降低国内通货膨胀水平。因此，金融交易税在巴西的实践可分为两个阶段：第一阶段是 1993—1999 年。20 世纪 90 年代初巴西的通货膨胀水平持续上升，另外，巴西政府的融资需求所引致的差别化利率又吸引境外资本不断流入巴西，对通货膨胀起到推波助澜的作用，1993 年 12 月，巴西开始征收金融交易税。此后，根据国际资本的流动，巴西政府不断调整税率。除此之外，还引入了如资本征收进入税等其他的资本流入控制措施。导致巴西政府开始逐步下调金融交易税税率的事件是发生在 1998 年的亚洲金融危机，彼时，资本大量外流，最后巴西政府不得不取消了金融交易税。第二阶段是 2009 年至今。2008 年爆发了国际性的金融危机，美国采取量化宽松政策，这使得巴西金融市场再次面临资本流入的冲击，2009 年，巴西政府又一次宣布开征金融交易税，并在接下来三年内不断扩大征税范围，调整税率。总体上看，巴西的金融交易税起到了正面作用，增强了投机资本的成本，有效地维护了金融市场的稳定，也遏制住了资本流动的冲击。

2. 瑞典：金融交易税

瑞典在 20 世纪八九十年代对本国金融市场征收过证券交易税。1984 年初，瑞典宣布开征金融交易税，税率为 1%，两年之后，税率又上调至 2%。尽管金融交易税为瑞典带来了税收收入，但是避税现象比较严重，原因不外乎税负过重。同时，交易双方只要不选用在瑞典注册的经纪商进行交易就可以不用交税，这种税制设计上的缺陷使得大量交易人采取措施来避税。1984—1991 年的七年间，瑞典本国的证券交易量不断下滑，大量的交易迁往伦敦市场。除此之外，金融交易税的税基过窄也导致了避税衍生工具的繁盛，并最终体现在税收收入的减少上。此后，瑞典尝试过将金融交易税的税率减半，但效果仍旧不理想。在重重压力之下，瑞典政府不得不在 1991 年取消了金融交易税。从瑞典征收金融交易税的过程中产生的问题来看，金融交易税的制度设计对于这项税收政策能否发挥成效有着至关重要的作用。好的税制设计应既能维持市场的流动性，又能抑制过度投机。瑞典金融交易税税负较为繁重，这会使得交易成本增加，减少市场流动性，不利于当地金融业的发展。一些对开征金融交易税持反对态度的专家学者经常引用瑞典金融交易税，以佐证其危害。

3. 智利：准托宾税性质的无息存款准备金

从 20 世纪 70 年代起，智利开始尝试开展经济自由化，为此当局采取了一系列措施，以保持一个有竞争力的实际汇率水平。如 1984 年，智利采取了"爬行的钉住汇率制度"，以保持国内利率高于国际市场，逐步降低通货膨胀。这些措施在 20 世纪 80 年代初成效是显著的。但当智利逐步与国际市场接轨后，资本开始大量涌入，加之其政府自身监管能力较差，大量国际资本迅速涌入智利国内，过热的投资以及快速增长的消费水平引起通货膨胀，国内利率和汇率承压巨大，为了缓解这一严峻的经济金融形势，抑制投机性金融交易，优化投资结构，智利政府在 1991 年采用了一系列政策举措阻止资本流入。其中最重要的一项管理措施是无息准备金制度（URR），要求境外投资按照投资额的一定比例以向中央银行缴纳本币或外币存款，存款的期间没有利息，即以冻结资金的方式来提高资本流入成本，属于对资本流动的间接征税。最初智利针对短期国外借款收取 20% 的无息准备金，后来随着汇率的变化，智利政府也在调整存款比例。1998 年，受亚洲金融危机的影响，智利逐步降低存款准备比例直至取消。除无息存款准备金外，智利政府还实施了如逐步放松外汇管制、统一外汇市场、实行单一的汇率制度以及允许资本流出等措施，综合施策。从智利国内的情况来看，无息准备金制度在遏制资本流入、稳定国内金融市场方面有着积极显著的效果，但长期来看，此项政策的实际作用待考量。例如，其对于短期内资本的流入影响较大，但长期资本流入总额并没有因该项制度的出现而有过多变化，除此之外，长期的实际汇率水平和实际利率水平受无息存款准备金制度的影响也较小。

4. 马来西亚：资本流出税

马来西亚政府在 20 世纪 90 年代初曾经取消了对资本流入的控制，其本意是想推动经济加速发展。1998 年，亚洲爆发了金融危机，马来西亚的金融市场和汇率市场受到巨大影响，投机冲击严重，随之而来的是货币贬值，大量资本外流。此后，马来西亚政府实行了严格的外汇管制，并在 1999 年实施了托宾税，鼓励正常投资和长期投资，抑制短期投机行为的投资。托宾税实施后，汇率水平相较于征税前上升了 10%，消费水平也在上升恢复中，马来西亚的汇率市场和金融市场很快就重归稳定。可以说，马来西亚政府实施托宾税的举措还是非常及时的，不仅为政府赢得了更多的时间来进行政策调整，而且也增强了市场和投资者的信心。亚洲金融危机过后，马来西亚经济的恢复要明显好于同样受到金融危机冲击的泰国和印度尼西亚。

　　5. 欧盟：金融交易税

　　2008 年金融危机之后，欧盟一些成员国如德、法等国就多次提出要在欧盟内建立统一的金融交易税。金融危机以后，金融交易税特别是针对证券交易征税引起了全球的广泛关注，法、德等 G20 国家等积极支持金融交易税的做法，欧洲议会也要求欧盟委员制定欧洲金融交易税征收计划，大量非官方组织也积极建言推动针对证券交易和外汇交易全面征收金融交易税。2011 年 9 月，欧盟正式提出了金融交易税的提案，并建议从 2014 年 1 月开始实施该提案。这项提议包括为所有类型金融产品的交易制定一个统一的最低税率 0.1%（金融衍生品交易税率为 0.01%）。该提议的目的是促使金融行业对税收收入做出更公平的贡献，同时抑制一些不能提高金融市场效率的金融交易。欧委会表示，金融交易税可能带来 570 亿欧元的收入，其中一部分将用于增加欧盟预算。开征金融交易税是否有助于缓解当前债务危机，是否能遏制金融危机对全球经济增长造成的影响，当时存在不少质疑之声。法国和德国对此持强烈支持态度，但欧盟部分成员国仍持反对意见。金融交易税能否在欧盟区内统一推行，仍存在很大的不确定性。

　　法国在 2012 年对市值超过 10 亿欧元的法国公开交易公司的股票购买征收 0.20% 的税，对取消的高频交易订单征收 0.01% 的税，且对某些主权信用违约互换的名义价值征收 0.01% 的税。这种股权转让税被认为是筹集收入的方式，且高频交易和信用违约税被认为是降低寻租和投机的方式。法国政府对交易外逃到其他欧盟成员国的可能性非常敏感。因此，法国金融交易税豁免了做市商，将公司债券、主权债券和衍生品排除在税收之外。尽管做了这些努力，但证据显示，法国的金融交易显著降低了交易量。

　　2012 年 10 月 23 日，欧盟委员会正式表示支持法国、德国、奥地利、比利时等 10 个欧元区国家通过"强化合作"机制率先征收金融交易税。欧盟委员会的数据显示，如果 2014 年在欧盟内部征收"金融交易税"，每年将增加 570 亿欧元的财政收入。

　　2013 年 1 月 22 日，欧盟财长会议授权 11 个欧盟成员国通过"加强合作"准备实施金融交易税，这 11 个成员国包括比利时、德国、爱沙尼亚、希腊、西班牙、法国、意大利、奥地利、葡萄牙、斯洛文尼亚和斯洛伐克。2013 年 2 月 14 日，欧盟委员会正式通过并推出金融交易税（FTT），将在上述 11 国范围内对所有金融工具的买卖征税，每年有望增加 300 亿～350 亿欧元的财政收入。此次 11 国通过欧盟"强化合作"机制实施金融交易税，是此次金融危机后关于金融交易税改革进程中的重大里程碑。

　　2014 年 5 月 6 日，由法国和德国牵头的多个欧盟国家承诺，将在 2016 年前开始对股票和部分衍生品交易征税。但目前另有一些国家强烈反对这一做法，它们对金融交易税的经济影响和法律基础抱有担忧。支持金融交易税的多个国家将其最新政治协议提交给了欧盟财政部长会议，协议称金融交易税应当分步骤实施，2016年1月之前将开始对股票和部分衍生品征税，但尚未列明所涉衍生品的种类。各方声明将在年底前就金融交易税的最终提案达成一致。此外，意大利等已存在金融交易税的国家也许能继续征税。

6. 英国：金融交易税

英国的金融交易税有悠久的历史。英国的印花税是在1684年首次颁布的，是全球最老的金融交易税之一。这种税是对股票转让征收的，只有官方的贴花才使得交易合法执行。这种税目前的税率是0.5%，且适用于由英国公司发行的证券的转让，与当事方是否居住在英国无关。首次发行对于做市商这类中介是免税的。此外，由于英国不对衍生品征税，这就为用衍生品交易替代其他证券交易提供了动因。

为此，衍生品交易在英国出现了巨幅上涨。Matheson估计，与总收益互换类似的衍生品占英国证券交易的大约40%。金融交易税每年筹集大约30亿英镑的收入，相当于英国全部收入的大约0.6%。按照英国税务当局的估算，其管理成本很低，不到收入的0.05%。

7. 美国：证券交易税

从1914年到1966年，美国联邦金融交易税是对股票的出售和转让征收的，税率是股票面值的0.02%（当时股票的面值比市价低）。后来，在1932年，这种税的税率按照交易的类型分别增长到0.04%和0.06%。1959年，在企业可以采取这种方式操纵面值避税后，税基就变回到了市值，税率也被削减到了0.04%。从发行价格的1960年到1966年，美国对股票出售是按照发行价格的0.10%征税的，对股票转让是按照0.04%征税的。

有关美国金融交易税的三个历史点值得注意：第一，这种税是在20世纪20年代生效的，但其生效并没有有效地减少投机行为，从而避免1929年的股票市场崩盘。但是，金融交易税的税率只有0.02%，在阻止投机行为方面可能不是足够高。第二，在凯恩斯在20世纪30年代呼吁提高金融交易税的重要性的时候，税率只有0.04%~0.06%。第三，美国财政部经济学家卡尔-夏普研究了这种金融交易税，并在1934年的研究报告中发现这种税并没有筹集太多的税收收入并在制约投机行为方面几乎没有什么作用，因而他认为这种税大概没有开征的依据。

1934年，《美国证券交易法》赋予美国证券交易委员会权威来对自我管制机构，如纽约股票交易所等收费，为监管活动筹集资金。目前，美国证券交易委员会对证券销售征收0.00184%的税费，并对每笔期货交易征收0.0042美元的税费。债务工具豁免这种税。

美国纽约州从1905年到1981年对股票转让征税。目前这种税还在征收，但从1981年以后可以按照请求退税。这种税是对价格低于5美元的股票每股收取0.0125美元、对价格为20美元或更高的股票逐渐增加到每股0.05美元。

8. 其他国家：金融交易税

G20 集团中的许多国家征收了各种金融交易税。最常见的形式是对二级市场的股票出售征收 0.10％～0.50％的税收。中国、印度、印度尼西亚、意大利、法国、南非、韩国和英国都征收了诸如此类的税种。俄罗斯和土耳其对发行债务融资工具征税。

但近几十年来，几个发达国家已经放弃了金融交易税，主要是因为全球化和技术变动造成的竞争性压力使得金融贸易转向那些低成本的市场。在过去的 25 年中，德国、意大利、日本、荷兰、葡萄牙和瑞典放弃了证券交易税（见附表 6—1 和附表 6—2）。

三、结语

随着全球金融一体化发展，金融风险不断累积，采取适当的措施遏制投机行为、维护金融市场的稳定健康发展是大势所趋。通过各国实践并结合我国国情来看，只要制度设计得当，金融交易税是可以在我国发挥应有的作用的。党的十八届五中全会提出了实现国家金融治理体系和治理能力现代化，就包括构建适应现代金融市场发展的金融监管框架，健全符合国家标准的监管规则，以及建立国家金融安全机制，防止发生系统性金融风险。因此，我国应尽快开征金融交易税，并最终建立完整的金融交易税体系，纳入我国金融宏观审慎监管工具体系，保证其充分发挥风险防范功能，保证我国金融体系稳健安全，促进金融市场的和谐稳定发展。

附表 6—1　　　　　　　　　　G20 集团主要经济体的金融交易税

国别	金融交易税类型
阿根廷	对股票、公司债券、政府债券和期货征收，税率为 0.60％
澳大利亚	联邦不征收；但各州可征收交易税
巴西	对外汇交易征收 0.38％；对短期外国贷款和债券征收 6％（少于 180 天）
加拿大	没有
中国	对股票征收 0.1％
欧盟	对买卖双方的股票和债券征收 0.1％（总的为 0.2％）；对衍生品征收 0.01％（总的为 0.02％）（即将开征）
法国	对股票征收 0.2％；对场外交易和股票衍生品征收 0.2％；对高频交易者修改的股票单的金额征收 0.02％
德国	没有
日本	没有
墨西哥	没有
印度	对股票征收 0.2％；对场外交易和股票衍生品征收 0.2％；对出售期权征收 0.017％～0.025％；对出售期货征收 0.01％

续前表

国别	金融交易税类型
印度尼西亚	股票的 0.1%
俄罗斯	发行的新股票和债券的 0.2%
沙特阿拉伯	没有
南非	股票的 0.25%
韩国	股票和公司债券的 0.3%
土耳其	股票发行费的 0.2%；债券再发行费的 0.6%~0.75%
英国	股票的 0.5%
美国	股票的 0.001 84%，期货交易每笔 0.004 2 美元

资料来源：Leonard E. Burman et al., *Financial Transaction Taxes in Theory and Practice*（2015）.

附表 6—2　　　　　　　　现行金融交易税和建议方案的主要特色

	英国（现行）	法国（现行）	瑞典（已取消）	欧洲联盟方案	Harkin-Defazio方案	Baker方案
税款的判定方						
发行者居住地	是	是	否	是	否	是
卖方/买方居住地	否	否	否	是	是	是
交易所在地	否	否	是（经纪业务）	否	是	是
税率						
股权	0.5%	0.2%	1.0%（1986年提高到0.2%）	0.2%	0.03%	0.5%
债务	不适用	不适用	0.002%~0.3%	0.2%，只适用于股票期权	0.03%	每年0.01%
货币	不适用	不适用	不适用	不适用	不适用	0.01%
衍生品	不适用	不适用	2.0%	0.02%	0.03%	掉期每年0.1%；期货为0.02%；期权为0.5%
价值	不适用	不适用	溢价部分	溢价部分	各种款项	掉期每年0.1%；期货为0.02%；期权为0.5%

续前表

	英国（现行）	法国（现行）	瑞典（已取消）	欧洲联盟方案	Harkin-Defazio方案	Baker方案
对一级市场征税?	否	否	否	否	否	否
对二级市场征税?	是	是	是	是	是	是
包括做市商?	否	否	不知道	是	是	是
包括政府债券?	否	否	是	是	是	是
有无国际协调?	无	无	无	有	无	无

资料来源：Leonard E. Burman et al.，*Financial Transaction Taxes in Theory and Practice*（2015）.

2015 年人民币国际化大事记

时间	事件	内容	意义与影响
2015 年 1 月 5 日	央行授权中行担任吉隆坡人民币业务清算行	根据中马两国央行合作备忘录，中国人民银行决定授权中国银行（马来西亚）有限公司担任吉隆坡人民币业务清算行	将便捷两国企业和金融机构跨境人民币业务，进一步促进贸易、投资自由化与便利化
2015 年 1 月 6 日	央行授权工行担任曼谷人民币业务清算行	根据中泰两国央行合作备忘录，中国人民银行决定授权中国工商银行（泰国）有限公司担任曼谷人民币业务清算行	将对人民币在泰国和东盟地区的跨境使用发挥积极的促进作用
2015 年 1 月 12 日	塞尔维亚开始使用人民币进行国际结算	塞尔维亚国家银行从 12 日起启动人民币业务	有助于促进塞中贸易与经济合作，人民币在两国经济关系和资金流动中将发挥越来越重要的作用
2015 年 1 月 21 日	汇丰银行推出自由贸易账户服务	汇丰银行（中国）有限公司宣布，其自由贸易账户相关系统和业务流程已通过审慎合格评估，可以开始向符合条件的上海自贸区客户推出自由贸易账户服务。汇丰由此成为首批开始提供这一创新账户服务的外资银行之一	该账户体系打通了自贸区与离岸市场之间的通道，为区内企业涉足海外市场、满足实体经济所需的贸易结算和跨境投融资兑便利提供了更有效的方式。它亦使得上海自贸区可以在探索更多金融创新的同时有效地防范风险

续前表

时间	事件	内容	意义与影响
2015 年 1 月 21 日	央行与瑞士国家银行签署合作备忘录，瑞士获 500 亿元 RQFII 额度	中国人民银行与瑞士国家银行签署合作备忘录，就在瑞士建立人民币清算安排有关事宜达成一致，并同意将人民币合格境外机构投资者（RQFII）试点地区扩大到瑞士，投资额度为 500 亿元人民币	标志着中瑞两国金融合作迈出新步伐，有利于中瑞两国企业和金融机构使用人民币进行跨境交易，促进双边贸易、投资便利化
2015 年 1 月 28 日	合格境内机构投资者境外投资试点资格（QDIE）日前已经正式落地	中诚信托子公司深圳前海中诚股权投资基金管理有限公司获得合格境内机构投资者境外投资试点资格（QDIE），成为信托系内首家获批该项资格的公司	QDIE 更为广阔的投资范围可以满足大量机构与高端个人境外投资置业的需求，分散投资风险、欧美金融危机后带来的低估值公司的并购机会以及境外房地产出现的投资机会等都是 QDIE 满足投资者境外投资需求所具有的优势。有助于进一步开放资本账户，以创造更多外汇需求，使人民币汇率更加平衡、更加市场化
2015 年 2 月 9 日	悉尼人民币清算行正式启动	中国银行举行悉尼人民币业务清算行启动仪式，这标志着人民币国际化在南太平洋地区取得实质性进展	悉尼人民币清算行的启动将推动中澳两国贸易及优化合作结构
2015 年 2 月 13 日	信托公司首度开启人民币国际投贷业务	由中信信托全资子公司——中信聚信（北京）资本管理有限公司投资设立的云南聚信海荣股权投资管理有限责任公司获得中国人民银行及云南省金融办批准，从事人民币境外直接投资、人民币海外贷款业务。中信信托正式成为国内第一家可从事人民币国际投贷业务的信托公司	未来随着人民币国际化持续推进、人民币跨境业务政策的不断宽松，中资机构及个人投资者对海外市场的需求会不断扩大，信托公司将加快"走出去"步伐，其海外业务拓展也将迎来一个新的"黄金时代"

续前表

时间	事件	内容	意义与影响
2015 年 2 月 16 日	中国外汇交易中心在银行间外汇市场推出标准化人民币外汇掉期交易	中国外汇交易中心在银行间外汇市场推出标准化人民币外汇掉期交易。标准化人民币外汇掉期交易通过外汇交易系统新增的以双边授信为基础、自动匹配报价的 C-Swap 功能模块（以下简称"C-Swap 功能模块"）实现	通过 C-Swap 功能模块，推出标准化人民币外汇掉期交易，是交易中心落实"多种技术手段、多种交易方式，满足不同层次市场需求"业务工作方针的阶段性成果。交易中心将围绕建设全球"人民币及相关产品交易主平台和定价中心"战略目标，继续推进产品和交易机制创新，推动我国银行间外汇市场的健康发展
2015 年 2 月 19 日	匈牙利国家银行启动人民币项目	为建立金融、外汇和资本市场的基础设施，发展结算体系，扩大匈牙利的投资范围和融资渠道，匈牙利国家银行宣布启动"央行人民币项目"，并将于 2015 年启动与"央行人民币项目"相关的"布达佩斯人民币倡议"，以扩大匈牙利的投资范围和融资渠道	将加强双边金融合作，促进两国贸易和投资，共同维护地区金融稳定
2015 年 3 月 4 日	建行成为首家在欧洲获得 RQFII 牌照的中资机构	在中国建设银行子公司建银国际与英国伦敦子行的共同努力下，建行（伦敦）的 RQFII 资格获得中国证监会批准，建行成为首家在欧洲获得 RQFII 牌照的中资机构	有利于建行下一步推出欧洲 RQFII 相关产品，进一步巩固建行在伦敦市场人民币业务的领先地位，从而将建行的境外人民币业务带入新的领域，这对于在欧洲推进人民币国际化也具有重要的长远和现实意义

时间	事件	内容	意义与影响
2015 年 3 月 6 日	全球首家非金融机构在韩国发行人民币债券	海航集团（国际）有限公司携手中国建设银行首尔分行在韩国成功发行人民币债券。这是中资非金融企业首次登陆韩国金融市场发行人民币计价债券，也是全球首家非金融机构在韩国发行人民币债券	标志着韩国在打造离岸人民币中心方面又迈出了重要一步，有利于韩国尽快形成多元化的离岸人民币债券市场
2015 年 3 月 16 日	三星参与人民币与韩元直接交易	韩国三星电子开始在韩国首尔市场买入或卖出人民币/韩元来结算总部与中国子公司之间的直接交易	将极大促进人民币对韩元直接交易市场的发展
2015 年 3 月 17 日	莫斯科交易所启动人民币/卢布期货交易	俄罗斯莫斯科交易所金融衍生工具市场启动人民币/卢布期货交易。启动新的期货交易是由于莫斯科交易所的人民币交易量大幅度增加，俄罗斯外汇市场上人民币和卢布的兑换业务份额增加，以及俄中外贸合同对冲业务的基本需求	推出人民币/卢布期货交易是莫斯科交易所提供全面人民币对冲工具的重要一步，有助于扩大中俄贸易规模
2015 年 3 月 18 日	央行与苏里南中央银行签署双边本币互换协议	中国人民银行与苏里南中央银行签署了规模为 10 亿元人民币/5.2 亿苏里南元的双边本币互换协议	有利于加强双边金融合作，便利双边贸易和投资，维护区域金融稳定
2015 年 3 月 19 日	中行首发"境内外债券投融资比较指数"	中国银行首次发布"境内外债券投融资比较指数"（BOC Credits Investing & Financing Environment Difference (CIFED) Index）。CIFED 指数是继"跨境人民币指数"（CRI）和"离岸人民币指数"（ORI）两个综合反映人民币国际化水平的规模类指数之后，中国银行首次向市场推出的价格类指数	中行此次推出的"境内外债券投融资比较指数"，旨在全面、客观、同步地反映离岸与在岸人民币债券市场信用债券收益率的差异及其变动情况，将为中国企业和金融机构在境内外债券市场的运作提供量化"晴雨表"。同时，CIFED 指数的推出，也是中国银行在金融市场类指数研发上迈出的可喜一步，使得中国银行与人民币国际化有关的指数体系更趋完善

续前表

时间	事件	内容	意义与影响
2015 年 3 月 24 日	云南瑞丽成立中缅货币兑换中心	云南瑞丽中缅货币兑换中心经瑞丽市政府批准成立。该中心下辖全市银行业金融机构和已取得个人本外币兑换特许业务经营许可证的 4 家企业，可从事经常项目下人民币与缅币的兑换和个人项目下人民币与其他挂牌币种的兑换	中缅货币兑换中心是根据瑞丽经济贸易特点设立的便利中缅两国贸易的机构，该中心为促进中缅货币兑换业务规范化、合法化发展，为实现中缅贸易投资便利化搭建了有效平台
2015 年 3 月 25 日	央行与亚美尼亚中央银行签署双边本币互换协议	中国人民银行与亚美尼亚中央银行签署了规模为 10 亿元人民币/770 亿亚美尼亚元的双边本币互换协议	将便利双边贸易和投资，推进人民币国际化进程
2015 年 3 月 25 日	工行和多伦多证券交易所签署《谅解备忘录》	中国工商银行（加拿大）和多伦多证券交易所集团签署《谅解备忘录》。根据《谅解备忘录》，多伦多证券交易所集团和工银加拿大将建立一套常态性的沟通联系机制，双方将在金融产品开发、清算结算和风险管理机制等领域开展一系列合作；构建一套人民币金融服务体系，以清算体系网络为基础，大力推动离岸人民币投融资产品、人民币衍生品交易、人民币债券发行、人民币指数、大宗商品等	《谅解备忘录》的签署是人民币国际化在加拿大取得的又一重要突破。此次工行与多伦多证券交易所联手将进一步拓展加拿大及美洲人民币离岸市场的深度和广度。依靠北美发达且成熟的金融市场带动，未来必将形成真正的离岸人民币自我循环的投融资机制，中加经贸合作的便利化也将得到质的飞跃

时间	事件	内容	意义与影响
2015 年 3 月 25 日	欧洲第一只人民币 RQFII 货币市场交易所基金（ETF）挂牌交易	欧洲第一只人民币 RQFII 货币市场交易所基金（ETF）正式在伦敦交所挂牌交易，该只基金由建设银行旗下子公司建银国际控股有限公司（建银国际）的子公司建银国际资产管理有限公司（建银资产管理）担当基金管理人角色	将填补伦敦人民币货币市场基金的市场空白，为当地企业高效、便利地使用闲置人民币资金与流动性管理提供了多样化的选择与解决方案。长远来看，还将有利于提高人民币在欧洲市场的使用率及认可度，从而打造完整和可持续循环的人民币业务环境
2015 年 3 月 28 日	"一带一路"路线图正式公布	发改委、外交部、商务部联合发布《推动共建丝绸之路经济带和 21 世纪海上丝绸之路的愿景与行动》，提出中国愿与沿线国家一道，以共建"一带一路"为契机，平等协商，兼顾各方利益，反映各方诉求，携手推动更大范围、更高水平、更深层次的大开放、大交流、大融合	将促进沿线国家对共建"一带一路"的内涵、目标、任务等方面的进一步理解和认同，推动"一带一路"战略的顺利开展
2015 年 3 月 30 日	央行与澳大利亚储备银行续签双边本币互换协议	中国人民银行与澳大利亚储备银行续签了规模为 2 000 亿元人民币/400 亿澳大利亚元的双边本币互换协议	货币互换协议主要用于支持双边经贸和投资，尤其是在本币项目，同时增强了双边金融合作，增加了双边经贸使用人民币结算和计价的机会
2015 年 4 月 7 日	中国启动中乌本币互换协议，助乌克兰脱困	中国人民银行与乌克兰国家银行 2012 年 6 月签署了双边本币互换协议，互换规模为 150 亿元人民币/190 亿格里夫纳。中国启动了该协议，协助乌克兰应对经济困境	此举将推动人民币成为国际储备货币和避险货币

续前表

时间	事件	内容	意义与影响
2015 年 4 月 10 日	央行与南非储备银行签署双边本币互换协议	中国人民银行与南非储备银行签署了规模为 300 亿元人民币/540 亿南非兰特的双边本币互换协议	有助于便利双边贸易和投资，维护区域金融稳定
2015 年 4 月 14 日	中东地区首家人民币清算行正式启动	卡塔尔中央银行与中国工商银行在多哈共同宣布正式启动人民币清算行服务，工商银行多哈分行成为中东地区第一家投入运营的人民币清算行	这标志着中塔两国在经贸、金融领域的合作进一步加强。必将刺激以人民币形式在中东地区国家的投资，为投资者提供更多机会
2015 年 4 月 14 日	吉隆坡人民币清算行正式启动	中国银行在马来西亚举行吉隆坡人民币清算行服务启动仪式	吉隆坡人民币清算机制的建立，有助于深化中马经贸合作，体现了两国政府和领导人的远见卓识；有助于加快推动人民币国际化进程，使两国经济参与者从中受益；有助于马来西亚更好地发挥优势，提升在东盟国家的金融中心地位；有助于完善中国银行全球人民币清算网络，为客户提供更加优质的人民币金融服务
2015 年 4 月 17 日	央行与马来西亚国家银行续签双边本币互换协议	中国人民银行与马来西亚国家银行续签了规模为 1 800 亿元人民币/900 亿马来西亚林吉特的双边本币互换协议	有利于加强双边金融合作，便利双边贸易和投资，维护区域金融稳定
2015 年 4 月 21 日	广东自贸区正式挂牌	广东自贸区及南沙片区完成挂牌。在广东自贸区三大片区中，面积最大的南沙片区将面向全球，尤其是欧美发达国家。在航运物流、特色金融、国际商贸、高端制造等领域，南沙将启动一批重点项目和推出一系列创新措施	将扩大人民币在贸易与投资中使用的广度与深度

续前表

时间	事件	内容	意义与影响
2015 年 4 月 22 日	曼谷人民币清算行正式启动	中国工商银行（泰国）股份有限公司在曼谷宣布正式启动人民币清算行服务，泰国及其相关国家商业银行将可以通过在工银泰国开立的账户直接办理人民币业务	显著提高了人民币汇划效率和使用便利，有效拓宽了人民币资金的运用渠道
2015 年 4 月 29 日	卢森堡获 500 亿元 RQFII 额度	人民币合格境外机构投资者（RQFII）试点地区扩大至卢森堡，初始投资额度为 500 亿元人民币	标志着两国金融合作迈出新步伐，有利于两国企业和金融机构使用人民币进行跨境交易，促进双边贸易、投资便利化
2015 年 5 月 1 日	《存款保险条例》正式实施	《存款保险条例》正式实施，存款保险实行限额偿付，最高偿付限额为人民币 50 万元。中国人民银行会同国务院有关部门可以根据经济发展、存款结构变化、金融风险状况等因素调整最高偿付限额，报国务院批准后公布执行	存款保险制度的出台，对于进一步提升金融体系稳健性、促进银行业改革、提高银行业的发展水平和竞争力、提升服务实体经济的水平都具有十分重要的意义
2015 年 5 月 10 日	央行与白俄罗斯国家银行续签双边本币互换协议	中国人民银行与白俄罗斯共和国国家银行续签了规模为 70 亿元人民币/16 万亿白俄罗斯卢布的双边本币互换协议	有利于加强双边金融合作，便利双边贸易和投资，维护区域金融稳定
2015 年 5 月 15 日	央行与乌克兰国家银行续签双边本币互换协议	中国人民银行与乌克兰国家银行续签了规模为 150 亿元人民币/540 亿乌克兰格里夫纳的双边本币互换协议	有利于加强双边金融合作，便利双边贸易和投资，维护区域金融稳定

续前表

时间	事件	内容	意义与影响
2015 年 5 月 20 日	财政部在香港成功发行人民币国债	财政部在香港面向机构投资者发行了 140 亿元人民币国债，其中包括 50 亿元 3 年期国债、30 亿元 5 年期国债、15 亿元 7 年期国债、15 亿元 10 年期国债、5 亿元 15 年期国债和 5 亿元 30 年期国债，申购总额为 363 亿元	财政部离岸人民币国债成功发售，有望助点心债市场进一步转暖
2015 年 5 月 22 日	《亚投行章程》出炉	亚投行 57 个意向创始成员国代表在新加坡发表公告，各方已就《亚投行章程》文本达成一致，将于 6 月底在北京举行《亚投行章程》签署仪式	章程直接决定了亚投行未来的工作效率。章程中最重要的是亚投行的决策体制、股权分配和贷款制度的确立。这三方面直接影响到各国在亚投行未来的发言权和决策权，为今后的决策运作和方案实施起到制度保障
2015 年 5 月 25 日	宝岛债收益利率曲线公布	台湾证券柜台买卖中心宣布，即日起开始公布宝岛债券收益利率曲线。宝岛债收益利率曲线是由九家主要报价商提供报价并经柜买中心计算后公布，除了可作为台湾人民币债券商品在初级市场的定价基准，也为次级市场买卖平价及风险管理的指标，也是未来发展宝岛债指数及指数商品的重要基础	将有助于建立台湾离岸人民币市场的中长期利率指标，且为台湾发展离岸人民币中心的重要金融基础建设之一

续前表

时间	事件	内容	意义与影响
2015 年 5 月 25 日	央行与智利中央银行签署双边本币互换协议，智利获 500 亿元 RQFII 额度	中国人民银行与智利中央银行签署了规模为 220 亿元人民币/22 000 亿智利比索的双边本币互换协议。同日，双方签署了在智利建立人民币清算安排的合作备忘录，并同意将 RQFII 试点地区扩大到智利，投资额度为 500 亿元人民币	标志着中智两国金融合作迈出新步伐，有利于中智两国企业和金融机构使用人民币进行跨境交易，促进双边贸易、投资便利化
2015 年 5 月 25 日	央行授权建行担任南美地区首家人民币清算行	中国人民银行授权中国建设银行智利分行担任智利人民币业务清算行。这是中国人民银行首次在南美洲指定人民币清算行	有利于人民币在拉美地区更加高效、便捷地使用，对于推动中智两国乃至中国和拉美地区之间的经贸合作与往来，推动智利离岸人民币市场的建设，都具有极其重要的现实和长远意义
2015 年 6 月 3 日	央行发布《中国人民银行关于境外人民币业务清算行、境外参加银行开展银行间债券市场债券回购交易的通知》	中国人民银行发布《中国人民银行关于境外人民币业务清算行、境外参加银行开展银行间债券市场债券回购交易的通知》，批准境外人民币业务清算行、境外参加银行开展银行间债券市场债券回购交易，其中正回购的融资余额不高于所持债券余额的 100%，且回购资金可调出境外使用	此举在一定程度上打通了人民币的在岸和离岸市场，相当于将目前国内的低成本资金部分向境外机构开放，吸引其进入国内债券市场。同时利于扩大境外机构的债券投资和流动性管理需求，加快人民币国际化进程
2015 年 6 月 24 日	日本发行首只人民币债券"富士山债"	日本国内首只以人民币计价的公司债券"富士山债"由三菱东京日联银行正式发行。该债券为期两年，年利率 3.64%。面向银行、保险公司等日本国内机构投资者，计划募集 3.5 亿元人民币（约 70 亿日元），用于帮助在华日本企业筹集人民币	人民币债券在日本市场问世后，日本企业和金融机构将以更低成本筹集到在中国开展业务时所需的人民币。日本国内的保险公司、地方银行等投资者可以为手头积攒的人民币找到一个投资渠道

续前表

时间	事件	内容	意义与影响
2015 年 6 月 24 日	蒙古国首次发行人民币债券	蒙古国政府 24 日首次发行离岸人民币债券，金额 10 亿元，期限 3 年，按面值平价发行，票面利率及收益率均为 7.5%	反映人民币在国际市场的认受性正逐步提高。更紧密的跨境合作和能力提升，均能支持人民币发展，不仅增强了市场的流动性，也能降低金融风险。随着越来越多政府和官方机构使用人民币，持续进行宏观经济和宏观审慎改革，有助于为健康的人民币金融系统打好基础
2015 年 6 月 27 日	央行与匈牙利中央银行签署合作备忘录，匈牙利获 500 亿元 RQFII 额度	中国人民银行与匈牙利中央银行签署了在匈牙利建立人民币清算安排的合作备忘录和《中国人民银行代理匈牙利央行投资中国银行间债券市场的代理投资协议》，并同意将 RQFII 试点地区扩大到匈牙利，投资额度为 500 亿元人民币	标志着中匈两国金融合作迈出新步伐，有利于中匈两国企业和金融机构使用人民币进行跨境交易，促进双边贸易、投资便利化
2015 年 6 月 30 日	建行在法国泛欧交易所挂牌推出人民币计价 RQFII 货币市场交易所基金	中国建设银行在法国泛欧交易所上市了欧元区首只人民币计价和交易的 RQFII 货币市场交易所基金。此基金由建行旗下的建银国际资产管理有限公司（建银国际资产管理）担当投资管理人角色，主要通过 RQFII 渠道投资于中国国内市场的固定收益类证券，从而满足欧洲投资者对相对稳定收益的需求，同时兼顾了流动性	有利于进一步推动人民币在欧洲市场的循环使用，提高人民币在当地的使用率及认可度

续前表

时间	事件	内容	意义与影响
2015 年 6 月 30 日	工行与泛欧交易所签署战略合作协议	中国工商银行与泛欧交易所在法国巴黎马提尼翁总理府签署了总金额达 30 亿欧元的战略合作协议。根据协议，工商银行将与泛欧交易所在欧洲资本市场开展相关业务，特别是境外人民币债券、首次公开发行（IPO）、人民币全球存托凭证（GDR）、合格境外机构投资者（QFII）及人民币合格境外机构投资者（RQFII）等业务领域开展深度合作	将进一步丰富离岸人民币投资品种，对人民币的跨境使用和中国资本市场的对外开放发挥积极的促进作用
2015 年 7 月 3 日	瑞士首家银行宣布开设人民币账户服务	瑞士日内瓦银行发表公报称，该行客户可开设人民币储蓄账户，这是瑞士首家提供此业务的银行。日内瓦银行人民币储蓄账户不设储蓄金额下限，年利率为 2%。但账户每年的柜台提取金额最高为 5 万瑞郎（约合 33 万元人民币），超过此限额的取款必须提前三个月通知	不仅可以为该行客户提供瑞郎、欧元和美元账户之外更加多元化的储蓄服务，也让投资者和储户在面对瑞士负利率环境和欧元波动时有更多选择
2015 年 7 月 7 日	央行与南非储备银行签署建立人民币清算安排的合作备忘录	中国人民银行与南非储备银行签署了在南非建立人民币清算安排的合作备忘录	有利于中国和南非两国企业和金融机构使用人民币进行跨境交易，进一步促进贸易、投资便利化
2015 年 7 月 8 日	央行授权中行担任南非人民币业务清算行	中国人民银行决定授权中国银行约翰内斯堡分行担任南非人民币业务清算行。南非人民币清算行是中国央行在非洲指定的第一家清算行，将为人民币国际化迈向广阔非洲提供强有力的支持	此次人民币清算机制的建立，将进一步推动市场参与者使用人民币进行结算和投融资交易

续前表

时间	事件	内容	意义与影响
2015 年 7 月 9 日	韩国启用人民币债券实时清算系统	交通银行和韩国预托决济院共同开发的人民币债券实时清算系统正式启用	这是人民币债券市场的重要基础设施之一，对推动韩国离岸人民币债券市场发展具有重要意义，同时也标志着韩国离岸人民币市场正向着多元化方向发展
2015 年 7 月 10 日	金砖国家央行签署《金砖国家应急储备安排中央银行间协议》	金砖国家央行共同签署了《金砖国家应急储备安排中央银行间协议》，为应急储备安排的操作规定了技术细节	金砖国家应急储备安排为金砖各国提供了多边金融支持，是金砖国家金融合作的重要一步，也对全球金融安全网做出了积极贡献
2015 年 7 月 13 日	南沙、横琴自贸新区跨境人民币贷款政策正式启动	中国人民银行广州分行对外发布《广东南沙、横琴新区跨境人民币贷款业务试点管理暂行办法》，在南沙、横琴新区开展跨境人民币贷款业务试点	开展这项业务试点，将帮助中资企业开辟跨境融资的便利渠道，解决企业融资难、融资贵的问题；促进内地与港澳跨境投融资便利化；有利于推动人民币国际化和资本项目可兑换
2015 年 7 月 14 日	泉州金改区获批开展泉台跨境人民币贷款试点	经中国人民银行授权，中国人民银行银行福州中心支行发布实施《泉州金融服务实体经济综合改革试验区开展泉台跨境人民币贷款业务试点暂行管理办法》。这标志着泉台跨境人民币贷款业务正式启动	泉台跨境人民币贷款业务的开展，一方面可进一步发挥泉州金改区的示范、引领作用，满足泉州金改区企业生产经营及融资的需求，推动境内企业充分利用"两个市场、两种资源"，加快产业发展和经济转型；另一方面也有利于促进泉台人民币资金的跨境流动，推动台湾地区人民币离岸中心的建设发展，为深化泉台经贸往来注入新的活力

续前表

时间	事件	内容	意义与影响
2015 年 7 月 14 日	央行印发《关于境外央行、国际金融组织、主权财富基金运用人民币投资银行间市场有关事宜的通知》	中国人民银行印发《关于境外央行、国际金融组织、主权财富基金运用人民币投资银行间市场有关事宜的通知》，对境外央行类机构简化了入市流程，取消了额度限制，允许其自主选择中国人民银行或银行间市场结算代理人为其代理交易结算，并拓宽其可投资品种	将进一步提高境外央行或货币当局、国际金融组织、主权财富基金投资银行间市场的效率
2015 年 7 月 20 日	工行新加坡分行完成首笔人民币债券回购	中国工商银行新加坡分行在全国银行间债券市场成功完成首笔债券质押式正回购交易，交易金额为 2 亿元人民币。这是国外银行机构在境内银行间债券市场达成的首笔债券回购交易，也是国外人民币业务清算行达成的首笔债券回购交易	为当地银行提供了人民币投融资便利，对丰富新加坡人民币产品、增加新加坡人民币市场的流动性发挥了积极的推动作用
2015 年 7 月 20 日	中银香港延长人民币即时支付结算系统清算服务时间	香港人民币业务清算行中银香港宣布延长香港人民币即时支付结算系统（RMBRTGS）的清算服务时间	将进一步提升为海外参加行及其他地区的人民币清算行提供的实时人民币清算服务，有助于参加行加强其流动性管理，推动香港以及全球离岸地区的人民币业务发展
2015 年 7 月 22 日	厦门启动对台跨境人民币贷款业务试点	厦门对台湾跨境人民币贷款业务试点正式启动。在厦门注册成立的企业和项目可以从台湾地区银行业金融机构借入人民币资金，并通过厦门地区银行业金融机构办理资金结算	跨境人民币贷款试点业务落地将带来多方共赢，将为人民币资产开辟一个新的投放渠道，增加利息等资产收入。对于厦门地区银行来说，将增加资产负债来源，密切与台湾同业的联系合作。对台湾离岸人民币市场来说，有助于扩大台湾人民币投资和回流渠道，丰富台湾人民币业务产品，支持台湾离岸人民币市场发展

续前表

时间	事件	内容	意义与影响
2015 年 7 月 23 日	工行在巴基斯坦启动人民币清算机制	中国工商银行在巴基斯坦卡拉奇举行人民币清算业务推介会，启动人民币清算机制	将显著提升人民币在南亚地区的汇划效率和使用便利
2015 年 7 月 24 日	境内原油期货交易以人民币计价、结算	中国人民银行发布境内原油期货交易跨境结算管理工作公告，规定境内原油期货交易以人民币计价、结算	推出人民币计价的原油期货，将进一步加快形成人民币与石油直接计价机制，增强原油市场话语权，从而为人民币的国际储备功能的实现提供实际支撑
2015 年 7 月 28 日	伦敦金属交易所接受人民币作为质押货币	伦敦金属交易所（LME）旗下结算所 LME Clear 宣布接纳离岸人民币作为银行和经纪商在该平台交易的质押品	有助于发展人民币在大宗商品领域的计价功能。人民币正逐步迈入全球最广泛使用的货币行列，这是人民币全球化进程中迈出的重要一步，将为人民币国际化带来新的机遇
2015 年 7 月 31 日	上海自贸区跨境人民币大宗商品现货交易启动	中国（上海）自由贸易试验区大宗商品现货市场交易平台正式启动。交易平台试运行期间，首批上线的两家交易平台客户均通过浦发银行完成代理清算，浦发银行因此成为自贸区跨境人民币大宗商品现货交易启动后唯一一家完成多品种、多平台代理清算的商业银行	该平台的建立将有助于在上海自贸区率先形成规范的要素交易市场，从而吸引更多的境内外投资机构参与，稳步推进上海成为国际大宗商品要素交易的定价中心，进一步带动现代服务业、物流行业、航运业的联动发展
2015 年 8 月 4 日	工行新加坡分行开启 24 小时人民币清算服务	中国工商银行新加坡分行宣布启动人民币清算 24 小时连续运作清算模式，运行时间覆盖亚洲、欧洲、美洲三大时区	随着人民币进一步国际化，新加坡的人民币清算服务日益面对更多来自伦敦和纽约等其他国际金融中心的竞争。此次推出全天候人民币清算服务，是工行新加坡分行巩固新加坡离岸人民币中心地位的一项举措

続前表

时间	事件	内容	意义与影响
2015年 8月9日	绥芬河卢布现钞使用试点正式启动	经中国人民银行批准，绥芬河市开展卢布现钞使用试点正式启动，这标志着绥芬河卢布现钞使用试点进入正式实施阶段	将进一步推动卢布使用的规范化，民间卢布现钞兑换市场将逐步纳入银行体系，并能进一步促进中俄两国间的边贸往来、促进边境地区的旅游发展。也有利于在条件成熟时，对等推动人民币现钞在俄边境地区的使用
2015年 8月11日	央行完善人民币兑美元汇率中间价报价	中国人民银行发布关于完善人民币兑美元汇率中间价报价的声明。自2015年8月11日起，做市商在每日银行间外汇市场开盘前向中国外汇交易中心提供的报价应主要参考上一日银行间外汇市场的收盘汇率，并结合上一日国际主要货币汇率变化以及外汇供求情况进行微调	这对于增强人民币信心和人民币进一步国际化是利好消息。未来人民币汇率形成机制改革会继续朝着市场化方向迈进，更大程度地发挥市场供求在汇率形成机制中的决定性作用，促进国际收支平衡。加快外汇市场发展，丰富外汇产品。增强人民币汇率双向浮动弹性，保持人民币汇率在合理均衡水平上的基本稳定
2015年 8月13日	中国境内正式启动蒙古国货币现钞兑换使用业务	首笔蒙古国货币图格里克现钞兑换业务在中国银行内蒙古二连浩特市分行完成，标志着中国境内正式启动蒙古国货币现钞兑换使用业务	蒙古国货币与人民币两币种之间可直接进行计价结算，促成人民币与蒙古国货币直接汇率的形成，为对等推进人民币在蒙古国相关城市流通、使用奠定了基础
2015年 9月3日	央行与塔吉克斯坦中央银行签署双边本币互换协议	中国人民银行与塔吉克斯坦中央银行签署了规模为30亿元人民币/30亿索摩尼的双边本币互换协议	有利于中国与塔吉克斯坦两国企业和金融机构使用人民币进行跨境交易，促进双边贸易、投资便利化

续前表

时间	事件	内容	意义与影响
2015 年 9 月 7 日	央行对跨境双向人民币资金池业务政策进行调整	中国人民银行印发《关于进一步便利跨国企业集团开展跨境双向人民币资金池业务的通知》。《通知》明确，跨国企业集团原则上在境内只可设立一个跨境双向人民币资金池；中国人民银行对跨国企业集团跨境双向人民币资金池业务实行上限管理	随着跨境金融基础设施的逐步到位和跨境人民币结算政策框架的日趋完善，必将激发市场主体更多的人民币需求，人民币国际使用的范围和规模有望继续稳步扩大
2015 年 9 月 15 日	企业发行外债实行备案制	国家发改委取消企业发行外债的额度审批，改革创新外债管理方式，实行备案登记制管理。通过企业发行外债的备案登记和信息报送，在宏观上实现对借用外债规模的监督管理	此举是资本账户开放的重要一步，有利于中国经济的长远发展。放开企业境外发债也是对中国企业"走出去"和"一带一路"等战略的重要支持。从长期看，随着境内企业到离岸市场发行人民币债券，离岸人民币市场的投资工具将得到进一步丰富。企业综合考虑境内外人民币融资成本，离岸和在岸市场间的联系也会进一步加强
2015 年 9 月 17 日	欧洲央行新货币篮子赋予人民币更大权重	在欧洲央行新的赋权体系下，人民币的权重有所增加，在欧元货币篮子中的占比从 14.8% 升至 17.7%，美元的权重有所降低，占比从 13.5% 降至 12.7%，英镑也小幅下降。俄罗斯、印尼、土耳其、波兰和捷克等国货币的占比有所上升	标志着人民币国际化的进一步发展

续前表

时间	事件	内容	意义与影响
2015 年 9 月 17 日	央行与阿根廷中央银行签署建立人民币清算安排的合作备忘录	中国人民银行与阿根廷中央银行签署了在阿根廷建立人民币清算安排的合作备忘录	阿根廷人民币清算安排的建立,将有利于中国和阿根廷两国企业和金融机构使用人民币进行跨境交易,进一步促进贸易、投资便利化
2015 年 9 月 18 日	工行启动阿根廷人民币清算行业务	中国工商银行(阿根廷)股份有限公司举行该行作为阿根廷人民币业务清算行的正式启动仪式	启动人民币清算行将有利于中阿两国企业深化金融合作,提高结算效率,降低贸易成本,规避金融风险,更好地促进双边务实合作
2015 年 9 月 18 日	国家发改委发布《关于推进企业发行外债备案登记制管理改革的通知》	国家发改委发布《关于推进企业发行外债备案登记制管理改革的通知》称,将取消企业发行外债的额度审批,改革创新外债管理方式,实行备案登记制管理	此举是资本账户开放的重要一步,有利于中国经济的长远发展。人民币债券在许可的外债范围之内。从长期看,随着境内企业到离岸市场发行人民币债券,离岸人民币市场的投资工具或得到进一步丰富
2015 年 9 月 19 日	人民币国际投贷基金在广西组建取得新进展	在第七届中国—东盟金融合作与发展领袖论坛上,广西壮族自治区金融办、中国建设银行广西壮族自治区分行、建银国际(中国)有限公司、广西北部湾国际港务集团代表共同签署了《广西北部湾人民币国际投贷基金合作框架协议》,标志着人民币国际投贷基金在广西组建取得新进展	协议的签订将为广西发起设立人民币国际投贷基金奠定基础

续前表

时间	事件	内容	意义与影响
2015 年 9 月 22 日	国际性商行首次获准在银行间债市发行人民币债券	香港上海汇丰银行有限公司和中国银行（香港）有限公司获准在银行间债券市场分别发行 10 亿元和 100 亿元人民币金融债券。这是国际性商业银行首次获准在银行间债券市场发行人民币债券	进一步扩大了我国银行间债券市场发行主体范围，拓宽了国际性商业银行的人民币融资渠道，有利于促进我国债券市场扩大对外开放，推进人民币跨境使用
2015 年 9 月 23 日	中行新疆分行挂牌人民币兑巴基斯坦卢比现钞报价	中国银行新疆分行在国内首家推出人民币兑巴基斯坦卢比现钞直接报价挂牌交易，以实时、一日多价的形式提供人民币对巴基斯坦卢比的直接报价，标志着中巴贸易跨入本币结算时代	人民币兑巴基斯坦卢比现钞直接报价挂牌交易是实现中巴贸易结算本币化的关键环节，将为中巴贸易带来提高效率、节约成本、规避风险、增加收益等诸多便利
2015 年 9 月 29 日	香港上海汇丰银行有限公司与中国银行（香港）发行国际性商业银行熊猫债	香港上海汇丰银行有限公司与中国银行（香港）发行国际性商业银行熊猫债，发行金额为人民币各 10 亿元，期限 3 年，票面利率 3.5%	这是人民币国际化和中国资本市场开放进程中的一块里程碑。中国向外资发行主体开放国内债务市场，也标志着它在鼓励加大人民币跨境使用的道路上向前迈出了一步
2015 年 9 月 29 日	央行与赞比亚中央银行签署建立人民币清算安排的合作备忘录	中国人民银行与赞比亚中央银行签署了在赞比亚建立人民币清算安排的合作备忘录	赞比亚人民币清算安排的建立，有利于中国和赞比亚两国企业和金融机构使用人民币进行跨境交易，进一步促进贸易、投资便利化
2015 年 9 月 30 日	央行允许境外央行类机构进入银行间外汇市场	中国人民银行公告称，开放境外央行（货币当局）和其他官方储备管理机构、国际金融组织、主权财富基金依法合规参与中国银行间外汇市场，开展包括即期、远期、掉期和期权在内的各品种外汇交易	此举是人民币资本项目可兑换和人民币国际化的重要步骤，境外机构获准参与我国的银行间外汇市场后，外国央行持有人民币作为外汇储备的动力将会增强。此外，各国央行等主要金融机构的进驻，将极大地提高人民币在岸市场的成交量，使我国银行间市场的人民币汇率更有代表性。最终为中国赢得人民币国际定价权起到积极的作用

时间	事件	内容	意义与影响
2015 年 10 月 6 日	人民币超越日元成为全球第四大支付货币	环球银行金融电信协会（SWIFT）发布的报告显示，人民币超越日元成为全球第四大支付货币	人民币支付地位提升是人民币国际化进程加快的标志，也是人民币国际化的又一座里程碑
2015 年 10 月 6 日	中国正式按照 SDDS 标准公布数据	中国完成采纳国际货币基金组织数据公布特殊标准（简称 SDDS 标准）的全部程序，将按照 SDDS 标准公布相关统计数据。根据要求，中国部分统计数据首次对外发布	采纳 SDDS 标准是我国在完善统计体系、提高透明度方面所取得的又一重大进展，符合我国进一步改革和扩大对外开放的需要。有利于提高宏观经济统计数据的透明度、可靠性和国际可比性；有利于进一步摸清宏观经济家底，为国家宏观经济决策提供及时、准确的依据；有利于国际社会和公众对中国经济的深入了解，提升我国参与全球经济合作水平
2015 年 10 月 8 日	人民币跨境支付系统成功上线运行	人民币跨境支付系统（CIPS）按计划分两期建设，一期工程便利跨境人民币业务处理，支持跨境货物贸易和服务贸易结算、跨境直接投资、跨境融资和跨境个人汇款等业务。首批直接参与机构包括 19 家境内中外资银行，间接参与者包括位于亚洲、欧洲、大洋洲、非洲等地区的 38 家境内银行和 138 家境外银行	这是人民币国际化的重要里程碑。该系统将成为人民币在全球支付的快速通道，将取代现有的由各种网络平台拼接起来的系统，并且将支持无障碍的人民币交易，可极大促进人民币国际化
2015 年 10 月 20 日	中行发布人民币债券交易指数	中国银行在北京、伦敦、新加坡三地同步发布中国银行人民币债券交易指数	人民币债券交易指数将成为全球机构投资者投资中国银行间债券市场的向导，成为全球央行和监管机构了解中国金融市场的重要参考，为金融市场发展和人民币国际化做出新的贡献

续前表

时间	事件	内容	意义与影响
2015 年 10 月 20 日	央行与英格兰银行续签双边本币互换协议	中国人民银行与英格兰银行续签了双边本币互换协议。互换规模由原来的 2 000 亿元人民币/200 亿英镑扩大至 3 500 亿元人民币/350 亿英镑	与英格兰银行续签双边本币互换协议并扩大互换规模，可为伦敦人民币市场的进一步发展提供流动性支持，促进当地人民币资产交易、资产管理等领域的业务发展，也有利于贸易和投资的便利化
2015 年 10 月 20 日	央行首次在海外发行人民币计价的央行票据	中国人民银行在伦敦采用簿记建档方式，成功发行了 50 亿元人民币央行票据。这是央行首次在海外发行以人民币计价的央行票据	此次央行票据的海外发行丰富了人民币离岸市场的投资品种，将进一步推动人民币国际化。央行票据发行利率可以为人民币离岸市场金融产品提供定价基准，同时也因为央行票据信用等级高、流动性好从而提高海外投资者持有人民币资产的积极性
2015 年 10 月 22 日	国务院常务会议决定启动合格境内个人投资者（QDII2）境外投资试点	国务院常务会议决定启动合格境内个人投资者（QDII2）境外投资试点，这是依托上海自贸试验区进行金融改革的一大政策亮点	此举将加快人民币国际化进程，为投资者拓宽财富增值渠道
2015 年 10 月 23 日	人民币现钞对俄跨境调运渠道建立	哈尔滨银行通过中国人民银行北京营管部和哈尔滨中心支行的审核批准，经北京海关采用航空运输的方式成功向俄罗斯亚洲太平洋银行跨境调运人民币现钞 500 万元。此次调运是我国首笔由金融机构通过航空方式跨境调运人民币现钞，标志着黑龙江省人民币现钞向俄跨境调运渠道正式建立	中俄人民币现钞跨境调运业务的开展，以俄方商业银行对人民币的巨大需求为基础，是人民币区域化、国际化道路上的重要一步。人民币现钞的充足供应，不仅减少了俄罗斯各商业银行的汇兑成本和汇率风险，还可降低俄罗斯人民币市场的现钞收付费用。此外，在中国和俄罗斯之间建立起人民币现钞供应渠道，将进一步深化中俄乃至整个丝绸之路沿线国家的经贸往来和经济金融合作，具有里程碑意义

续前表

时间	事件	内容	意义与影响
2015 年 10 月 23 日	中国大陆首只非金融企业离岸人民币债券在新加坡发行	由天津生态城投资开发有限公司发行的国内首只非金融企业离岸人民币债券近日在新加坡顺利发行	有助于推动人民币离岸市场建设与人民币国际化进程，也为国内基础设施行业企业拓展融资渠道探索了一条新路
2015 年 10 月 24 日	存款利率上限放开	中国人民银行决定对商业银行和农村合作金融机构等不再设置存款利率浮动上限	存款利率上限的放开，标志着我国的利率管制已经基本取消，利率市场化迈出了非常关键的一步，这在利率市场化进程中，在整个金融改革的历史上，都具有重要的里程碑意义
2015 年 10 月 29 日	上交所、德交所和中金所成立中欧国际交易所	上海证券交易所、德意志交易所集团、中国金融期货交易所在北京就共同成立中欧国际交易所签署了三方股东协议	中欧所的成立是中国资本市场对外开放的又一重要标志。中欧所将为中欧企业提供更便捷的金融服务，满足境外投资者对人民币证券产品的投资需求，在中国资本市场开放和人民币国际化进程中扮演了重要角色
2015 年 10 月 30 日	上海自贸区推出新金改四十条	《进一步推进中国（上海）自由贸易试验区金融开放创新试点加快上海国际金融中心建设方案》经国务院同意，予以印发。《方案》指出，按照统筹规划、服务实体、风险可控、分步推进原则，在自贸试验区内进行人民币资本项目可兑换的先行先试，逐步提高资本项下各项目可兑换程度。扩大人民币境外使用范围，推进贸易、实业投资与金融投资三者并重，推动资本和人民币"走出去"	上海自贸区新金改四十条的推出将助力人民币资本项目可兑换，扩大人民币境外使用范围，推动人民币国际化进程

281

续前表

时间	事件	内容	意义与影响
2015 年 11 月 2 日	韩国 RQFII 额度扩大至 1 200 亿元人民币	中国决定将韩国人民币合格境外机构投资者（RQFII）投资额度调增至 1 200 亿元	将进一步促进中韩两国金融市场发展，扩大双边本币使用
2015 年 11 月 2 日	台湾放宽人民币参加行与人民币清算行平仓规定	台湾货币政策主管部门决定，自 11 月 2 日起放宽指定银行（人民币参加行）与人民币清算行平仓规定，同时交易种类放宽为即期、远汇及换汇均可交易	此次新规放宽了交易范围和买卖清算币种，方便全面性交易，一方面可以扩大人民币参加行现有业务范围，予以更多服务当地人民币业务客户的机会；另一方面增加了客户选择的弹性，对提升人民币交易量有着积极作用，进而推动台湾离岸人民币市场的建设，在一定程度上也促进了人民币国际化的进程
2015 年 11 月 9 日	银行间外汇市场开展人民币对瑞士法郎直接交易	经中国人民银行授权，中国外汇交易中心宣布在银行间外汇市场开展人民币兑瑞士法郎直接交易。这是中瑞两国共同推动双边经贸关系进一步向前发展的重要举措	开展人民币兑瑞士法郎直接交易，有利于形成人民币对瑞士法郎直接汇率，降低经济主体汇兑成本，促进人民币与瑞士法郎在双边贸易和投资中的使用，有利于加强两国金融合作，支持中瑞之间不断发展的经济金融关系
2015 年 11 月 16 日	央行与土耳其中央银行续签双边本币互换协议	中国人民银行与土耳其中央银行续签了双边本币互换协议，互换规模由原来的 100 亿元人民币/30 亿土耳其里拉扩大至 120 亿元人民币/50 亿土耳其里拉	互换协议的续签有利于便利双边贸易和投资，加强两国央行的金融合作

续前表

时间	事件	内容	意义与影响
2015 年 11 月 17 日	新加坡 RQFII 额度扩大至 1 000 亿元人民币	经国务院批准，新加坡人民币合格境外机构投资者（RQFII）额度扩大至 1 000 亿元人民币	扩大新加坡 RQFII 额度，是两国在金融领域深化合作的重要体现，有利于增加新加坡投资者资产配置需求，扩大境内资本市场对外开放，也有利于促进双边贸易和投资便利化
2015 年 11 月 18 日	中欧国际交易所开业	由上海证券交易所、德意志交易所集团、中国金融期货交易所共同出资成立的中欧国际交易所在德国法兰克福开业，首批上线产品包括 ETF（交易所交易基金）和人民币债券	中欧所的顺利开业，标志着德中双方共同建设的欧洲离岸人民币证券市场正式开始运行，这是人民币国际化进程中的重要组成部分，将推动欧洲人民币离岸市场的发展
2015 年 11 月 23 日	马来西亚获 500 亿元 RQFII 额度	经国务院批准，人民币合格境外机构投资者（RQFII）试点地区扩大到马来西亚，投资额度为 500 亿元人民币	RQFII 试点地区扩大到马来西亚，是两国在金融领域深化合作的重要体现，有利于拓宽境外投资者人民币资产配置渠道，扩大境内资本市场对外开放，也有利于促进双边贸易和投资便利化
2015 年 11 月 25 日	首批境外央行类机构入驻中国银行间外汇市场	首批境外央行类机构在中国外汇交易中心完成备案，正式进入中国银行间外汇市场。这些境外央行类机构包括：香港金融管理局、澳大利亚储备银行、匈牙利国家银行、国际复兴开发银行、国际开发协会、世界银行信托基金和新加坡政府投资公司，涵盖了境外央行（货币当局）和其他官方储备管理机构、国际金融组织、主权财富基金三种机构类别	境外央行类机构入驻中国银行间外汇市场不仅是境外机构配置人民币资产的必要基础设施和配套条件，提供了便利的本外币兑换渠道和条件并可进行相应的套保。同时丰富了市场的参与主体，有利于加速中国外汇市场融入全球汇市，有助于提升人民币作为储备货币和结算货币的可使用性

续前表

时间	事件	内容	意义与影响
2015 年 11 月 26 日	央行与欧洲央行完成双边本币互换操作测试	经双方友好协商,中国人民银行与欧洲中央银行分别于 2015 年 4 月和 2015 年 11 月进行了动用欧元和人民币资金的测试,资金最终提供给部分中国和欧元区商业银行。两次测试均顺利完成,流程顺畅,未来双方可根据需要即时启动互换操作	双边本币互换安排将为双方货币市场的进一步发展提供流动性支持,有利于贸易和投资的便利化,标志着中国人民银行与欧洲中央银行在货币金融领域的务实合作取得新的进展
2015 年 11 月 27 日	加拿大不列颠哥伦比亚省在中国银行间债市注册发行 60 亿元人民币债券	中国银行间市场交易商协会接受加拿大不列颠哥伦比亚省在我国银行间债券市场发行 60 亿元人民币债券的注册	加拿大不列颠哥伦比亚省人民币债券在银行间债券市场注册发行,将进一步扩大债券发行主体范围,有利于促进我国债券市场对外开放,推进人民币跨境使用
2015 年 11 月 27 日	财政部首次公布 3 个月、6 个月国债收益率	财政部首次公布 3 个月、6 个月国债收益率。至此,在公布 1、3、5、7、10 年等关键期限国债收益率曲线基础上完善了短端国债收益率曲线。IMF 正式将人民币纳入 SDR 后,"中债 3 个月期国债收益率曲线"纳入 SDR 利率篮子	3 个月期国债的发行,不仅解决了人民币加入 SDR 的一大技术障碍,也是加强国内金融市场建设的重要一步。有利于优化国债期限结构,促进财政政策和货币政策协调配合,增强国债收益率在金融市场上的定价基准作用,同时丰富货币市场工具,有助于货币政策的有效传导

続前表

时间	事件	内容	意义与影响
2015 年 11 月 30 日	国际货币基金组织执董会决定将人民币纳入特别提款权（SDR）货币篮子	11 月 30 日，国际货币基金组织执董会决定将人民币纳入特别提款权（SDR）货币篮子，SDR 货币篮子相应扩大至美元、欧元、人民币、日元、英镑 5 种货币，人民币在 SDR 货币篮子中的权重为 10.92%，美元、欧元、日元和英镑的权重分别为 41.73%、30.93%、8.33%和 8.09%，新的 SDR 篮子将于 2016 年 10 月 1 日生效	人民币加入 SDR 有助于增强 SDR 的代表性和吸引力，完善现行国际货币体系，对中国和世界是双赢的结果。人民币加入 SDR 也意味着国际社会对中国在国际经济金融舞台上发挥积极作用有更多期许，中方将继续坚定不移地推进全面深化改革的战略部署，加快推动金融改革和对外开放，为促进全球经济增长、维护全球金融稳定和完善全球经济治理做出积极贡献
2015 年 11 月 30 日	美国成立人民币交易和清算工作组	美国多位金融及工商界领袖宣布，成立人民币交易和清算工作组，以实现在美国进行人民币交易和清算	工作组的成立将助力在美建立人民币交易和清算机制，让美国机构可以更方便地使用和接收人民币付款，从而降低交易成本和提高效率，便利和进一步扩大中美双边经贸和金融合作，并推动人民币国际化在美国市场的发展
2015 年 12 月 3 日	中行发布首个"一带一路"人民币汇率指数	中国银行发布首个"一带一路"人民币汇率指数（BOC OBORR）及系列子指数，将在新华财经等专业终端实时报价，同时拟定期发布专业分析报告，反映人民币对"一带一路"国家货币币值的整体变动趋势	这一指数既体现了人民币国际化的大趋势，也有助于推动人民币与"一带一路"沿线国家货币直接结算和交易，有助于推动贸易自由化和投资便利化，对推动人民币在国际市场，尤其是"一带一路"沿线国家的认可度和使用度具有促进意义

续前表

时间	事件	内容	意义与影响
2015 年 12 月 13 日	中国与塔吉克斯坦本币跨境结算正式启动	人民币兑索莫尼汇率挂牌交易启动仪式 12 月 13 日下午在乌鲁木齐举行，中国塔吉克斯坦本币跨境结算正式启动，今后两国企业、个人及银行可以使用本币和对方国家货币开展金融结算往来	人民币兑索莫尼汇率挂牌交易启动可以有效畅通两国货币互通渠道，有利于新疆扩大与塔吉克斯坦的经贸往来，增进双方优势资源开发、能源战略合作等
2015 年 12 月 14 日	央行与阿联酋中央银行续签双边本币互换协议，阿联酋获 500 亿元 RQFII 额度	中国人民银行与阿联酋中央银行续签了双边本币互换协议，互换规模维持 350 亿元人民币/200 亿阿联酋迪拉姆不变。双方签署了在阿联酋建立人民币清算安排的合作备忘录，并同意将人民币合格境外机构投资者（RQFII）试点地区扩大到阿联酋，投资额度为 500 亿元人民币	标志着中阿两国金融合作迈出新步伐，有利于中阿两国企业和金融机构使用人民币进行跨境交易，促进双边贸易、投资便利化
2015 年 12 月 15 日	韩国发行首只主权国家熊猫债	韩国政府在中国银行间债券市场发行 30 亿元三年期人民币债券，中标利率为 3.00％。这是首个境外主权国家在中国境内发行熊猫债	韩国人民币主权债券的注册发行，将进一步丰富银行间债券市场品种，促进债券市场对外开放，也有利于加强中韩金融合作、深化中韩经贸关系
2015 年 12 月 17 日	泰国获 500 亿元 RQFII 额度	人民币合格境外机构投资者（RQFII）试点地区扩大到泰国，投资额度为 500 亿元人民币	RQFII 试点地区扩大到泰国，是两国在金融领域深化合作的重要体现，有利于拓宽境外投资者人民币资产配置渠道，扩大境内资本市场对外开放，也有利于促进双边贸易和投资便利化

时间	事件	内容	意义与影响
2015 年 12 月 18 日	美国国会通过了《国际货币基金组织（IMF）2010 年份额和治理改革方案》	美国国会通过了《国际货币基金组织（IMF）2010 年份额和治理改革方案》（以下简称《2010 年改革方案》），这标志着《2010 年改革方案》在拖延多年后即将正式生效。《2010 年改革方案》生效后，基金组织份额将增加一倍，从 2 385 亿 SDR 增至 4 770 亿 SDR，并实现向有活力的新兴市场和发展中国家整体转移份额 6 个百分点。其中，我国份额占比将从 3.996% 升至 6.394%，排名从第六位跃居第三位	央行表示，《2010 年改革方案》将提高新兴市场和发展中国家在基金组织的代表性和发言权，有利于维护基金组织的信誉、合法性和有效性。未来，中方愿与各方密切合作，支持基金组织继续完善份额和治理结构，确保基金组织成为以份额为基础、资源充足的国际金融机构
2015 年 12 月 21 日	中国免除津巴布韦 2.6 亿元债务	津巴布韦获得中国免除约 4 000 万美元（约合 2.6 亿人民币）债务，津巴布韦央行与中国人民银行已最终达成协议，自 2016 年年初起，人民币将和美元一样在津巴布韦通用	将促进人民币作为支付手段在津巴布韦流通与使用
2015 年 12 月 25 日	亚投行正式成立	历经 800 余天筹备，由中国倡议成立、57 国共同筹建的亚洲基础设施投资银行于 12 月 25 日正式成立，全球迎来首个由中国倡议设立的多边金融机构	亚投行正式宣告成立，是国际经济治理体系改革进程中具有里程碑意义的重大事件，标志着亚投行作为一个多边开发银行的法人地位正式确立。亚投行的成立将带动人民币在亚洲的资本流动，扩大人民币的国际使用

后　记

　　《人民币国际化报告》由中国人民大学自 2012 年起每年定期发布，忠实记录人民币国际化历程，深度研究各个阶段的重大理论问题和政策热点。本报告特别编制人民币国际化指数（RII），用于客观反映人民币在国际范围内的实际使用程度，以方便国内外各界人士及时掌握人民币国际地位的发展动态和变化原因。

　　2016 年报告的主题为：货币国际化与宏观金融风险管理。课题组聚焦于人民币国际化新阶段的宏观金融管理问题，对人民币加入 SDR 后的宏观金融政策调整及其可能诱发的国内宏观金融风险展开深入分析，包括汇率波动和汇率管理，以及跨境资本流动对国内金融市场冲击、银行机构国际化风险和实体经济风险等重要议题。

　　报告建议，要基于国家战略视角构建宏观审慎政策框架，防范系统性金融危机，为实现人民币国际化最终目标提供根本保障。具体而言，一是应当进一步推动汇率市场化改革，完善人民币汇率制度，从管理浮动逐渐过渡到自由浮动。二是资本账户开放要与汇率制度改革相互配合，坚持"渐进、可控、协调"的原则，适应中国经济金融发展和国际经济形势变化的需要。三是应充分借鉴国际经验，明确当前我国金融监管改革的原则，构建符合中国实际的宏观审慎政策框架，为加强系统性风险管理提供制度保障。

　　《人民币国际化报告 2016：货币国际化与宏观金融风险管理》由中国人民大学和交通银行合作研究，由中国人民大学国际货币研究所组织撰写，得到财政金融学院国际金融教学团队的全力支持，以及统计学院、国际关系学院、法学院师生和交通银行国际业务部的鼎力合作。多位本校研究生、本科生参与了数据采集、信息处理等基础性工作。交通银行展示了商业银行跨境人民币业务的实践经验与成果。特别感谢国际货币研究所学术委员会主任委员、《人民币国际化报告》前任主编、中国人民银行副行长陈雨露教授对 2016 年报告选题、写作、评审、修改完善等各个环节给予的学术指导。感谢中国人民银行、国家外汇管理局、商务部、国家发展和改革委员会、中国保险监督管理委员会、中国证券业协会、中国银行国际金融研究所、交通银行、中银香港、国新国际投资有限公司等机构在数据获取、市场调查以及政策信息核对等多方面所给予的全面支持。感谢中国人民银行国际司提供有关人民币加入 SDR 货币篮子的权威资料。此外，郭松、周诚君、袁晓明、王旻、陈卫东、孙鲁军、曲凤杰、赵巍、王家强等各界专家多次出席课题组会议，提出中肯的修改意见与建议；国际货币研究所曹彤所长、贲圣林所长、向松祚副所长和赵锡军教授，也为报告的不断完善贡献良多。对此我们表示由衷的感谢！

本报告各章节分工如下：

导论：涂永红、王江、王芳

第 1 章：涂永红、王晟先、李胜男、屈宇、赵雪情

第 2 章：涂永红、刘阳、吴雨微、黄健洋、陈梓元、马赛、荣晨、张铜钢、石峰睿

第 3 章：王芳、赵然、胡天龙、林俊廷、陈嘉文、朱佳慧、任丹阳、吴伊凡、曲强

第 4 章：王芳、涂永红、赵然、付之琳、姚瑜琳

第 5 章：何青、张策、甘静芸、高露易丝、那颢冉、赵雪情

第 6 章：刚健华、钱宗鑫、黄纪元、高翔

第 7 章：罗煜、鄂志寰、邹宇、王潇、魏劭、连平、李英杰

第 8 章：戴稳胜、胡波、涂永红、李胜男、丁晓红

第 9 章：宋科、李戎

第 10 章：涂永红、王芳

附录 1：王芳、赵然

附录 2：彭芸

附录 3：刚健华、钱宗鑫

附录 4：罗煜、王潇、邹宇、魏劭

附录 5：卜永祥

附录 6：张文春、张敖芳、张梦琪

附录 7：董熙君

中国人民大学国际货币研究所
2016 年 6 月

国际货币研究系列丛书

1. ［英］戴维·马什. 欧元的故事——一个新全球货币的激荡岁月. 向松祚，宋姗姗译. 北京：机械工业出版社，2011

2. 曹彤编著. 财政危机下的金融困局与突破：国际金融形势评论 2013. 北京：机械工业出版社，2013

3. 曹彤编著. 后金融危机时代全球货币治理的坚守与革新：国际金融形势评论 2014. 北京：机械工业出版社，2014

4. 中国人民大学国际货币研究所. 人民币国际化报告 2012. 北京：中国人民大学出版社，2012

5. 中国人民大学国际货币研究所. 人民币国际化报告 2013：世界贸易格局变迁与人民币国际化. 北京：中国人民大学出版社，2013

6. 中国人民大学国际货币研究所. 人民币国际化报告 2014：人民币离岸市场建设与发展. 北京：中国人民大学出版社，2014

7. 中国人民大学国际货币研究所. 人民币国际化报告 2015："一带一路"建设中的货币战略. 北京：中国人民大学出版社，2015

8. 中国人民大学国际货币研究所. 人民币国际化报告 2016：货币国际化与宏观金融风险管理. 北京：中国人民大学出版社，2016

9. International Monetary Institute, Renmin University of China. *The Internationalization of the Renminbi：2012 Annual Report*. 北京：中国人民大学出版社，2012

10. International Monetary Institute, Renmin University of China. *Internationalization of the RMB：2013 Annual Report*. Hong Kong：Enrich Professional Publishing Inc．，2014

11. 中国人民大学国际货币研究所. 人民币国际化报告 2012（日文版）. 日本·东京：科学出版社东京株式会社，2014

12. 涂永红，戴稳胜. 大国货币Ⅰ：政治篇. 北京：科学出版社，2014

13. 戴稳胜，涂永红. 大国货币Ⅱ：军事篇. 北京：科学出版社，2014

14. 涂永红. 大国货币Ⅲ：文化篇. 北京：科学出版社，2014

15. ［英］大卫·马什等. 欧洲的未来. 许钊颖译. 北京：中国经济出版社，2014

16. 中国人民大学国际货币研究所. 布雷顿森林体系 70 年：国际货币体系重构与人民币国际化——2014 国际货币论坛会议文集. 北京：中国金融出版社，2015

17. 伍聪. 负利率效应下的中国经济. 北京：中国人民大学出版社，2015

18. 涂永红．人民币作为计价货币：理论与政策分析．北京：中国金融出版社，2015

19. 王芳．"新特里芬难题"与人民币国际化战略．北京：中国人民大学出版社，2015

20. 曹彤编著．全球货币政策的分化与协调——供需再平衡：国际金融形势评论 2015. 北京：机械工业出版社，2015

21. 贲圣林，俞洁芳，顾月，吕佳敏等．2015 中资银行国际化报告．北京：中国金融出版社，2015

22. 徐以升．新秩序——美联储货币互换网络重塑国际货币体系．北京：中国经济出版社，2016

图书在版编目（CIP）数据

人民币国际化报告.2016/中国人民大学国际货币研究所著.—北京：中国人民大学出版社，2016.10
ISBN 978-7-300-23194-5

Ⅰ.①人…　Ⅱ.①中…　Ⅲ.①人民币-国际化-研究报告-2016　Ⅳ.①F822

中国版本图书馆 CIP 数据核字（2016）第 179229 号

IMI·大金融书系

人民币国际化报告 2016：货币国际化与宏观金融风险管理
中国人民大学国际货币研究所　著
Renminbi Guojihua Baogao 2016

出版发行　中国人民大学出版社

社　　址	北京中关村大街 31 号	邮政编码	100080
电　　话	010 - 62511242（总编室）		010 - 62511770（质管部）
	010 - 82501766（邮购部）		010 - 62514148（门市部）
	010 - 62515195（发行公司）		010 - 62515275（盗版举报）
网　　址	http://www.crup.com.cn		
	http://www.ttrnet.com（人大教研网）		
经　　销	新华书店		
印　　刷	北京宏伟双华印刷有限公司		
规　　格	185 mm×260 mm　16 开本	版　　次	2016 年 10 月第 1 版
印　　张	19　插页 1	印　　次	2016 年 10 月第 1 次印刷
字　　数	385 000	定　　价	59.00 元